Karl Luick

Untersuchungen zur englischen Lautgeschichte

Karl Luick

Untersuchungen zur englischen Lautgeschichte

ISBN/EAN: 9783743397064

Hergestellt in Europa, USA, Kanada, Australien, Japan

Cover: Foto ©ninafisch / pixelio.de

Manufactured and distributed by brebook publishing software (www.brebook.com)

Karl Luick

Untersuchungen zur englischen Lautgeschichte

UNTERSUCHUNGEN

ZUR

ENGLISCHEN LAUTGESCHICHTE

VON

KARL LUICK,
PROFESSOR DER ENGLISCHEN SPRACHE UND LITERATUR AN DER
UNIVERSITÄT GRAZ.

STRASSBURG.
VERLAG VON KARL J. TRÜBNER.
1896.

G. Otto's Hof-Buchdruckerei in Darmstadt.

VORWORT.

Auf den folgenden Blättern lege ich den Fachgenossen die Untersuchungen vor, welche ich vor mehr als zwei Jahren auf der Wiener Philologenversammlung angekündigt habe. Sie erscheinen später, als ich erwartet, und behandeln trotz ihres bedeutenden Umfangs nicht alles, was ich damals in's Auge gefasst hatte, weil mir der Stoff unter den Händen immer mehr anwuchs. Die englische Sprachgeschichte ist noch so wenig durchforscht, dass die Verfolgung eines Problems alsbald die eines anderen nötig macht und der Suchende immer mehr in's Weite gerät.

In der Darstellung habe ich mich bemüht, den Charakter einer Untersuchung — auch in Äusserlichkeiten — zu wahren, im Übrigen aber so systematisch und deutlich zu gliedern als nur möglich. Namentlich war ich bestrebt, die Teile, welche Material vorführen, scharf von denen zu scheiden, in welchen es verwertet wird, und weiterhin in diesen den Gedankengang streng logisch in den einfachsten Linien aufzubauen und alle Vorausnahmen wie auch alle Gedankensprünge zu meiden, selbst um den Preis mancher Wiederholungen und auf die Gefahr hin, der Pedanterie geziehen zu werden. Der oft sehr verwickelte Stoff schien mir ein solches Vorgehen zu erheischen, und ich hielt es umsomehr angemessen, als ich bei allen Folgerungen und Constructionen mich bemühte, erschöpfend zu sein und bis zu den letzten, allgemeinsten Schlüssen vorzudringen, auch wenn ich dabei bis zu einem Grade in Hypothesen geriet, der bei manchen vielleicht Bedenken erregen wird. Wer zuvörderst alle Mühe an die Sicherung der Grundlagen gewendet hat, darf meines Erachtens so weit gehen, ja er soll es auch, weil, selbst wenn zunächst nichts anderes erreicht wird, die künftige Forschung Gesichtspunkte erhält und doch jeder bei einfachem, streng logischem Aufbau die Grenze, bis zu welcher er mitgehen kann, leicht finden wird und das vor ihr Liegende unbedenklich annehmen kann.

Um bei den namentlich bei solcher Anlage zahlreichen Verweisen genauer sein zu können, habe ich nach dem Vorbilde Pogatscher's (QF. 64) die Absätze, in welche der Text zerfällt, mit Randziffern versehen und auf sie mit der Bezeichnung § und diesen Ziffern verwiesen, ohne ihnen die Geschlossenheit von Paragraphen geben zu wollen: das hätte dem Charakter der Untersuchung widersprochen. Einige Irrungen in der Zählung mussten im letzten Augenblick, so gut es gieng, behoben werden. Doch waren drei falsche Verweise in den ersten Bogen nicht mehr zu ändern und nur noch in den Berichtigungen ersichtlich zu machen.

Einige Erscheinungen der allerjüngsten Zeit, die mir erst während des Druckes bekannt wurden, konnte ich nicht mehr benützen. Auch solchen, welche mir zukamen, als die von ihnen berührten Teile meiner Ausführungen im Wesentlichen abgeschlossen waren, habe ich nur einige Verweise und gelegentliche nachträgliche Bemerkungen gewidmet. Namentlich gilt dies von der Arbeit Curtis' Angl. XVI 387 ff., XVII 1 ff., 125 ff., mit dem ich mich vielfach berühre. Die kurzen Proben aus diesen Untersuchungen, die in meinem auf der Wiener Philologenversammlung gehaltenen Vortrag dem Wortlaut nach schon enthalten waren und auch Angl. XVI 370 ff. gedruckt sind (§§ 34—38, 97 f., die me. nordh. $\bar{o}$ für ae. $\bar{a}$ behandelnd), habe ich, von geringfügigen tatsächlichen Berichtigungen und stilistischen Besserungen abgesehen, unverändert gelassen. Im nächsten Heft jener Zeitschrift (XVI 414 f.) ist Curtis, offenbar ohne meinen Vortrag zu kennen, auf Grund desselben Materials zu denselben Ergebnissen gelangt — eine für beide Teile erfreuliche Übereinstimmung. Die gleiche Auffassung hat später Köster in seiner Ausgabe der Susanne (QF. 76 S. 49) geäussert.

Wer das Vorgebrachte nachprüft, möge nach zwei Richtungen hin billige Nachsicht haben. Die Angaben über die modern-dialektischen Lautungen beruhen zum grössten Teil auf dem Material Ellis', das manchmal recht spärlich ist. Unrichtige Verallgemeinerungen und schiefe Zusammenfassungen können hier trotz allen Bemühens untergelaufen sein, hoffentlich aber, aus den in der Einleitung dargelegten Gründen, ohne von wesentlichem Belang zu sein. Für den zweiten Teil habe ich mehr als 100 000 mittelenglische Reime durchgehen müssen und könnte da wol gelegentlich etwas übersehen haben. Wichtige Texte sind aber zweimal durchgearbeitet worden, und so glaube ich immerhin, dass mir nichts entgangen ist, was das Gesamtergebnis beeinflussen könnte.

Schliesslich habe ich manche freundliche Unterstützung dankbar anzuerkennen. Herr Professor Heinrich Zimmer war so gütig, mir über einen Punkt der gälischen Lautgeschichte ausführliche Aufschlüsse zu geben, die ich mit seiner Erlaubnis in einem Anhang (S. 296 ff.) abdrucke.

Ich glaube sagen zu können, dass sich meinem Danke alle Fachgenossen anschliessen werden. Für mancherlei Auskünfte bin ich Herrn Prof. Friedrich Kluge verpflichtet. Vielfache Anregung und Belehrung schulde ich meinen verehrten Freunden Prof. Alois Brandl und Prof. Eduard Sievers. Ersterer hat auch die grosse Mühe nicht gescheut, die Correcturbogen durchzusehen, und dabei Gelegenheit gefunden, mir verschiedene wertvolle Ratschläge zu erteilen. Allen sei auch an dieser Stelle herzlich Dank gesagt.

Graz, am 18. Dezember 1895.

Karl Luick.

INHALT.

1. Die mittelenglischen Längen in den lebenden Mundarten.

	Seite
Einleitung	1

Aufgabe und Grenzen der Untersuchung § 1 ff. Quellen § 5 f. Methodologisches § 7 ff.; Fehlerquellen für die Erfassung der heutigen Bestände § 8 ff.; Reconstruction der Vorgeschichte § 14 ff.; Verwertung der Grammatikerzeugnisse § 15 ff. Darstellungsweise § 21 ff.

1. $\bar{\imath}$ und $\bar{u}$ 17

Entsprechungen des $\bar{\imath}$: ai-Diphthonge, μ § 26; $\bar{\imath}$ § 27; $\bar{e}$ § 28. Vorgeschichte, verschiedenes Tempo der Diphthongierung § 29. — Entsprechungen des $\bar{u}$: au-Diphthonge, $\bar{u}$, $\bar{a}$, $u\vartheta$, ϑ, ai § 30. Verhältnis zu $\bar{\imath}$ § 31.

2. $\bar{a}$ § 32 20

3. Offenes $\bar{o}$. Geltungsbereich nach den Mundarten 20

Quellen des $\bar{\rho}$ § 33. Verdumpfung des ae. $\bar{a}$ nach den Mundarten § 34 ff. Nordhumbrische $\bar{o}$ § 35. Entstehung derselben § 36 ff. Ae. $\bar{a}$ vor χ, w § 39.

4. Offenes $\bar{o}$. Entsprechungen 25

$o\omega$, $u\vartheta$, $\bar{o}$, $o u$, $\bar{u}$ § 40 ff. Steigende Diphthonge § 47. ν, ϑ § 48. Hellere Vocale § 49. Me. $\bar{o}$ aus $\ddot{o}$- § 50. — Entsprechungen des $\bar{\rho}$ + μ § 51 ff. Gewöhnlich $\bar{o}$ § 52 f. Unverdumpftes $\bar{a}$ + μ § 54. Hellere Vocale für ϱ + μ § 55. Auch für $\bar{\rho}$ § 56 ff.

5. Offenes $\bar{o}$. Vorgeschichte der Entsprechungen . 33

Wiedergabe durch $\bar{\rho}$ § 59. Vorrücken zu ϱ § 60. Diphthongierung durch 'Abstumpfung', Zeitpunkt ihres Eintritts § 61 ff. Diphthongierung durch 'Zuspitzung', Zeitpunkt ihres Eintritts § 64. Diphthongierung durch Antritt eines i § 65. Vorrücken zur u-Qualität § 66. Steigende Diphthonge § 67. Verkürzung zu u, ν § 68. — Entwicklung des me. ϱ^u § 69 ff. Zweite Componente § 69 f. Erste

	Seite
Componente. Beziehung zur einfachen Länge § 71 ff.: zur Kürze § 76. Besondere Entwicklungen § 77 ff.: Wiedergabe durch die Entsprechung des me. $\bar{a}$ § 77; durch hellere Vocale. 'Aufhellung' § 78. Letztere auch bei $\bar{q}$ § 78 ff.	
6. Offenes $\bar{o}$. Die Schriftsprache in ihrem Verhältnis zu den Dialekten	45
Normale Entwicklung des $\bar{q}$ § 83. Abstumpfung § 84. Steigender Diphthong (*one, once*) § 85 ff. $\bar{u}$ § 88. u (*none, nothing*) § 89. Aufhellung (*broad, groat, bought* etc.) § 90 ff. Entstehung dieser Ausnahmen § 93. Rückwirkung auf die Dialekte § 94.	
7. Offenes o. Rückschlüsse auf die älteren Sprachperioden	51
Verdumpfung des ae. $\bar{a}$ § 95 ff. Nördliches Mittelland 95 f. Nordhumbrisches Gebiet § 97 f. $\bar{a}$ vor g aus $\mathfrak{z}, w$ § 99. Gesamtbild des Lautwandels § 100 ff. — Scheidung zweier me. $\bar{q}$ § 104. — Me. ai für ei § 105.	
8. Geschlossenes $\bar{o}$. Entsprechungen	58
Wiedergabe durch $\bar{q}$ § 106. Sonstige südhumbrische Entsprechungen ($\bar{u}$, ω, ou, $\ddot{u}/\ddot{o}$, $u\ddot{o}$) § 107 ff. Nordhumbrische Entsprechungen ($\ddot{u}/\ddot{o}$, $i\alpha$, $i\dot{o}$) § 111. Verhältnis von $\bar{q}$ und $\bar{q}$ § 112. Verhältnis von $\bar{q}$ und $\bar{u}$ § 113 — Entsprechungen von ae. $\bar{o}$ + $\mathfrak{z}, h$ § 114 ff.	
9. Geschlossenes $\bar{o}$. Vorgeschichte der Entsprechungen	64
Wiedergabe durch $\bar{q}$ § 117. Südhumbrische Entsprechungen § 118. Nordhumbrische § 119. $\ddot{u}/\ddot{o}$ im Südhumbr. § 120. $i\alpha$ im Südhumbr. § 121. Frühneuenglische Grundformen § 122. Ursprung des nordh. $\ddot{u}$ § 123 ff. Hinweise aus den modernen Verkürzungsproducten § 124 f. Frühe Modification des $\bar{o}$ § 126. Zusammenfall mit frz. $\ddot{u}$ § 127. Weiterentwicklung § 128 f. Keltische Beeinflussung? § 130 ff. Entstehung der sonstigen $\ddot{u}/\ddot{o}$ § 134 f. — Entwicklung von ae. $\bar{o}$ + $\mathfrak{z}, h$ § 136.	
10. Geschlossenes $\bar{o}$. Die Schriftsprache in ihrem Verhältnis zu den Dialekten. Rückschlüsse auf die älteren Sprachperioden	75
Normale Entwicklung der Schriftsprache § 138. Berührungen von $\bar{q}$ und $\bar{q}$ § 139. Me. $\bar{q}$ für ae. $\bar{o}\mathfrak{z}$ (*woo, swoon*) § 140 f.	
Beziehung zwischen den Wandlungen von $\bar{o}$ und $\bar{u}$ § 142. Berührungen zwischen $\bar{q}$ und $\bar{q}$ § 143 f.	
11. Geschlossenes e. Entsprechungen	80
Die e-Laute im Allgemeinen § 145 f. Quellen des $\bar{e}$ § 147. Wiedergabe durch e, ei, ee, ω § 148 ff. Verhältnis	

von ę und ī § 151. — Me. ę aus speciell anglischem ẹ́ § 152. — ę̄ vor ʒ, h § 153 ff.; ae. éo + ʒ, h § 153; ae. éa + ʒ, h § 154 f.

12. Geschlossenes ē. Vorgeschichte der Entsprechungen 86
Vorrücken zu ī und spätere Modificationen § 156. Symmetrie zu ǫ § 157 ff. Störungen derselben § 158 ff. Zusammenfassung § 161. — ę̄ vor ʒ, h § 162 ff. Entwicklung zu me. i § 162. Zu me. ę § 163 ff. Spurloser Ausfall des ʒ, h § 163 f. Bedingungen und Umfang desselben § 165 f. Übergang von i̯ zu einer Spirans § 167 ff. Zusammenfassung und Folgerungen § 171 f. Sonstige Entwicklung von ę̄ vor ʒ, h § 173. — Symmetrie zwischen den Entsprechungen von ę vor ʒ, h und ǭ vor ʒ, h § 174 ff. Parallele Entwicklung, spurloser Ausfall des ʒ, h nach ǭ, Fehlen der u-Entfaltung überhaupt § 175 f. Sonstige Fälle § 176 ff.

13. Geschlossenes ē. Die Schriftsprache in ihrem Verhältnis zu den Dialekten. Rückschlüsse auf die älteren Sprachperioden 97
Normale Entwicklung der Schriftsprache § 179. Spurloser Ausfall von ʒ (wer)? 180.
Beziehung zwischen den Wandlungen von ę und ẹ § 181 f. Verhältnis zu denen von ǫ und ọ̄ § 182 ff. Ws. ie, ý gegenüber angl. í, éo (Umlaut von éa, éo) § 186 f. Entwicklung von éo, éa + ʒ, h § 188 ff.; von ó + ʒ, h § 192.

14. Offene ē-Laute. Entsprechungen 105
Me. ę̄, Quellen § 193. Entsprechungen im Allgemeinen (ę̄, ẹ, iə, eə, ei) § 194. Der Süden und Osten 195 ff. (Entsprechungen § 195, Verhältnis zu me. ę § 196, Umfang des ę̄, Wiedergabe von ae. ǣ² § 197.) Das Mittelland und der Norden § 198 ff. (Entsprechungen § 198, Verhältnis zu ę̄ § 199, Umfang des ę̄ 200 ff., Wiedergabe von ae. ǣ² 200 f , von ę̄- § 202, von ǣ¹ und éa § 203.) Das Schottische § 204 ff. (Entsprechungen, Berührungen mit ā § 204 f., mit ei, ai § 206) Zusammenfassung bez. des Verhältnisses von me. ę̄ und ę § 207.

Me. ā, Quellen § 208. Wiedergabe durch a § 208 ; durch ę̄, ę, eə, ei, i § 209. Geographische Verteilung § 210. Speciell nordhumbr. me. a § 211 Verhältnis von me. a und ę̄ § 212 f. Berührungen und Zusammenfall von me. a und ę̄ § 213.

Die me. ei-, ai-Diphthonge § 214. ai aus ae. æʒ, eʒ, an. ei § 215 ff. Wiedergabe durch ai, ę̄, eə, iə, ei § 216. Geographische Verteilung und Verhältnis zu me. ā § 217 ff.: der Süden § 217, Westen, Osten § 218, das Mittelland

§ 219, der Norden § 220, Schottland § 221. Zusammenfassung bez. des Verhältnisses von *ai* und *ā* § 222. Verhältnis von *ai* und *ę̄* § 223. Besondere Berührungen von *ai* mit *ā* und *ę̄* § 224. — Me. *ei, ai* aus ae. *ǣ₃* § 225 ff. Wiedergabe durch die Entsprechungen von me. *ai, e* und anderes § 226. Scheidung von *ǣ¹₃* und *ǣ²₃* § 227. — Sonstige *ei-, ai-*Diphthonge § 228.

15. Offene *ē*-Laute. Vorgeschichte der Entsprechungen 123

Symmetrie zwischen *ǭ* und einem der off. *ē*-Laute § 229. Zwei Dialektgruppen § 230. Fehlen einer solchen Symmetrie § 231. Symmetrie der Lautveränderungen im Ganzen § 232. Entstehung derselben § 233.

Lautliche Entwicklung des symmetr. off. *ē*-Lautes § 234 ff. Wiedergabe durch *ę̄* § 234. Abstumpfung § 234 ff. Zeugnisse und Datierung § 235 ff. Verhältnis zu *ǭ* § 243. Vorrücken zur *i*-Qualität § 244. Basis der Abstumpfung § 245 ff. Folgerungen für die Datierung § 248. Tendenz der Gesamtentwicklung § 249. Zusammenfassung bez. der Abstumpfung § 250. — Abstumpfungsdiphthonge für andere Laute § 251 ff.: für me. *ę̄, ǭ* § 252, sowol für *ā* als für *ę̄*, zweite Abstumpfung § 253. — Zuspitzung § 255.

Etymologische Vorgeschichte des symmetr. off. *ē*-Lautes § 256 ff. Verschiedene Entwicklung des me. *ā* § 257 ff. Zeugnisse für das nordh. Gebiet § 260 ff., für das südh. 264 f. Weiterentwicklung § 266.

Symmetrie zwischen *ē* aus *ǣ*- und *ǭ* aus *ō*- § 267 ff. Mittelenglische Basis, mittleres *ē* und *ō* § 268 ff.

Unsymmetr. off. *ē*-Laut § 272 ff. Vorrücken gegen das Vocalextrem in der Gruppe II § 273, in der Gruppe I § 274 ff. Zusammenfall von me. *ę̄* und *ę̄* § 275, von me. *ę̄* und *ā* § 276. Beseitigung des Mangels an Symmetrie § 277. — Die Entwicklung des me. *ę̄* § 278 ff. Beziehung zu der des *ā* § 278. Chronologie § 279. Zeugnisse dafür § 280.

Me. *ai* aus ae. *ǣ₃, eǣ₃*, an. *ei* § 281 ff. Bewahrung § 281. Monophthongierung, Parallelismus zwischen der ersten Componente und *ā* § 282 ff. Chronologie § 285 f. Zeugnisse für das nordh. Gebiet § 287 ff., für das südh. § 291 ff. — Aufhören des Parallelismus zwischen erster Componente und *a*, Beseitigung der Formen *ęǫ, ǫǫ* § 294 ff. — Ursachen des Unterbleibens der Diphthongierung § 298 f. — Beziehungen von *ai* und *ę̄* § 301 f. — Symmetrisches Gegenstück zu *ai* und *ǫu* § 303 ff.

Me. *ei, ai* aus ae. *ǣ₃* § 308 ff. Verschiedene Entwick-

lung nach der Stellung des ʒ § 308. Entwicklung zu me.
ai, ē § 309 f., zu modernen ei/ai-Diphthongen § 311.

16. Offene ē-Laute. Die Schriftsprache in ihrem
Verhältnis zu den Dialekten 171
Der symmetr. Laut, me. ā § 312. Doppelheit in der
Entwicklung des me. ā § 312 ff. Lautliche Ausgestaltung
§ 318. — Der unsymmetr. Laut, me. ę̄ § 319 ff. Abstumpfung § 320 f. Berührungen von ę̄ und ā § 322 ff.:
break, great, steak, yea § 323 ff.: Fälle vor r, bear, wear etc.
§ 330 ff.; lautliche Wirkung des r § 333; Seitenstück auf
der o-Seite § 334; Weiterwirken des r § 335. — Me. ai
aus ae. ǣʒ, ēʒ, an. ei § 336 f. Me. ei, ai aus ae. ǣʒ § 338 ff.
Vertretung durch me. ę̄, either, key § 338 ff.: durch den
Laut des me. i, either § 341 f. Unklare Fälle § 343.

17. Offene ē-Laute. Rückschlüsse auf die älteren
Sprachperioden 185
Die Abgrenzungen der heutigen Entsprechungen
§ 345 ff. Monophthongierung der ae. Diphthonge § 346.
Nordhumbrisches Schwanken zwischen ēa und ēo § 347.
Ws. ǣ gegenüber angl. ē für germ. ē § 348. Der Um-
laut von ā durch ae. ē me. ę̄ wiedergegeben § 349. Auslautendes ǣ zu ę̄ § 350. Sonstige Fälle von ę̄ statt zu
erwartendem ę̣ § 351. ę̄ aus e- und ō aus o- § 352 ff.
Ursprung der mittleren Qualität § 354. Eine deutliche
Dialektgrenze § 355. Berichtigung der bisherigen Forschung § 356. — Einige spätmittelengl. Lautwerte § 357 f.
— Monophthongierung des ai § 359 ff. Schottland § 359 ff.
Nordengland § 362 ff. Untersuchung der Yorker Spiele
§ 363 ff. Zusammenfassung bez. der Monophthongierung
auf nordh. Gebiet § 369. Das Mittelland § 370. Zusammenfassung bez. ai § 371 f. — Zusammenfassung aller chronologischen Ergebnisse bez. der off. ē-Laute § 373. — Zeitliche Abstufung in der Entwicklung des ai § 374. Das
abweichende Verhalten des Südwestens und des äussersten
Nordens § 375. Besondere Berührungen von ai mit a
und ę̄ § 376 f. — Ae. ǣʒ, der sogenannte Palatalumlaut
§ 378 f.

Gesamtübersicht über die Entwicklung der me.
Längen in den lebenden Mundarten § 380 (mit
Tabelle nach S. 208).

II. **Die Entwicklung von ae. i, u in offener Silbe.**

Seite

Einleitung § 381 209
1. Bisherige Forschung 209
 Ältere Vulgatansicht, Sweet, ten Brink, Morsbach, Brugger § 382. Sarrazin, nc. ee, oo für i-, u- § 383 f. Brandl § 385. Einzuschlagender Weg § 386 f.
2. Entsprechungen in den lebenden Mundarten . . 214
 Wiedergabe durch me. i, u, $ę$, $ǭ$ § 388 ff. Verbreitungsgebiete von $ę$, $ǭ$ § 396. Umfang von $ę$, $ǭ$ § 397 f. Vorgeschichte § 399. Ergebnis § 400.
3. Mittelenglische Entwicklung. Allgemeines . . 223
 Einleitendes § 401. Schreibung § 402. Reimgebrauch § 403 ff. Methodologisches zur Verwertung des Reimgebrauchs § 404 ff. Specialisierung für den vorliegenden Fall § 409 ff.
4. Mittelenglische Entwicklung. Der Cursor Mundi 230
 Gründe für die Wahl dieses Denkmals § 412. Handschriften § 413. Schreibung § 414. Reime: Vorfrage nach ihrer Genauigkeit § 415 ff. Qualitative Ungenauigkeiten: $i : e$ § 415 ; $i : ę$ § 416 ; $ū : ǭ$ § 417. Quantitative Ungenauigkeiten § 418 ff.: zweite Compositionsglieder und Enklitika im Reim auf Länge § 419 ff.: ebenso sonstige nachtonige Silben mit Vollvocal § 422 ff.: neuerliche Verkürzung § 427. Zusammenfassung § 428 f. Sonstige Quantitätsverletzungen § 430 ff. Verletzung von Quantität und Qualität § 436. Ergebnis § 437. — Reimgebrauch bez. i-, u- § 438 f. Schlüsse daraus § 440 ff. Ergebnis § 446.
5. Mittelenglische Entwicklung. Die übrigen nordhumbrischen Denkmäler 245
 Psalter § 448 ff. Nördliche Passion § 451. Lay Folks' Mass Book § 452. York Hours § 453. Feinde des Menschen § 454. Evangelium Nicodemi § 455 f. (Me. *flum* § 456). Sieben Todsünden § 457. Nordenglische Homilien § 458 ff. Nordenglisches Legendar § 461 ff. (Me. *domb* § 463). Prick of Conscience § 465 ff. (Ac. *smoca* § 469). Ywain and Gawain § 470 ff. Epistel von der Susanna § 473. Disput zwischen einem Christen und einem Juden § 474. St. Johannes der Evangelist § 475. Barbour's Bruce § 476 ff. Schottische Legendensammlung § 481 ff. Trojanerkrieg § 492 ff. Thomas of Erceldoune § 496. XV Signa ante Judicium § 497. Benedictinerregel § 498 ff. Spätere nordhumbrische, namentlich schottische Denkmäler § 501 f.
6. Mittelenglische Entwicklung. Die südhumbrischen Denkmäler 265

	Seite
Süden und südliches Mittelland § 503. Nördliches Mittelland § 504. Vereinzelte Formen mit Länge § 505 f. Verhalten Chaucer's, der Roman von der Rose § 507. — Belege für *i-, a-* vor $\mathfrak{z}$ § 508.	
7. **Mittelenglische Entwicklung. Das Lautgesetz**	269
Die geographische Begrenzung der *ẹ, ọ* in den Mundarten und im Mittelenglischen § 509. Umfang der *ẹ, ọ* im Mittelenglischen § 510 ff., verglichen mit den Mundarten § 514. Das Lautgesetz § 515. — Weitere Zusammenhänge § 516 ff. Längung der Kürzen in offener Silbe. Veränderungen in der Qualität der Kürzen § 517 ff. Ergebnisse § 522. Verhältnis zur früheren Forschung § 523. Folgerungen § 524 ff. Die Schreibung *o* für *u* im Norden § 524, im Süden § 525 ff. Die Schreibung *e* für *i* § 528. — Chronologisches Verhältnis zur nordh. Modification des *ọ* § 529. — Verhältnis zur bisherigen Forschung § 530.	
8. **Spuren des Lautwandels im Neuenglischen. Etymologicon**	281
Deutlich hierhergehörige Fälle § 532 ff. Der Name *Tees* § 535a. Doppelformen § 536. im Frühneuenglischen § 537. Etymologisches § 538 ff. *besom* § 539. *bisson* § 540. *blite* § 541. *boul, bool* § 542. *breeze* 'Bremse' § 543. *breem(e)* § 544. *brook* § 545. *bud* § 546. *bull* § 547. *burly* § 548. *clutch* § 549. *cowl, cool* 'Kübel' § 550. *creek* § 551. *dove* § 552. *duck* 'Ente' § 553. Ae. *hīgian* § 554. Me. *kiken, keken* § 555. *kick* § 556. *pool, pill* § 557. *poor* § 558. *schooner* § 559. *shoce (suck, brook, sup)* § 560. *sleek, slick* § 561. *sneer* § 562. *suck, sup* § 563. *sweep* § 564. *teat* § 565.	

Anhänge	296
I. Über gil. *ao* § 566 ff.	296
II. Zu *give* § 582 f.	302
III. Zu me. *come sh.* § 584	303

Schlussbemerkungen	305
Gesamtenglische Vocalentwicklung in der neueren Zeit § 585 ff. Mittelengl. Grundlagen § 586. Speciell neuengl. Entwicklung § 587 ff. Einordnung der Einzeldialekte	

§ 595. Der Dialekt von Windhill § 596 f., von Süd-Cheshire § 598. Verhältnis der Schriftsprache zu den Dialekten § 599 ff. Ihre Anfänge § 599. Ihre dialektischen Charakteristica im Spätmittelengl. § 600, im Neuengl. § 601. Dialektische Einschläge im Neuengl. § 602 f. Causalbeziehungen in der Lautentwicklung § 604 ff. Die vorgekommenen Fälle § 604. Erklärung § 605 ff. Folgerungen § 609 ff. Seltenheit des Zusammenfalls zweier Laute in Folge spontanen Lautwandels § 609. Häufige Erneuerung gewisser Lauttypen § 610 f. Erneuerung ganzer Lautsysteme § 612 f. — Schlusswort § 614.

Sachregister . . . 323
Wortregister 330
Berichtigungen und Nachträge 333

VERZEICHNIS DER ABKÜRZUNGEN.
(von allgemein geläufigen abgesehen).

Behrens: Beiträge zur Geschichte der französischen Sprache in England I. Heilbronn 1886 (Französische Studien hg. von Körting und Koschwitz V, 2).

Brandl Erc.: Thomas of Erceldoune, hg. von Alois Brandl. Berlin 1880 (Sammlung englischer Denkmäler in kritischen Ausgaben, 2. Band).

ten Brink: Chaucers Sprache und Verskunst. Leipzig 1884

Brown: Die Sprache der Rushworth-Glossen zum Evangelium Matthäus und der mercische Dialekt I. Göttingen 1891.

Bülbring: Geschichte der Ablaute der starken Zeitwörter innerhalb des Südenglischen. Strassburg 1889 (QF. 63).

Carstens: Zur Dialektbestimmung des mittelenglischen Sir Firumbras. Kiel 1884.

Cosijn: Altwestsächsische Grammatik. Haag 1883.

Dieter: Über Sprache und Mundart der ältesten englischen Denkmäler. Göttingen 1885.

Ellinger: Über die sprachlichen und metrischen Eigentümlichkeiten in 'The Romance of Sir Perceval of Galles'. (Programm) Troppau 1889.

Ellis: The Existing Phonology of English Dialects (On Early English Pronunciation V). London 1889.

Ellis 1 etc.: On Early English Pronunciation I—IV. London 1867—1874.

Darlington: The Folk-Speech of South Cheshire. London 1887.

Elworthy: The Dialect of West Somerset. Transactions of the Philological Society, 1875 1876, S. 197 ff.

Fick: Zum mittelenglischen Gedicht von der Perle. Kiel 1885.

Fuhr: Lautuntersuchungen zu Stephen Hawes' Gedicht The Pastime of Pleasure. Marburg 1891.

Gasner: Beiträge zum Entwicklungsgang der neuenglischen Schriftsprache auf Grund der mittelenglischen Bibelversionen, wie sie auf Wyclif und Purvey zurückgehen sollen. Nürnberg 1891.

Hellmers: Über die Sprache Robert Mannyng's von Brunne. Goslar 1885.

Heuser: Die mittelenglischen Legenden von St. Editha und St. Etheldreda. Erlangen 1887.
Hoelper: Die englische Schriftsprache in Tottel's 'Miscellany' (1557) und in Tottel's Ausgabe von Brooke's 'Romeus and Juliet' (1562). Strassburg 1894.
Kaluza: Chaucer und der Rosenroman. Berlin 1893.
Knigge: Die Sprache des Dichters von Sir Gawain and the Green Knight, der sogen. Early English Alliterative Poems und de Erkenwalde. Marburg 1885
Kramer: Sprache und Heimat des sogen. Ludus Coventriae. Berlin 1892.
Lewin: Das mittelenglische Poema Morale hg. von Hermann Lewin. Halle 1881.
Lindelöf: Die Sprache des Rituals von Durham. Helsingfors 1890.
Löwisch: Zur Englischen Aussprache von 1650–1750. Kassel 1889.
Lummert: Die Orthographie der ersten Folio-Ausgabe der Shakspere'schen Dramen. Halle 1883.
Mall: The Harrowing of Hell. Berlin 1871.
Meyer: Zur Sprache der jüngeren Teile der Chronik von Peterborough. Jena 1889.
Mohr: Sprachliche Untersuchungen zu den mittelenglischen Legenden aus Gloucestershire. Bonn 1888
Morsbach: Über den Ursprung der neuenglischen Schriftsprache. Heilbronn 1888.
Murray: The Dialect of the Southern Counties of Scotland. London 1873.
Pabst: Die Sprache der mittelenglischen Reimchronik des Robert von Gloucester. Berlin 1889.
Panning: Dialektisches Englisch in elisabethanischen Dramen. Halle a. S. 1884
Pogatscher: Zur Lautlehre der griechischen, lateinischen und romanischen Lehnworte im Altenglischen. Strassburg 1888 (QF. 64).
Römstedt: Die englische Schriftsprache bei Caxton. Göttingen 1891.
Salge: Der Vokalismus in den Gedichten des Earl of Surrey Jena 1888.
Schleich Yw.: Ywain and Gawain, hg. von Gustav Schleich. Oppeln und Leipzig 1887.
Schultz: Die Sprache der 'English Gilds' aus dem Jahre 1389 Hildesheim 1891.
Sievers: Angelsächsische Grammatik. Zweite Auflage. Halle 1886.
Wackerzapp: Geschichte der Ablaute der starken Zeitwörter innerhalb des Nordenglischen I. Münster 1890.
Wright: A Grammar of the Dialect of Windhill in the West Riding of Yorkshire. London 1892.

1.

Im fünften Bande seines Werkes 'On Early English Pro- nunciation' hat Ellis eine Darstellung der Laute der lebenden englischen Mundarten gegeben und damit reiches Material für sprachgeschichtliche Studien geliefert. Im Folgenden soll untersucht werden, welche Entwicklung die mittelenglischen langen Vocale und die ihnen nahestehenden Diphthonge — beides innerhalb des germanischen Sprachguts — in den Mundarten genommen haben und wie weit sie etwa ausserdialektische Verhältnisse, der Schriftsprache einer-, der älteren Sprachperioden andererseits, aufhellen kann.

Die angegebene Begrenzung hat sich aus der Sache selbst ergeben. Bei der Verfolgung specieller Probleme erwies es sich bald als notwendig, die Grenzen der Untersuchung zu erweitern. Die Entwicklung der Kürzen, soweit sie kurz geblieben sind, hat bereits Ellis (S. 823 f.) zusammenfassend besprochen. Das wichtigste Ergebnis, die Entwicklung des ae. me. ŭ. hat sogar in seiner Karte Ausdruck gefunden. Hier liegen die Verhältnisse ziemlich einfach. Bedeutend verwickelter sind sie bei den Längen und die vereinzelte Betrachtung des einen oder anderen Vocals wäre untunlich. Die Zahl der Lautqualitäten ist schon im Mittelenglischen grösser. Vielfach kommt es aber der Sprachgeschichte nicht bloss auf die absoluten Werte, die geltenden dialektischen Laute an, sondern auch auf relative, d. h. auf das Verhältnis zu den benachbarten Lauten, ob also eine ursprüngliche Scheidung noch gilt, oder ob und wie Zusammenfall eingetreten ist. Daher machte die Verfolgung eines Lautes die der benachbarten notwendig, bis der Kreis erschöpft war, und auch diejenigen Diphthonge, welche im Lauf der Sprachentwicklung vielfach mit den Längen zusammenfallen, mussten herangezogen werden, weil sich gerade aus ihrem Verhalten manchmal wichtige Folgerungen ergeben.

3   Die Quantitätsverhältnisse sind nur insoweit in Betracht gezogen, als es sich darum handelte, ob der Ausgangspunkt für die speciell dialektische Entwicklung wirklich die Länge war, welche nach den Ergebnissen der intern-mittelenglischen Grammatik vorauszusetzen ist. In dieser Beziehung hat sich nun aus der lautlichen Ausgestaltung der modernen Entsprechungen durchaus Bestätigung ergeben: die grossen Quantitätsveränderungen im Alt- und Frühmittelenglischen sind allen Dialekten gemein. Die späteren quantitativen Vorgänge sind nicht verfolgt worden: sie sind weniger durchgreifend und aus dem vorliegenden Material viel weniger deutlich zu erkennen.

4   Von Wichtigkeit war es auch, die Untersuchung nicht auf einzelne Teile des Sprachgebietes zu beschränken, sondern auch in geographischer Beziehung so weit als möglich anzulegen. Nur die vergleichende Durcharbeitung grosser Bestände konnte eine Gewähr für sichere Ergebnisse in sich tragen.

5   Einer solchen vergleichenden Untersuchung kommt nun die Gruppierung und Anordnung des Materials in Ellis' Riesenwerke wesentlich entgegen. Es handelt sich ihm um den Lautstand der lebenden Mundarten, und nur nebenher hat er auch Elemente der Formenlehre und der Syntax berücksichtigt. Welche Wege er einschlug, um zu diesem Ziele zu gelangen, setzt er in der Einleitung auseinander. Zum Teil haben seine phonetisch geschulten Helfer oder er selbst die mundartlichen Laute gehört, zum Teil musste er sie aus schriftlichen Mitteilungen erschliessen. Bezüglich der Fassung der Angaben erwies es sich nach mannigfachen Versuchen als das Beste, die Gewährsmänner, meist Gebildete, welche den Dialekt beherrschen, eine Wortliste vorsprechen bez. transcribieren zu lassen, welche nach den altenglischen, speciell westsächsischen Vocalen geordnet, eine Reihe von

Belegen für jeden enthält, und zwar in solcher Anzahl und Auswahl, dass auch etwaige Sonderentwicklungen sichtbar werden können. Die Liste umfasst 712 Wörter. Dazu kamen eine Reihe von Wörtern, deren westsächsische Vorstufe nicht belegt oder nicht gesichert ist (713—808), und schliesslich eine Auswahl romanischer Wörter (809—971). In diese 'classified word-list' (S. 16* ff.) wurde dann das früher erlangte Material des 'comparative specimen' (S. 7*) und des 'dialect test' (S. 8*), gelegentlich auch anderweitige Angaben, wo solche vorlagen, aufgenommen, so dass sie den Grundstock des Werkes bildet. Sie muss daher auch einem vergleichenden Studium der lebenden Mundarten als Grundlage dienen. Daneben kommen die übrigen Dialektproben weniger in Betracht: sie dienen nur zur Ergänzung der aus den Wortlisten gewonnenen Ergebnisse.

Von geringerem Belang sind die übrigen Schriften über neuenglische Mundarten. Meist sind sie für lautliche Untersuchungen ganz unbrauchbar (vgl. J. Wright in Paul's Grdr. I 975), und so weit sie brauchbar sind, hat sie bereits Ellis ausgenutzt. Wichtig sind zwei Werke, welche in glücklichster Weise das aus Ellis gewonnene Bild vervollständigen: Elworthy's 'Dialect of West Somerset' (Trans. Phil. Soc. 1875—6 S. 197 ff.) und Murray's 'Dialect of the Southern Counties of Scotland' (Trans. Phil. Soc. 1870—72 S. 1 ff.). Beide betrachten zwar den Lautstand ihrer Mundart nicht eigentlich vom historischen Standpunkt aus, aber ihre genauen Angaben, namentlich die Vollständigkeit anstrebenden Wörterverzeichnisse Elworthy's, liefern eine Fülle von Material, das um so wertvoller ist, als wir einerseits einen echt südlichen, andererseits einen echt nördlichen Dialekttypus vor uns haben. Auch Darlington's 'Folk-Speech of South Cheshire', London 1887 (Engl. Dial. Soc. 53) enthält sehr genaue Angaben, doch ist das hier gebotene Material ziemlich vollständig in Ellis übergegangen. Wegen ihrer streng historischen Anlage überaus wertvoll ist die jüngst erschienene Darstellung des Dialekts von Windhill im südlichen Yorkshire durch Joseph Wright (A Grammar of the Dialect of W., London 1892, Engl. Dial. Soc. 67), der auch schon

bei den betreffenden Abschnitten von Ellis mitgearbeitet hat.
Seine ausführliche Darstellung mit ihrem reichen Material
eröffnet mannigfache Ausblicke und erhellt die Verhältnisse
im ganzen nordwestlichen Mittelland.

7   Die Verwertung des riesigen, von Ellis angesammelten
Materials ist allerdings, trotz der glücklichen Anlage des
Buches, mit mancherlei Schwierigkeiten verbunden. Doch
haben wir uns vor allem gegenwärtig zu halten, dass es
sich um eine vergleichende Untersuchung handelt. Alles
Einzelne ist an sich von minderer Bedeutung, es wird erst
wichtig in Zusammenhang mit Gleichem oder Verwandtem.
Es kommt darauf an, in der Masse der Erscheinungen das
Typische, Allgemeine herauszufinden und sich von dem Bei-
werk des Besonderen nicht verwirren zu lassen. So wird
es möglich sein, die Fehler zu vermeiden oder doch tunlichst zu vermindern, welche bei einer derartigen Behandlung eines so grossen Sprachstoffes, sei es dem Sammler, sei
es dem Bearbeiter, leicht unterlaufen.

8   Zunächst kann die Wiedergabe eines mundartlichen
Lautes bei Ellis unrichtig sein, weil er oder sein Gewährsmann ihn nicht richtig erfasst haben. Da die mannigfachsten Laute zu bestimmen waren, ist diese Fehlerquelle
selbst bei einem Phonetiker vom Range eines Ellis nicht zu
unterschätzen. Glücklicherweise kommt sie für sprach-
historische Zwecke weniger in Betracht, da es sich da nicht
so sehr um absolute Werte handelt als um Lauttypen.
In einem südwestlichen Dialekte z. B. ist *make* durch 'm*ie*k'
wiedergegeben (S. 49); wenn nun auch vielleicht der
Diphthong nicht ganz richtig analysiert ist, so wird doch
gewiss ein Diphthong des Typus *ia* gelten, und darauf kommt
es der Lautgeschichte hauptsächlich an. Der absolute Wert
ist dann von Wichtigkeit, wenn es sich darum handelt, ob
zwei Laute zusammengefallen sind oder geschieden werden.
In dieser Richtung dürften aber Ellis und seine Gewährsmänner weniger gefehlt haben, da es leichter ist, Gleichheit
oder Verschiedenheit zweier Laute festzustellen, als sie genau zu bestimmen. Schwieriger liegen die Verhältnisse da,
wo Ellis oder seine Helfer nicht selbst die mundartlichen

Laute hörten, sondern auf schriftliche Darstellung anderer, nicht phonetisch Geschulter, angewiesen waren. Glücklicherweise sind diese Fälle im ganzen doch in der Minderzahl.

Von grösserer Bedeutung ist bei den Zwecken, die wir verfolgen, eine andere Fehlerquelle. Es liegen uns in Ellis' Wortlisten nicht sämtliche Wörter vor, die einen bestimmten Laut enthalten, sondern nur eine Auswahl, und auch diese ist nicht immer vollständig transcribiert, sondern manchmal sehr lückenhaft. Wir müssen von einer mehr oder minder unvollständigen Anzahl von Belegen auf die Gesamtheit schliessen und sind allen Gefahren dieses Schlusses ausgesetzt. Wir können etwa eine Sonderentwicklung als die allgemeine auffassen, oder, wenn sich uns verschiedene Entwicklungen darstellen, ihre Bedingungen nicht richtig erkennen. Das ist ja ein Übelstand, der immer zu Tage tritt, wenn ein der Mundart nicht mächtiger sie lautgeschichtlich zu fixieren sucht. Ich habe selbst einmal vor den Gefahren gewarnt, die die Verwendung von Fragebogen mit Musterwörtern begleiten (Zs. f. d. österr. Gymn. 1889, S. 930). In unserem Falle liegen die Verhältnisse nun doch etwas günstiger, weil Ellis' Wortliste verhältnismässig gross ist. Der auf westsächsische und altnordische Formen zurückgehende Teil umfasst 712 Wörter, während Sweet in seiner HES. 2143 Wörter der Schriftsprache verzeichnet, deren Herkunft aus solchen Formen gesichert ist. Wenn man bedenkt, dass manche von diesen in den Mundarten überhaupt nicht vorkommen, weil sie Begriffe bezeichnen, welche über dem Bereich der mundartlich Sprechenden liegen, und wenngleich man in Rechnung zieht, dass andererseits manche Wörter von Ellis' Liste in den Mundarten fehlen, so wird man immerhin annehmen dürfen, dass sie mindestens ein Drittel, oft aber gewiss nahezu die Hälfte der Dialektwörter enthält, die uns in altenglischen Formen bekannt sind. Wir können diesen Überschlag erproben an Elworthy's Darstellung der Laute von West-Somerset, welche ja Vollständigkeit der Belege anstrebt. Wenn man die ersten zehn Seiten seiner Wortverzeichnisse (den vierten Theil aller) auszählt und danach die Zahlen für das Ganze berechnet, so ergiebt sich, dass seine Verzeichnisse gegen 3000 Wörter enthalten. Von diesen stammt ein guter Teil aus dem Romanischen, ein anderer nicht geringer ist fraglichen Ursprungs oder doch nicht im Altenglischen belegt. Auf altenglische Etyma sicher zurückführbar sind nur gegen 1050 Wörter, und von diesen stehen 340, also ein Drittel, in Ellis' Liste. Ein ähnliches Verhältnis ergiebt sich bei Auszählung von Wright's Index, der ja alle ihm etymologisch klaren Dialektwörter enthält. Mit einem solchen Bruchteil des Wortschatzes zu arbeiten, ist aber unserer Forschung ganz geläufig; in Perioden oder bei Dialekten, die nur spärliche Denkmäler aufweisen, ist oft ein noch geringerer Teil belegt und doch fühlen wir uns berechtigt, nach Massgabe verwandter Sprachzustände das Fehlende zu construieren. Dasselbe werden wir bei den lebenden Mundarten tun dürfen, obwohl die Verästelungen der Laute in ihnen gewiss mannigfacher sind als in alter Zeit. Dass wir fehlen, ist nicht ausgeschlossen: aber die Gefahr ist kaum grösser als bei Untersuchungen von schriftlichen Sprachquellen, und die Einzelforschung wird Fehler viel leichter aufdecken können.

Wo wir also die Wortliste vollständig haben, stehen wir auf ziemlich sicherem Boden. Leider ist dies nicht immer der Fall. Über die nördliche Hälfte des englischen Sprachgebietes liegt reichliches Material vor, im Süden und Osten sind aber die Wortlisten häufig sehr lückenhaft, ja sie bestehen manchmal nur aus zwanzig bis dreissig Wörtern. In solchen Fällen kann zuweilen nach Massgabe eines besser belegten Nachbardialektes vieles ergänzt werden. So wirft Elworthy's Darstellung Licht auf das ganze südwestliche Gebiet, die von Wright auf das nördliche Mittelland. Oft ist aber auch auf diesem Weg nur ein geringer Grad von Wahrscheinlichkeit zu erreichen. Was in den folgenden Darlegungen über den östlichen Teil des Südens und den Osten gesagt werden wird, ist daher, wenn auch in den Grundzügen, wie ich glaube, zutreffend, in Einzelheiten weniger genau und weniger gesichert als das über die übrigen Landstriche Vorgebrachte. Bei genauerer Durchforschung dieser Mundarten wird vielleicht manches abzuändern sein. Doch stehen gerade diese Gebiete der Schriftsprache am nächsten, sind wohl auch am meisten von ihr beeinflusst und daher von minderer Wichtigkeit als die von der Hauptstadt weiter abliegenden Grafschaften.

Ähnliches gilt von der Untersuchung der geographischen Ausdehnung einer Erscheinung. Die Angaben, welche Ellis von seinen Gewährsmännern erhielt, beziehen sich gewöhnlich auf einzelne Ortschaften, seltener auf grössere Gebiete. Nur gewisse Haupterscheinungen wurden von seinen Helfern genau auf ihre Verbreitung verfolgt, indem sie die Grenzen wirklich bereisten. Wenn nun Ellis diese Einzelangaben zusammenfasst und auf Grund derselben 'districts' abgrenzt, so bedeutet das eine Verallgemeinerung, einen Schluss von mehreren oder vielen Punkten auf die ganze Fläche, und ist insofern nicht absolut sicher. Wenn wir also sagen, eine Erscheinung erstrecke sich über ein gewisses Gebiet, so gilt dies nur nach Massgabe des vorliegenden Materials. Es ist nicht ausgeschlossen, dass an einzelnen Punkten Abweichendes besteht, sei es dass Ellis Angaben nicht erhalten oder als unwesentlich nicht aufgenommen hat. Noch weniger können unsere Angaben über die Grenzen der Verbreitungsgebiete absolut Sicheres bieten. Das hängt zusammen mit Ellis' Begrenzungen, über deren Entstehung er S. 6 ff. handelt. Im Hinblick auf gewisse Erscheinungen der englischen Lautentwicklung und nach genauer Vergleichung der einzelnen Wortlisten ergaben sich ihm zunächst sechs Abteilungen ('divisions'), die südliche, westliche, östliche, mittelländische, nördliche und schottische. Innerhalb derselben schied er 42 Bezirke ('districts') aus, und innerhalb dieser wieder Varietäten. Sein Streben war dabei, nicht zu sehr ins Einzelne zu geraten und die Bezirke möglichst gross anzulegen. Ihre Grenzen sind genau bestimmt und ausführlich in seinem Werk angegeben worden, die Varietäten aber nur 'roughly located'. Wenn also das Verbreitungsgebiet einer Erscheinung nicht mit einem oder mehreren von Ellis' Bezirken zusammenfällt, so können wir die Grenzen nur annähernd bestimmen. Doch werden diese gewöhnlich sehr unvollkom-

menen Angaben wohl selten Unrichtiges bieten. Wenn es
sich aber, was einigemale der Fall sein wird, um die Frage
handelt, ob sich die Verbreitungsgebiete zweier Erscheinungen decken oder nicht, so dürfen wir immerhin aus
dem Umstand, dass sie an allen uns bezeugten Punkten entweder gar nicht oder gemeinsam auftreten, auf Gleichheit
jener Gebiete schliessen.

12 Eine weitere nicht zu unterschätzende Schwierigkeit
ergiebt sich aus dem Zustande der englischen Dialekte überhaupt. Ellis' Gewährsmänner und auch andere, die sich mit
den englischen Mundarten beschäftigt haben, klagen vielfach, dass sie im Aussterben begriffen seien und die Schriftsprache, obwol mundartlich gefärbt, vordringe. Wir haben
daher mit der Möglichkeit einer Beeinflussung von Seiten
der Schriftsprache viel mehr zu rechnen als etwa bei unseren
süddeutschen Dialekten. In der That treffen wir auch Erscheinungen, welche darauf hinweisen, dass dieser Einfluss
vielfach stark gewirkt habe. Wir finden z. B., dass Sonderentwicklungen in Wörtern, in denen auch die Schriftsprache sie kennt, auf ein viel weiteres Gebiet verbreitet
sind, als in lautlich ganz entsprechenden Fällen, die
die Schriftsprache nicht angenommen hat. Wir müssen
daher von vornherein den Grundsatz aufstellen, dass nur
das sicher dialektisch ist, was von der Schriftsprache abweicht, das mit ihr Übereinstimmende dagegen dem Verdachte der Entlehnung ausgesetzt ist, es sei
denn, dass die consequente Durchführung durch eine grosse
Zahl von Fällen ihn ausschliesst. Daher ist Vorsicht namentlich nötig bei Entwicklungen, welche nur in wenigen Fällen
eintreten und daher leichter Beeinflussungen von aussen zu-
gänglich sind, und ferner besonders im Süden und Osten,
wo der stärkere Verkehr mit der Hauptstadt, dem Hauptsitz der Schriftsprache, solche Vorgänge erleichtert.

13 Von Wichtigkeit ist es ferner, der Untersuchung nicht
zu enge Grenzen zu ziehen und dadurch zu falschen Schlüssen
zu gelangen. Manche Entsprechungen rücken erst in das
richtige Licht durch Vergleichung mit den benachbarten
Mundarten. Daher hat unsere Untersuchung die Abgrenzung

erhalten, die wir oben erörtert haben. Dass wir nicht auch alle Diphthonge einbezogen, sondern hauptsächlich verfolgt haben, was mit den einfachen Längen in Zusammenhang steht, also die Entwicklung von *me*, *eu*, *ęu*, *oi* und *ui* bei Seite lassen, dass wir ferner auch das *ü* der romanischen Lehnwörter nur gelegentlich berührt und die übrigen Vokale derselben nicht berücksichtigt haben, ist eine Einschränkung, die unter den tatsächlichen Verhältnissen zulässig war und die Einheitlichkeit der Untersuchung jedenfalls förderte.

Haben wir nun durch entsprechende Kritik das Tatsächliche der modernen Lautungen festgestellt und formuliert, so kommen wir zum zweiten Teil unserer Aufgabe: wir haben ihre Vorgeschichte, ihre Entwicklung zu ermitteln. Bis zum 15. Jahrhundert ungefähr, wo die mittelenglischen Dialekte vor der erstarkenden Schriftsprache zurückweichen, (in Schottland allerdings noch viel länger) haben wir schriftliche Aufzeichnungen der Vorstufen der heutigen Lautungen; von da an entbehren wir ihrer fast ganz. In den Dramen der Elisabethanischen Periode treten gelegentlich dialektisch sprechende Personen auf, und diese Transcriptionen, so schwerfällig und unbestimmt sie manchmal sind, geben für ein paar Punkte Hinweise. Ihre Behandlung bei Panning ist freilich völlig ungenügend. Wichtiger sind gelegentliche Bemerkungen bei den früheren Grammatikern, zum Teil sogar von hohem Wert, weil wir durch sie feste Stützpunkte für die Chronologie gewinnen. Auf ihre Darlegungen gründet sich ja auch fast alles, was wir über die Entwicklung der Schriftsprache seit dem 16. Jahrhundert wissen und das muss öfter die Grundlage für die Reconstruction der dialektischen Entwicklungen in diesem Zeitraum bieten. Denn wir dürfen von vornherein annehmen, dass ihre Entwicklung, wie sehr sie auch vielfach abweichen mag, doch mancherlei Analoga aufweisen wird und dass von ihr mit gebührender Vorsicht auf die Dialekte geschlossen werden darf. Daher kommen jene Grammatiker, wenn auch zum Teil mittelbar, für unsere Untersuchungen sehr in Betracht.

Das reiche Material, welches sie bieten, ist bisher von

der deutschen Forschung m. E. zu wenig verwertet worden,
zu Gunsten intern-mittelenglischer Studien. Die Hauptergebnisse Ellis' sind allerdings Gemeingut geworden und
haben eigentlich den festen Ausgangspunkt für die mittelenglische Grammatik gebildet. Aber weiter ist man selten
gegangen, manchmal mit der Begründung, dass jene Grammatiker zu unzuverlässig seien. So weit sie aber andererseits benutzt wurden, lässt sich öfter ein zu ängstliches
Haften am Wortlaut erkennen. Beides ist unrichtig. Auch
ihren Angaben gegenüber ist vorerst die Kritik zu üben,
welche bei allen historischen Zeugnissen nötig ist, auch den
schriftlichen Aufzeichnungen älterer Sprachformen; wenn sie
aber einmal kritisch berichtigt sind, haben sie mindestens
denselben Wert, ich möchte meinen noch höheren, als diese.
Zur Kritik fehlt uns wohl noch manches Material. Ellis, dem
das grosse Verdienst des ersten Anhiebes zukommt, hat naturgemäss noch allerlei zu tun übrig gelassen. Wir kennen
gewöhnlich nur Auszüge aus jenen Schriften und wenig
oder nichts über Herkunft, Stand, persönliche Beziehungen
und Neigungen ihrer Verfasser, kurz all das, was die Sprache
des Einzelnen und sein Verhältnis zur Sprache beinflusst.
Ein gut Teil davon, namentlich ihre Stellung gegenüber
der Sprache und die Absichten bei Abfassung ihrer Schriften,
ergiebt sich dem genauer Zusehenden allerdings vielfach
aus diesen selbst und aus der Vergleichung ihrer Angaben
mit denen anderer Quellen wie auch mit sonstigen Indicien:
denn stets ist der Blick auf's Ganze zu richten und alles
Vereinzelte als zu wenig gesichert in den Hintergrund zu
stellen. So bilden sich bei längerer Beschäftigung von selbst
Werturteile, die trotz der Lückenhaftigkeit des Materials
nicht unbegründet sein werden. Was sich mir in dieser
Beziehung ergeben hat, möge in aller Kürze skizziert werden,
weil die Verwertung der Zeugnisse im Folgenden dadurch
bestimmt ist.

Im 16. Jahrhundert sind grundlegende Autoritäten
Palsgrave, Salesbury, Smith und Bullokar, erstere
drei nachweislich gelehrten, zum Teil höfischen Kreisen, also den
höchsten Kreisen der Gebildeten angehörig. Von ihnen zeigen

Palsgrave und Bullokar zum Teil altertümlichere Lautungen, aber wir haben keinen Grund, sie zu verdächtigen. Ihnen würde Hart anzureihen sein, wenn er nicht so sehr in seiner Tendenz befangen wäre. Es kommt ihm darauf an, die echten und wahren Lautwerte der fünf Vocalzeichen zu ermitteln und sie womöglich wiederherzustellen. Daher erklärt er *ü* für einen Diphthong und wirft *ę* und *ǫ* zusammen (Angl. XIV 292; unten § 343; vgl. auch Ellis I 35). Die übrigen Quellen sind zum Teil (wie das Lambeth Fragment, Ellis I 226, III 815) wegen ihres hohen Alters vom Belang, zum Teil, weil sie zeigen, wie die englischen Laute von Ausländern aufgefasst wurden (wie du Guez, Ellis I 60), aber im ganzen doch in zweiter Linie.

Im 17. Jahrhundert steht im ersten Rang Gill (1564—1635), ein gelehrter Schulmann, und sehr conservativ. Er giebt im Wesentlichen wol die Lautungen des ausgehenden 16. Jahrhunderts wieder und steht den Neuerungen seiner Zeit feindlich gegenüber; aber er erwähnt und bespricht sie, so dass wir sie doch kennen lernen. Auch für Dialekte hat er Sinn und Beobachtungsgabe und schaltet in sein Buch ein Kapitel über sie ein (Ellis IV 1249 ff.), das uns sehr wichtig sein wird. Weit höher steht aber Wallis, Professor der Geometrie zu Oxford, ein Angehöriger des Kreises, aus dem die Royal Society hervorging, ein feinsinniger Mann, guter Beobachter und tüchtiger Phonetiker, dessen Vocalsystem in manchen Zügen an das Bell'sche erinnert. Auch er ist conservativ und deutlich bestrebt, eine vernünftige Übereinstimmung zwischen Lautung und Schreibung darzutun. Das verleitet ihn manchmal, 'richtigere' Aussprachsweisen zu empfehlen, die durch allgemeine Erwägungen zum Teil als blosse Constructionen erwiesen werden. Aber es ist anzuerkennen, dass er immer zuerst angiebt, was er wirklich hört, so dass die Sätze, in denen er die Sprache zu meistern sucht, sich leicht ausscheiden lassen. Ihm ist als dritte Grösse dieses für die Sprachentwicklung so wichtigen Jahrhunderts Cooper anzureihen, über dessen persönliche Verhältnisse leider nichts bekannt ist (auch das Dictionary of National Biography bietet nichts). Er giebt sich als ein origineller Beobachter (vgl. Ellis I 83) und zugleich als Fortschrittler zu erkennen. Manches was in der Folgezeit zur Herrschaft gelangt ist, lehrt er zum ersten Mal, ohne von den folgenden Gewährsmännern in allen Fällen sofort bestätigt zu werden. Er scheint überhaupt ein scharfer Kopf gewesen zu sein. — Die übrigen Quellen sind zur Ergänzung im Einzelnen ganz nützlich, die Ausländer besonders in dem Sinne wie im 16. Jahrhundert. Tendenziös und wirr ist der Schotte Hume (EETS. 5; vgl. unten § 290).

18   Im 18. Jahrhundert ist zunächst Lediard's englische Grammatik für Deutsche (Ellis IV 1040) besser und ausführlicher als ungefähr gleichzeitige englische Werke (wie Jones, der Expert Orthographist und Dyche). Er hat sich an guten englischen Autoritäten wie Wallis geschult. Später kommen dann Buchanan und die Aussprachewörterbücher von Sheridan und besonders Walker in Betracht. Die grosse Masse der deutschen Grammatiken aus dem Ende des 17. und dem 18. Jahrhundert, welche namentlich Victor gesammelt hat, steht zunächst an Wert hinter den englischen Quellen zurück. Sie sind mehr in ihrer Gesamtheit von Interesse, weil sie zeigen, wie das deutsche Ohr die englischen Laute erfasste. Im Verlaufe des Jahrhunderts macht sich jedoch eine Besserung bemerkbar, und gegen Ende desselben werden sie für gewisse Fragen auch deswegen wichtig, weil die heimischen Quellen zwar reichliche Auskunft über den Geltungsbereich der einzelnen Laute geben, aber für die Lautqualität manchmal wenig mehr als 'key-words' angeben. Ähnliches gilt von den französischen Werken dieser Art. —

19   Wenn uns nun die Grammatiker keine Aufschlüsse über dialektische Entwicklungen geben und auch die Analogie der Schriftsprache uns im Stiche lässt, so sind wir bei der Ermittlung der Vorstufen der heutigen dialektischen Lautungen allerdings auf blosse Construction angewiesen; aber sie ist weniger schwierig und gefährlich als es scheinen möchte. Die Zwischenglieder zwischen den mittelenglischen Lauten und den heutigen lassen sich zumeist durch einfache

phonetische Erwägungen wahrscheinlich machen, zumal manche Mundarten mehr, manche weniger vorgeschritten sind, und so öfters mehrere Stufen derselben Entwicklung neben einander stehen. Dass der Grad der Wahrscheinlichkeit dabei sehr wechselt, ist klar.

So werden denn allerdings die folgenden Darlegungen manchmal auf nicht ganz sicherer Grundlage beruhen, gelegentlich wohl auch Irrtümer untergelaufen sein und manche Construction im Einzelnen nicht immer das Richtige getroffen haben. Dagegen ist nochmals zu erinnern, dass das Einzelne an sich für unsere Zwecke von minderer Bedeutung ist, bei Feststellung des typisch Ausgebildeten aber die Fehlerquellen abnehmen, und ferner, dass bei einer so ergiebigen Quelle sprachgeschichtlicher Erkenntnis einmal ein Anhieb in grösserem Masstab und in systematischer Anlage gewagt werden muss, selbst auf die Gefahr hin, manchmal zu fehlen. —

In der Darstellungsweise wollen wir uns tunlichst an Ellis anschliessen. Vor allem wird es hinsichtlich der Wiedergabe der mundartlichen Laute am geratensten sein, Ellis' 'Palaeotype' herüberzunehmen, obwol man gegen dieses System im Einzelnen mancherlei einwenden kann, und die Transcriptionen nach seinem Muster stets in runde Klammern zu stellen. Seine Vocalzeichen sind, nach Sweet's Darstellung des Bell'schen Systems angeordnet, folgende:

Narrow			Wide		
œ	Y	i	u	y	ɩ
high-back	high-mixed	high-front	high-back	high-mixed	high-front
a	ə	e	α	ah	e
mid-back	mid-mixed	mid-front	mid-back	mid-mixed	mid-front
Œ	əh	E	a	ɔ	æ
low-back	low-mixed	low-front	low-back	low-mixed	low-front

Narrow-Round			Wide-Round		
u	ʉ	i	u	ʉh	y
high-back	high-mixed	high-front	high-back	high-mixed	high-front
o	öh	ɔ	o	oh	œ
mid-back	mid-mixed	mid-front	mid-back	mid-mixed	mid-front
ʌ	ah	əh	ɔ	ɔh	æh
low-back	low-mixed	low-front	low-back	low-mixed	low-front

Von den übrigen Zeichen, die Ellis verwendet, sei nur erwähnt, dass der Gravis mittlere Länge eines Vocals, der Acut die betonte Componente in Diphthongen, der Circumflex die Vereinigung beider bedeutet. Volle Länge eines Vocals wird durch Verdopplung des Zeichens angezeigt. Das geläufige Kürzezeichen drückt Überkürze aus. Der Apostroph in Bezeichnungen wie (i˘ u˘) bedeutet ein schwaches ə.

22   Häufig wird es uns aber nicht auf eine phonetisch genaue Wiedergabe ankommen, sondern auf eine typische. Es ist z. B. oft für unsere lautgeschichtlichen Zwecke gleichgiltig, ob in einer bestimmten Mundart für me. ī (ai, ɑi, ahi, ɐi) oder etwas Ähnliches gilt, sondern nur von Wichtigkeit, dass ein ai-artiger Laut vorliegt. In einem solchen Falle werden wir von einem Diphthong des Typus ai oder noch einfacher von einem ai sprechen. Das Fehlen der Klammer, welche die palaeotypische Umschrift als solche kennzeichnet, weist hinlänglich darauf hin, dass es sich nur um eine ungefähre Bestimmung handelt.

23   Bei der Vergleichung mit den älteren Sprachzuständen werden wir im Allgemeinen nicht mit Ellis von den altenglischen, sondern von den mittelenglischen Vocalen ausgehen, aus Gründen, die ich schon an anderem Orte (Angl. Beibl. IV 62) auseinandergesetzt habe. Wo Dialektunterschiede schon ins Altenglische zurückreichen, werden wir natürlich auf dieses zurückgreifen. In der Bezeichnungs-

weise wollen wir uns dem ziemlich allgemein üblichen Gebrauche anschliessen, nämlich die mittelenglischen Längen durch das gewöhnliche Längezeichen, die altenglischen durch den Acut ausdrücken. So ist ā der aus ae. ă in offener Silbe hervorgegangene Laut, á die altenglische Wiedergabe von germ. ai. Vocale in offener Silbe werden passend nach dem Muster von Ellis durch einen folgenden Trennungsstrich angezeigt; ă- ist also z. B. der Stammvokal von ae. *faran*. Manchmal werden wir aber ā, ē, ī u. s. w. in einem etwas weiteren Sinne verwenden, nämlich nicht bloss für den mittelenglischen Laut, sondern auch für die ganze folgende Entwicklung und die heutige Entsprechung. Es wird sich bei manchen Fragen nur darum handeln, ob in einem Worte die Entsprechung dieses oder jenes älteren Lautes vorliegt, nicht wie diese selbst ist; in einem solchen Falle werden wir sagen, es gelte z. B. me. ǭ, nicht ā, oder sobald eine Verwechslung mit der ungefähren Transcription (§ 22) ausgeschlossen ist, einfach, es gelte ǭ, und nicht ā.

Bezüglich der geographischen Bezeichnungsweise werden wir uns ebenfalls an Ellis anschliessen. Es haben sich ihm, wie schon erwähnt, sechs Abteilungen ergeben, und es stellt sich heraus, dass auch heute noch die uralten Grenzlinien der Themse und des Humber in Betracht kommen. Ellis' südliche Abteilung fällt im Wesentlichen mit der südlichen Dialektgruppe des Mittelenglischen zusammen, sein Osten und Mittelland mit der mittelländischen Gruppe, seine nördliche und schottische Abteilung mit der nordhumbrischen. Doch ist bemerkenswert, dass diese Hauptgrenzlinien in ihrem westlichen Teil nach Norden ausbiegen, was, namentlich bei der Themselinie, gewiss eine kleine Verschiebung gegenüber dem älteren Zustand bedeutet. Es gehört also der südwestliche Teil von Yorkshire und fast ganz Lancashire zum Mittellande, Worcester, der Südrand von Warwick, der südwestliche Teil von Northampton und ganz Oxford zum Süden. Innerhalb dieser drei Streifen entspricht Ellis' östliche Abteilung dem, was die mittelenglische Grammatik als südöstliches Mittelland bezeichnet (umfasst also das ostanglische Gebiet, ferner Essex und Middlesex), und die Teilung des nördlichen Streifens der schon früh hervortretenden Sonderung zwischen Nordenglisch und Schottisch. Ellis' westliche Abteilung ist zum Teil in mittelenglischer Zeit noch wallisisch; im übrigen unterscheidet sie sich nicht erheblich von den angrenzenden Bezirken, namentlich vom Süden, und kommt daher für unsere Zwecke wenig in Betracht. — Es zeigt sich somit, dass Ellis' Einteilung aufs Beste übereinstimmt mit der Gruppierung der mittel- und altenglischen Dialekte; ein Grund mehr, seine Bezeichnungsweise herüberzunehmen. Wenn wir also z. B. vom Mittelland sprechen, werden wir, wenn nichts weiter bemerkt ist, Ellis' mittelländische Abteilung, nicht die der mittelenglischen Grammatik meinen.

Ausserdem hat Ellis, wie schon bemerkt, das ganze Sprachgebiet in 42 Bezirke ('districts') eingeteilt, welche er mit Ziffern bezeichnet. Es bilden 1—12 den Süden; 13—14 den Westen; 15—19 den Osten; 20—29 das Mittelland; 30—32 den Norden; 33—42 die schottische Abteilung ('Lowland Division'). Da das Aufsuchen auf seinen Karten wie das Nachschlagen in seinem Werk an diese Zahlen gebunden ist, wollen wir uns bei allen unseren Angaben ihrer, nicht der unanschaulichen Benennungen Ellis' bedienen und die Varietäten durch einen Exponenten zur Zahl des Bezirkes bezeichnen. So bedeutet 4^3: Distr. 4, Var. 3. Um aber doch zugleich einen Begriff von der geographischen Lage zu geben, wollen wir den Zahlen den Namen der Grafschaft mit einer näheren Bezeichnung des betr. Teiles, in besonderen Fällen auch den Namen der Örtlichkeit selbst, hinzufügen. Für die schottischen Bezirke wird es am besten sein, die von Murray eingeführten Bezeichnungen zu verwenden. Dabei bildet immer die Zahl das Genauere gegenüber der ungefähren Bezeichnung des Bezirks. Wo Ellis in einer Varietät zwei verschiedene Unterdialekte zusammenfasst, werden diese durch dieselben Buchstaben bezeichnet wie in seiner Wortliste, oder der Name der Örtlichkeit steht voran (z. B. East Haddon, 16^1).

1.

Ziemlich einfach liegen die Verhältnisse bei den Vocalextremen ī und ū. Die dialektischen Entsprechungen für ī zeigen, dass die Diphthongierung zu einem *ai* ein gemeinenglischer Vorgang gewesen ist. Nur die westsächsische Colonie in Wexford in Irland (Distr. 1) scheint ī zu Beginn dieses Jahrhunderts überwiegend noch aufgewiesen zu haben. Auf dem übrigen Gebiet zeigen sich die mannigfachsten Varianten eines *ai*-Diphthongs in buntem Wechsel, so dass sich schwerlich grössere Striche mit einheitlicher Wiedergabe dieses Lautes abgrenzen lassen werden. Im Allgemeinen kann man wol sagen, dass der Süden zur Verdumpfung des ersten Teiles neigt, während Schottland und der angrenzende Teil des Nordens (32) vielfach eine hellere erste Componente aufweisen. Bemerkenswert ist die offenbar jüngere Vereinfachung zu ā in der zum nördlichen Gebiet gehörigen Hälfte Yorkshires (30) und einigen Teilen des nördlichen Mittellandes (dem mittleren Lancashire, 22, und, wenn auch nicht durchgeführt, in Huddersfield im südwestlichen Yorkshire, 24 [1]).

Vereinzelte Fälle, in denen das me. ī bewahrt scheint, sind von Ellis S. 824 ff. besprochen worden. Weitere Belege aus West-Cornwall und Kent bringt Kluge bei in Paul's Grdr. I 796 und entsprechende Transcriptionen in dialektischen Stellen im Elisabethanischen Drama Panning S. 32. Doch wird man hier Mehreres zu scheiden und gerade die häufigsten Belege auszuscheiden haben. Fälle wie *lie, stile* aus ae. *léogan, stigol* gehören sicher nicht hierher; sie werden unten noch besprochen werden. Auch die mit me. ī vor *ght* (*bright, fright, wright*) und vor dehnenden Consonantengruppen (*child, kind, chime*) dürften keine Bewahrung des ī darstellen, sondern eine besondere Entwicklung des ī̆, zu deren Feststellung wir freilich mehr Material benötigen. Eine besondere Gruppe scheinen die Fälle zu bilden, welche auf ae. (an.) ȳ zurückgehen (*mice, hive, sky, kite*), gewiss in Kent, wo sie an die speciell kentische Entsprechung des ae. ȳ, me. ē, anzuknüpfen sind. Die noch übrig bleibenden: *dike, write*

(Ellis), *shine, dike, sheer* (Kluge), *life, time* (Panning), sind gerade die am seltensten belegten; ihre Erklärung werden sie erst finden können, wenn wir die Lautgeschichte der betreffenden Dialekte genau kennen. Keinesfalls wird man mit Kluge a. a. O. sagen dürfen, dass der Westen sich durch Beharren des alten $\bar{\imath}$ auszeichne, noch auch irgend einer anderen Landschaft dies zuschreiben dürfen: solche Fälle stehen immer ganz vereinzelt da.

28   Sehr auffällig, aber ebenso vereinzelt ist es, wenn in West-Somerset me. $\bar{\imath}$ durch $\bar{\imath}$, die gewöhnliche Entsprechung des me. $\bar{\imath}$, vertreten wird (in *knife, drive, bite, lies, size, slight, night, sight*, Elworthy S. 236).

29   Für die Vorgeschichte der heutigen Entsprechungen ergeben sich aus ihnen selbst keinerlei Hinweise. Doch dürften wir auf anderem Wege etwas erschliessen können. In Wood's „Conflict of Conscience" (1581) wird ein schottischer, seinen Dialekt redender Priester eingeführt und dabei das me. $\bar{\imath}$ consequent durch *ay* wiedergegeben, wenigstens in dem von Collier II 274 abgedruckten Stück: *ay, bay, faynd, Chrayst, assaygned, Frayday, mayn*. Dieselbe Transcription findet sich zur Charakterisierung eines Schotten in Greene's Jakob IV (etwa 1594, Dyce 187 f.) und als nordenglische Eigentümlichkeit in einigen Dramen aus den Dreissigerjahren des 17. Jahrhunderts (Panning 33). Der nordenglisch-schottische Laut des me. $\bar{\imath}$ muss also damals vom südenglischen deutlich verschieden gewesen sein und dem des *ai* im Süden nahe gestanden haben. Dies wird bestätigt durch Gill (1619), der als eine Eigentümlichkeit der Nordländer in Wörtern wie *fire* jenen Diphthong angiebt, den er anderwärts als Lautung des *ai* lehrt (vgl. Ellis IV 1249, I 123 f.). Wenn dagegen Hume in seiner „Orthographie" (EETS. 5) nichts von einem solchen Unterschied erwähnt, so kann dies nicht in's Gewicht fallen: er muss ihn übersehen oder bei Seite gelassen haben; letzteres würde mit seiner schon im Titel ausgedrückten Tendenz wol übereinstimmen. Nun war das südengl. *ai* um jene Zeit *ai* oder *ai* (Angl. XIV 275), während me. $\bar{\imath}$ noch *ei* lautete: jene nordhumbrische Lautung muss also mindestens *æi*, vielleicht

schon əi oder ai oder Nahestehendes gewesen sein. Mit anderen Worten: das nordhumbrische Sprachgebiet war in der Entwicklung des me. $\bar{\imath}$ zum Diphthong ai dem Süden voraus, eine Erscheinung, die auch bei anderen Lautwandlungen zu Tage tritt. Danach ist eine gewisse Wahrscheinlichkeit vorhanden, dass die Diphthongierung hier auch früher begann, was schon von anderer Seite vermutet wurde. Die bisherigen Bemühungen, Genaueres darüber festzustellen, scheinen mir aber nicht gelungen. [Vgl. neuerdings Curtis, Angl. XVII 125 ff.].

Im Gegensatz zu $\bar{\imath}$ ist das me. $\bar{u}$ (geschrieben ou) auf einem grossen Gebiet, nämlich in Schottland und dem grössten Teil des Nordens, sogar noch auf einem kleinen Strich südlich vom Humber, im nördlichen Lincolnshire, erhalten. Die Grenzlinie hat Ellis genau verfolgt (S. 19) und als 6. Querlinie in seine Karte eingetragen. Allerdings herrscht im westlichen Teil des Nordens nicht mehr reines $\bar{u}$ sondern (u_1u), also die erste Stufe der Diphthongierung (vgl. Ellis S. 537). Im Übrigen zeigt sich eine ähnliche bunte Mannigfaltigkeit wie bei der Wiedergabe des me. $\bar{\imath}$. Neben verschiedenen Varianten von au, əu (auch iəu) sind eu (auch ieu) häufig, ou dagegen selten (20 [2]). Auffällig und schwer zu deuten ist das freilich nur in drei Fällen gegebene ǫ in Cirencester (4). Secundäre Monophthongierungen finden sich im nördlichen Mittelland: zu $\bar{a}$ vielfach im südwestlichen Yorkshire (24) und Lancashire (22 [3,4]), zu $\bar{a}$: in einem Teile dieser Grafschaft (22 [2]). Diese Gebiete liegen denjenigen nahe, in welchen auch me. $\bar{\imath}$ als $\bar{a}$ erscheint, doch treten selten beide Erscheinungen in demselben Dialekt auf (wie in 22 [4]) und dann kaum in allen Belegen. Genaue Abgrenzungen lassen sich aus dem vorliegenden Material nicht gewinnen, sie sind auch vielleicht durch Dialektmischung verwischt. Ausserdem erscheinen im nördlichen Mittelland Diphthonge, die gewiss auf ein früheres $\bar{a}$ zurückgehen, nämlich aə (27. Nottingham), eə (24 [1,3], Huddersfield und Keighley, Yorkshire), ja sogar ai (25. Cheshire und Nord-Stafford). Darüber hat bereits Ellis S. 293 gehandelt.

Über die Bedeutung des eigentümlichen Verhaltens des

me. $\bar{u}$ und dessen wahrscheinliche Ursache werden wir noch weiter unten zu handeln haben. Soweit es diphthongiert ist, werden wol mancherlei Beziehungen zu $\bar{\imath}$ bestehen, deren Feststellung aber erst bei reichlicherem Material möglich sein wird. Eine symmetrische Ausgestaltung der Lautwerte zeigt sich insofern, als einem eu-Diphthong als Wiedergabe des $\bar{u}$ gern ein oi als die des $\bar{\imath}$ entspricht (5¹, 9¹, 15a, 20¹, 29²ᵉ, ⁴).

2.

32   Das me. $\bar{a}$ ist gemeinenglisch zu einem e-Laut vorgerückt, daher wir es vorteilhaft erst bei den $\bar{e}$ besprechen. Nur die westsächsische Colonie in Wexford in Irland (1) scheint das alte $\bar{a}$ zu Beginn des Jahrhunderts noch in seiner a-Qualität besessen zu haben, ein neuerlicher Beleg für die Stabilität von Dialekten, die von ihrer Heimat auf fremden Boden verpflanzt worden sind.

3.

33   Verwickelter sind die Verhältnisse bei den $\bar{e}$- und $\bar{o}$-Lauten, namentlich bei ersteren. Wir wollen daher zunächst letztere ins Auge fassen und unter ihnen zuerst $\bar{\rho}$.

Das me. $\bar{\rho}$ hat zwei Quellen. Es entsteht einerseits durch Dehnung von $\breve{o}$ in offener Silbe und zwar auf dem gesamten Gebiet, andererseits durch Verdumpfung des ae. $\bar{a}$, aber nicht gemeinenglisch; es ergiebt sich daher zunächst die Frage, in welchem Umfange ae. $\bar{a}$ in den lebenden Mundarten verdumpft erscheint.

34   Wenn wir zunächst von den Fällen, wo $\bar{a}$ vor z und w steht, absehen, so tritt uns die Humberlinie als Grenze der durchgeführten Verdumpfung entgegen. Südlich von ihr, also im Süden, Westen, Osten und dem Mittelland (1—29), fällt $\bar{a}$ mit $\bar{\rho}$ aus $\bar{o}$- zusammen oder weist doch einen o-Laut auf im Gegensatz zu $\bar{a}$ aus $\bar{u}$-. Nur in der Nähe jener Grenze verzeichnet Ellis einige $\bar{a}$, besonders im südwestlichen Yorkshire (24). Mit diesem Laute erscheint in 24¹ (Huddersfield) *no*, in 24³ (Keighley) *rode*, in 24⁴ (Wind-

hill) *no, rode, broad, wrote*, in 24⁵ (Leeds) *rode, wrote*. Ausserdem zeigt sich *ā* neben *ǭ* in *broad* in 22⁴ (Blackburn, Lancashire). Aber von diesen Fällen gehört wol keiner hieher, wie sich jetzt aus Wright's Grammatik des Dialekts von Windhill (22¹) ergiebt. Die Präterita *rode, wrote* mit *a* sind zweifellos Analogiebildungen (a. a. O. §§ 361 f.; vgl. *wrate* im Frühne., Hoelper S. 49); was Ellis als Entsprechung von *no* ansetzt, ist gewiss als Wiedergabe von *nay* zu fassen (eb. § 84), und die Angabe bezüglich *broad* mindestens für Windhill unrichtig: nach Wright hat es die normale Entsprechung des me. *ǭ*. Somit gilt die Verdumpfung wol ausnahmslos. Dieser Fall ist aber überhaupt sehr lehrreich: gewiss werden auch sonst vielfach schärfere Grenzen bestehen, als es nach Ellis' Material scheint, und wir bedürfen dringend wissenschaftlicher Darstellungen der Einzeldialekte nach dem Muster Wright's.

Dagegen ist jenseits der Grenzlinie zwischen dem Mittelland und dem Norden das Bild ein anderes: hier ist Zusammenfall des ae. *ā* mit dem *ā* aus *ā*- die Regel. Daneben findet sich manchmal auch die Entsprechung für *ǭ* in hiehergehörigen Wörtern, nicht selten so, dass im selben Dialekt oder enge zusammengehörigen Unterdialekten die Lautung zwischen *ā* und *ǭ* schwankt. Diese Ausnahmen sind im Allgemeinen an Zahl gering; etwas häufiger sind sie nur im südöstlichen Yorkshire (30³), wo aber bereits eine verfeinerte, d. h. der Schriftsprache angenäherte Form des Dialekts gilt (Ellis 501, 9), und von den schottischen Bezirken in Angus (38). Am häufigsten erscheinen als solche Ausnahmen: *road, stroke, lord, boat, oar*; namentlich in Nordengland sind häufig: *oats, ghost, goat, oath*, namentlich in Schottland: *only*. Andererseits erscheinen von den hinreichend oft bei Ellis belegten Wörtern niemals mit *ǭ*: *toe, once, both, rode, stone*. Auch *one* wird hiehergehören; denn (won) in 32² ist klärlich unmittelbar aus der Schriftsprache entlehnt. Nur einmal u. z. in 30³ (siehe oben) sind mit *ǭ* belegt: *bone, clothes*; nur zweimal (u. z. in 30³ und noch einem anderen Dialekt): *more, sore, broad, go, home, none*. Die übrigen Wörter in Ellis' Liste halten bezüglich der Häufigkeit der ọ̄ die Mitte zwischen den angeführten Reihen oder sind zu selten belegt, um einen Vergleich zu erlauben.

36 Wie haben wir nun diesen Zustand aufzufassen? Dass er das Ergebnis einer rein lautlichen Entwicklung sei, ist schwer anzunehmen; warum sollte dann *rode* und *road*, *both* und *oath*, *more* und *oar* ein ganz verschiedenes Verhalten zeigen? Dagegen ist bemerkenswert, dass die Wörter, welche nie oder nur selten mit ọ̄ auftreten, Bezeichnungen alltäglicher Begriffe sind, während von den häufig mit ọ̄ erscheinenden mindestens einige zu den höheren Schichten des Wortschatzes gehören. Das legt nahe, Entlehnung zu vermuten. In diesem Zusammenhang ist noch eine andere Erscheinung von Wichtigkeit. Es zeigt sich manchmal in diesen Fällen eine Lautgestalt, welche von der Entsprechung der sonstigen ọ̄ abweicht, aber dem schriftsprachlichen Laute nahesteht. Das ist besonders deutlich bei den Ausnahmen im Dialekt Murray's (33). In *lord* und *hone* erscheint zwar (*u'*), die Wiedergabe des sonstigen *ọ*, dagegen in *croak*, *stroke*, *pope*, *roar*, *road*, *grore*, *pole*, *oar*, *boar* (oo), ein Laut, der dem me. *ŏ* entspricht, wenn es die speciell schottische Dehnung vor gewissen Consonanten, z. B. *r*, erfahren hat (vgl. Murray S. 96, 103). Auf diese Weise kann das (oo) in den angeführten Wörtern nicht entstanden sein, es kann auch nicht auf me. ọ̄ zurückgehen, denn dieses erscheint als (*u'*), es muss somit, wie schon Murray S. 147 andeutet, entlehnt sein. Wahrscheinlich ist es eine Wiedergabe des ọ̄, welches in der Schriftsprache im 16. und auch noch im 17. Jahrhundert galt. Ähnliches findet sich nun auch in anderen Dialekten, obwol in Folge des geringen Materials nicht immer so deutlich zu erkennen.

37 Es scheint mir also, dass auf lautlichem Wege hier überhaupt keine Verdumpfung eingetreten ist, sondern alle diese Ausnahmen entweder aus angrenzenden mittelländischen Dialekten oder — und das wird die Hauptmasse ausmachen — aus der Schriftsprache stammen. Das ist ohne weiters verständlich bei Wörtern, die mit dem staatlichen oder religiösen Leben in Zusammenhang stehen und daher der Beeinflussung durch die Amts- und Kanzelsprache

ausgesetzt sind, wie *lord, ghost, oath*. Auch in deutschen
Mundarten bildet *Geist* vielfach eine solche Ausnahme.
Zweifeln wird diese Auffassung begegnen bei Wörtern,
welche alltägliche Begriffe bezeichnen. Doch haben wir bei
diesen mit einem Factor zu rechnen, dem wir mit unseren
Mitteln nicht immer nachkommen können. Dass z. B. *oats* in
Nordengland vielfach entlehnt sei, ist zunächst bei der Bedeutung des Wortes nicht recht glaublich; aber wenn gelegentlich die Gewährsmänner Ellis' angeben, das Wort
werde selten gebraucht, es herrsche dafür ein anderer Ausdruck (vgl. die Wortlisten in 31[1b], [2b], 32[1]), so ist klar, dass
es zunächst ausser Gebrauch gekommen und dann erst
neuerdings aus der Schriftsprache eingedrungen ist. Ebenso
scheint *only* im Schottischen, nach einer Bemerkung in 35
zu schliessen, nicht ein eigentliches Dialektwort zu sein.
Danach wird man annehmen dürfen, dass es sich mit *road,
boat, oar, goat, stroke* ähnlich verhält. Dass aber andererseits
auch Formwörter wie *no, more, one, none* entlehnte Formen
aufweisen, scheint mir nicht so auffallend zu sein: dialektisch Sprechende, welche sich der Schriftsprache im Verkehr
mit Gebildeten nähern wollen, machen gewöhnlich mit solchen
häufig gebrauchten Wörtern den Anfang, und von da aus
können sich derartig beeinflusste Formen wol auch ausbreiten.
Schliesslich können, besonders im südlichen Teil dieses Gebietes, bei jedem beliebigen Wort $\bar{q}$-Formen dadurch aufgekommen sein, dass sie aus dem Mittellande durchsickerten.
Die unmittelbaren Ursachen jedes einzelnen Falles anzugeben,
ist natürlich unmöglich, da die mannigfachsten Zufälligkeiten
einspielen; aber die Neigung zu solchem Durchsickern dürfen
wir sicherlich annehmen, weil die über den Mundarten schwebende Schriftsprache das Vordringen ihr näherstehender Formen gewiss begünstigte, während sie den umgekehrten Vorgang natürlich hemmte. Daher finden wir südlich von der
Grenze des *ā*-Gebietes kaum ein *ā* unter die $\bar{q}$ eingestreut.

Somit gelangen wir durch intern-dialektische Kriterien
zu dem Ergebnis, dass die auf me. $\bar{q}$ für ae. *á* weisenden
Formen nördlich vom Humber nicht auf lautlichem Weg entstanden, sondern entlehnt sind.

39 In besonderer Stellung ist aber das Gebiet der Verdumpfung des ae. *á* noch kleiner, nämlich vor *u̯* aus ae. *ʒ, w*. In den an das nordhumbrische Gebiet angrenzenden Teilen des Mittellandes finden wir, dass *á - - u̯* mit *ā- -- u̯* (und *ā -- u̯*) zusammenfällt, aber von *ó- + u̯* (und *ō — u̯*) geschieden ist, wie jetzt namentlich durch das reichlichere Material Wright's für 24[4] dargethan wird (vgl. §§ 123, 124 und 63 gegenüber 102, 101). Die Scheidung ist freilich nicht immer ganz sauber, wie wieder die Angaben Wright's zeigen; doch geben sich die Abweichungen ziemlich deutlich als von der Schriftsprache abhängig zu erkennen. (Nur bei *dáʒ* in 24[1, 4, 5] ist dies zweifelhaft). Diesen Stand zeigen das nördliche Lincoln (20[3]), das südwestliche Yorkshire (24) und vermutlich auch manche Gebiete Lancashires, über welche die lückenhaften Wortlisten zu wenig Auskunft geben; wahrscheinlich also ist im ganzen nördlichen Mittelland (sicher im mittleren und östlichen Teil desselben) ae. *á* vor *u̯* unverdumpft geblieben.

4.

40 Wenden wir nun, nachdem der Bereich des *ǭ* als Vorstufe der heutigen Lautungen abgegrenzt ist, unseren Blick diesen selbst zu, so zeigen sich sehr bemerkenswerte Verhältnisse. Das me. *ǭ* ist vielfach zu einem Diphthong des Typus *uə*, seltener zu einfachem *ū* geworden, während eine andere Reihe von Dialekten die Lautung *oə*, vielfach neben *ō*, und eine dritte nicht sehr ausgedehnte den Diphthong *ou*, wieder häufig neben *ō*, aufweist. Das Gebiet des *uə* lässt sich ungefähr bezeichnen als ein Streifen, der sich vom mittleren Teil der südlichen Abteilung mit einer Unterbrechung im südlichen Mittelland bis zu den südöstlichen Grafschaften Schottlands zieht; namentlich consequent durchgeführt erscheint es in Yorkshire (30 und 24) und Südschottland (33). Die Wiedergabe *ou* ist fast ganz auf den Osten beschränkt. In den übrigen Teilen gilt *oə* oder *ō*.

41 Im Einzelnen ist die Verteilung folgende. Im Süden zeigt sich *uə* am besten durchgeführt in Hampshire (5[3]);

auch in Wiltshire, Gloucester und Dorset (4¹, ², ⁴) überwiegt es. Im östlichen Somerset (4⁶) zeigen sich schon o̯ neben u̯ und ō, und im angrenzenden West-Somerset und dem nordöstlichen Teil von Devon (10) herrscht ein starkes Schwanken zwischen u̯, o̯ und ō, wofür die Wortlisten Elworthy's (vgl. die Nummern 25, 27, 31) zahlreiche Belege liefern. Manchmal erscheint dasselbe Wort in mehreren Lautungen; so hat *stone* alle drei, *more* sowohl o̯ als u̯. Im nördlichen Devon (11¹) zeigt sich regelmässig ō, während der Süden (11²) wieder zwischen ō, o̯ und u̯ schwankt. Für Cornwall sind die Belege zu spärlich, um Schlüsse zu erlauben. Es scheint also, dass das nördliche Devon ein Centrum der Erhaltung des ō-Lautes, der mittlere Teil des Südens aber ein Centrum für die Entwicklung des u̯ bildet und zwischen beiden ein Übergangsgebiet liegt, welches Schwanken aufweist, das zum Teil vielleicht darauf beruht, dass der Lautwandel nicht in allen Stellungen durchgeführt wurde, grösstenteils aber wol auf Dialektmischung. — Ähnliche Verhältnisse zeigen sich auch in den östlichen Strichen dieser Abteilung. Der südliche Teil von Surrey und ganz Sussex (5⁴ und 9¹) zeigen o̯, daneben ō, und auch in Kent (9², ³) überwiegen die o̯; nur in seinem nördlichen Teil (9²) zeigen sich etwas mehr u̯. — Der nördliche Teil des Südens, Worcester und Oxford (6. 7) hat überwiegend u̯ nebst anderen Formen, ebenso die naheverwandte westliche Abteilung, Monmouth, Hereford und Shropshire, (13, 14).

Die östliche Abteilung charakterisiert neben erhaltenem ō ein Diphthong des Typus o̯u. Nur im Bezirke 15, dem mittleren und nördlichen Buckingham, welches an die südliche Gruppe angrenzt, und den sich anschliessenden Teilen von 16, Hertford, Bedford, Huntington (16¹⁻³), finden sich auch, zum Teil überwiegend, u̯, daneben auch hier und sonst gelegentlich o̯. Ausserdem weist das östliche Suffolk (19⁴) neben o̯u vielfach ū auf. Mit dem Osten geht in Bezug auf diesen Laut ein angrenzender Teil des Mittellandes, Leicester (29⁴), welches mit wenigen Ausnahmen ō bietet. Vereinzelte o̯u finden sich auch sonst in den angrenzenden Gebieten des Südens (Oxford. 7. 6³, südwestliches Northampton, 6⁴) und im südlichen Mittelland (Warwick, Stafford, östliches Shropshire, 29², ³).

43   Im Mittelande herrschen im Allgemeinen uə und ū, u. z. dieses in den mittleren und südlichen Teilen (21, 26—29), jenes im Norden und Osten (20, 22—24). ū gilt fast nur dort, wo me. ǭ zu (ɷ'u) geworden ist (§ 108); auf einem kleinen Teil dieses Gebietes, in Cheshire (25) ist teilweise auch ǭ zu (ɷ'u) und (ɷ'uʊ) vorgerückt, war aber vermutlich zunächst ū. Abweichungen zeigen sich an den Rändern des Mittellandes. Das nördliche Lincoln (20³), wie es scheint auch das mittlere (20²), hat oə, ebenso, nach den spärlichen Belegen zu schliessen, die Insel Man (23²); oə und ǭ neben uə bietet ein Teil des südwestlichen Yorkshires (Keighley, 24³), ǭ neben Diphthongen (s. oben) Cheshire (25). Im südlichen Teil des Mittellandes (29) zeigen sich auch uɷ und jene Übergänge zum Osten, die bereits besprochen wurden.

44   Im Norden treffen wir für me. ǭ — es kommt hier nach dem oben Ausgeführten nur mehr das Ergebnis von ō- in Betracht — wieder uə, welches namentlich im mittleren und nordöstlichen Yorkshire (30¹,²) streng durchgeführt ist. In einzelnen Strichen scheint ein ō-Laut zu gelten, nämlich im nordwestlichen Yorkshire (31¹ᵇ), nördlichen Durham (32²) und mittleren Northumberland (32⁵), und zwar ǭ in 31¹ᵇ und 32⁵, ǭ in 32². Doch sind die Belege in den ersten zwei Fällen so spärlich, dass wir nicht völlig sicher sind, ob wir wirklich echt dialektische Lautungen vor uns haben.

45   In der schottischen Abteilung endlich herrscht ein uə-Diphthong, der einem ǭ nahekommt, im südlichsten Teil (33), dem Dialekte Murray's; für die übrigen ist das Material zu spärlich, um Sicheres sagen zu können; doch scheint ō zu gelten (ǭ in 35, ǭ in 38, wol auch 39, 42).

46   Bezüglich des Verhältnisses zwischen Diphthong (uə, oə, ou) und Monophthong (ū, ō) ergibt sich, dass ersterer das Gewöhnliche ist. Auf einem grösseren zusammenhängenden Gebiet findet sich Monophthong nur, wie es scheint, im Schottischen (mit Ausschluss von 33) u. z. hier ō, und im

südlichen Teile des Mittellandes (allerdings gemengt mit anderen Entsprechungen) u. z hier $\bar{u}$. Sonst treffen wir einen Monophthong vereinzelt; ziemlich durchstehend im nördlichen Devon (11¹), demnächst in Cheshire (25), neben diphthongischen Lautungen vielfach im Osten, in Leicester (29⁴) und auch sonst gelegentlich. Die Qualität des $\bar{o}$ ist meist die geschlossene; offenes gilt in East Haddon, Northampton (16⁴) neben gelegentlichem $\bar{o}$, ferner in einigen Bezirken des Nordens und Schottlands, die schon genannt wurden (31¹ᵇ, 32⁵, 38, 39, 42).

Neben dem fallenden Diphthong uo (oo) tritt nun auch öfter als Wiedergabe des me. $\bar{o}$ ein steigender Diphthong des Typus $u\bar{o}$ oder ua auf. Er ist im Allgemeinen selten zu finden nach einem anlautenden Consonanten. Recht gewöhnlich ist er allerdings in den Districten, die überhaupt uo kennen, in dem Worte *going*, wo die folgende Silbe von Bedeutung zu sein scheint. Sonst findet er sich nach Consonant vereinzelt und, wie es scheint, auf einen Streifen Landes längs der Nordgrenze der südlichen Abteilung beschränkt. Die Bezirke 7, 6 und 14, Oxford, die südlichen Teile von Northampton und Warwick, ferner Worcester und einen Teil von Shropshire umfassend, zeigen ihn öfters in den Wörtern *bone*, *stone*; 6¹ auch in *boat*; ebenso 11², das südwestliche Devon, in *toad*. Dagegen ist es eine in vielen Mundarten zu beobachtende Erscheinung, die sich schwerlich auf ein bestimmtes zusammenhängendes Gebiet begrenzen, noch auch einer grösseren Gruppe von Dialekten gänzlich absprechen lassen wird, dass Diphthonge des Typus uo, io im Wortanlaut zu steigenden, also zu solchen des Typus $u\bar{o}$ (ua), $i\bar{o}$ (ia) werden. Speciell in der Wiedergabe des me. $\bar{o}$, abgesehen von dem Worte *one*, welches nach § 12 nicht in Betracht kommen kann, finden wir diese Erscheinung deutlich ausgeprägt im mittleren Teil des Südens und den angrenzenden Strichen, wenn auch, wie es nach Ellis' Listen scheint, kaum irgendwo durchgeführt. Besonders häufig ist sie in *oats*, *home*, *whole*, seltener in *oak* (z. B. 14), *oath* (4⁶), *hoar* (14). Auch das südliche Yorkshire (24¹, ³, ⁵) kennt solche Formen und sogar die Compromissbildung

wu̯ǫ. Manchmal zeigen sie sich auch in Dialekten, welche
o.ı. und nicht u.ı. für me. ū aufweisen, wie im nördlichen
Lincoln (20³, neben der normalen Form) und im östlichen
Sussex (9¹) in *oats*, zuweilen sogar in solchen, die überhaupt
keinen Diphthong haben, sondern ō, wie im nördlichen Devon
(11¹) in demselben Wort.

Weiter finden wir noch als Wiedergabe des me. ǭ
manchmal ein ŭ, welches von dem *u* für me. *u* ebenso geschieden wird wie die Vocale von schriftsprachlich *bull* und
but, oder auch denselben *u*- oder ə-Laut, der me. ŭ wiedergibt, also auf ein ursprüngliches ŭ zurückweist. Sehen wir
ab von *nothing* und *none*, welche nach § 12 nicht beweiskräftig
sind, so finden wir diese Entsprechung vielfach im Osten,
ferner in den angrenzenden Strichen des Mittellandes und
Südens, ungefähr in einem nördlich der Themse nach Westen
verlaufenden Streifen, innerhalb dessen die Häufigkeit von
Osten nach Westen abnimmt. Verkürzungen zur Halblänge,
welche den Vorgang gut illustrieren, begegnen gelegentlich im Mittelland; so in *oats* in Nottingham (27) und
einem Teile Staffords (29¹ᶜ), in *soup*, *rope* im westlichen
Cheshire (28⁸). Die meisten Belege für volle Verkürzung
bietet das östliche Suffolk (19⁴): hier gilt in *bone, stone,
only, ghost, boat, oats, wrote, rode, road, oath, both, stroke,
home, whole, loaf, oak* der Laut (*u*), während das alte ŭ durch
(ə) wiedergegeben wird; ähnlich verhält es sich im nordöstlichen Norfolk (19²), und auch im südlichen (19³)
scheinen solche Fälle vorzuliegen. In den anderen Strichen
sind die Belege weniger häufig und der Vocal fällt mit dem
alten ŭ zusammen. So erscheinen (wenn wir von Osten
nach Westen vorschreiten): in Essex (16⁵) *home*, Bedford
(16² W.) *home, whole*, dem nördlichen Buckingham (15 T)
home, stone, in Cambridge (18¹) *home, stone, bone*, Rutland
(18³) *home, loaf*, Leicester (29⁴) *stone*, im südlichen Oxford
(7) *both, whole, stone*, im westlichen Oxford (5¹) *stone*, im
südlichen Stafford (29²ᵇ) *oats*, im südwestlichen Shrophire
(14) *stone*. Ob auch *drove* im nördlichen Kent (9²) hieher
gehört, ist fraglich. Reichlicheres Material wird genauere
Bestimmungen ermöglichen.

Schliesslich begegnen wir einer Entwicklung, welche sich von den bisher besprochenen stark abhebt. Während diese (von den spärlichen ϱ abgesehen) mit der Entwicklung in der Schriftsprache parallel liefen oder über sie hinausgiengen, indem sie bis zum Vocalextrem u vorschritten, zeigt sich im Gegensatz dazu auf einem kleinen Gebiete eine Aufhellung des mittelenglischen Lautes, deren letzte Consequenz ein a ist. Es wird jedoch besser sein, diese Fälle erst dann vorzuführen, wenn wir die Entwicklung des me. $\bar{\varrho}$ vor den Ergebnissen von ae. $\bar{a}$ und w, also die Schicksale des Diphthongs ϱu verfolgen (§ 51 ff.).

Zuvor haben wir noch eine besondere Entsprechung zu verzeichnen, die nur einen Teil der $\bar{\varrho}$ betrifft. Auf gewissen Gebieten sondern sich von der Hauptmasse der $\bar{\varrho}$ jene ab, welche auf ae. $\bar{o}$- zurückgehen. Dies ist deutlich im nördlichen Mittellande, abgesehen vom Nordosten. In den hiehergehörigen Teilen von Yorkshire und Lancashire (24, 23, 22) ergiebt $\bar{\varrho}$ in *coal, hole, foal* ein *oi*, während $\bar{\varrho}$ aus ae. $\acute{a}$ zu *uə* wird. Allerdings weisen *hope, open* andere Laute auf. Aber in *open* ist vielfach Verkürzung eingetreten, und *hope* kann leicht aus der Schriftsprache entlehnt sein. Dass jenes *oi* von dem folgenden *l* unabhängig ist, zeigt zunächst der Umstand, dass es auch romanisches $\bar{\varrho}$ in *close, coat* in 24 wiedergiebt, und geht mit Evidenz hervor aus den reichlicheren Belegen Wright's (§§ 109, 105). Wie hier *oi* und *uə* scheinen sich in angrenzenden Bezirken $\bar{\varrho}$ und $\bar{u}$ gegenüber zu stehen; wenigstens dürfte es in 21 (dem südöstlichen Lancashire und nordwestlichen Derby) von Bedeutung sein, dass ae. $\acute{a}$ sowol durch $\bar{\varrho}$ als durch u, ae. $\bar{o}$- aber nur durch $\bar{\varrho}$ vertreten wird. Ein *oi* für $\bar{o}$- erscheint auch in einem angrenzenden Strich des Nordens, in 31 [2a] ('Lonsdale south of the Sands'); doch ist seine Beurteilung schwierig. Die Scheidung zweier $\bar{\varrho}$ ist also eine Eigentümlichkeit des nordwestlichen Mittellandes, welche sich gegen Süden verliert.

Und nun müssen wir uns, wie schon angekündigt, dem me. $\bar{\varrho} + u$, also dem Diphthong ϱu zuwenden. Doch

ist hier Ellis' Material verschiedenartig. Von den in der
Wortliste in Betracht kommenden Belegen (78, 79, 108,
109; 90—100, 136, 137, endlich 520) sind 108, 109 (ae. *dáʒ,
an. lágr*) weniger massgebend, weil vor auslautendem ʒ,
welches vielfach zu *f* wird und im Schottischen als χ erhalten bleibt, besondere Entwicklungen eintreten können;
ebenso sind 136, 137 (ae. *áwder, náwder*) aus leicht ersicht-
lichen Gründen von geringerem Belang. Der einzige Fall
für ō- vor ʒ, ae. *boʒa* (520), ist leider vielfach nicht belegt.
Öfters erscheint auch darin die Entsprechung von me. *ū* (so
in 14, 24⁵, 30¹, 31¹ᵇ), was uns aber nicht irreführen darf;
es ist bemerkenswert, dass in der Entsprechung des ae.
búʒan manchmal der Laut vorliegt, der in *boʒa* zu erwarten
wäre (so 24⁵), oder tatsächlich gilt (so 22⁴ und 30³ᵃ):
offenbar haben sich also diese formell wie begrifflich nahestehenden Wörter öfters beeinflusst. Endlich ist zu beachten, dass auch 78, 79, ae. *áʒan* und *áʒen*, vielfach eine
besondere Entwicklung, offenbar infolge des *n*, aufweisen.
Von allen diesen Störungen ist abzusehen und das Haupt-
augenmerk auf die Reihe 90—100, welche ae. *á* vor *w*
(*bláwan, máwan, cnáwan* etc.) darstellt, zu richten.

52   Es zeigt sich nun als Charakteristicum der Entwicklung des me. *ǭ* vor *u*, dass auch in den Dialekten, welche
sonst für *ǭ uǝ* oder *ū* aufweisen, diese Lautqualität gewöhnlich nicht erreicht und ferner, dass auch ein *oǝ*-Diphthong
selten zu treffen ist, so dass also me. *ǭ* und *ǫu* zumeist
nicht zusammengefallen sind wie in der Schriftsprache. Die
typische Wiedergabe des *ǫu* ist *ǭ* oder, namentlich im
Osten, ein *ou*-Diphthong. Ein *uǝ* gilt in Hampshire (5³),
uǝ um Leeds (24⁵), *uǝ* und *oǝ* im südöstlichen Hertford (16¹),
uǝ neben *ǭ* in Bedford (16²); von geringerem Belang sind
oǝ vor *n* neben sonstigem *ǭ* im östlichen Sussex (9¹), südlichen Lincoln (20¹) und in Keighley, Yorkshire (24³), ferner
vereinzelte *uǝ* speciell in ae. *dáʒ*, wenn χ zu *f* geworden
ist, in Burnley, Lancashire (22⁵) und an mehreren Punkten
des südwestlichen Yorkshires (24¹, ⁴, ⁵), wo ja sonst *á* vor
u überhaupt nicht verdumpft wird (§ 54). Bemerkenswert
ist eine andere Abweichung, nämlich die Wiedergabe des

$\bar{\varrho} + u$ durch den Diphthong, der sonst me. $\bar{a}$ entspricht. Dieser zeigt sich ziemlich durchgeführt im nordöstlichen Norfolk (19²), wahrscheinlich auch, nach den spärlichen Belegen zu schliessen, im nordwestlichen Shropshire (28¹), vor *n* und *l* vielfach in Wiltshire (1¹), weniger deutlich in Gloucester (4²), neben anderen Lautungen auch im östlichen Sussex (9¹).

Über die Wiedergabe des me. ϱu auf dem Gebiete, 53 wo ae. $\bar{a}$ nicht verdumpft wird, also in den Strichen vom nördlichen Mittelland an, ist es schwierig, Zuverlässiges zu sagen, weil das vorliegende Material zu spärlich ist. Wie es scheint, gilt vorwiegend ein *ou*-Diphthong; daneben finden wir (áu) in 35, 36, (a u) in 34.

Im Anschluss daran möge hier jedoch Einiges über 54 die Wiedergabe des unverdumpft gebliebenen ae. $\bar{a} + u$ seinen Platz finden, obwol es streng genommen nicht hiehergehört, weil es in Beziehung zu dem oben § 39 Gesagten steht. Wir finden als Entsprechung von ae. $\bar{a} + u$ häufig ein $\bar{a}$ oder nicht weit Abliegendes, öfter auch (AA), manchmal aber einen noch dunkleren Laut: ein *oa* in Teilen des südwestlichen und im mittleren Yorkshire (24⁴, ⁵, 30¹), (oo) neben (AA) an einigen Punkten des östlichen Yorkshires (30³ᵃ), ja sogar (*oo*) im nördlichen Cumberland (32¹), neben (aa) im südlichen Northumberland (32³, ⁴). Es zeigen sich also hier zum Teil dieselben Laute wie südlich vom Humber, so dass man auf den ersten Blick versucht wäre zu glauben, dass doch auch hier Verdumpfung eingetreten ist. Aber dass das nicht richtig ist, zeigt der Umstand, dass derselbe Laut auch für $\check{a} + u$ (und $\bar{a} + u$) erscheint und von der Entsprechung des $\bar{o} + u$ geschieden ist. Wir haben also offenbar nur dieselbe Entwicklung vor uns, die auch in der Schriftsprache bei $\check{a} + u$ zu einem dumpferen Laut führt als für $\check{a}$- (vgl. *maw* und *make*), nur geht sie in den Dialekten zum Teil etwas weiter. Vielleicht ist da zu erinnern, dass auch das $\check{a}$, im Schottischen wenigstens, vielfach eine dunklere Färbung angenommen hat.

Kehren wir nun wieder zum ϱu zurück. Eine besondere 55 Entwicklung ist in gewissen Gebieten des Südens eingetreten.

Es zeigen sich Entsprechungen, welche dem a-Laute nahestehen, ja gelegentlich ihn erreichen, so dass öfters ae. $\acute{a} + u$ mit $\bar{a} + u$ zusammenfällt. So erscheint in Chippenham, Wiltshire (4 ¹) für ersteres (aa), für letzteres (aa) und im nahen Tilshead gilt für beide (aa). Anderwärts ist dieser Laut (ᴀᴀ). Doch ist zu beachten, dass stets derselbe hellere Laut auch für $\acute{o}- + u$ (z. B. ae. $bo\mathfrak{z}a$) und $\breve{o} + u$ (in der Gruppe ae. oht) auftritt, wie denn auch vielfach das einfache $\acute{o}$, namentlich in den Gruppen orm, orn durch diesen Laut wiedergegeben wird (ja sogar, wie wir noch sehen werden, das $\bar{q}$). Was das Gebiet dieser Erscheinung betrifft, so finden wir sie bei ϱu, also Wiedergabe durch (aa, aa, ᴀᴀ), wenn auch nicht immer durchgeführt, sondern öfters (vgl. z. B. Elworthy's Dialekt) neben dem gewöhnlichen $\bar{\varrho}$, in den Bezirken 4 ¹, 10, 11, 12, wie es scheint auch 2. Das sind also die Grafschaften Wiltshire, West-Somerset, Devon, Cornwall und Süd-Pembroke, d. h. der mittlere und namentlich westliche Teil des Südens. In der Gruppe $ought$ umfasst sie ein grösseres Gebiet; sie ist mit wenigen Ausnahmen (16 ¹, ⁵, 19 ⁴) im ganzen Süden und Osten heimisch. Wiedergabe des $\acute{o}$, namentlich vor rm rn, durch (a, a) ist dem Süden eigen, während der Osten im Allgemeinen bloss das überoffene o wie die Schriftsprache aufweist, welches auch in den übrigen Gebieten anzutreffen ist.

Von besonderer Wichtigkeit ist es aber, dass im Südwesten vielfach auch das einfache ϱ, nicht bloss die Verbindung $\bar{\varrho} + u$, einen solchen Laut zeigt, während die gewöhnliche Lautung desselben ja uo oder oa ist. So erscheinen in Chippenham, Wiltshire (4 ¹) *clothes*, *clothe*, *oak*, *road*, *rode*, *gone*, *wrote*, *cloth*, *open*, *hope*, *coal*, *hole* mit (aa), in West-Somerset nach Ellis und Elworthy *rode*, *home*, *inroad*, *poach*, *ago*, *one*, *no*, *post*, *roast*, *coal*, *borer*, *groat* mit (ᴀᴀ), und ähnliche Fälle finden sich, wenn auch weniger zahlreich, in den anderen Bezirken des Südwestens. Bestimmt umgrenzen lassen sie sich nicht; doch ist immerhin zu bemerken, dass diese Sonderentwicklung am häufigsten vor Dentalen (namentlich *th* und *d*) vorliegt.

In diesem Zusammenhang ist es beachtenswert, dass

manche Dialekte des Südens zwar me. ǭ durch uo (oder oa) wiedergeben, aber ǭ ausser für me. ǭu auch noch für me. ǭ in denselben Wörtern kennen, welche in den angeführten Gebieten am häufigsten mit hellerem Laute erscheinen; so *clothes* in 4², ⁴, ⁶, 9¹, *road* in 4², ⁴, 6², *broad* in 4⁴; vgl. auch *only* in 4², *loaf* in 4⁶.

Ähnlich zeigt sich gelegentlich im Osten gegenüber 58 sonstigem ǭ, *ou* (oa, uo) ein ō in *gone* (15, 16¹, 19⁴, 20¹), *broad* (15, 16¹, 19⁴), *cloth* (20¹) und vielleicht noch anderen Fällen. Doch ist es sehr zweifelhaft, ob sie hier anzureihen sind. Die Übereinstimmung mit der Schriftsprache (wenigstens in der Londoner Form) macht sie unsicher (§ 12).

5.

Überblicken wir die vorgeführten mannigfachen Ent- 59 sprechungen des me. ǭ in den lebenden Mundarten, so zeigt sich, dass die mittelenglische Qualität fast überall aufgegeben ist. An einem Punkt des Ostens und in einigen nordhumbrischen Bezirken haben wir zwar ǭ gefunden (§ 46). Doch sind in den letzteren die Belege so spärlich, dass man auf sie schwerlich eine sichere Angabe gründen können wird. Wir müssen reichlicheres Material abwarten. In East Haddon, 16⁴, sind wol die Belege etwas zahlreicher; aber es wäre von vornherein auffallend, dass ein Dialekt, der durchaus nicht abseits liegt und einer im Allgemeinen der Schriftsprache nahestehenden Gruppe angehört, vereinzelt so conservativ gewesen sein sollte. In der Tat werden wir Anzeichen dafür finden (§§ 106, 117), dass die mittelenglische Lautqualität erst secundär wieder erreicht wurde.

Häufig begegnen wir der nächsten Stufe, dem ǭ: es 60 hat sich also hier dasselbe Vorrücken vollzogen wie in der Schriftsprache.

Was aber die Dialekte bei der Wiedergabe des me. ǭ 61 vor allem charakterisirt, ist das häufige Vorkommen von Diphthongen. Bei weitem die Mehrzahl derselben weist neben *o* oder *u* als erster Componente, als zweite ein *ə* auf; der Ausgang der einfachen Länge ist also zu einem der unbestimmten gemischten Vocale reduciert worden, ein Vorgang, den ich 'Abstumpfung' nennen möchte. Bezüglich ihres Alters sind wir so glücklich, einige Zeugnisse zu besitzen. Gill giebt in seiner Logonomia (1621) eine Reihe dialektischer Aussprachen an und bemerkt darunter von den 'Boreales': 'Illis etiam frequens est (ea) pro (e), vt (meat) pro (meet) cibus; et pro (o), vt (beadh) pro (both) ambo'. Dann fährt er fort: 'Apud meos etiam Lincolnienses audies (toaz) et (noaz) pro (tooz) digiti pedum, et (nooz) NOSE caligae'. (Ellis IV 1249 f.). Die paläotypische Umschrift der Zeichen Gill's stammt von Ellis her und wird gewiss in der Hauptsache zuverlässig sein. Was nun Gill als (ea), (oa) auffasste, war höchst wahrscheinlich eə, oə, kein wirkliches e + a und o + a; ein volles a ausserhalb des Silbengipfels passt schlecht zu dem neuenglischen Vocalsystem, und es ist eine Erfahrung, die man auch bei deutschen Mundarten machen kann, dass der nicht phonetisch Geschulte ein oə als oa auffasst. Jedenfalls war bereits die Diphthongierung da, und wenn auch wirklich ea, oa gesprochen wurde, so war es eine Vorstufe zu den heutigen eə, oə. Da nun Gill in Lincolnshire im Jahre 1564 geboren war, werden wir namentlich die Angaben über diesen Dialekt und die angrenzenden als zuverlässig betrachten und ferner, da er sein Werk im Alter von 55 Jahren schrieb und den späteren Teil seines Lebens fern von seiner Heimat verbrachte, annehmen dürfen, dass er uns den Stand des Dialektes zu seiner Jugendzeit darstellt. Es ergiebt sich also, dass oə für ǭ in Lincolnshire schon zu Ende des 16. Jahrhunderts bestand. Dass es sonst nirgends galt, lässt sich daraus, dass er es als eine Eigentümlichkeit Lincolnshire's bezeichnet, natürlich nicht mit völliger Sicherheit ableiten. Doch ist bemerkenswert, dass er unter den Eigentümlichkeiten des 'westlichen Dialekts', speciell des von Somerset, die Pluralform (nooz'n) von (nooz) anführt, während heute in diesen Gegenden für ǭ vorwiegend uə, oə, nur im nördlichen Devon (11 [1]) ǭ gilt. Wir können also daraus schliessen, dass im Südwesten damals noch nicht die Abstumpfung eingetreten war.

Ein weiteres Zeugnis bietet Cooper (1685), der sagt, *oats, hotter* würden 'barbarè' (wɔts, whɔt·ɔr) gesprochen (Ellis IV 1012, 1010). Unter 'barbarè' haben wir uns gewiss dialektische Aussprache vorzustellen; leider giebt er uns aber keinen Anhaltspunkt, woher sie stammt. Wir haben also hier ein Zeugnis für jene Weiterentwicklung des durch Abstumpfung entstandenen Diphthongs, die § 47 besprochen wurde. Ob wir aus dem Auftauchen des steigenden Diphthongs schliessen dürfen, dass damals *uɔ*, nicht *ɔo* bestand, ist eine schwierige Frage, auf welche wir noch zurückkommen werden.

Deutlicher ist eine Bemerkung Jones' (1701), der als Aussprache von *once* (wæns, wænst) 'as in Shropshire and some parts of Wales' angiebt (Ellis IV 1011). Diese Gegenden gehören zu Ellis' westlicher Abteilung (14). Wenn aber hier zu Ende des 17. Jahrhunderts die Abstumpfung vorhanden war, so wird sie vermutlich auch in dem diesen Strichen dialektisch so nahestehenden westlichen Teil des Südens gegolten haben, in welchem sie zur Zeit Gill's noch nicht bestand, oder mindestens bald darauf eingetreten sein.

Die übrigen Diphthonge, die wir in den Dialekten für me. ǭ antreffen, gehören dem *ou*-Typus an. Der Ausgang der ursprünglichen Länge hat also eine höhere Zungenstellung und stärkere Lippenrundung angenommen, ein Vorgang, den man wol nicht unpassend 'Zuspitzung' nennen kann. Diese Erscheinung ist auf ein bei weitem kleineres Gebiet beschränkt. Wir haben auch keine historischen Zeugnisse für sie. Aus beiden Umständen, verglichen mit den Verhältnissen bei der Abstumpfung, und namentlich daraus, dass in der Schriftsprache, die speciell dieser Dialektgruppe nahesteht, die Zuspitzung erst in allerjüngster Zeit eingetreten ist, möchte ich schliessen, dass sie überhaupt jünger ist als die Abstumpfung.

Auf einem kleinen Gebiete finden wir allerdings noch eine dritte Art diphthongischer Entsprechung, nämlich *oi*. Sie vertritt aber nur ǭ aus ō- und wird passender später in anderem Zusammenhang besprochen (§ 267 ff.).

Ausser der Diphthongierung ist nun weiter ein charakteristischer Zug in den lebenden Mundarten die Erhöhung der Vocalfärbung bis zum *u*-Laut, in den Entsprechungen *uə, ū*. Auf den ersten Blick möchte man meinen, diese verhielten sich zu *oə, ǭ* und zu me. *ǭ* gerade so wie dialektisch *iə*, schriftsprachlich *ī* zu dialektisch *eə*, älter schriftsprachlich *ẹ̄* und me. *ẹ̄*: in den Mundarten rücke also *ǭ* vielfach ebenso bis zur *u*-Qualität vor, wie me. *ẹ̄* in der Schriftsprache zu *ī* geworden ist. Wir werden indes Anhaltspunkte gewinnen, die uns zu einer anderen Auffassung zwingen. Wann der *u*-Laut erreicht wurde, können wir vorläufig noch nicht sagen, da das obige Zeugnis Cooper's keinen genügenden Anhalt giebt. Auch das zeitliche Verhältnis zur Abstumpfung ist vorläufig schwer zu bestimmen. Ein Vergleich der Angabe Gill's mit den heutigen Lautungen in Lincolnshire führt zu keinem völlig sicheren Ergebnis, da heute in einem Teil dieser Grafschaft *oə*, in einem anderen *uə* gilt. Immerhin ist es wahrscheinlich, dass seine Angabe für ganz Lincolnshire gilt, und dann ist das *uə* in diesem Gebiet aus *oə* entstanden, die Entwicklungsstufen waren *ō, oə, uə*, nicht *ẹ̄, ū, uə*. Wir werden später Anzeichen dafür finden, dass dies auch sonst der Fall war (§ 214). Was das einfache *ū* anlangt, so ist von Wichtigkeit, dass es fast nur dort erscheint, wo me. *ǭ* durch (*u·u*) wiedergegeben ist. Da dieses, wie wir später sehen werden (§ 118), offenbar eine junge Weiterbildung des einfachen *ū* ist, kann *ū* für me. *ǭ* erst entstanden sein, als das ursprüngliche **ū* für me. *ǭ* bereits zu (*u·u*) vorgerückt war; sonst hätte es ebenfalls zu diesem Laute werden müssen, was innerhalb enger Grenzen (in Cheshire, 25) ja wirklich geschehen ist (§ 13). Dieses *ū* ist somit mit Ausnahme von Cheshire noch jüngeren Ursprungs als (*u·u*). Als seine Vorstufe kann man sich entweder *ǭ* oder *uə* denken, und da letzteres im übrigen Mittelland herrscht und auch in den angrenzenden Teilen des Südens vorwiegt, ist es gewiss wahrscheinlich, dass es auch hier ursprünglich gegolten hat. Weitere Gründe für diese Auffassung werden sich uns noch aus ganz anderen Erwägungen ergeben (§ 71).

67   Eine Weiterbildung der durch Abstumpfung und Vorrücken zur *u*-Qualität entstandenen *uə* sind offenbar die

uo, uu, die öfter me. ọ̄ wiedergeben. Wir haben den bekannten Umschlag von fallendem zu steigendem Diphthong vor uns. Der Bedingungen scheinen mehrere gewesen zu sein. Die häufigste ist Stellung im Anlaut. Da ist der Vorgang auch ziemlich früh eingetreten, wenigstens bezeugt ihn Cooper für den Westen schon 1685 (vgl. oben § 62). Wenn sich solche Formen auch in Gebieten finden, die sonst nur ou, ja ō aufweisen, so ist in letzterem Fall sicher Entlehnung aus benachbarten Dialekten anzunehmen; ob auch in ersterem, ist fraglich. Auch bei ou ist Umschlagen zum steigenden Diphthong möglich, der dann leicht secundär von ou zu uo werden kann. Allerdings ist es desto leichter, je weniger natürliche Schallfülle die erste Componente hat, also je grösser ihre Mundenge ist (Sievers, Phon. [4] § 392 ff.).

Die Entsprechungen u, ṇ, die neben den früheren Lautungen nicht selten auftreten, sind offenbar Verkürzungsproducte. Wir haben solche, wie sie sich wol bei allen Längen gelegentlich finden, im Allgemeinen nicht in unsere Zusammenstellungen einbezogen (§ 3), sofern sie nicht besonderes lautliches Interesse haben. Das ist hier der Fall, und zudem ist der Bereich dieser Erscheinung nicht unbedeutend. Sie hat nun mancherlei Auffälliges an sich. In der östlichen Abteilung, wo sie heimisch ist, herrscht als Wiedergabe des me. ọ̄, wie wir oben gesehen haben, ō und ou vor. Das ü findet sich aber auch in Gebieten, wo dies besonders ausgeprägt ist, wie in Essex (16⁵), Rutland (18³), dem nordöstlichen Norfolk (19⁷) und Leicester (29⁴). Die Entsprechungen u, uo sind allerdings hier nicht unbekannt; letztere findet sich namentlich in den an das Mittelland angrenzenden Bezirken, erstere im östlichen Suffolk (19⁴), wo gerade das ü am stärksten entwickelt zu sein scheint. Da nun dieses gewiss nicht auf ein ō oder ou zurückgehen kann, müssen wir annehmen, dass es zunächst in solchen Bezirken entstanden, welche das Vorrücken zur u-Qualität kennen, und dann durch Dialektmischung in die anderen Bezirke eingedrungen ist, was in diesen flachen Gegenden mit so lebhaftem Verkehr ja leicht erklärlich wäre. Ob die Basis ū oder uo war, ist nicht deutlich. Phonetisch am einfachsten wäre der Vorgang, wenn ersteres vorlag; aber auch Schwund der zweiten Componente des Diphthongs in Folge Verkürzung wäre ganz plausibel. Zu dieser Auffassung werden wir um so mehr neigen, als sich uns aus anderen Gründen ergeben wird, dass das $\bar{u}$ überhaupt eine jüngere Entwicklung aus uo ist (§ 74). Diese Kürzung muss zumeist ziemlich früh eingetreten sein, da sie teilweise noch den Lautwandel von u zu μ mitmachte. An welche Bedingungen sie geknüpft war, lässt sich vorläufig nicht erkennen und könnte wol auch nur in grösserem Zusammenhange erörtert werden. Gerade für den Osten liegt ja leider nur so lückenhaftes Material vor.

60   Zur Klarlegung der eigentümlichen Wiedergabe des $\bar{q}$ durch hellere Laute wird es gut sein, zunächst auf das Verhalten von $\bar{q} + u$, also des me. qu einzugehen. Bei Besprechung dieses Diphthongs können wir allerdings nach dem oben § 53 Gesagten nur bezüglich der Striche südlich vom Humber einigermassen Sicheres vorbringen.

Es zeigt sich nun zunächst, dass die zweite Componente dieses Diphthongs in diesem Gebiete wol überall (ausser dem nördlichen Teil des Mittellandes) geschwunden ist. Wo in einem einheitlichen Dialekt ein ou dafür erscheint, gilt es auch immer für me. $\bar{q}$, ist also wie in der Schriftsprache (Angl. XVI 453) nicht eine unmittelbare Fortsetzung des mittelenglischen Diphthongs, sondern erst neuerlich durch Zuspitzung entstanden. Allerdings zeigen gerade die hier in Betracht kommenden Bezirke – die des Ostens — öfter ein buntes Durcheinander von Entsprechungen, das auf weitgehende Dialektmischung schliessen lässt, und zudem ist gerade hier Ellis' Material of recht lückenhaft. Zu einem endgiltigen Ergebnis könnte also erst eine genauere Durchforschung führen. Aber das Vorhandene und der Rückschluss von der dieser Gruppe nahestehenden Schriftsprache machen jene Auffassung sehr wahrscheinlich.

70   Anders liegen die Verhältnisse wol im nördlichen Mittelland und jenseits des Humbers: nach den Darstellungen Wright's und Murray's scheint es allerdings, dass hier der ou-Diphthong die unmittelbare Fortsetzung des mittelenglischen

sei, weil sonst Zuspitzung nicht erkennbar ist. Vielleicht ist zu beachten, dass in Schottland und fast dem ganzen Norden me. *ū* erhalten bleibt, also nicht frühneuenglisch einen *ou*-Diphthong ergab. Obwol das Gebiet dieser Erscheinung etwas kleiner ist, wäre immerhin ein Zusammenhang möglich: me. *ou* wäre deshalb bewahrt, weil *ū* erhalten blieb; nur hätte sich erstere Erscheinung secundär noch etwas ausgebreitet. Doch scheinen hier noch andere Verhältnisse einzuspielen (§ 76).

Die erste Componente weist vielfach eine andere 71 Wiedergabe auf als das einfache *ǭ*. Es fehlt die Abstumpfung (mit einigen Ausnahmen) und das Vorrücken zur *u*-Qualität: sie erreicht gewöhnlich nur *o*. Gemeinsam mit dem me. *ǭ* erleidet sie allerdings Zuspitzung, und auch jene helleren Laute des Südwestens teilt sie vielfach mit ihm. Wie ist dieses Verhältnis zu deuten? In der Schriftsprache sehen wir, dass die erste Componente des *ou* sich genau so entwickelt wie sonst *ǭ*, so dass der Diphthong schliesslich, nach dem Schwund der zweiten Componente, mit ihm ganz zusammenfällt (Angl. XVI 453). Ist in den Dialekten ein anderes Princip wirksam? Es ist wol von vornherein nicht sehr wahrscheinlich, dass sich in einem so tiefgreifenden Zug die Schriftsprache von der Mehrzahl der Dialekte absondern sollte. Einige Erscheinungen treten ja auch in ihnen in gleicher Weise im Diphthong wie im einfachen *ǭ* auf. Es fragt sich daher, ob das verschiedene Verhalten gegenüber der Abstumpfung und dem Vorrücken zur *u*-Qualität nicht andere Ursachen haben kann als das Aufgeben oder Nichtvorhandensein jenes sonst zu Tage tretenden Parallelismus. Solche lassen sich nun in der Tat, wie ich glaube, zunächst durch allgemeine Erwägungen plausibel machen.

Der Parallelismus zwischen erster Componente und 72 etymologisch verwandtem Monophthong, den wir in der Schriftsprache wahrnehmen, ist offenbar darin begründet, dass die beiden Laute qualitativ völlig gleich waren, und dies ist ja nur die natürliche Folge der Entstehungsweise des Diphthongs. Anders bezüglich der Quantität: dass sie auch quantitativ gleich waren, ist von vornherein nicht recht wahrscheinlich. Überlange Diphthonge haben im Englischen wol nie lange bestanden. Wenn einige frühe Grammatiker für die ersten Componenten von *ai* und *au* Länge angeben, so wird das nicht buchstäblich zu nehmen sein: einmal verleitete sie dazu die qualitative Gleichheit mit *ā, o*̄, und andererseits mögen jene Componenten über das Mass einer einfachen Kürze hinausgegangen sein. (Sonst hätten sie sich vermutlich wie *ō, ā* entwickelt; vgl. § 76 und me. *oi, ui*, Angl. XIV 294 ff.). Gewiss hatten sie, als die zweite Componente reduciert wurde, eine mittlere Quantität, die sich in demselben Mass der Länge näherte, als jene schwächer wurde. Die Abstumpfung nun ist ein Vorgang, der wie jede Diphthongierung mit der Quantität zusammenhängt, sie war offenbar an volle Länge gebunden. Somit ist das Fehlen der Abstumpfung in den Entsprechungen des me. *au* vollkommen gerechtfertigt und nur zu erwarten, wenn dieser Vorgang früher eintrat als der völlige Schwund der zweiten Componente des *au*, und das ist gewiss als wahrscheinlich zu bezeichnen bei dem, wie wir gesehen haben, verhältnismässig frühen Datum der Abstumpfung. Ist das chronologische Verhältnis das umgekehrte, so müsste sie danach auch in der Entsprechung des Diphthongs zu Tage treten: das ist tatsächlich an einigen Punkten der Fall (§ 52). Somit erklären sich diese zunächst etwas auffälligen Abweichungen ganz ungezwungen: die beiden Vorgänge standen sich wol überhaupt zeitlich nicht sehr fern, und gewöhnlich war der Schwund der zweiten Componente das spätere; einige Dialekte aber waren mit ihrer Reduction etwas voraus, und da wurde der völlige Schwund erreicht, noch bevor die Abstumpfung eintrat. Nun wird auch klar, warum die Zuspitzung, so viel wir sehen, überall auch die Entsprechung des Diphthongs ergreift: sie ist ja jünger. Somit ist jener Parallelismus zwischen erster Componente und etymologisch verwandter Länge, wie er in der Schriftsprache sich zeigt, nur ein specieller Fall, der an sich keinen erschöpfenden Einblick in das Wesen der Sache gewährt. Allgemeine Erwägungen führen zu der Einschränkung,

und die Tatsachen bestätigen sie, dass dieser Parallelismus nur
gilt, soweit qualitative Veränderungen in Betracht kommen,
nicht aber bei solchen, die mit der Quantität in Zusammenhang stehen. In dieser Formulierung gilt aber der Satz
für das ganze südumbrische Gebiet (abgesehen vom nördlichen Teil des Mittellandes).

Das Vorgebrachte ist zunächst noch etwas hypothetisch. 73
Wir werden indes bei einer späteren Gelegenheit darauf
zurückkommen und eine endgiltige Bestätigung dafür
finden. Dann wird auch die Frage zur Behandlung gelangen,
warum nach der Abstumpfung die von uns behauptete qualitative Identität zwischen der ersten Componente von qu
und dem einfachen q so häufig aufhört, erstere gewöhnlich nur bis zum geschlossenen o, letzteres oft bis zu u
vorrückt. Es wird sich uns zeigen, dass auch nach jenem
Vorgang der Parallelismus noch eine Zeit lang bestand und
nur in Folge besonderer Verhältnisse ein Ende fand.

Auffälliger ist es, warum, wenn er galt, das einfache 74
$ā$, das doch zunächst durch einen rein qualitativen Vorgang
entstanden scheinen möchte, nicht auch als Wiedergabe des
Diphthongs auftritt, warum es also dort, wo es für q erscheint, nicht auch für qu gilt. Das Gebiet des $ā$ ist nicht
gross; es wäre zu verwundern, dass diese wenigen Dialekte eine Sonderstellung einnehmen sollten, zumal sie gar
nicht abseits liegen. Das legt nahe, umgekehrt aus dem Sachverhalt zu schliessen, dass eben hier nicht eine rein qualitative Veränderung vor sich gegangen, sondern dass ursprünglich auch hier Abstumpfung eingetreten und das heutige $ā$ Contraction eines älteren ao ist. Wir kommen zur selben Annahme, die wir schon auf ganz anderem Wege gewonnen haben
(§ 66), gewiss eine Gewähr für ihre Richtigkeit. Sie stimmt
auch auf's Beste zu anderen Erscheinungen in jenen Gebieten.
Im Mittellande, in dessen südlichem Teile das $ā$ namentlich
gilt, machen sich öfters Monophthongierungen bemerkbar.
Wir haben bereits gesehen (§§ 26, 30), dass ai, au für ae,
$ī$, $ū$ in diesen Gegenden manchmal zu $ā$ werden.

Im Vorangegangenen hat sich uns eine relative Chrono- 75
logie bezüglich der Abstumpfung und des u-Schwundes im

südhumbrischen Gebiet (abgesehen vom nördlichen Mittelland) ergeben. Sie in eine absolute umzusetzen, ist uns möglich für den Südwesten, wo wir das Datum der Abstumpfung ungefähr kennen (§ 63): der *u*-Schwund kann also hier in den meisten Dialekten nicht vor der zweiten Hälfte des 17. Jahrhunderts eingetreten sein.

76   Auf dem nordhumbrischen Gebiete und im nördlichen Mittelland scheinen auch bezüglich der ersten Componente des me. *ou* andere Verhältnisse zu gelten als in den südlicheren Strichen. Hier scheint sie, namentlich nach den ausführlicheren Darstellungen Wright's und Murray's, dieselben Beziehungen zum me. *ō* zu haben wie im Süden zu *ǭ*, sich von diesem aber scharf zu sondern. Das wird bedeutsam, wenn wir uns erinnern, dass dieses Gebiet eben dasselbe ist, auf welchem *ā* vor *u* aus 3. *w* nicht verdumpft wird, also me. *ou* nur auf *o-ṷ* zurückgeht. Das sieht wie ein ursächlicher Zusammenhang aus. Ist etwa der Diphthong hier entstanden, bevor noch das *o*- Dehnung oder doch volle Dehnung erfahren hatte, und daher die erste Componente von Haus aus kürzer gewesen als im Süden? Auf der anderen Seite ist hier die zweite Componente, wie es scheint, nie reduciert worden (§ 70). Dass dies in einem Zusammenhang mit dem Verhalten der ersten stehe, ist kaum abzuweisen. Aber was Ursache und was Folge ist, lässt sich vorläufig noch nicht sagen.

77   Von den besonderen Entsprechungen des *ou*, die gegenüber den behandelten nur einen geringeren Raum einnehmen, sei zunächst der Diphthong erwähnt, der sonst me. *ā* wiedergiebt (§ 52). Wie dieser auffallende Tatbestand zu deuten ist, bleibt unklar. Da sich aber derselbe Laut im Südwesten und besonders im Mittelland auch für me. *ǫ́* und *ǫ̆* vor *l*, also für frühne. *ou*, findet (wie in *gold*, *bolt*), ist es wol ausgeschlossen, dass der Zusammenfall mit me. *u* eintrat, als es noch *ū* war. Die Einigung ist erst neuenglisch und wol recht jung.

78   Etwas weiteren Umfang hat die Wiedergabe durch hellere Vocale als die mittelenglische Lautqualität war. Sie findet sich ja im Diphthong wie in der einfachen Länge: wir

haben nunmehr den § 69 fallen gelassenen Faden wieder aufzunehmen. Der Vorgang war gewiss nichts anderes als was er schon auf den ersten Blick scheint, eine dem sonstigen Vorrücken in der Richtung zum Vocalextrem entgegengesetzte Bewegung von *ọ* zu *a*, das öfters auch erreicht wird: ich möchte sie Aufhellung nennen. Da sie ein qualitativer Vorgang ist, konnte sie in der Wiedergabe des Diphthongs eintreten, auch als diese noch diphthongisch war (§ 72); wir sehen daher den Parallelismus zwischen einfacher Länge und erster Componente deutlich zu Tage treten.

Wenn sie nicht alle *ọ̄* ergreift, sondern ein Teil die sonst übliche Abstumpfung zu *oụ*, *uụ* aufweist, so werden wir uns diese Scheidung, falls sie wirklich, obwol verwischt, ein Lautgesetz abspiegelt, vielleicht so zu erklären haben, dass zur Zeit, als die Aufhellung begann, ein Teil der *ọ̄*, aber nur ein Teil, nicht nur Abstumpfung erlitten hatte, sondern auch schon zu *uọ* geworden war, so dass die an eine bestimmte Lautqualität gebundene Aufhellung nur mehr den übrigen Teil der *ọ̄*, aber sämtliche, von der Abstumpfung ja unberührt gelassenen *ọu* ergreifen konnte. Von welchen Bedingungen das Eintreten der Abstumpfung abhieng, lässt sich nach dem heutigen Zustand, der offenbar den ursprünglichen nicht genau wiedergiebt, nicht mehr deutlich erkennen. Vielleicht galt Ähnliches sogar noch auf grösserem Gebiet. Auf Grund der § 57 angeführten Tatsachen könnte man vermuten, dass die Abstumpfung in den südhumbrischen Strichen vielfach stufenweise eintrat. Ganz ähnlich scheint sich ja auch das heute in der Schriftsprache allgemeine *ei*, *ou* für me. *ā*, *ọ̄* entwickelt zu haben; wenigstens bezeugt Ellis, dass in der ihm geläufigen Aussprache im Allgemeinen noch Monophthong gelte, aber *ou* leicht eintrete vor Labialen und Gutturalen, während es ihm vor Dentalen fremdartig klinge, und umgekehrt *ei* vor Dentalen, nicht aber vor Labialen und Gutturalen erscheine (IV 1152, 1111). — Aber noch eine andere Möglichkeit ergiebt sich. Denken wir uns die Aufhellung auch im Abstumpfungs-Diphthong durchgeführt, so würde sie Formen wie *oa*, *aụ* ergeben, die, wie die Schriftsprache lehrt (*morning*, *far*), leicht zu *ọ̄*, *a* monophthongiert werden, namentlich letztere. Es ist leicht möglich, dass sie nur aus diesem Grunde heute fehlen und die geltenden ϱ, a für mc. $\bar{q}$ wirklich vielfach auf diese Weise entstanden sind. Das heutige Nebeneinanderbestehen von ω (ϱ) und Aufhellungsproducten wäre dann nicht lautgesetzlich; wir müssten annehmen, dass ursprünglich auf einem kleineren Gebiet wirklich die Lautqualität ϱ in allen Stellungen Aufhellung erfuhr und die heutigen Verhältnisse sich secundär durch weitgehende Dialektmischung herausgebildet haben.

80 Die Aufhellung ist auch an sich eine recht auffallende Erscheinung. Überall sonst finden wir ein Vorrücken gegen das Vocalextrem. Warum schlägt im Südwesten das $\bar{q}$ gerade die entgegengesetzte Richtung ein? Da ist zu beachten, dass die Aufhellung auch das kurze o ergreift und dieser Lautwandel ja auch in der Schriftsprache gilt. Während im 16. Jahrhundert die Grammatiker me. o und $\bar{q}$ als ein Paar von lautlich identischer Kürze und Länge hinstellen, finden wir von Wallis (1652) an die Vocale von *folly* und *fall* als identisch einander gegenüberstehen, und tatsächlich ist o heute überoffen (low-back). Derselbe Lautwandel, der im ganzen Osten und Süden das o aufhellte, hat also im Südwesten auch den q-Laut im Diphthong qu und (ganz oder teilweise) auch in der Länge q ergriffen und da zumeist viel weiter geführt, bis zum a-Laut.

81 Auch diese Beziehung freilich ist auffällig. Warum finden wir sie nur im Südwesten? Man könnte ja annehmen, dass sonst um diese Zeit die Länge und die erste Componente nicht mehr mit der Kürze qualitativ gleich waren, sondern schon auf dem Weg zum Lautwert ϱ. Aber der Boden auf dem wir stehen, ist zu unsicher; wir müssen genaueres Material abwarten. Noch ehe dieses vorliegt, derlei Erwägungen anzustellen, wird aber doch nicht als eitles Hypothesenspinnen abzuweisen sein; es dürfte die Einzelforschung fördern, wenn die Möglichkeiten, die sich darbieten, schon in's Auge gefasst sind.

82 Manches in den tatsächlichen Verhältnissen in den Dialekten bleibt aber noch unaufgeklärt, so lange wir uns auf eine interne Betrachtung derselben beschränken. Wir

müssen jetzt unseren Blick auf die Schriftsprache richten und ihr Verhältnis zu ihnen betrachten: daraus wird sich auch für sie selbst mancherlei Aufklärung ergeben.

6.

In der Schriftsprache hat sich im Allgemeinen me. $\bar{q}$ und qu in der schon mehrere Male berührten Weise (§ 69 ff.) zu $\bar{o}$ entwickelt, welches in jüngster Zeit neuerlich Diphthongierung zu ou erfahren hat. Sie stellt sich also deutlich zu den Dialekten des Ostens, sowol negativ, durch das Fehlen der Abstumpfung, wie positiv, durch das Vorhandensein der specifisch östlichen Zuspitzung. Das ist beachtenswert, da London, der Hauptsitz der Schriftsprache, ja am Rande der östlichen Abteilung liegt. Aber hier setzt sich offenbar eine schon ältere Beziehung fort; die Schriftsprache ist ja im Wesentlichen aus den mittelenglischen Dialekten hervorgegangen, welche Ellis' östliche Gruppe bilden.

Aber auch die anderen in den Dialekten auftretenden Entsprechungen finden sich in vereinzelten Fällen. Die Abstumpfung ist nicht unmittelbar vertreten. Doch ist vielleicht beachtenswert, was Richard Grant White im 12. Bande seiner Shakespeare-Ausgabe (1861) berichtet. 'Some well-educated old-country folk (Mrs. Kemble for instance) pronounce *toad* with a broad dissyllabic utterance of both vowels, the first long, the second short — *tō-ăd*. The same pronunciation obtains in a less degree with regard to *throat*, *road*, *load* and other like words' (Ellis III 968). Ist dies richtig und war jene Aussprache nicht gekünstelt, vom Schriftbild ausgehend, so hätte also das dialektische *oa* einen Ansatz gemacht, in die Schriftsprache einzudringen, aber ohne Erfolg.

Dagegen liegt die Abstumpfung in ihrem weiteren Product, nach dem Vorrücken zur *u*-Qualität und dem Umschlag zum steigenden Diphthong, deutlich vor in der heutigen Lautung von *one*, *once*. Dass sie aus den Dialekten stammt, ist bereits von Earle erkannt worden (Phil.² S. 162 f.). Die Grammatiker des 16. und 17. Jahrhunderts bis Cooper (1685) bezeugen in diesen Wörtern die normale Entsprechung des me. ō̜, wie sie heute noch in *only* gilt, und noch Dyche (1710) kennt (vgl. Ellis IV 1079) neben einer diphthongischen Form auch (ɔn), das wol durch Verkürzung aus ō̜u entstanden ist. Jones (1701) ist der erste, der eine der heutigen nahestehende Lautung bezeugt, nämlich (wæn, wæns), letzteres mit dem Zusatz 'as in some parts of Shropshire and Wales' (Ellis IV 1012); die folgenden Grammatiker bieten alle Diphthonge des Typus *uo*, wenn auch die zweite Componente variiert. Danach ist also diese Lautung zu Ende des 17. Jahrhunderts in die Schriftsprache eingedrungen. Allerdings begegnen schon im Mittelenglischen die Schreibungen *won word, wother*, im 16. Jh. *won, whole, whore*, auch manchmal *whome, whot, whore* 'hoar' (Zupitza, Zs. f. d. öst. Gymn. 1875, S. 136 und Guy zu V. 7927; Skeat, Et. Dict. s. v. whore, Sweet HES. 339, Kluge in Paul's Grdr. I 862, 873); man könnte meinen, dass wir eine Sonderentwicklung vor uns haben, die schon im Mittelenglischen eingetreten, aber erst viel später in die Schriftsprache gedrungen ist. Aber die Schreibung *won(e)* wird von der heutigen Lautung zu trennen sein. Sie hat ihr Seitenstück in dem erwähnten, von Tyndale an belegten *whole* für me. *hōl*, in welchem Worte das *wh* bis in's 18. Jahrhundert hinein (vgl. Sweet HES. 336) neben einfachem *h* gesprochen wurde, während der Vocal die normale Entsprechung von me. ō̜ war und ist. Eine entsprechende dialektische Form findet sich noch heute in West-Somerset (Elworthy S. 250, Liste 26). Auch in *whore*, als dessen Anlaut allerdings überwiegend bloss *h* belegt ist, zeigt der Vocal die normale Entwicklung (des ō̜, Angl. XVI 455). Läge in *one* dasselbe aus mittelenglischer Zeit stammende *w* vor, so hätten wir nach Massgabe von *whole* die Schreibung *wone und die Lautung *woun oder auch *wɔn (wie in *gone*) zu erwarten. Dagegen erklärt sich die tatsächliche Lautung *wʌn* ungezwungen aus dialektischem *uo* für *nō*, da die betonte Componente des so entstandenen steigenden Diphthongs vielfach mit dem Laute des *ʌ* zusammenfällt, und auch das

Schwanken im 18. Jahrhundert ist ganz verständlich als
Reflex verschiedener dialektischer Färbungen dieser Componente. Danach besteht also kein Zusammenhang zwischen
dem heutigen *wm* und dem me. und frühne. *wou(e)*, sondern
wir haben eine zu Ende des 17. Jahrhunderts neu in die
Schriftsprache gedrungene dialektische Form vor uns.

Ebenso werden wir alle anderen Fälle, in denen im 86
späteren Mittelenglischen und Frühneuenglischen ein solches
Vorschlags-*w* auftaucht, zu beurteilen haben. Ihr Ursprung
wird durchaus mittelenglisch sein, auch wenn sie erst im
16. Jahrhundert belegt sind. Der Vorgang ist phonetisch
verwandt mit der oben besprochenen Zuspitzung. Wie bei
dieser im Ausgang der einfachen Länge die Zungenstellung
erhöht und die Lippenrundung verstärkt wird, so hier im
Eingang. Die Articulation wird zu Beginn der Tonsilbe in
Fällen, wo noch nicht ein Consonant zu bestimmter Mund-
stellung gezwungen hat (*h* ist ja stimmloser Vocal), übertrieben.
Vermutlich wird der Vorgang daher unter rhetorischem
Accent eingetreten und darin sein allem Anschein nach
sporadisches Auftreten begründet sein.

Für die Frage, aus welchem Dialekt die Lautung *wm* 87
stammt, ist es nach § 12 nicht von Belang, wo sie selbst sich
findet, sondern wo diese Lautentwicklung in entsprechenden
anderen Wörtern vorliegt. Dies ist, wie wir gesehen haben,
in verschiedenen südhumbrischen Dialekten der Fall, besonders ausgeprägt im mittleren Teil des Südens (§ 47), und
da der erste Gewährsmann für die Abweichung in diesem
Worte auf Shropshire und Wales verweist, werden wir gewiss diese Gebiete, also den mittleren Teil von Ellis' Süden
und seinen Westen, als Ursprungsort dieser Lehnform anzunehmen haben. Wir gelangen somit zu ungefähr demselben Ergebnis wie Earle, der sie schon 1873 (Phil.²
S. 162) bezeichnet als 'apparently a west-country habit
which got into standard English', neuerdings aber wieder
davon abgekommen zu sein scheint (vgl. Phil.⁵ S. 163).

Auch einige Spuren von *ā* für me. *ō* sind in der Schrift- 88
sprache zu finden. Der 'Expert Orthographist' (1704) bezeugt es in *ghost*, *comb* (Ellis IV 1075 ff.) und wird für letz-

teres Wort bestätigt durch Jones (1701, Ellis eb. 1005) und die heutige Lautung des Namens *Combe*. Hieher gehört wol auch das halbdialektische *come* 'Gerstenkeim', das zwar erst seit dem 15. Jh. belegt ist, aber sicher auf ein ae. *cám zurückgeht (vgl. NED. s. v.) und in der Lautung zwischen *ou* und *ū* schwankt. Auch in *go* ist *ū* bezeugt, doch dürfte es anders zu deuten sein (§ 143).

89   Deutlicher sind wieder die Spuren des *ŭ*, bez. *ŭ* für me. *ǭ*. Hierher gehört vor allem die heutige Lautung von *nothing* und *none*, eine der bisher noch völlig unerklärt gebliebenen 'Ausnahmen' von den Ausspracheregeln. Sie liegt ferner vor in der Vulgärform *stǔn* für *stone* als Gewicht, gelegentlichem *hǔl* für *whole* (Ellis I 95), in Lediard's (1725) *šǔn* für *shone* (ib. IV 1042), vielleicht auch in *nuzzle* v. gegenüber *nozzle* sb. (vgl. Skeat s. v.) Das vulgäre '*un* für *one* kann aber wol direct aus *ōn* hervorgegangen sein.

Der Zeitpunkt des Eindringens dieser Lehnlautungen lässt sich für *nothing* und *none* feststellen. Für ersteres haben noch Bullokar (1580) und Gill (1621) das zu erwartende *ǭ*, für letzteres Gill (1621) und noch Wallis (1652) die normale Entsprechung von me. *ǭ*. Lediard (1725) ist der erste, der *none* mit *ŭ* kennt (Ellis IV 1042). Die heutige Lautung ist somit spätestens um 1700 in die Schriftsprache gedrungen, ungefähr um dieselbe Zeit wie *wǒm*, womit wir zugleich eine Datierung für die Entstehung der dialektischen *ŭ*, *ŭ* gewinnen. Der Ursprungsort ist das oben § 48 bezeichnete Gebiet: der Osten und die angrenzenden Striche des Südens und Mittellandes, also Gegenden, die von London nicht weit abliegen.

90   Noch stärkere Spuren hat die südwestliche Aufhellung in der Schriftsprache hinterlassen. Sie liegt zunächst vor in *broad*, *groat*, wol auch in der Interjection *la* für *lord* (vgl. die Form in Christian Malford, Wiltshire, 4¹). ferner in sämtlichen Präteritis auf *-ought*: *bought*, *brought*, *fought*, *sought*, *thought*, *wrought*. In *broad* belegen die Grammatiker aus dem 16. und der ersten Hälfte des 17. Jahrhunderts dieselbe Lautung wie für die sonstigen *ǭ*. Der erste, welcher *ō* kennt, ist Cooper (1685), ihm folgen Miège (1688), Jones

(1701), Lediard (1725) und die späteren, mit Ausnahme von
Buchanan (1766), der ọ wie für die anderen oa verlangt.
In groat ist gleichfalls von Cooper an ọ belegt; Buchanan's
(græœt) bei Ellis IV 1077 ist rätselhaft, vermutlich aber
doch nur ein Versehen. Heute ist die normale Lautung des
me. ọ̄ wiederhergestellt, wahrscheinlich nach Massgabe der
Schrift, nachdem das Wort in der lebendigen Sprache selten
geworden war. In den Präteritis ist die Lautung ọ̄, wie
bereits Angl. XVI 454 dargelegt wurde, zum ersten Mal bei
Cooper (1685) belegt und wird im 18. Jahrhundert allgemein,
während früher und noch bei Jones (1701) und dem Expert
Orthographist (1704) derselbe Laut gilt wie sonst für me. ọu
z. B. in know. Somit sind diese Lautungen in der zweiten
Hälfte des 17. Jahrhunderts eingedrungen, was auf's Beste
zu der oben § 80 gewonnenen Datierung der Aufhellung
stimmt, und der Ursprungsort ist wieder der mittlere und
westliche Teil von Ellis' Süden.

So finden diese auffälligen Lautungen eine, wie ich meine, 91
ungezwungene Erklärung. Sweet denkt bei *broad* und *groat*
an Beeinflussung des Vocals durch *r*, welches den offenen
Laut bewahrt hätte (HES. 841), und seine Anschauung
scheint vielfach Billigung gefunden zu haben. Aber eine
solche Wirkung eines v o r a n g e h e n d e n *r* scheint mir
zunächst an sich nicht recht wahrscheinlich. Die entsprechende Beeinflussung durch f o l g e n d e s *r* ist doch, in
den meisten Fällen mindestens, nicht in ihm selbst, sondern
dem als Gleitlaut davor auftretenden und später es ganz
ersetzenden ə begründet, an welches der vorangehende Vocal
teilweise (oder auch, wie in *sir*, *her*, *fur*, ganz) assimiliert
wird. Bei vorangehendem *r* tritt ein solcher Gleitlaut kaum
irgendwo zu Tage. Ferner wäre schwer verständlich, warum
dieselbe Erscheinung nicht in den anderen Fällen von ọ̄
nach *r* oder doch *r* + Cons. wie etwa *grove, grope, drove* u. ä.
eintritt, es sei denn, dass in die Schriftsprache nur einzelne
Fälle eines Lautwandels eingedrungen sind, der sich in einem
Dialekt consequent vollzogen hat. Aber einen solchen scheint
es nach dem Material Ellis' nicht zu geben. Die parallelen
Fälle endlich, die man als Stütze herbeigezogen hat, sind

anders zu erklären. Es sind dies namentlich *great* und *break*, über die wir aber erst in anderem Zusammenhang handeln können (§ 326 ff.). Auch die Fälle, die neuerlich Napier im Dialekt von Windhill zu finden geglaubt hat (Anz. f. d. A. XX 31), werden nicht hiehergehören. Ihre besonderen Lautungen finden sich nicht in ganz entsprechend gebauten Wörtern, andererseits aber wol in solchen ohne das *r*: wie *briəþ* auch *miəl*, *wiəpm* gegenüber *grīdi*, *þrīd* (Wright §§ 131, 130), wie *ruəz* auch *nuəz*, *suək* gegenüber *roid* (eb. §§ 105, 109), wie *friət*, *riəp* auch *əstiəd* gegenüber *breiš*, *treid* (eb. §§ 82, 87). Im ersten Fall liegt den abweichenden Lautungen nicht me. *ę̄*, sondern me. *ę̄* (als Wiedergabe des germ. *œ*) zu Grunde, trotz der Zugehörigkeit zur anglischen Gruppe (vgl. unten §§ 200, 353), im zweiten hat bereits Wright Entlehnung vermutet, im dritten wird die Störung wol auch durch sie verursacht sein.

92   Was die Präterita *bought* u. s. w. anlangt, so hat Sweet eine Erklärung gegeben (HES. 892), welche von einer frühne. Grundform *-oht*, also mit Monophthong vor dem Guttural, ausgeht. Aber diese ist von unseren Grammatikern kaum belegt und ihre Existenz mehr als zweifelhaft (Angl. XVI 491 ff.). ten Brink's Annahme endlich, dass schon im Me. vor *ght* ein besonderer *ou*-Diphthong bestand, ist bereits Angl. XVI 453 f. besprochen worden, und das dort Gesagte wird hoffentlich durch die obigen Ausführungen neuerlich gestützt erscheinen. —

93   Es zeigt sich also, dass auch die nicht dem Osten angehörigen Entwicklungen ihre Vertretung innerhalb der Schriftsprache gefunden haben. Aber diese besonderen Lautungen sind nicht dadurch entstanden, dass der Lautwandel selbst in ihr Eingang fand, sondern dass seine fertigen Producte aus den Dialekten eingeführt wurden und an Stelle der heimischen Lautungen traten. Wir haben also Entlehnungen vor uns. Dabei ist bemerkenswert, dass sie sich alle ungefähr gleichzeitig, in der zweiten Hälfte des 17. Jahrhunderts, vollziehen.

94   Diese Entlehnungen sind aber für die Dialekte selbst wieder von Wichtigkeit gewesen. Wenn wir z. B. die Wieder-

gabe von *broad* in ihnen verfolgen, so finden wir einen
offenen *o*-Laut auch vielfach dort, wo andere Fälle der Aufhellung des me. $\bar{\rho}$ ganz unbekannt sind, wie in Buckingham
(15), Hertford (16[1]), dem östlichen Suffolk (19[4]) u. s. w.
Ebenso sind in allen anderen eben besprochenen Fällen die
betreffenden Sonderlautungen viel weiter verbreitet als in
solchen, welche die Schriftsprache nicht aufgenommen hat.
Hier liegt offenbar Beeinflussung durch die Schriftsprache
vor und wir können deutlich sehen, welchen Raum sie in
den englischen Dialekten einnimmt und wie nötig unsere
in § 12 aufgestellte Richtschnur ist. Nicht ganz zweifellos
könnte die Sache dort erscheinen, wo der Sonderlaut durch
alle analogen Fälle durchgeht, wie in in den Präteritis auf
-ought. Hier gilt ein hellerer Laut mit wenigen Ausnahmen
im ganzen Osten, während sonstiges me. ρu ihn hier nicht
aufweist. Aber auch hier halte ich schriftsprachliche Beeinflussung für wahrscheinlich. Nur wo der Lautwandel durch
sämtliche Fälle durchgeführt erscheint, wie bei der Aufhellung des *ö* an den meisten Punkten des Ostens, wird
Übereinstimmung mit der Schriftsprache nicht einen Verdachtsgrund bilden. Das Gebiet der Aufhellung der Länge
und des Diphthongs wird daher doch nur der Südwesten
sein, während dieser Lautwandel bei der Kürze sich auch
zumeist im Osten und öfters sonst vollzog (§ 55).

7.

Die im Vorangegangenen dargelegten Verhältnisse sind
noch von weiterer Bedeutung, weil sie uns Fingerzeige für
die Beurteilung mancher mittelenglischer Erscheinungen
geben.

Dies gilt vor allem für die Entwicklung des ae. *á* zu
me. $\bar{\rho}$. Wir haben oben § 34 ff. gesehen, dass in den
lebenden Mundarten das Gebiet dieser Verdumpfung bis zur
Humberlinie reicht, welche die mittelländische Dialektgruppe
von der nördlichen scheidet, und durch diese scharf abgegrenzt
wird. Nur *á* vor *u* aus 3, *w* bleibt in einem etwas grösseren
Gebiet erhalten (§§ 39, 54). Seit der Zeit, wo die mittel-

englischen Dialekte vor der Schriftsprache zurückweichen,
d. i. dem Schluss des 14. Jahrhunderts, haben sich somit
die Verhältnisse namentlich im nördlichen Mittelland sehr
geändert. Von den dieser Gegend angehörigen Denkmälern,
die durch äussere Gründe localisiert werden können, haben
die Werke Robert Manning's von Brunne aus dem südlichen
Lincolnshire und der ersten Hälfte des 14. Jahrhunderts
sowol a als o in beweisenden Reimen u. z. in denselben
Wörtern (Hellmers 26 ff.). Dasselbe gilt von den in der
zweiten Hälfte des Jahrhunderts in oder um Wake-
field, also südlich vom Humber, entstandenen Towneley-
Spielen (Brandl, Erc. 51). Ausserdem besitzen wir eine
Reihe Denkmäler jener Zeit, die wir aus inneren Gründen
in's nördliche Mittelland verlegen müssen, die diesen Wechsel
aufweisen, namentlich die Werke des Gawain-Dichters, der
vermutlich aus Lancashire stammt. Wie das Schwanken
zwischen a und $\bar{q}$ aufzufassen ist, ob etwa ein mittlerer o-
artiger Laut galt, der sowol mit a (aus $\bar{a}$-) als mit $\bar{o}$ ($\bar{q}$
aus $\bar{o}$- und $\bar{q}$ aus $\acute{o}$) gebunden wurde, oder wirklich Doppelformen bestanden, ist zunächst nicht klar zu erkennen.
Letzteres ist aber, da einige der in Betracht kommenden
Dichter sonst genau reimen, wahrscheinlicher. Und dass
solche Doppelformen in den Dialekten selbst, nicht bloss in
der Sprache der Dichter galten, die von literarischer Tradition beeinflusst sein könnte, lässt doch ihre Häufigkeit
vermuten.

96 Heute nun ist in diesen Gebieten die Verdumpfung
durchaus durchgeführt. Auch Hampole bei Doncaster, der
Ort, an welchem Richard Rolle die letzte Zeit seines Lebens
zubrachte, liegt im Gebiet des $\bar{q}$, während sein Geburtsort
Thornton, nach Brandl, Grdr. IIa 651, 'gerade westlich von
York', noch dem Gebiet des $\bar{a}$ angehört. (Allerdings giebt
es nach Bartholomew 'Gazetteer of the British Isles' elf
Thornton. Das fünf Meilen nördlich von Halifax liegende,
welches Ellis S. 62* anführt, gehört heute zum Gebiete des $\bar{q}$).
Die Verdumpfung hat somit nach der Zeit jener Denkmäler,
also nach dem 14. Jahrhundert, Fortschritte gemacht.
Andererseits ist uns auch ein ziemlich sicherer terminus

ad quem gegeben durch die Lautform *wo*; die Durchführung des $\bar{q}$ muss erfolgt sein, bevor noch die Diphthongierung durch Abstumpfung eintrat, also — mindestens in Lincolnshire (vgl. § 61) — vor dem Ende des 16. Jahrhunderts. Das 15. und die erste Hälfte des 16. Jahrhunderts ist somit wahrscheinlich die Zeit, in welcher das Schwanken des 14. Jahrhunderts zu Gunsten des $\bar{q}$ beseitigt wurde.

Bemerkenswert sind die Verhältnisse in den Dialekten jenseits des Humbers. Über das Verhalten der mittelenglischen Denkmäler aus diesen Gebieten ist wiederholt gehandelt worden (vgl. Brandl, Erc. 50; Lit.-Bl. 1881, 399; Schröder, Anz. f. d. A. VIII 334; IX 278; Kölbing, Tristrem LXXII; Brandl, Anz. f. d. A. X 334; XIII 95; Buss, Angl. IX 508). Während der Cursor Mundi und Richard Rolle *a* rein bewahren, hat bereits der frühere Psalter neben *a* mehrere *ō*-Reime, und dieselbe Erscheinung weisen die meisten späteren nördlichen und schottischen Denkmäler auf. Namentlich erscheint dieses gelegentliche *o* vor *r*, *n* und im Auslaut, demnächst vor *d* und *th*. Brandl meinte a. a. O., in diesen Stellungen sei auch im Norden eine Neigung zur Verdumpfung vorhanden gewesen, welche sich die Dichter zu Nutze machten; Buss will für Barbour nur Einfluss des *r* anerkennen. Vergleichen wir nun diese Verhältnisse mit dem Zustand in den lebenden Mundarten, so zeigt sich ein bedeutender Abstand. Es finden sich ja auch in ihnen nicht selten Formen, die auf me. $\bar{q}$ zurückweisen; aber sie haben sich uns als entlehnt ergeben. Indes, sehen wir davon ab und stellen wir die modernen $\bar{q}$-Formen den mittelenglischen gegenüber, so zeigt sich, dass sie sich nicht im Geringsten decken. Die häufigsten *o*-Reimwörter des Mittelenglischen, *more* und *one*, gehören gerade zu den Fällen, welche heute gar nicht oder sehr selten Verdumpfung aufweisen (§ 35). Überhaupt ist von den besonderen Einflüssen der Umgebung, welche Brandl (früher) annahm, nichts zu spüren: *more*, *sore*, *bone*, *stone*, *one*, *toe*, *go*, *rode*, *both* erscheinen immer oder fast immer mit dem auf $\bar{a}$ zurückweisenden Laute. Das ist von Wichtigkeit. Wenn eine Neigung zur Verdumpfung vorhanden war, so würden sich doch wol heute

Spuren zeigen. Eine rückläufige Bewegung, eine Beseitigung einmal vorhandener ǭ ist gewiss unwahrscheinlich, weil solche Fälle durch die über den Dialekten schwebende Schriftsprache gestützt worden wären. Wir werden daher zu dem Schluss gedrängt, dass eine solche Neigung überhaupt nicht vorhanden war. Die mittelenglischen und die modernen ǭ-Formen können in keinem Zusammenhang stehen und keine lautliche Entwicklung darstellen: diese müssen jungen Ursprungs sein, jene aber gelegentliche Abweichungen der Dichter von ihrem heimischen Dialekt darstellen.

98 Eine Erklärung dieser Erscheinung fällt nicht schwer. Brandl hat Anz. f. d. A. XIII 96 im Anschluss an Schröder bereits darauf hingewiesen, dass für die nordhumbrischen Dichter gerade im Auslaut, vor *r* und *n* bei dem heimischen Lautstande Reime mit ae, *á* schwierig waren oder doch bei Anwendung von o-Formen sehr erleichtert wurden. Wir haben offenbar Bindungen vor uns, die mit der literarischen Überlieferung aus der südhumbrischen Dichtung herübergenommen wurden, weil sie das Reimen sehr erleichterten. Daher das so verschiedene Verhalten der einzelnen Denkmäler, welches die Annahme einer allmählichen Entwicklung schwierig macht. Die spärlichen o-Reime der nordhumbrischen Dichter sind also kein Charakteristicum ihres Dialekts, sondern höchstens ihrer Beziehungen zum übrigen England und bei Fragen nach der Örtlichkeit von gar keinem, bei Fragen bezüglich der Verfasserschaft von geringem Belang; denn es ist klar, dass ein Dichter aus irgend welchen Gründen in einem Werke sich mehr solcher bequemer Reime gestatten kann als in einem anderen. Das Ergebnis ist aber noch von weiterer principieller Bedeutung: wir ersehen daraus, dass die Sprache der mittelenglischen Dichter nicht immer ihren heimatlichen oder den ihnen geläufigen Dialekt rein darstellt, dass literarische Beziehungen auch lautliche Beeinflussungen zur Folge haben können und dies gerade bei den Dichtern sicher nachweisbar ist, die man am ehesten sich frei davon gedacht hätte, den nordhumbrischen.

99 Anders verhält es sich mit der Entwicklung des *á* vor

u aus $\bar{3}$, w. Hier stimmen die lebenden Mundarten mit den mittelenglischen Reimen überein. In verschiedenen Denkmälern, namentlich des Ostens und nördlichen Mittellandes zeigt sich $\acute{a}$ vor u noch erhalten, während sonst $\acute{a}$ vollständig oder überwiegend durch $\bar{q}$ wiedergegeben wird (Brandl, Anz. f. d. A. XIII 95; Knigge, Neuphil. Beitr. 1886, S 51). Ebenso weisen die heutigen Formen im nördlichen Mittelland auf ein unverdumpftes a vor u, während im Übrigen q gilt.

Die lebenden Mundarten ergänzen also unsere aus den mittelenglischen Denkmälern gezogene Kenntnis der Verdumpfung des $\acute{a}$, indem sie uns den Endpunkt der Entwicklung erkennen lassen; nunmehr dürften wir ein in den Grundzügen abgeschlossenes Bild dieses Vorganges geben können.

Die ersten Belege finden sich in den etwa aus der Mitte des 12. Jahrhunderts stammenden Reden der Seele an den Leichnam, u. z. nahezu durchgeführt (Buchholz, Erlanger Beitr. VI). Die Verdumpfung muss aber zunächst auf ein kleines Gebiet beschränkt geblieben sein, denn die meisten südlichen Denkmäler aus dem Ende des 12. und Anfang des 13. Jahrhunderts (Poema Morale, Katharina, Margarethe Juliane, Hali Meidenhad, Laȝamon A) zeigen noch a, nur die Ancren Riwle (Morton's Hs.) hat o, u. z. ebenfalls fast durchgehend. Im Verlauf der ersten Hälfte des 13. Jahrhunderts breitet sich aber das o über den ganzen Süden aus; es liegt bereits vor in der jüngeren Laȝamon-Handschrift, ferner in den Sprichwörtern Alfreds, der Proclamation Heinrichs III (1258), und zeigt sich von der zweiten Hälfte des Jahrhunderts an in allen hiehergehörigen Denkmälern ausnahmslos durchgeführt.

Im Mittelland finden wir als erste Belege zweimal *mor(e)* in den aus der Mitte des 12. Jahrhunderts stammenden späteren Teilen der Peterborough-Chronik (Meyer S. 18), die freilich möglicher Weise auf südlichem Einfluss beruhen. Im 13. Jahrhundert folgt dann der südliche Teil des Mittellandes rasch dem Süden nach. Genesis und Exodus schwanken in Schreibung und Reim zwischen a und o, oa

(Mall S. 14). King Horn hat *o* fast ganz durchgeführt (QF. XVI 25), und es gilt ausnahmslos in allen folgenden Denkmälern. Der Norden des Mittellandes dagegen folgt langsamer. Orm hat noch durchaus *a*. Aus dem 13. Jahrhundert ist kein sicher dieser Gegend zuzuweisendes Denkmal erhalten. Im 14. Jahrhundert finden wir jenes Schwanken zwischen *a* und *o*, welches wir oben § 95 besprochen haben, und erst im 15. oder zu Beginn des 16. Jahrhunderts ist *o* durchgeführt worden. Auf nordhumbrischen Gebiet zeigen sich früh neben *a* gelegentliche *o*-Formen in Folge literarischer Tradition, aber der Dialekt selbst bewahrt das *a* unversehrt. Erst nach dem 14. Jahrhundert, zumeist wol erst in neuenglischer Zeit, sind entlehnte *o* an vielen Punkten heimisch geworden.

102 Wir haben also einen Lautwandel vor uns, dessen Verlauf sich über Jahrhunderte erstreckt, der aber nicht gleichmässig vorrückt. Er scheint sich zunächst auf einem kleinen Gebiet des Südens in der ersten Hälfte des 12. Jahrhunderts vollzogen zu haben und ein halbes Jahrhundert lang auf dieses beschränkt geblieben zu sein. In der ersten Hälfte des 13. Jahrhunderts breitete er sich ziemlich rasch über den ganzen Süden und im engen Anschluss daran über das südliche Mittelland aus. Im Laufe dieses Jahrhunderts ergriff er auch das nördliche Mittelland, aber völlig durchgeführt wurde er hier erst reichlich zwei Jahrhunderte später, und damit hat er seine Grenze erreicht. Nördlich vom Humber findet er sich nur in — allerdings nicht seltenen — Lehnwörtern, zumeist wol erst neuenglischen Datums.

103 Wie nun der Vorgang innerhalb jener Grenze beschaffen war, ob überall eine allmähliche Verschiebung der Articulationsstelle erfolgte oder ob das fertige Ergebnis des Lautwandels, wie er sich in einem bestimmten Gebiet vollzogen hatte, in Nachbargebiete eindrang und nach und nach den ursprünglichen Laut verdrängte, ist schwer festzustellen. Ich möchte jedoch glauben, dass ersteres nur im Süden und südlichen Mittelland statthatte, letzteres dagegen im nördlichen Mittellande, dass also dieses durch eine Jahrhunderte lang dauernde Dialektmischung, die nur schliesslich zur

gänzlichen Ausrottung der heimischen Formen führte, zu
demselben Ergebnisse gelangte, wie die südlicheren Landschaften. So erkläre ich mir das Schwanken zwischen a
und ϱ im 14. Jahrhundert, das somit, wie wir bereits oben
§ 95 aus anderen Gründen vermuteten, auf Doppelformen
zu deuten ist, sowie auch die Tatsache, dass $\acute{a}$ vor u
auf diesem Gebiet im Wesentlichen erhalten bleibt; wäre
die Verdumpfung hier ein echter Lautwandel, eine Folge
allmählicher Verschiebung der Articulation, so würde er,
wie sonst überall, das $\acute{a}$ auch in dieser Stellung ergriffen
haben.

Eine weitere bedeutsame Tatsache, welche auf die 104
ältere Periode Licht wirft, ist die Scheidung zweier $\bar{\varrho}$ im
nordwestlichen Mittelland, die verschiedene Wiedergabe von
ϱ aus $\acute{a}$ und ϱ aus $\bar{o}$-, auf welche bereits Sweet HES. 665
und Wright in Paul's Grdr. I 980 aufmerksam gemacht
haben. Diese Scheidung ist zweifellos alt; bisher hat sich
aber innerhalb des Mittelenglischen kein Anzeichen dafür
gefunden — ein Beweis, wie unvollkommen unsere Mittel
zur Feststellung der Lautverhältnisse in jener Zeit sind.
Worin der Unterschied zwischen den zwei $\bar{\varrho}$ bestand und
was er bedeutet, kann aber erst später im Zusammenhang
mit einer analogen Erscheinung beim $\bar{e}$ (§ 267 ff.) behandelt
werden.

Schliesslich ergiebt sich, wenn wir von den lebenden 105
Mundarten auf das Mittelenglische ausblicken, noch eine
Frage. Wir haben in ihnen eine Aufhellung des Diphthongs
ϱu gefunden, die oft den Zusammenfall desselben mit au
herbeiführte. Ebenso nun kennt das Mittelenglische in beschränktem Umfang au für ϱu, u. z. nicht bloss für ϱu aus
$\acute{a} + u$, wo ja Doppelformen aus nicht völlig durchgeführter
Verdumpfung zu erklären sind, sondern auch für ϱu aus
$\bar{o}- + z$, ja sogar aus $\acute{e}o + w$ (vgl. Knigge. Neuphil. Beitr.
1886 S. 50 ff.). Hier einen Zusammenhang anzunehmen,
ist auf den ersten Blick sehr verlockend. Dagegen spricht
aber einmal das ganz verschiedene Verbreitungsgebiet

der zwei Erscheinungen: die moderne Aufhellung herrscht
vor allem im westlichen Teil des Südens, jenes me. *au* aber
im nordwestlichen Teil des Mittellandes. Ferner haben wir
ja gefunden, dass die Aufhellung in den Mundarten erst
innerhalb der neuenglischen Zeit eingetreten ist. Die beiden
Erscheinungen stehen daher in keinem Zusammenhang, jene
me. *au* finden keine Entsprechung in den lebenden Mundarten. Dasselbe gilt von den eigentümlichen kentischen *au*
für *ā* — *w* (nicht für *ā* — ʒ; vgl. Knigge 52 ff.). Das beweist
natürlich nichts gegen den einstigen Bestand solcher Formen,
lässt aber immerhin vermuten, worauf schon die mittelenglischen Belege hinweisen, dass sie eine nicht weit verbreitete Sonderentwicklung darstellen.

8.

106   Wenden wir uns nun der Wiedergabe des me. $ǭ$ (aus
ae. *ō*) in den lebenden Mundarten zu, wobei auch auf das
Verhältnis zu den benachbarten Lauten, also me. $ǭ$ und *ū*,
namentlich ersteres, zu achten sein wird.

Die mittelenglische Lautstufe scheint vorzuliegen in
East Haddon in Northamptonshire (16[4]), wo eine Reihe von $ǭ$
neben anderen Entsprechungen bezeugt sind. Dass dies
nur Schein ist, wird sich uns später ergeben (§ 117).

107   Sonst tritt uns in den südhumbrischen Gebieten
als gewöhnlichste Wiedergabe das auch in der Schriftsprache
herrschende *ū* entgegen. Es überwiegt durchaus im Süden
und Osten; im Mittellande gilt es einerseits im Osten (Lincoln und Nottingham, 20, 27), andererseits im Nordwesten
(südliches und mittleres Lancashire, 22, 23). Daneben begegnet auch ein Diphthong des Typus *uə*, aber viel seltener
als für me. $ǭ$, nirgends durch alle Fälle durchgeführt und
zumeist vor gewissen Consonanten, darunter besonders vor *r*:
so, neben anderen Entsprechungen, in Wiltshire (4[1]), Dorset
(4[4]), Hampshire (5[3]), gelegentlich im nördlichen Buckingham,
(15), Hertford (16[1]), südlichen Lincoln (20[1]), vereinzelt im
nördlichen Kent (9[2]). — Von der Entsprechung des $ǭ$ ist die
des $ǭ$ gewöhnlich geschieden, zumeist in der Weise, dass

jenes als ou oder uo, dieses als $\bar{u}$ auftritt. Im Einzelnen zeigen sich mannigfache Variationen. In Chippenham, Wiltshire (4¹) z. B. stehen sich im Allgemeinen uo und $\bar{u}$ gegenüber, vor l dagegen (a'u) und eine andere Art uo. Berührungen zeigen sich manchmal bei der Wiedergabe des $\bar{o}$ durch uo; in ziemlichem Umfang in Tilshead, Wiltshire (4¹), Hampshire (5³), dem südlichen Lincoln (20¹), in geringerem im nördlichen Kent (9²), nördlichen Buckingham (15), Hertford (16¹); aber ein völliger Zusammenfall ist kaum irgendwo eingetreten. Zumeist decken sich die zwei Laute nur vor einzelnen Consonanten, namentlich r, l, n. Bei reichlicherem Material würden sich gewiss bestimmte und ziemlich enge Grenzen ergeben.

Eine für das südwestliche Mittelland kennzeichnende 108 Form ist (a'u), d. h. ein $\bar{u}$, welches mit zu weit geöffneten Lippen begonnen wird, so dass sein Eingang entrundet ist (vgl. Ellis 292). In Derby (26) erscheint sie sogar zu (a'u) weitergebildet. Sie findet sich in den Bezirken 21¹, 25, 26, 28, 29, also im südöstlichen Winkel von Lancashire, in Cheshire, Derby, Ost-Shropshire, Stafford, Warwick und Leicester, wenn auch, namentlich in den südlichen Teilen dieses Gebietes, mit anderen Entsprechungen gemengt, ferner vereinzelt im mittleren Lancashire (23²) und im angrenzenden Teil des Südens (Süd-Northampton, 6⁴, Nord-Oxford, 6³) wie des Ostens (Mid-Northampton, 16⁴, Bedford, 16⁵). — Da in diesen Gegenden $\bar{o}$ überwiegend als $\bar{u}$ erscheint, ist es von $\bar{o}$ streng geschieden. Nur in Cheshire (25) ist auch für einen Teil der $\bar{o}$ dieses (a'u) eingetreten, ohne dass sich eine bestimmte Regel dafür aus dem vorliegenden Material erkennen liesse. — Ein ähnlicher Diphthong, entstanden durch Senkung des Eingangs, nämlich (u_1u) findet sich in gewissen Teilen des Nordens (31¹⁻³, 32¹,⁵) worauf wir noch zu sprechen kommen werden.

Eine besondere Wiedergabe des $\bar{o}$ sind $\bar{ö}$- oder $\bar{ü}$-Laute. 109 Solche finden sich, abgesehen von den unten zu besprechenden schottischen Bezirken, in West-Somerset, Devon und Cornwall (10, 11, 12), also im äussersten Südwesten, ferner in Norfolk und Suffolk (19), vereinzelte Belege auch im östlichen Sussex (9¹). Im Südwesten erscheint sowohl ö als ü in demselben Dialekt, aber eine bestimmte Regel für ihre Verteilung lässt sich auch nach Elworthy's Wortlisten schwerlich feststellen. Deutlich ist nur, dass ü im Auslaut, ö im Inlaut bevorzugt wird. In Norfolk und Suffolk gilt ü, ein wol bekanntes Charakteristicum dieser Dialekte. Aber mit diesem Laute hat es eine eigentümliche Bewandtnis. Verschiedene Beobachter fassen ihn verschieden auf, namentlich auch als (*w*u) oder einen *iu*-Diphthong, und Ellis' Ergebnis ist: 'The exact analysis of this curious sound is still to be made' (S. 260 f.). — In diesen Gebieten ist also der Abstand zwischen me. *ǭ* und *ō* ein noch stärkerer, andererseits aber — und das ist von Wichtigkeit — fällt *ǭ* mit dem ü französischer Lehnwörter zusammen, welches sonst zumeist durch *iu* (*iu* oder *ju*) dargestellt ist (und nur auf die Weise mit der Wiedergabe des *ō* sich zu einigen scheint, wie in der Schriftsprache nach *r*: vgl. *rude* und *rood*).

110 Eine ganz abweichende Bildung zeigt sich endlich an der Nordgrenze des Mittellandes, an den meisten Punkten des südwestlichen Yorkshires (24), nämlich *ui*, aber wie es scheint meist nur vor Dentalen und Dentolabialen, während sonst, namentlich im Auslaut, *ū* und das später zu besprechende *iu* gilt. Das frz. *ü* ist hier durch *iu*, me. *ǭ* durch *uo* wiedergegeben.

111 Auf n o r d h u m b r i s c h e m Boden treffen wir wieder besondere Verhältnisse. In den schottischen Dialekten erscheinen (meist offene) ö- und ü-Laute, die auch gewöhnlich consequent durchgeführt sind, daneben manchmal *ī*, *ĭ*, ersteres consequent in 39. Derselbe Laut wie für me. *ǭ* gilt auch stets für me. *ü*, soweit dies aus den spärlichen Belegen zu erkennen ist. Auf nordenglischem Gebiete sind die Entsprechungen mannigfacher. Das Gewöhnliche ist ein *iǫ*, welches consequent namentlich im mittleren und nordöstlichen Yorkshire (30), im südlichen Durham (31[6]) und südwestlichen Northumberland (32[3]) auftritt. Ferner begegnet *iu* in den nördlichen und nordwestlichen Teilen des Nordens. Es ist meist *iu* (so besonders in Westmoreland, mittlerem Cumberland,3 1⁴,⁵ und im mittleren Northumberland, 32[5]),

$ü\mu$ im nördlichen Cumberland (32¹), seltener $i\mu$, im nördlichen Durham (32²). Im südöstlichen Northumberland, dem Kohlendistrict (32⁴), zeigt sich ($\bar{\imath}\omega_1$), das wol auf ein $i\mu$ zurückgeht. Neben anderen Formen begegnet $i\mu$ übrigens schon im Mittelland, ja im Osten (in Teilen von Südwest-Yorkshire, 24⁴,⁵, Stafford, 29¹, Warwik, 29³, Leicester, 29⁴, Rutland, 18³, Bedford, 16², Hertford, 16¹ᵃ). In Windhill im südlichen Yorkshire (24⁴) ist nach dem Material Wright's eine deutliche Abgrenzung nach dem folgenden Consonanten wahrzunehmen: $i\mu$ gilt vor Bilabialen, Gutturalen und im Auslaut, dagegen vor Dentalen und Dentolabialen μi. Ähnlich scheint es sich auch in den übrigen Teilen von 24 zu verhalten (vgl. § 110). Endlich findet sich der bereits oben § 109 erwähnte Diphthong ($\mu_1\mu$), der in den Teilen des Nordens herrscht, in welchen me. $\bar{u}$ nicht als $\bar{u}$ oder ($\mu\mu$) erhalten, sondern zu einem $a\mu$- oder $o\mu$-Diphthong geworden ist, also in den Gegenden südlich der Querlinie 6 auf Ellis' Karte. Im nordwestlichen Lancashire (31⁴ᵇ) ist er allerdings nur in Spuren gegenüber dem häufigeren $i\vartheta$, $i\mu$ erhalten. Ausserhalb dieses Gebietes gilt er als eine besondere Entwicklung im Auslaut im nördlichen Cumberland (32¹) und mittleren Northumberland (32⁵). — Von diesen Entsprechungen erscheinen nun $i\vartheta$ und $i\mu$ auch für me. $\ddot{u}$, ($\mu_1\mu$) dagegen nicht. Me. $\bar{\varrho}$ ist, wie wir gesehen haben, ganz anders wiedergegeben (§ 44 f.)

Es zeigt sich also, dass me. $\bar{\varrho}$ und $\bar{q}$ in den allermeisten Dialekten vollkommen deutlich geschieden sind. Aber auch dort, wo dies der Fall ist, erscheint öfters an Stelle gewisser ϱ die Entsprechung des $\bar{o}$. Dies gilt vor allem für *who, two*, welche in den meisten südhumbrischen Dialekten $\bar{\varrho}$ haben. Nördlich vom Humber zeigen sie natürlich das normale $\bar{u}$. — Mit $\bar{\varrho}$ erscheint auch vielfach *go*. So deutlich in Süd-Surrey und Sussex (5⁴, 9¹), in West-Somerset (10), in Mittel- und Nord-Buckingham (15) und auf den Shetland-Inseln (42). In anderen Dialekten ist der Sachverhalt weniger klar. So bildet in Nord-Devon (11¹) *go* den einzigen Fall mit dem Laute $\bar{u}$, während für me. $\bar{\varrho}$ sonst $\ddot{u}$, $\ddot{o}$, für me. $\bar{q}$ aber $\bar{\varrho}$ und $\bar{o}$ gelten. Eine ähnliche Ausnahmsstellung zeigt das Wort in Bedford (16²), East Haddon (16⁴) und Leicester (29⁴). Vielleicht liegt hier eine früher allgemeine Form des me. $\bar{\varrho}$ vor, welche sich in Folge specieller Bedingungen (etwa Stellung im Auslaut oder gelegentlicher Mangel des Satztons) gerade in diesem Wort erhalten hat. In wieder anderen Dialekten ist die Zugehörigkeit zu $\bar{\varrho}$ nicht völlig sicher, aber doch wahrscheinlich; so in Süd-Warwick (6²) und Nord-Kent (9²). — Ähnlich erscheint *home* im Dialekt Murray's (DSS. 147), wenigstens als Eigenname, mit dem auf $\bar{\varrho}$ weisenden Laute (vgl. *Hume*) und in Mittel-Northumberland (32⁵) neben der normalen Entsprechung für $\bar{a}$ mit einem $\bar{u}$, das wahrscheinlich auf $\bar{\varrho}$ zurückgeht (vgl. Nr. 561, 585, 571 ff. der Wortliste). — Dasselbe gilt für *both* in West-Somerset (10), wo es mit *tooth*, *booth* einen völlig genauen Reim bildet.

113 Einfacher ist das Verhältnis zu dem anderen Nachbarlaute, dem me. $\bar{u}$. Da es im grössten Teil des Sprachgebietes zu einem *au*-Diphthong weiterschreitet, ist es von me. $\bar{\varrho}$ scharf getrennt. Berührungen könnte man vermuten auf dem Gebiet, wo es als $\bar{u}$ erhalten bleibt. Aber da zeigt sich ein bemerkenswertes Verhältnis. Die Wiedergabe des me. $\bar{\varrho}$ durch $\bar{u}$ und die nahestehenden (*œ*u), (*a₁*u), ferner durch *ui*, *uo* ist nur dort zu finden, wo me. $\bar{u}$ diphthongiert wurde; wo es aber erhalten ist, gilt für me. $\bar{\varrho}$ entweder $\bar{u}$, $\ddot{o}$ oder *iu*, *io*. Die Verbreitungsgebiete decken sich zumeist ganz scharf, so dass die Grenzlinie der Erhaltung des $\bar{u}$, Ellis' Querlinie 6, auch zwei Gruppen von $\bar{\varrho}$-Entsprechungen scheidet. Ein Übergangsgebiet bildet nur das nördliche Lincolnshire (20³), jenes Stück des Mittellandes, welches durch die Querlinie 6 abgetrennt wird; hier ist in nordhumbrischer Weise me. $\bar{u}$ erhalten, me. $\bar{\varrho}$ dagegen wie im übrigen Mittelland vorwiegend zu $\bar{a}$ geworden, sodass z. B. *foot* und *out* reimen. Ferner reicht *iu* für me. $\bar{\varrho}$ etwas über diese Grenze hinaus; es findet sich, allerdings nicht durchgeführt, sondern nur in gewissen Stellungen, vielfach im südlichen Yorkshire und vereinzelt noch weiter südlich (§ 111). Im Übrigen ist aber diese Scheidung eine ganz saubere.

Eine besondere Entwicklung zeigt vielfach $\bar{q}$ vor ae. 114 ʒ (h) und w. In den Vorstufen der Schriftsprache ist der sich daraus ergebende Diphthong ou teils mit $\bar{u}$ $\vdash u$ unter ou zusammengefallen (Angl. XVI 453), teils, und zwar in der Gruppe óʒ, óh im Auslaut, zu $\bar{u}(\chi)$ geworden, wofür heute entweder jener au-Diphthong, der auch sonst für me. $\bar{u}$ gilt (z. B. plough), oder uf aus frühne. $\bar{u}f$ (z. B. enough) erscheint. Die Entwicklung in den Dialekten ist aus Ellis' Material leider nur zum Teil zu ersehen, da seine Wortliste nur Fälle für auslautendes óʒ, óh bringt (bóʒ, plóʒ, ʒenóʒ, tóh 577—80), nicht aber für inlautendes óʒ und ów (z. B. wóʒian, ʒrówan, flówan).

In diesen Fällen nun treten zwei Entwicklungen zu 115 Tage; entweder erscheinen, wie in der Schriftsprache, die Entsprechungen von me. $\bar{u}$, beziehungsweise üf, oder es liegt der Laut vor, der sonst me. $\bar{q}$ wiedergiebt. Erstere ist charakteristisch für die südliche Hälfte des Sprachgebietes, letztere für die nördliche; im Mittellande berühren sich beide. Hier scheint $\bar{q}$ ausschliesslich zu gelten im nördlichen Lincoln (20[3]) und einigen Gebieten Süd-Yorkshires und Lancashires (Doncaster, 21[9], Keighley, 24[3], Windhill 24[4], Blackburn, 22[4]); neben u oder $\bar{u}f$ erscheint es in anderen Teilen Lancashires (22[2]), dem nordwestlichen Derby (21), in Cheshire (25), und Teilen von Shropshire und Stafford (28[4], 29[1a]), also in der westlichen Hälfte des Mittellandes; in den übrigen Districten gelten, so weit überhaupt zu ersehen, die südlichen Entsprechungen, auch in solchen, welche dem Norden so naheliegen wie Huddersfield und Leeds (24[1,5]). Sie zeigen sich übrigens sogar an einigen Punkten der nördlichen Abteilung namentlich Yorkshires neben dem hier normalen $\bar{q}$ ($\bar{u}$ 30[3b], 31[2b,c], 32[3,4]; $\bar{u}f$ 30[1], öfters in 32); andererseits begegnen vereinzelte Fälle von $\bar{q}$ in enough sogar schon im Osten (in Northampton, 18[2], Huntingdon, 16[3], Buckingham, 15, Hertford, 16[1]).

Das auslautende χ ist — was im Anhang an die zwei 116 Vocalentwicklungen hier bemerkt werden möge — bei der südlichen natürlich geschwunden, soweit es nicht als f erscheint, bei der nördlichen in Schottland noch erhalten, in

Nordengland entweder abgefallen oder, wie gewöhnlich in Mittel- und Nord-Yorkshire (30). zu *f* geworden.

9.

117   Das im Vorangegangenen gegebene Bild der Entsprechungen des me. *ō* ist ziemlich bunt; sie stellen sich jedoch bei näherer Betrachtung in Gruppen zusammen, die sich auf wenige Grundformen zurückführen lassen, deren Vorgeschichte auch zum Teil ganz einfach ist.

Die mittelenglische Lautqualität ist scheinbar in East Haddon in Northamptonshire (16⁴) erhalten. Aber in diesem Dialekt finden wir ein *ọ* als Vertreter des *ŭ* von *full*, *bullock* u. dgl.; das macht höchst wahrscheinlich, dass auch bei der Länge die *ọ*-Qualität aus früherem *u* hervorgegangen ist, somit hier ursprünglich ebenso *ū* galt wie sonst zumeist im Osten. Dazu kommt, dass hier auch *ọ̄* als Wiedergabe des me. *ọ̄* gilt gegenüber sonstigem *ǭ* in diesen Strichen: es hat also hier offenbar eine durchgreifende Erniedrigung der Zungenstellung bei den *o*- und *u*-Lauten stattgefunden, welche bei den Längen zu den mittelenglischen Werten zurückführte.

118   Auch sonst wird vielfach ursprünglich *ū* gegolten haben, wo heute andere Laute erscheinen. Dass das (*u′u*) des südwestlichen Mittellandes und das (*u₁u*) in Strichen des Nordens darauf zurückgehn, ergiebt sich aus dem Charakter der Laute selbst: sie sind ja nur ein *ū*, dessen Eingang unvollkommen articuliert ist, bei jenem in Bezug auf Lippenrundung, bei diesem in Bezug auf Zungenstellung. Aus dem (*u′u*), welches nach Ellis 260 'unstable' ist und leicht in *iu* und Ähnliches umschlägt, könnten auch die gelegentlichen *iu* im Osten, vielleicht auch manche im Mittelland entstanden sein, besonders jene, welche neben (*œ′u*) auftauchen. Das *iu* im südwestlichen Yorkshire (24), neben welchem im Auslaut *ū* gilt, wird ebenfalls aus einfachem *ū* stammen; denn es zeigen sich überhaupt in diesen Gegenden vielfach Diphthonge auf -*i*, die klärlich aus der einfachen Länge der Lautqualität, die heute die erste Componente bildet, hervor-

gegangen sind: so *oi*, *ei* für eine Art der me. ō. ē (§ 267 ff.),
ja sogar *ai* für *ā* aus jenem *an*, welches me. *ā* wiedergiebt
(§ 30). Wir werden darauf noch zurückkommen (§ 268).
Nicht so deutlich liegen die Verhältnisse bei *ω*. Aber sein
häufiges Vorkommen vor gewissen Consonanten (auch abgesehen von den Fällen vor *r*, die offenbar durch dieses
veranlasst sind), weist darauf hin, dass es aus einfachem *ū*
durch specielle Einflüsse entstanden ist. Auch Übertragungen
und Analogieen scheinen vielfach mitgewirkt zu haben
(§ 252). Somit können wir sagen, dass im Grossen und
Ganzen auf dem südhumbrischen Gebiete und dem südwestlichen Teil des Nordens, also südlich von der Querlinie 6
(vgl. § 113), entweder *ū* noch heute gilt, oder solche Laute,
welche aus einem *ū* erflossen sind.

Anders verhält es sich mit den nordhumbrischen Entsprechungen. Dass die schottischen *ü*, *ö*, *i* nur Varianten
eines ursprünglischen Lautes sind und zwar eines *ü*, wird
dadurch wahrscheinlich gemacht, dass das *ü* der französischen Lehnwörter durch denselben Laut wiedergegeben
ist. Die gleiche Erwägung führt uns dazu, auch die nordenglischen *iu*, *iə* aus einem älteren *ü* abzuleiten. Phonetisch
wäre das ganz einleuchtend. Der Wandel von *ü* zu *iu* ist
ganz derselbe, wie er sich auch in der Schriftsprache bei
der Wiedergabe des frz. *ü* vollzogen hat, und die Entrundung
und Reduction des nachtonigen *u* zu *ə* ist bei den sonstigen
Tendenzen der englischen Lautentwicklung leicht erklärlich
(vgl. *u* > *ə* in nachtoniger Silbe wie *nation*). Auch eine
sichere Negative ist zu beachten: das Gebiet dieser Laute
deckt sich fast vollständig mit dem, auf welchem das me. *ū*
noch heute erhalten ist (§ 113); hier kann also die Entwicklung gewiss nicht über *ū* gegangen sein. Jeder Zweifel
wird beseitigt durch Zeugnisse aus dem 16. und 17. Jahrhundert, welche das Gesagte vollauf bestätigen. Die Gleich-
stellung des schottischen *u* in Wörtern wie *gud* (aus ae.
gōd) mit französischem *u* ist bei den Grammatikern jener
Zeit etwas ganz Gewöhnliches; sie erscheint bei Salesbury
1547 (Ellis I 164), Smith 1568 (eb. 166 f.), Hart 1569 (eb.
168, vgl. III 796), Holyband 1609 (eb. 228), auch bei Hume

1617 (EETS. 5 S. 11 § 9). Ohne diese Gleichung bezeugt für die 'Boreales' unzweifelhaft ein *ü* Gill (eb. IV 1250, vgl. I 169 f.). Die Identität des Lautes mit *ü* wird überdies völlig gesichert durch Bemerkungen Smith's über seine Hervorbringung wie 'compressis propemodum labris' oder 'exiliter contractioribus labiis sono suppresso & quasi praefocato inter *i* & *u*'. Dass aber dieser Laut auch in Nordengland galt, wird bezeugt von Smith und Gill. Ersterer spricht a. a. O. ausdrücklich von 'Scoti ... et qui trans Trentam fluvium habitant, vicinioresque sunt Scotis'; mit 'jenseits des Trents' (des einen Quellflusses des Humbers) meint er aber gewiss das Gebiet, das wir jetzt als jenseits des Humbers bezeichnen, wie auch aus den Worten 'vicinioresque Scotis hervorgeht. Dieser Zusatz selbst kann einschränkend gemeint sein, wie denn auch heute der südwestliche Teil des Nordens Entsprechungen hat, die nicht auf früheres *ü* zurückgehen; vielleicht aber ist er bloss attributiv. Gill bezeugt *ü* für die 'Boreales' überhaupt, womit er sicherlich nicht bloss die Schotten meint, da er in diesem Zusammenhang sogar Eigentümlichkeiten der 'Lincolnienses' anführt. Wol lässt sich aus diesen Zeugnissen nicht folgern, dass überall derselbe *ü*-Laut gegolten hat. Es mag schon damals verschiedene Varianten gegeben haben. Aber die Unterschiede waren gewiss geringer als heutzutage und speciell die diphthongischen Entsprechungen des Nordens müssen erst nach der Zeit jener Zeugnisse entstanden sein.

120 Die noch übrigen *ü* und *ö* in gewissen Gebieten des Ostens und des Südens sind schwerer zu deuten. Das eigentümlich schillernde *ü* des Ostens, welches dem (œ'u) des Mittellandes nahe zu stehen scheint, könnte tatsächlich, wie Ellis 828 vermutet, auf dieses und somit auf ein ursprüngliches *ā* zurückgehen. Dass das *ü* französischer Lehnwörter denselben Laut aufweist, müsste daher kommen, dass es zunächst zu (*i̯*)*ū* wurde und in dieser Gestalt an der Entwicklung des *ā* aus *ǭ* teilnahm, gerade so wie in der vorgeschrittensten Form der Schriftsprache der leichte Diphthong, den Sweet mit *uw* bezeichnet, sowol für *u* aus

me. ō als in der Gruppe iū für me. ü eintritt. Zu beachten
ist ferner, dass me. ū hier diphthongiert, also der Weg
über ū nicht von vornherein unmöglich ist wie im Nordhumbrischen. Für diese Frage wie die Beurteilung der ū, ü
im Südwesten werden wir in anderem Zusammenhang noch
Fingerzeige gewinnen (§ 134 f.).

Zweifelhaft ist es auch, wie die iu, die sich auf südhumbrischen Gebiete finden, zu fassen sind. Im südlichen
Yorkshire (24), wo sie innerhalb gewisser Grenzen durchgeführt sind (§ 111), mögen sie nach Art der angrenzenden
nördlichen Bezirke auf ü zurückgehen. Die andere Möglichkeit wäre Entstehung aus (eu) (vgl. § 120), und diese dürfte
für die übrigen Gebiete mehr Wahrscheinlichkeit besitzen.

Es ergiebt sich also, dass, abgesehen von wenigen
noch nicht aufgeklärten Fällen, die heutigen Entsprechungen
des me. ō auf **zwei frühne. Grundformen** zurückgehen: einerseits ū, welches bis zum Humber und auch
im südwestlichen Teil des Nordens, bis zur Querlinie 6,
herrschte, und andererseits ü, nordwärts davon. Bei der
ersten Entsprechung haben wir klärlich dasselbe Vorschreiten
zur u-Qualität vor uns wie in der Schriftsprache; dieser
Lautwandel ist also ein gemein-südhumbrischer. Schwieriger
ist die Vorgeschichte der anderen Entsprechung, und wir
müssen etwas weiter ausholen.

Seit Richard Rolle von Hampole, also der ersten Hälfte
des vierzehnten Jahrhunderts, finden wir in sonst völlig oder
doch leidlich rein reimenden nordhumbrischen Denkmälern
me. ō und frz. ü gebunden und auch vielfach durch die gemeinsame Schreibung u (ui) wiedergegeben, wie andererseits
auch für frz. ü die Schreibung o auftaucht. Es hat also
allen Anschein, dass schon damals der für's 16. Jahrhundert
gesicherte ü-Laut gegolten hat, und es fragt sich, wie wir
uns diesen Übergang von ō zu ü vorzustellen haben. Der
einfachste Weg wäre über ū; aber der ist, wie schon öfter
hervorgehoben wurde, nicht möglich, da ja das bestehende
und im Nordhumbrischen noch heute erhaltene me. ū auch
den Wandel hätte mitmachen müssen. Das Gewicht dieses
Arguments wird noch gesteigert durch die Tatsache, dass

5*

das Gebiet, auf welchem *ū* entstanden, mit dem auf welchem *ū* erhalten ist, sich deckt (§ 113). Der Weg von *ọ̄* zu *ū* muss also ein anderer gewesen sein, und ihn zu ermitteln hilft uns vielleicht eine Eigentümlichkeit der modernen Dialekte.

124 In einer Reihe von Verkürzungen des *ọ̄*, die so ziemlich auf dem ganzen nordhumbrischen Gebiet sich finden, nämlich *other, mother, brother, monday*, demnächst auch öfters in solchen wie *look, good*, die im Nordenglischen, nicht aber im Schottischen auftreten, ist der Vocal scharf von *ŭ* (*ö*) bez. *ü*, *ï* geschieden (während andere offenbar jüngere Verkürzungen im Schottischen, z. B. in Murray's Dialekt, vielfach *ü*, *ö* als Kürze aufweisen), fällt aber mit dem ae. *ŭ* zusammen und erscheint entweder mit diesem als *u*, in Schottland, oder als *u*, im grössten Teil von Nordengland. Eine Sonderentwicklung bietet *mother*, welches im südöstlichen Northumberland (32¹) und den westlichen und nördlichen Teilen Schottlands (35—39) einen *i*-Laut zeigt. Wenn wir zunächst von diesem absehen, so haben wir den heutigen Stand gewiss dahin zu deuten, dass das Verkürzungsproduct ursprünglich überall *ŭ* war und dann die Entwicklung aller anderen *ŭ* teilte. Denn wenn man auch für Schottland annehmen könnte, dass die Verkürzung einen *ə*-artigen Laut ergriff und daher das Ergebnis mit dem schon entrundeten ae. *ŭ* zusammenfiel, so wäre doch der in Nordengland geltende *u*-Laut unerklärlich. Wir müssen also aus diesem Tatbestand schliessen, dass zur Zeit, als Verkürzung eintrat, entweder *ū* galt — und das ist, wie wir gesehen haben, ausgeschlossen — oder ein von *ū* nicht weit entfernter Laut, so dass er nach der Verkürzung dem *ŭ* nahestand, näher als jedem anderen kurzen Vocal des mittel- und frühneuenglischen Lautsystems, und daher durch dieses ersetzt wurde. In den Vocalkürzen hat das Englische seit der frühmittelenglischen Zeit grosse Einfachheit gezeigt: die Beseitigung einer Unterscheidung, welche es bei den Längen, wenn auch modificiert, festhielt, ist danach wol begreiflich.

125 Gehen wir nun die dem *u* verwandten Laute durch und prüfen wir, ob ihre Kürze jenen Anforderungen ent-

spricht. Da bietet sich zunächst sehr geschlossenes ō, dessen
Kürze dem ü näher stehn konnte als dem o, welches ja
schon im Mittelenglischen offen war. In diesem Fall müsste
die Kürzung in sehr frühe, in frühmittelenglische Zeit zurückreichen, denn als das Ergebnis von ae. ó mit frz. ü
gebunden wurde, im 14. Jahrhundert, kann es nicht mehr
diesen Lautwert gehabt haben. Die zweite Möglichkeit
wäre ein nach vorne gerücktes geschlossenes ō, also der
Laut mid-mixed-narrow-round, oder auch der entsprechende
Vocal mit hoher Zungenstellung, also high-mixed-narrow-
round (schwedisch u, kymrisch y), der dem ü noch näher
wäre. Diese Laute scheinen mir indes ihrem akustischen
Charakter nach mit den gerundeten vorderen Vocalen ü, ö
mehr Ähnlichkeit zu haben als mit u; sie wären bei der
Verkürzung vermutlich mit i (e) zusammengefallen. Als
dritte Möglichkeit ergiebt sich ein Laut, der die Zungenstellung des geschlossenen oder übergeschlossenen o, vielleicht sogar des u selbst hat, aber der Lippenrundung entbehrt oder sie doch nur in geringem Masse besitzt. Denken
wir uns diesen Laut als Kürze, so steht er sowol der Articulation nach als akustisch wol dem ü am nächsten.

Von diesen drei Möglichkeiten scheint mir nun die
dritte allein Wahrscheinlichkeit zu haben. Gegen die erste
ist einzuwenden, dass die Verkürzung doch kaum so frühe
stattgefunden haben wird. Dass sie in der Schriftsprache
in neuenglischer Zeit eintrat, beweist natürlich nichts für die
nordhumbrischen Dialekte, aber immerhin wird man sie nicht
gerne in's Frühmittelenglische verlegen. Die Schreibung
gibt uns leider nichts an die Hand, da sowol für den gemeinsamen Laut von ae. ó und frz. ü, als für den von ae.
ŭ das Zeichen u neben o gebraucht wird. Die zweite Möglichkeit ist aus dem schon angeführten Grunde nicht wahrscheinlich. Nur könnte man vermuten, dass ein solcher
Laut in beschränktem Umfang einmal bestand und Überreste in den *i*-Formen von *mother* noch heute vorliegen.
Aber die grosse Masse der gewöhnlichen Kürzungsformen
erklärt nur die an dritter Stelle besprochene Entwicklung.
Wir kommen somit zu dem Ergebnis, dass die eigentümliche

Veränderung des *ǫ* im Nordhumbrischen zunächst wesentlich in Entrundung bestand. Wir berühren uns also mit einer später zu besprechenden Vermutung Murray's (§ 130 f.). Danach würden sich auch die gelegentlichen Reime von *ǫ* und *ü* auf *u* in nordhumbrischen Denkmälern als ungenaue Bindungen von entrundetem und vollem *u* ungezwungen erklären. Freilich werden manche dieser Fälle anders zu fassen sein (als Suffixvertauschung u. dgl. Vgl. auch ten Brink, Chaucer's Spr. u. Vk. § 75).

Wie kam es nun, dass der neue Laut des *ó* auch für frz. *ü* eintrat? Zunächst ist zu beachten, dass der akustische Effect eines entrundeten geschlossenen *ō* oder *u* einerseits dem des *u* nahesteht, andererseits aber auch eine gewisse Ähnlichkeit hat mit einem dumpfen *ö* oder *ü*. So wird das gaelische *ao*, welches nach Bell nichts ist als entrundetes *u*, von den gaelischen Orthoepisten dem frz. *eu* gleichgestellt (Murray DSS. 51 Anm. 1). Ferner ist auf die Chronologie zu achten. Die ersten Denkmäler aus dem nordhumbrischen Gebiete sind noch frei von Reimbindungen zwischen ae. *ó* und frz. *ü*. Bei dem Psalter könnte das vielleicht wegen des immerhin nicht bedeutenden Umfanges und namentlich wegen der Reimarmut des Dichters Zufall sein. Wenn aber ein so grosses Werk wie der Cursor Mundi keinen Beleg aufweist, so möchte man folgern, dass zu Ende des 13. Jahrhunderts in dem nordhumbrischen Dialekt, den dieses Denkmal darstellt, der Zusammenfall noch nicht eingetreten war. Indes, sicher ist das keineswegs, da Reimtradition das Aufkommen neuer Arten von Bindungen verlangsamen kann, was wir wol im Auge behalten müssen. Im 14. Jahrhundert finden wir die ersten Belege in einem Gedicht über die Todsünden (Lemke's Jahrb. VI 332) V. 101, *fortune : sone*, und namentlich bei Richard Rolle. Der Zusammenfall hätte sich danach zu Ende des 13. Jahrhunderts vollzogen. Damit geraten wir aber in jene Zeit, in der überhaupt erst französische Lehnwörter in grösserer Zahl aufgenommen wurden, und das scheint mir einen Fingerzeig zu geben. Wir haben, glaube ich, gar keinen Zusammenfall vor uns in der Weise, dass zunächst *ǫ* und *ü* neben einander bestanden und hierauf unter einem Laut sich einigten, sondern uns vorzustellen, dass im 13. Jahrhundert, als französische Lehnwörter in grösserer Zahl Eingang fanden, der bereits modificierte Laut des $\bar{o}$ einige akustische Ähnlichkeit mit $\ddot{u}$ besass und daher zur Wiedergabe des frz. $\ddot{u}$ verwendet wurde. Die Einigung der zwei Laute ist demnach in Wirklichkeit nichts als eine Lautsubstitution, die in Folge der besonderen Lautverhältnisse des Nordhumbrischen eintrat und nur hier eintreten konnte, in den Reimen aber erst etwas später sich äussert.

Die Weiterentwicklung von einem dem entrundeten u nahestehenden Laute zu dem $\ddot{u}$ des 16. Jahrhunderts bietet keine Schwierigkeiten. Die entrundeten rückwärtigen Vocale mit hoher Zungenstellung haben einen unbestimmten, schwankenden Klang, der, wie bereits erwähnt, einerseits mit u, andererseits mit $\ddot{u}$ ($\ddot{o}$) Verwandtschaft zeigt, Lauten, die bestimmter klingen und sich leichter von anderen unterscheiden. Ein $\bar{u}$ war schon vorhanden. Dass der Laut nicht zu dieser Qualität weiterrückte und mit ihm zusammenfiel, während das Kürzungsproduct sich allerdings mit $\breve{u}$ einigte (§ 124), hängt wol mit dem schon berührten Umstand zusammen, dass das Englische seit der mittelenglischen Epoche bei der Länge überhaupt eine grössere Anzahl von Vocalfärbungen duldet, ja begünstigt, als bei der Kürze. So traten denn vordere Vocale dafür ein und um so leichter, wenn sie mit 'internal rounding' gebildet wurden, welches Murray heute vielfach im Schottischen findet (S. 51 Anm.) Dass der Ersatzlaut zwar wesentlich ein $\ddot{u}$, aber durchaus nicht auf dem ganzen Gebiet genau derselbe gewesen sein muss, geht aus der Art des angenommenen Vorganges wie aus dem § 119 Gesagten hervor.

So wird denn auf einem Umweg der Laut erreicht, dessen genaue Nachbildung ursprünglich nicht gelang. Dadurch verliert unsere Annahme gewiss nicht an Wahrscheinlichkeit. Aber man könnte vermuten, dass in diesem endlichen Erreichen des französischen $\ddot{u}$-Lautes doch eine tiefere Beziehung steckt, dass dabei französischer Einfluss wirkte oder doch mitwirkte. Am schottischen Hof herrschte ja im ausgehenden Mittelalter eine grosse Vorliebe für alles

Französische. Es wäre denkbar, dass der ursprüngliche heimische Laut für das *ü* französischer Lehnwörter als unvollkommene Nachbildung empfunden und durch den fremden Laut ersetzt wurde, derselbe Ersatz dann auch im germanischen Sprachgut eintrat und der *ü*-Laut schliesslich in die Dialekte durchsickerte. Aber die Einführung eines neuen Lautes in Volksdialekte auf so künstlichem Weg ist wol wenig wahrscheinlich, und vor allem spricht gegen diese Auffassung der Umstand, dass *ü* auch in Nordengland zur Herrschaft kam, obwol hier ein solcher Einfluss von oben fehlte. Somit werden wir uns an die rein phonetische Erklärung halten müssen.

Merkwürdig und bei dem sonstigen Verhalten des ae. *ó* und der Längen überhaupt sehr auffällig ist aber der erste Schritt in dieser Entwicklung, der im Wesentlichen in Entrundung bestand. Einen Zusammenhang mit dem Wandel von *ū* zu *y* anzunehmen, geht nicht an, weil dieser im Norden auf einem kleineren Gebiet zu Tage tritt, und namentlich weil er sich im Süden nachweislich, im Norden höchst wahrscheinlich viel später vollzieht. Dagegen hat Murray (DSS. 51) eine Vermutung ausgesprochen, welche auf den ersten Blick ausserordentlich besticht. Er meint ae. *ó* habe in Schottland unter keltischem Einfluss den Laut des gaelischen *ao*, d. h. eines entrundeten *u*, angenommen. Diese Vermutung gewinnt an Bedeutung, wenn wir bedenken, dass das englische Sprachgebiet nördlich vom Humber zunächst sehr klein war, dass es in altenglischer Zeit nur den östlichen Teil Nordenglands und Südschottlands bis zum Forth umfasste und erst in der frühmittelenglischen Periode erweitert wurde (Rhys, Celtic Britain 145 ff.). Dass bei der Anglisierung in keltischem Munde eine Lautsubstitution sich vollzogen hätte, die dann auch von den germanischen Bewohnern dieser Gebiete angenommen wurde, wäre gewiss sehr plausibel.

Leider stellen sich dieser verlockenden Annahme schwerwiegende, ja entscheidende Hindernisse entgegen. Murray geht von den modernen Lautverhältnissen im Gaelischen aus. Es fragt sich aber, ob im 13. Jahrhundert, wo die Modification des ae. *ó* sich spätestens vollzogen haben muss, das gael. *ao* dieselbe Lautung hatte wie heute und weiterhin, ob kein anderer gaelischer Laut dem englischen *ǭ* näher stand. Da ich diesen Punkt nicht zu entscheiden vermochte, habe ich einen Kenner des Keltischen, Herrn Professor Heinrich Zimmer in Greifswald, um gütige Auskunft gebeten. Sie wurde in dankenswertester Weise gegeben und lautete der Theorie Murray's nicht günstig. Über die Lautung des gael. *ao* im 13. Jahrhundert ist nichts Sicheres ermittelt; aber eine Reihe von Gründen spricht entschieden dagegen, dass sie die heutige war; sie scheint vielmehr ein *ē*-artiger Laut gewesen zu sein (vgl. Anhang 1). Wir sind also genötigt, eine in mancherlei Beziehung höchst ansprechende Hypothese fallen zu lassen.

Damit ist freilich die Möglichkeit einer keltischen Beeinflussung nicht gänzlich ausgeschlossen: über das gaelische Lautsystem im 13. Jahrhundert ist wol zu wenig bekannt (vgl. Anhang 1), um eine endgiltige negative Antwort zu ermöglichen. Wenn nicht das heutige *ao*, so mag ein anderer Laut eingewirkt haben. Vielleicht bringt die Zukunft einmal Aufschluss. Das Bestreben aber, auf diesem Gebiete eine Erklärung zu finden, ist bei der besonderen Stellung der nordhumbrischen Modificierung des *ǭ* jedenfalls gerechtfertigt.

Auf die anderen bisher vorgebrachten Auffassungen derselben, namentlich die Fick's (S. 30 f.), brauchen wir kaum einzugehen. Man wird wahrnehmen, dass bei ihnen der Tatsachenbestand in den modernen Dialekten nicht völlig erklärt werden kann. Die eigentümlichen Verkürzungsproducte weisen zwingend auf den oben eingeschlagenen Weg.

Im Anschluss an unseren Erklärungsversuch ergiebt sich aber weiter die Frage, ob nicht etwa auch die anderen *ü*- und *ö*-Laute als Wiedergabe des me. *ǭ* auf diese Weise entstanden sind. Was zunächst die *ü* in Norfolk und Suffolk anlangt, so ist zu bemerken, dass sich in mittelenglischer Zeit auf diesen Gebieten eine Veränderung des *ǭ* oder gar ein Zusammenfall mit *ü* nicht wahrnehmen lässt.

Wir haben gerade für diese Grafschaften sicher dahin localisierbare Texte, aus dem 14. Jahrhundert die Urkunden der English Gilds (EETS. 40, vgl. Schultz 1891), aus dem 15. das Promptorium Parvulorum und die Legenden Osbern Bokenam's (vgl. Hoofe. Engl. Stud. VIII 209). In Schreibung wie in Reimen ist $\bar{o}$ von $\ddot{u}$ geschieden bis auf einige u für o bei Bokenam (Hoofe 234). Doch wird man ihnen schwerlich viel Gewicht beilegen können. Nach der Beschaffenheit der Fälle (*suth* und Ableitungen, *forsuk*, *tuk*, *stude*) möchte man eher vermuten, dass bereits der ne. u-Laut für $\bar{o}$ eingetreten ist (wie auch Hoofe aus anderen, keineswegs sicheren Gründen annimmt) und in diesen Wörtern verkürzt erscheint wie später in der Schriftsprache, also dieses u nicht $\ddot{u}$ sondern $\ddot{u}$ bedeutet. Jedenfalls hätte eine nur einigermassen ähnliche Veränderung des $\bar{o}$ wie im Norden ganz anders zu Tage treten müssen als in dieser Handvoll Schreibungen. Dies bestätigt unsere oben § 120 ausgesprochene Vermutung, dass die heutigen $\ddot{u}$ hier jungen Ursprungs sind.

Anders liegt die Frage bezüglich der im äussersten Südwesten geltenden $\ddot{u}$, $\ddot{o}$. Im westlichen Teil dieses Gebietes herrschte im Mittelalter noch das Cornische, und erst im 16. Jahrhundert wurde die Anglisierung, die früher nur langsam vorrückte, durchgeführt (vgl. Kluge Grdr. I 798). Liegt etwa hier eine Beeinflussung durch das Cornische vor? Das ist eine Frage, die gewiss sehr nahe liegt, deren Beantwortung wir aber Kennern des Cornischen überlassen müssen.

Bei der besonderen Entwicklung des $\bar{o}$ vor $\mathfrak{z}$, h zeigen sich wieder zwei Gruppen Entsprechungen, deren Gebiete sich zwar nicht sehr scharf abgrenzen, die sich aber doch als wesentlich nord- und südhumbrisch darstellen. Die letzteren sind identisch mit den Entsprechungen des me. $\bar{o}$, wie in der Schriftsprache. Gewiss war auch die Entwicklung dieselbe: Assimilation des ursprünglichen ϱu zu $\bar{u}$, das dann die Schicksale des sonstigen $\bar{u}$ teilte. Schwieriger sind die nordhumbrischen Entsprechungen zu deuten, die mit denen des $\bar{o}$ sich decken. Das mittelenglische Material giebt nichts

recht Deutliches an die Hand. Es läge wol am nächsten
zu glauben, es habe sich auch hier zunächst der Diphthong
ou entwickelt und dann sei das *u* geschwunden, so dass *ō*
übrig blieb, es gelte also hier dieselbe Beziehung zum entsprechenden Monophthong wie bei *ou*. Wir werden indes
im Verlauf unserer Untersuchung von ganz anderer Seite
her Hinweise erhalten, die zu einer anderen Auffassung
drängen (§ 174 ff).

10.

Indem wir im Vorangegangenen die Vorgeschichte der
heutigen Entsprechungen festzustellen versuchten, haben
wir bereits über die intern-dialektische Betrachtung hinaus-
gehend manches Mittelenglische berühren müssen. Was sich
sonst noch zur Aufhellung ausserdialektischer, namentlich
älterer Sprachzustände und -vorgänge ergiebt, möge jetzt
seinen Platz finden.

Die Schriftsprache stellt sich sowol in der Entwick-
lung des einfachen *ō* zu *ū* als des *ō* vor $\mathfrak{z}$, *h* über me. *ū*
zu *au* zu den südhumbrischen Dialekten, ohne dass sich eine
genauere Beziehung mit einiger Sicherheit feststellen liesse.
Bemerkenswert ist aber, dass die allerjüngste erst im Aufkommen begriffene Entwicklung des *ū* aus me. *ō* zu Sweet's
uw, also der erste Ansatz zu einer Diphthongierung, in den
Dialekten — abgesehen von der unmittelbaren Umgebung von
London, die natürlich von diesem beeinflusst ist — kein
passendes Seitenstück hat. Am ehesten wäre das (u_1u)
im südwestlichen Teil des Nordens zu vergleichen; doch ist
ein Zusammenhang damit gewiss gänzlich ausgeschlossen.
In zweiter Linie könnte man etwa an das (œ′u) im Mittelland denken, das ja auch manchmal im Osten auftaucht und
vielleicht die Quelle der meisten südhumbrischen, namentlich
der östlichen *iu*, ja sogar der *ü*-Laute in Norfolk und Suffolk ist, also ursprünglich ein ziemlich ausgedehntes Gebiet
umfasst haben mag, welches dem Hauptsitz der Schriftsprache nicht ferne lag. Der zu Grunde liegende Vorgang
hat eine gewisse Verwandtschaft mit dem bei der Entstehung des *uw*: der Eingang des ursprünglichen *u* wird

in der einen oder anderen Weise weniger vollkommen articuliert als der Ausgang. Diese eine Tendenz mag sich in zweierlei Weise geäussert haben. Die nächste Verwandtschaft zeigt die Entwicklung des *uw* allerdings mit der Zuspitzung des *ǭ* für me. *ǭ* zu *ou*; wir können daher auch einen Lautwandel vor uns haben, welchen die Schriftsprache nicht wie sonst mit Dialekten teilt, sondern welcher in ihr selbst, natürlich in ihrer unteren Schichte, der Vulgärsprache, seinen Ursprung nimmt, indem die Tendenz, welche in Gemeinsamkeit mit gewissen Dialekten bei *ǭ* Zuspitzung verursachte, auch bei *ū* wirksam wird.

139. Von den Berührungen zwischen *ǭ* und *ǭ* (§ 112) zeigt die Schriftsprache zunächst *who* und *two* mit der Entsprechung des *ǭ* statt *ǭ*, aus bekannten Gründen. Wie bei diesen wird uns auch für *go* die Lautung *ū* von Wallis (1652) und Price (1668) bezeugt, von ersterem neben 'richtigerem' *ǭ*, von letzterem ohne Einschränkung (Ellis IV 1008). Allerdings könnte hier auch jenes dialektische *ū* für me. *ǭ* vorliegen, welches wir oben § 88 in *ghost* und *comb* belegt fanden; doch ist vielleicht bemerkenswert, dass diese letzteren erst zu Anfang des 18. Jahrhunderts bezeugt sind. Über die Ursachen des *ū* in *go* vgl. § 143.

140. Der Schriftsprache ist auch die Entwicklung von *ǭȝ* zu me. *ǭ* nicht unbekannt; sie liegt vor in *woo* aus ae. *wóȝian* und *swoon*, einer Weiterbildung von ae. *swóȝen*. Ersteres lautet mittelenglisch (südhumbrisch), wie zu erwarten, *wowe*, und auch im Frühneuenglischen kommt es noch vor, wie in Spenser, der FQ. VI 11, 4 *showed : wowed : vowed* reimt. In Udall's Roister Doister erscheint ebenfalls durchaus diese Schreibung aber im Reime wird *wowyng* zweimal mit *doyng* gebunden (ed. Arber S. 32, 39). Dem entsprechend ist die heutige Lautung schon bei Salisbury bezeugt. Das andere Wort erscheint im Mittelenglischen regulär als *swoune* und *swow* (zu *swóȝ). Chaucer reimt Troil. II 573 *soune : swoune* und Duch. 215 *swow* (sb.) : *now*, hat also *ū* aus ursprünglichem *ou* (aus *swóȝ). Einfaches *ǭ* erscheint in den ja nördlichen Towneley-Spielen, *swoyn*, prät. *swonde* (ed. Raine u. Gordon S. 271, 307), aber nur in der

Schreibung: die Reimwörter haben beide Male *me. u.* Ebenso bieten Chaucer-Handschriften wiederholt *swo(o)ne*; so in dem eben angeführten Reim Troil. II 573 (vgl. Skeat II 207), ferner Compl. Mars 216 (eb. I 331); dazu kommt *a-swone*, *swoning* Rom. Rose 1736 f. Die frühne. Formen sind *swoun(d)*, *soun(d)*, mit unorganischem *d* und dem dem Chaucer'schen *ū* entsprechenden Vocale, nach Ausweis von Reimen wie *sound : pound* Roist. D. S. 47. *found : swound : ground* Spenser FQ. IV 7, 9. Die erste Shakespeare-Folio schwankt aber schon zwischen *oo, ou, ow* (Lummert 25) und im 17. Jahrhundert scheint *oo* allgemein geworden zu sein. Doch lehrt Lediard noch 1725 trotz der Schreibung *swoon* die Aussprache *saun* (Ellis IV 1045 b).

Wir sehen also deutlich zwei Entwicklungen im Kampfe mit einander und werden in derjenigen, welche zum *oo* führt, gewiss einen dialektischen Einfluss zu erkennen haben, der im Laufe des 16. Jahrhunderts ungefähr — zuerst bei *woo*, etwas später bei *swoon* — wirksam wurde, und nicht eine verdumpfende Wirkung des *w*, wie sie Kluge Grdr. I 888 annimmt. Doch bedarf der reale Vorgang bei der Entlehnung noch einiger Worte. Der grösste Teil des Gebietes, welchem diese Entwicklung eigen ist, giebt *ǭ* schon im Spätmittelenglischen durch *ü* wieder, nur die wenigen Punkte des Mittellandes, die dazu gehören, lassen *ǭ* zu *ū* vorrücken. Die Entlehnung muss also entweder von diesen Strichen aus stattgefunden haben, oder aber sie war nicht von der einfachen Art, dass der fertige dialektische Laut übernommen wurde, sondern es trat eine Übersetzung in's Lautsystem der Schriftsprache ein. Die Nordländer, die gewohnt waren, für ihr sonstiges *ü* das schriftsprachliche *ū* einzusetzen, taten es auch in diesen Worten, und die so gebildeten Formen fanden Verbreitung. Dieser Vorgang wird jedem, der die Wechselbeziehung von Dialekten und Schriftsprache verfolgt, oft genug aufstossen. Ein Seitenstück innerhalb des Englischen bezeugt Sheridan bei Besprechung gewisser Eigentümlichkeiten des irischen Englisch (Ellis I 92). Diese Art der Entlehnung werden wir auch künftig im Auge behalten müssen.

141a. Die eben besprochenen Fälle sind schliesslich noch in anderer Richtung wertvoll: sie zeigen, dass die Entwicklung $o\chi > \rho$ in den Dialekten auch im Inlaut gegolten haben muss, während sie mit Ellis' Material nur für den Auslaut zu erweisen ist.

142. Für die englische Lautgeschichte im Allgemeinen ist von den Ergebnissen des früheren Abschnittes von besonderer Wichtigkeit die Beziehung zwischen den Entwicklungen des me. $\bar{\rho}$ und $\bar{u}$. Es hat sich gezeigt, dass die Gebiete von frühne. $\bar{u}$ und $\bar{u}$ für me. $\bar{\rho}$ mit den Gebieten der Erhaltung und Diphthongierung des me. $\bar{u}$ sich bis auf eine kleine Verzahnung genau decken. Diese Beziehung kann unmöglich Zufall sein, sie muss auf einem ursächlichen Zusammenhang beruhen. Von diesen Lautwandlungen ist nun die nordhumbrische Modification des $\bar{\rho}$ unzweifelhaft die älteste, sie liegt sogar sehr bedeutend vor den anderen, die wir nicht vor das 15. Jahrhundert ansetzen können. Als daher der Wandel von $\bar{\rho}$ zu $\bar{u}$ kam, war das Gebiet, auf welches er sich möglicher Weise ausbreiten konnte, bedeutend kleiner als das, welches der Diphthongierung des $\bar{u}$ offen stand. Wenn nun ersterer sein mögliches Verbreitungsgebiet wirklich völlig ausfüllt, letztere aber nur so weit kommt wie er, obwol die Möglichkeit einer weiteren Ausdehnung gegeben war, wenn also mit einem Wort $\bar{u}$ nur dort diphthongiert wurde, wo $\bar{\rho}$ zu $\bar{u}$ vorrückte, so ergiebt sich völlig zwingend, dass $\bar{u}$ nur deswegen diphthongiert wurde, weil $\bar{\rho}$ zu $\bar{u}$ vorrückte und es gewissermassen aus seiner Stellung verdrängte. Wir sind also in Stand gesetzt, eine causale Beziehung zwischen diesen zwei Lautwandlungen sicher festzustellen. Eine solche war ja von vornherein zu vermuten, aber zu erweisen war sie nicht, und nach allgemeinen Eindrücken hätte man sie wol eher umgekehrt erwartet. Wie wir uns diesen Zusammenhang, dieses 'gewissermassen Verdrängen' real vorzustellen haben, soll später erörtert werden.

143. Schliesslich sind die Berührungen zwischen ρ und $\bar{\rho}$ (§§ 112. 139), auch abgesehen von den völlig klaren *who*, *two*, vielleicht mit einigen mittelenglischen Erscheinungen in Zusammenhang zu bringen. Go wird auch in solchen Dichtungen, welche sonst die beiden ō scheiden, gelegentlich mit ǭ gebunden, was an sich noch immer nicht sehr beweiskräftig wäre, aber in Verbindung mit den angeführten dialektischen Formen auf eine Nebenform mit ǭ weist. Dies ist der Fall bei Chaucer (ten Brink § 31), Robert of Gloucester (Pabst 7), in dem Richard Rolle zugeschriebenen, nördlichen Speculum Vitae (Ullmann, Engl. Stud. VII 425) und in dem ebenfalls nördlichen Sir Perceval (Ellinger 7, vgl. Zs. f. d. öst. Gym. 1891 S. 854). Wegen der Kürze des Gedichts weniger sicher zu beurteilen ist der Reim *gon* : *martirdom* Harr. Hell 207 (Mall 13) und *go* : *doo* bei Trevisa (Schleich, Angl. IV 308). Vielleicht gehört es auch hieher, wenn gelegentlich *gon* im Reime auf *ū* erscheint, gerade so wie *don* (vgl. Fischer, Angl. XI 188, 189). — In ähnlicher Weise findet sich *home* im nördlichen Legendar (Horstmann, Altengl. Leg. N. F. 1881), welches sonst die Ergebnisse von ae. *ā* und *ō* nicht bindet, im Reime auf das Subst. *come* 'Ankunft' (114 193), das me. ǭ hatte (vgl. Anhang III). Weniger sicher ist der in Ywain und Gawain (ed. Schleich) öfters vorkommende Reim *come* Prät.: *home* (453, 1579, 2877, 3717), denn es scheint auch ein Präteritum *cām* im Norden existiert zu haben (vgl. Degr. 89, 125 und Wackerzapp 69 ff.), welches den Reim auf *hām* herstellt. Wenn *home* auch eine der Ausnahmen bei dem sonst streng reimenden Chaucer ist (ten Brink § 31), so möchte ich allerdings eher an eine Ungenauigkeit in Folge des Mangels an Reimwörtern denken, weil die Anzeichen für eine ǭ-Form auf den Norden beschränkt zu sein scheinen. — Für *both* endlich lässt sich aus dem Mittelenglischen, so viel wir sehen, nichts anführen, als dass es eine der Chaucer'schen Ausnahmen bildet, und das ist freilich ziemlich wenig.

Dagegen wird kaum bezweifelt werden können, dass bei *go* und *home* schon in mittelenglischer Zeit Nebenformen mit ǭ bestanden. Die letztere scheint dem Norden eigen zu sein, während erstere auf allen Gebieten zerstreut sich findet. Wie der geschlossene Laut zu erklären, ist eine schwierige Frage. Bei *go* könnte er sich vielleicht in satzunbetonter Stellung, deren dieses Wort ja fähig ist, ebenso entwickelt haben, wie ausserhalb des Worttones aus ursprünglichem *-hŏd* ein *-hōd* (ne. *-hood*) wird, wenn nicht eine schottische Form (12) auf ein schon ae. *ó* hinwiese. Ein ae. *ʒón* aber wäre als Entsprechung von as. ahd. *gân* sehr wol möglich; van Helten möchte sie Beitr. XVII 558 sogar als ursprünglich ansetzen. Ob sich auch für ein ae. **hóm* (germ. **hái̯mo-*) irgend ein Anhaltspunkt finden lässt, ist mir nicht bekannt.

11.

145 Bei den $\bar{e}$-Lauten, deren Betrachtung wir uns nunmehr zuwenden wollen, sind die Verhältnisse noch verwickelter als bei den $\bar{o}$-Lauten, obwol in vielen Beziehungen parallel. Die Quellen sind mannigfacher, die Berührungen zahlreicher. Im Allgemeinen ist zu scheiden zwischen me. $\bar{e}$ aus ae. *é, éo* und me. $\bar{ę}$ aus ae. *ǽ, éa* und *ē-*. Dazu kommt dann im Verlauf des Neuenglischen ein weiterer offener $\bar{e}$-Laut in Folge der gemeinenglischen Aufhellung des me. $\bar{a}$ (vgl. § 32), dem sich vielfach der Diphthong *ai* anschliesst. Aber die Grenzen zwischen den verschiedenen $\bar{e}$ sind schon im Mittelenglischen und früher nicht so fest wie bei den $\bar{o}$, sondern wechseln nach den einzelnen Dialekten. Schon im Altenglischen steht z. B. vielfach dem ws. *ǽ* ein angl. *é* gegenüber, eine Scheidung, die sich im Mittelenglischen deutlich fortsetzt, aber keineswegs noch genau umgrenzt ist. All dieser Schwierigkeiten dürften wir aber doch durch Combination aller Hinweise aus alter und neuer Zeit Herr werden.

146 Um eine ungefähre Vorstellung von der Gestaltung dieser Laute in den lebenden Dialekten zu geben, wollen wir zunächst als Probe den Stand der Entsprechungen in einem südlichen und einem nördlichen Dialekte, dem Elworthy's (West-Somerset) und dem Murray's (Südschottland), in aller Kürze skizzieren. Bei Elworthy wird me. $\bar{e}$ gewöhnlich durch (ii) beziehungsweise (i) und (*i*), me. $\bar{ę}$ durch (*ee*),

me. $\bar{a}$ durch den Diphthong (EE') und endlich me. ai durch ($áai$) wiedergegeben. Besondere Entsprechungen zeigen sich vor r und l; hier erscheint $\bar{e}$ als (ii'); $\bar{ę}$ als (EE') oder, wenigstens vor r, als (ii'), so dass es also entweder mit me. a oder mit $\bar{e}$ sich deckt; me. ai endlich meist als (EE'), so dass es ebenfalls mit a zusammenfällt. Im Übrigen finden sich zahlreiche Abweichungen, deren Ursache weniger klar ist. Namentlich ist eine Reihe von me. a durch (ii') vertreten, und *shake* schwankt zwischen (ii') und (EE'), gerade so wie bei $\bar{ę}$ einige Wörter zwischen $u\mathfrak{o}$ und $o\mathfrak{o}$ (vgl. § 41). Das macht wahrscheinlich, dass wir nicht die Wirkung eines Lautwandels vor uns haben, sondern das Ergebnis von Dialektmischung. Nicht selten sind auch i-Laute für me. $\bar{ę}$, die vermutlich dem Einfluss der Schriftsprache zu danken sind, obwol sich immerhin einzelne consonantische Wirkungen in diesen Fällen bergen mögen. — Bei Murray und überhaupt im Schottischen greifen die Entsprechungen weniger in einander über. Sowol für $\bar{e}$ als für $\bar{ę}$ gilt (ii) oder (i), für $\bar{a}$ der Diphthong (i'), für ai dagegen (ee). In den übrigen schottischen Dialekten fallen nicht bloss $\bar{e}$ und $\bar{ę}$ unter (ii), sondern auch $\bar{a}$ und ai unter (ee) zusammen. Nur treten eine Reihe von $\bar{ę}$, deren Anzahl in den einzelnen Dialekten schwankt, mit der Entsprechung des $\bar{a}$, (i') bez. (ee), auf.

Beginnen wir mit den me. $\bar{ę}$, welche wir nach Ausweis der mittelenglischen Grammatik als gemeinenglisch bezeichnen können, nämlich den Ergebnissen des ae. $\acute{e}$ aus germ. $\acute{e}$ ($h\bar{ę}r$) und e ($h\bar{ę}$), des Umlauts von $\acute{o}$ ($f\bar{ę}t$) und des ae. $\acute{eo}$ ($thr\bar{ę}$) als Wiedergabe des germ. eu, soweit es nicht unter Umlautbedingungen stand, ferner als Contractionsproduct, so ist zunächst hervorzuheben, dass eine Scheidung zwischen diesen Lauten auch in den modernen Dialekten nirgends zu Tage tritt: ihr Zusammenfall erweist sich also in der Tat als ein gemeinenglischer. Öfter ist eine Sonderlautung für auslautendes $\bar{ę}$ eingetreten (in Süd- und Nord-Lincoln, 20 [1,3], Süd-Durham, 31 [6], Nord-Cumberland, 32 [1], Südschottland, 33): sie trifft aber sowol $\acute{e}$ als $\acute{eo}$.

Die bei weitem überwiegende Entsprechung des $\bar{ę}$ ist

i. Daneben kommen an verschiedenen Punkten Diphthonge des *ϊ*-Typus vor, aber nirgends durch alle Fälle durchgehend. So im Süden in Wiltshire (4¹), Dorset (4⁴), Hampshire (5³), Süd-Surrey und West-Sussex (5⁴); im Mittelland in Süd-Lincoln (20¹) u. z. in bedeutendem Umfang, so dass *ī* fast nur im Auslaut steht; im Norden vielfach im mittleren und östlichen Yorkshire (30¹, ², ³ᵃ, ³ᵇ) und in Nord-Cumberland (32 ').

149   Charakteristisch ist aber für diesen Laut vielmehr die Neigung zur Diphthongierung durch Senkung des Eingangs des *ī* zu offenem *i*, ja selbst zu *e*-Lauten. Sie findet sich hauptsächlich im westlichen Teil der Nordens (31) und des Mittellandes (23, 21, 25, 26, vielfach in 29), demnächst im mittleren Northumberland (32⁵), im Auslaut in Nord-Cumberland (32¹) und Südschottland (33), vereinzelt auch an einigen nahen Punkten des Südens und des Ostens (Südwest-Northampton, 6', mittleres Northampton, 16⁴). Die schwächste Stufe der Diphthongierung (*ïi*) oder (*ɩi*) erscheint vielfach im westlichen und südlichen Cheshire (25), ferner in Südost-Lancashire und Nordwest-Derby (21), im mittleren Lancashire (23'), in Howgill, Yorkshire (31³ᴅ), im mittleren Northumberland (32⁵), inlautend im südlichen Durham (31⁶), neben *ī* an den oben angeführten Orten des Südens und Ostens. Ein *ei*-Diphthong gilt u. z. besonders ausgeprägt als (ɛi) in Bickley in Süd-Cheshire (25) und dem grössten Teil von Derby (26); als (ói) oder (éii) an mehreren Punkten Nordwest-Yorkshires (31¹, 31³ᴅ); neben *ī* in Leicester (29¹) wie an anderen Punkten des südlichen Mittellandes (29) und angrenzenden Ostens (East Haddon, Northampton 16⁴), ferner auch öfters in Yorkshire (30¹, 31¹ᵇ). Speciell im Auslaut zeigt sich ein *ei* im südlichen Durham (31⁶), nördlichen Cumberland (32¹) und den südlichen Grafschaften von Schottland (33), und ebenso scheint das neben *ī* geltende *ei* im südlichen Mittelland (29) auf den Auslaut beschränkt zu sein.

150   Eine auffällige, aber selten durchgeführte Entsprechung in mehreren Teilen des Südens (namentlich des Südwestens) und des Ostens (namentlich der östlichen Striche) sind *ē* und

eə. So erscheint neben den gewöhnlichen Wiedergaben ein ẽ in Süd-Devon (11 [2]), West-Somerset (10, vgl. Elworthy, Liste 12), Wendover, Buckingham (15), Nordost- und Süd-Norfolk (19 [2, 3]), ferner an manchen Punkten des südlichen Mittellandes (29 [1a, 2c]). Ein eə-Diphthong gilt in ziemlich weitem Umfang in Hampshire (5 [3]) und im Inlaut durchaus in Ost-Suffolk (19 [4]).

Was das Verhältnis zu den Nachbarlauten betrifft, so können wir auf das zu me. ę̄ erst später eingehen. Von me. ī ist me. ę̄ durchaus getrennt. Eine Beziehung in den Entsprechungen ist nur insofern wahrzunehmen, als dort, wo ę̄ durch ein ei wiedergegeben ist, für i volles ai oder ɔi, nicht etwa ei oder dergleichen erscheint.

Ausser dem eben betrachteten gemeinenglischen ę̄ giebt es aber noch speciell anglische ę̄. Da ist zunächst jenes ae. angl. é, welches dem ws. ǽ aus germ. ǽ entspricht; wir werden es indes mit Vorteil bei den ę̄ abhandeln. Ferner kommt hier in Betracht angl. é, beziehungsweise éo gegenüber ws. íe (später ý) als Umlaut von éa und éo. In Ellis' Wortliste liegen von solchen Fällen vor: ʒeléfan (296), ʒehéran (301), ʒehérde (314); déore (416). Endlich ist anzuschliessen das angl. é in cése (197), dem in Folge der Einwirkung der Palatalis ws. cíese entspricht. Eine Durchsicht der modernen Entsprechungen ergiebt nun, dass fast auf dem ganzen Sprachgebiet, auch dem westsächsischen, in diesen Wörtern derselbe Laut vorliegt wie sonst für me. ę̄. In Christian Malford, Wiltshire (4 [1]) sprechen 'older people' im Präteritum von ae. héran hýran den Diphthong, der sonst für ī gilt, und ebenso scheint dieser Laut in der westsächsischen Colonie in Wexford in Irland (1) zu Beginn unseres Jahrhunderts in hear bestanden zu haben. Das sind klärlich Fortsetzungen des spätwestsächsischen ý, aber auch die einzigen, die bei Ellis belegt sind.

Die besondere Entwicklung des me. ę̄ vor ʒ, h, welche schriftsprachlich über ei zu me. ī, ne. ai führt, lässt sich nur an wenigen Wörtern von Ellis' Liste verfolgen, nämlich *fléoʒa* (414), *léoʒan* (415), *þéoh* (423), denen sich frühme. *deʒen* (438) anschliesst (ne. *fly, lie, thigh, die*); doch genügen diese alltäglichen und daher fast überall belegten Wörter, um uns ein Bild dieser Entwicklung zu geben, soweit sie *éo + ʒ* betrifft. Für *é + ʒ* (z. B. *wréʒan*) ist leider kein Beleg in Ellis' Wortliste. Ae. (angl.) *héhþ* (306) ist auszuscheiden, weil hier früh Verkürzung eingetreten sein muss, zudem Beeinflussung durch ae. *héah* nahe lag. Im Süden, Osten und den angrenzenden Teilen des Mittellandes erscheint nun für jene Gruppe der me. *ī* wiedergebende Diphthong, dagegen in Schottland, Nordengland und dem nördlichen Teil des Mittellandes der dem me. *ę̄* entsprechende Laut. Das Mittelland erweist sich wieder als Übergangsgebiet. Das nördliche *ę̄* liegt hier vor in Nord-Lincoln (20[3]), Süd-Yorkshire (24), Nordwest-Derby und Lancashire (21, 22, 23), nur mit der Einschränkung, dass an einzelnen Punkten (21, 22[4], 24[5]) *lie* bereits *ī* zeigt, für welches indessen das Subst. ae. *lyʒe* die Basis sein kann (ebenso *die* in 24[9]); ferner in einigen der angeführten Worte in Cheshire, 25 (in *fly, die*), dem übrigen Derby, 26 (*die*) und sogar an einigen viel südlicheren Orten in Stafford und Worcester, 29[1b, 2c] (*fly*). Im Übrigen gilt *ī*. Auch auf nordhumbrischem Gebiet finden sich einige vereinzelte *ī* in Hawick, Roxburgh, 33[b] (in *fly, lie, die*, aber nicht in *thigh*) und im Bezirk 39, 'Moray und Aberdeen' (in *thigh*, aber nicht in den übrigen); doch sind diese Abweichungen, wegen ihrer Übereinstimmung mit der Schriftsprache, der Entlehnung verdächtig.

154 Im Anschluss an diese Fälle müssen wir aber auch die Gruppe *éa + ʒ, h* in Betracht ziehen. In altenglischer Zeit wird nämlich dieses *éa* in den englischen Dialekten durch sogenannten Palatalumlaut zu *é* (Sievers § 163), womit doch wahrscheinlich derselbe Lautwert wie beim sonstigen *é*, nämlich *ę̄*, gemeint ist, und auch im Spätwestsächsischen wird die Schreibung *é* dafür herrschend (eb. § 101, 2). Ellis' Liste bietet von derartigen Fällen ae. *énʒe, héah, néah* (317, 305, 307, 358; ne. *eye, high, nigh*); ae. *néahʒebúr* (359) gehört nicht hierher, weil in diesem Worte früh Verkürzung

des *ẹ̆* vor mehrfacher Consonanz eingetreten sein muss. In den lebenden Mundarten zeigt nun diese Gruppe ein ähnliches Verhalten wie die frühere. Im Süden, Osten und den angrenzenden Teilen des Mittellandes ist sie durch me. ī vertreten, in Schottland, Nordengland und dem nördlichen Mittelland durch me. *ẹ̄*, selten durch me. ī. Eine Lautung, die sonst ae. *ǣ* + ʒ vertritt (in den mittelländischen Gegenden auch eine Art des me. *ẹ̄*, nämlich das aus ae. *ē̆*-), findet sich bei *high* und *nigh*, nicht aber bei *eye* im nördlichen Mittelland an mehreren Orten von Lancashire und Süd-Yorkshire (22 ², ⁴, ⁵, 24 ¹, ⁴, ⁵) und im Norden in einem Teile des nördlichen Lancashires (31 ²ᵇ). Die gleiche Entsprechung wie für ae. *ǣ*ʒ giebt Ellis für East Haddon (16 ⁴). - Was die Abgrenzung der zwei Hauptentsprechungen anlangt, so bildet das Mittelland das Übergangsgebiet. In *eye* gilt *ẹ̄* in Lancashire, Nordwest-Derby und zumeist in Süd-Yorkshire (22, 21, 24 mit Ausnahme von 24 ⁹), wie es scheint auch an einem Orte in Ost-Derby (26 ³), in allen übrigen Gegenden aber ī. Dieses ist auch öfters im Norden statt *ẹ̄* zu finden, in Nordost-Yorkshire (30 ³ᵇ), Nordwest-Lancashire (31 ²ᵇ), Nord-Cumberland (32 ¹) und im mittleren Northumberland (32 ⁵), ja sogar in Hawick in Südschottland (33 ᵇ). In *high*, *nigh* liegt im nördlichen Mittelland *ẹ̄* nur vor in Südost-Lancashire (21 ¹); es gilt hier entweder der oben erwähnte Sonderlaut oder das südliche ī. Dieses begegnet auch im Norden und Südschottland, in beiden Worten in Nordost-Yorkshire (30 ³), Nord-Durham (32 ²) und in Hawick, Südschottland (33 ᵇ); in *nigh* (während *high* *ẹ̄* hat) in Nordwest-Yorkshire (31 ¹) und Northumberland (32 ²⁻⁵); in *high* neben *ẹ̄* im Bezirk 34, 'Lothian and Fife'. Alle diese ī nördlich vom Humber sind aber wieder, wegen ihrer Übereinstimmung mit der Schriftsprache und nach der Art ihres Vorkommens, der Entlehnung verdächtig.

Einige weitere Belege bringt die ausführlichere Darstellung Wright's für Windhill (24 ⁴); die Entsprechung des me. *ẹ̆* gilt wie in *eye* auch in *dye* und *tie* (§ 150), von denen ersteres sicher die Folge *eaʒ* (ae. *déaʒ(i)an*), letzteres wie es scheint aber *ẹ̄ʒ* mit *ẹ̆* als Umlaut von *éa* enthält.

12.

156   Bei den Entsprechungen des me. ę̄ zeigen sich also, soweit nicht besondere consonantische Einflüsse in's Spiel kommen, ziemlich einfache Verhältnisse, deren Vorgeschichte unschwer zu construieren sein wird. Die gewöhnlichste Wiedergabe, ī, hat sich gewiss durch das einfache Vorrücken zum Vocalextrem ergeben wie in der Schriftsprache. Die Diphthonge des Typus ii, ei gehen offenbar auf ein älteres ī zurück, aus dem sie durch Senkung der Zunge zu Eingang hervorgegangen sind. Auch das neben ī auftretende iə wird nur eine Weiterbildung desselben sein, vermutlich unter consonantischen Einflüssen. Ellis' Material reicht freilich nicht aus, sie deutlich zu erkennen. Schwieriger ist die Sachlage bei ę̄ und eə. In ersterem könnte man geneigt sein, die mittelenglische Lautqualität erhalten zu sehen. Doch findet es sich immer nur in einem Teil der Fälle, manchmal nur in wenigen. Auch eə ist nur an einem Punkte annähernd durchgeführt. Ferner ist bemerkenswert, dass diese ę̄ und eə stets auch als Wiedergabe von me. ę̆ erscheinen, das sonst in diesen Gegenden zumeist von me. ę̄ geschieden ist. Allem Anschein nach sind diese Fälle nur Rückbildungen aus ursprünglichem ī (vgl. auch § 159). Wir dürfen daher den Satz aufstellen, dass me. ę̄ im Wesentlichen **gemeinenglisch zu ī vorgerückt** ist und dann erst durch secundäre Vorgänge zum Teil weitergebildet wurde.

157   Auf wichtige Beziehungen geraten wir, wenn wir von da aus einen Blick auf die Entwicklung des me. ǭ werfen. Im mittelenglischen Lautsystem standen sich ę̄ und ǭ symmetrisch gegenüber. Ihre Weiterentwicklung ist ebenfalls symmetrisch, sie schreiten beide zum Vocalextrem vor, ǭ allerdings nicht auf dem ganzen Gebiete, sondern nur so weit, als es nicht schon früher die Sonderentwicklung zu ü eingeschlagen hatte. Soweit es aber teilnimmt, also südlich von der Querlinie 6, zeigt sich die Symmetrie in den modernen

Dialekten auch in allen Einzelfällen zumeist vollkommen deutlich ausgebildet. Gewöhnlich stehen sich $\bar{\imath}$ und $\bar{u}$ gegenüber. Aber auch die ausnahmsweisen $i\jmath$ und $u\jmath$ gehen fast immer Hand in Hand, wie ein Blick auf unsere Zusammenstellungen lehrt, und wo dies aus unseren Angaben nicht hervorgeht, wird vermutlich nur die Unvollständigkeit des Materials daran Schuld sein. Ebenso fallen die Gebiete der Diphthongierung durch Senkung, bez. Entrundung des Eingangs, also die des $\mathit{ji, ei}$ einerseits, des $(\mathit{œ'u}), (u_1u)$ andererseits, im Grossen und Ganzen zusammen.

Mit Störungen dieser Symmetrie hat es immer eine 158 besondere Bewandtnis. In Süd-Yorkshire stehen dem $\bar{\imath}$ je nach der Umgebung (§ 110) ui und $\bar{u}$ gegenüber (abgesehen von den Punkten, welche statt $\bar{u}$ iu aufweisen, das vielleicht auf nordhumbrisches $\ddot{u}$ zurückgeht). Aber ui dürfte, wie bereits § 118 ausgeführt wurde, erst eine junge Entwicklung aus ursprünglichem u sein, eine Diphthongierung, welche ihrem Wesen nach bei $\bar{\imath}$ gar nicht eintreten konnte. In Folge dieser besonderen Verhältnisse erscheint die Symmetrie aufgegeben.

Eine stärkere Störung bilden die $\ddot{u}$-Laute für me. $\bar{\varrho}$ einer- 159 seits, die $\bar{\varrho}$ und $e\jmath$ für me. $\bar{\bar{\varrho}}$ andererseits. Im Südwesten ist sie zuweilen ganz grell. In West-Somerset z. B. ist $\bar{\imath}$ für $\bar{\bar{\varrho}}$ der normale Laut, $\bar{u}$ dagegen überhaupt nur in ein paar vereinzelten Fällen vorhanden und da nicht Wiedergabe eines $\bar{\varrho}$, sondern anderen Ursprungs (Elworthy 251). Das ist recht auffällig. Vielleicht weist aber auch dies darauf hin, dass das $\ddot{u}$ für $\bar{\varrho}$ einer äusseren Ursache zu danken (vgl. §§ 135 und 160) und ziemlich jungen Ursprungs ist. Im Übrigen ist zu beachten, dass in denselben Dialekten, die $\ddot{u}$ für $\bar{\varrho}$ haben, zumeist auch die ebenfalls störenden $\bar{\varrho}, e\jmath$ für $\bar{\bar{\varrho}}$ erscheinen, obwol gewöhnlich in sehr geringer Zahl. Das ist besonders deutlich in den betreffenden östlichen Bezirken, deren einer, 19[4], $e\jmath$ ja durchgeführt hat. Wie also auf der einen Seite statt des zu erwartenden $\bar{u}$ ein $\ddot{u}$ erscheint, so auf der anderen statt $\bar{\imath}$ ein e-Laut. Das ist vielleicht kein Zufall, sondern innere Beziehung. Wir haben oben §§ 109, 120 gesehen, dass dieses östliche $\ddot{u}$ dem mittelländischen $(\mathit{œ'u})$ nahezustehen scheint und vielleicht aus ihm hervorgegangen ist. Im Mittellande steht nun dem (*a'u*) symmetrisch ein (*i, ei* gegenüber. Haben diese Laute etwa auch hier zunächst gegolten und sind daraus die *ü* für *ō* und die *e*-Laute für *ę̄* durch secundäre Umwandlungen entstanden? Die *ē, eo* für *ę̄* müssten dann freilich Reste eines grösseren Bestandes sein. — So weitgehende Constructionen zu wagen, wird vielleicht Manchem zu kühn erscheinen. Aber wir geben sie als nichts weiter als Vermutungen, auf die wir nicht weiterbauen. Wir wollen eine Möglichkeit darlegen, wie auffällige Tatsachen vielleicht begründet sind, zeigen, wie trotz scheinbar widersprechender Erscheinungen grosse Tendenzen durch die gesamte Entwicklung durchgehen können, und indem wir dies von vornherein für wahrscheinlich halten, ziehen wir nur die Folgerung, die sich aus der überwiegenden Mehrzahl der Tatsachen selbst ergiebt.

160 Auf nordhumbrischem Gebiet ist die Symmetrie schon in spätmittelenglischer Zeit nicht mehr vorhanden gewesen, da *ō* hier ja zu *ü* umgebildet wurde. Das ist eine grosse und höchst auffällige Störung; die Annahme keltischer Lautsubstitution wäre daher sehr verlockend (vgl. § 132). Aus demselben Grund möchte man eine ähnliche Einwirkung auch für den Südwesten vermuten (§§ 135 und 159). Es ist aber sehr beachtenswert, dass im Norden trotzdem eine Symmetrie bald wieder hergestellt erscheint: auf demselben Gebiet, wo *ō* nicht zu dem gegenüber *ī* aus me. *ę̄* zu erwartenden *ū* wird, bleibt das me. *ū* erhalten. Die Folge ist allerdings, dass dem aus me. *ī* entstandenen *ei, ai* kein aus me. *ū* hervorgegangenes *ou, au* gegenübersteht, und man muss zugeben, dass sich bei den *ai-* und *au-*Diphthongen manchmal die sonst zu Tage tretende Symmetrie verliert. Aber durch sonstige Entwicklungen wird sie doch auch hier vielfach wieder erreicht. Murray's Mundart z. B., welche me. *ī* durch (*ei*) und (*ai*) wiedergiebt, hat auch die entsprechenden Diphthonge auf der anderen Seite, nämlich (*ou*) und (*au*), ersteren aus *o + l,* letzteren in gewissen Fällen aus *ā + w* (*ʒ, h*) entwickelt.

161 Erinnern wir uns auch an das, was oben § 26 ff. über

die Entwicklung von me. *ī* und *ū* dargelegt wurde, so dürfen wir zusammenfassend sagen: Bei der Weiterbildung des me. *ẹ* und *ė* einerseits, des *ọ* und *u* andererseits zeigt sich ein starkes Streben nach symmetrischer Ausgestaltung, namentlich soweit *e i-* und *o u-*Vocale, sowie Abstumpfungs- oder Zuspitzungs-Diphthonge in Betracht kommen. Das ist kein Gesetz, und Abweichungen finden sich manchmal; aber dann scheinen äussere Ursachen gewirkt zu haben, und auch dann wird meist die Symmetrie in irgend einer anderen Weise bald wieder hergestellt.

Für *ẹ̄* in besonderer Stellung, vor ae. ʒ, *h* (und zwar für ursprüngliches *éo, éa* vor ʒ, *h*), zeigen sich zwei, bez. drei Gruppen Entsprechungen. Die der südlichen Hälfte des Sprachgebietes eigenen sind identisch mit dem Diphthong, welcher sonst me. *ī* wiedergiebt, genau so wie in der Schriftsprache. Gewiss war auch die Entwicklung dieselbe: *ẹ̄* wurde in bekannter Weise zunächst zu *ẹi* und dieses, wol schon im 14. Jahrhundert, zu *i* monophthongiert, wie es in zahlreichen mittelenglischen Denkmälern belegt ist.

Die nördlichen Entsprechungen decken sich mit dem Laute, der sonst me. *ẹ̄* wiedergiebt; zu ihrer Erklärung müssen wir etwas weiter ausholen. — In den frühesten nordhumbrischen Texten finden wir für die Gruppen *éo, éa* + ʒ, *h*, ferner in der Wiedergabe des an. *slǽgr* und in me. *deʒen* 'sterben', welche gemeinenglisch die Entwicklung dieser Gruppen aufweisen, die Schreibung *egh*. So heisst es im Psalter stets: *flegh*; *eghe(n), negh, hegh*; *slegh* (gegenüber *wai, sai*; *dai, mai, lai*); in Richard Rolle's Prick of Conscience: *flegh, dreghe* und *drighe*; *eghe, negh, hegh*; *sleghe* und *slyghe, deghe* und *dighe*: selten *heygh, deyghe* (gegenüber *way, say, day* u. s. w.). In den Reimen werden diese Wörter nur unter sich gebunden (nicht etwa auch mit dem Ergebnis von ae. *eʒ* oder *eʒ*). Im Cursor Mundi wechselt zwar die Schreibung nach den Handschriften (wol unter südlichem Einfluss) ziemlich stark, aber in genügend durch die Überlieferung gesicherten Reimen tritt dieselbe Scheidung wol durchaus zu Tage. Vereinzelt scheint sich der Dichter sogar schon Bindungen mit ę zu gestatten (*vie* : *seie* [ac. *séon*| 6705 in C, F, G). Die charakteristische Schreibung *egh* lässt sich noch bis in's 15. Jahrhundert hinein verfolgen. In der zweiten Hälfte des 14. ändern sich aber die Verhältnisse. In den Barbour-Handschriften erscheint bereits einfaches *e*, während in den Reimen solche Wörter immer noch, wie Buss Angl. IX 497 gezeigt hat, nur unter sich, nicht mit den zahlreichen Fällen von einfachem ē̜ gebunden werden (denn *flee*, welches nur mit jenen, nicht mit diesen reimt, geht auf ac. *fléoʒan*, nicht ae. *fléon* zurück, vgl. Sievers § 384, 2). Dagegen sind solche Reime in dem Barbour zugeschriebenen Trojanerkrieg und den schottischen Legenden, wie auch in den schottischen Dichtungen des 15. Jahrhunderts ganz gewöhnlich (Buss a. a. O.) und die Schreibung *e*, *ee* die übliche. Um ungefähr dieselbe Zeit, zu Ende des 14. Jahrhunderts, erscheinen auch solche Reime in Nordengland und dem angrenzenden Mittelland, wie in Thomas of Erceldoun (Brandl Erc. 59 f.), der Benedictiner-Regel (*ee* : *se* 420), Perceval (*eyhe* : *slee* : *flee* 691), den Towneley-Spielen (Brandl a. a. O.) und anderen Denkmälern (vgl. Köster QF. 76 S. 52), und dem entsprechend die Schreibung mit einfachem *e(e)*. Ebenso finden wir sie in Glossarien des 15. Jahrhunderts: *e(e)* 'oculus' Wright-Wülker 675, 15 ff.; *hee* 'oculus' eb. 634, 3; *fle a boute* 'circumvolo' eb. 573, 5; *lee* 'mentiri' Cath. Ang. 211. Das stimmt vollkommen zu dem Stand der lebenden Mundarten.

164 Wie haben wir uns nun den Vorgang vorzustellen, der in diesen Erscheinungen zu Tage tritt? Die Schreibung *gh* der früheren Denkmäler kann nichts anderes als eine Spirans wiedergeben; die Seltenheit der Schreibung *eigh* und das monophthongische Endergebnis, dazu auch die strenge Scheidung von dem Product der Folge *eʒ* (*eʒ*), all das ist doch kaum anders zu deuten, als dass vor dieser Spirans nicht ein *i* entwickelt wurde, dass es also in diesen Fällen gar nicht zur Bildung eines *ei* kam. In der zweiten Hälfte des 14. Jahrhunderts schwand sie dann, und einfaches ę̄ blieb übrig (vgl. Brandl Erc. 59).

165 Unter welchen Bedingungen trat diese Entwicklung ein? Da ist vor allem darauf hinzuweisen, dass es in

den frühnordhumbrischen Texten *dreghe*, *hegh* u. s. w. auch (im Pr. C.) *neghen* (ae. *niȝon*), niemals aber *wegh, *dagh (ae. *weȝ*, *dæȝ*), sondern *way*, *day* heisst: offenbar ist ae. ȝ in den früheren Fällen noch Spirans, in diesen schon zu einem Vocal aufgelöst. Es tritt uns hier eine Scheidung entgegen, welche in der südhumbrischen Entwicklung eine Entsprechung findet. Kluge hat Grdr. 1 845 gezeigt, dass jene ȝ, welche von Haus aus in heller Umgebung waren, schon im Altenglischen vocalisiert wurden, während jene ursprünglich gutturalen ȝ, welche nach hellem, aber vor dunklem Vocal standen (*niȝon*), und jene, deren Umgebung lautgesetzlich aufgehellt wurde (*flēoȝan* > *flēȝen*; *ēaȝe* > *ēȝe*), zunächst als Gutturale erhalten bleiben, in der Übergangszeit vom Alt- zum Mittelenglischen palatal und erst um die Mitte des 13. Jahrhunderts, gleichzeitig mit der Vocalisierung des gutturalen ȝ zu *u*, zu *i* werden. Die frühe Vocalisierung der ȝ der ersten Schichte ist nun auch dem Norden eigen. Die ȝ der zweiten bleiben offenbar zunächst als Spirans erhalten, entwickeln jedoch vor sich kein *i* wie im Süden und schwinden schliesslich spurlos. Welcher Art diese Spirans war, ob guttural oder palatal, ist nicht sicher zu sagen. Aus dem Fehlen der *i*-Entwicklung möchte man wol auf ersteres schliessen; aber das ist keineswegs zwingend. Nicht jede Palatalis muss eine solche Wirkung ausüben; auch kann ja der Grad der Palatalität ein verschiedener sein.

Die uns beschäftigende Entwicklung tritt aber nicht bloss in den Gruppen ae. *éo*, *éa* + ȝ, *h*, sondern auch noch in ein paar anderen Fällen ein, die neue Hinweise ergeben. Einmal, wie schon oben erwähnt, in der Wiedergabe des an. *slǽgr*, bei Orrm *sleh*, und in fme. *deȝen*, Orrm's *deȝenn*, das bisher aus dem Nordischen (aus aisl. *doyja* oder adän. *döia) abgeleitet, neuerdings aber von Napier (EETS. 103 S. 38) unter dem Beifall Pogatscher's (Gött. Gel. Anz. 1894 S. 1014) als heimische Wiedergabe des germ. *daujan — wie ich glaube, mit Recht — reclamiert wurde; ferner nach Ausweis des Dialekts von Windhill in frühme. *deȝen* 'to dye' und *teȝen* 'to tie', von denen ersteres auf ae. *déaȝan* oder *déaȝian* zurückgeht, letzteres entweder auf das Subst. ae.

téaʒ oder auf das entsprechende Verbum, welches nach den Belegen bei Skeat s. v. doch wol als *tieʒan*, *téʒan* (aus *taugjan) anzusetzen ist. Dieselbe Entwicklung muss auch ae. *wréʒan* (aus *wrógjan) eingeschlagen haben, da es im Prick of Consc. *wreghe*, nicht *wraye lautet (5162, 5460). Allerdings scheint es dann im Norden ausgestorben zu sein. Ebenso ergiebt ae. *bréʒan* mittelschottisch *bre* und in modernen schottischen und nordenglischen Dialekten *bree* (NED. s. v.) Unter diesen Fällen sind nun solche mit ursprünglicher Gutturalis, die sich also den früher besprochenen anschliessen. Aber *wréʒan*, *bréʒan* haben sicher palatales ʒ, *deʒen* 'sterben' sogar von Haus aus den Halbvocal *i*, ob nun die eine oder die andere Ableitung richtig ist, und dass in *teʒen* Palatalis zu Grunde liegt, ist mindestens möglich, ich glaube sogar wahrscheinlich. Das ist sehr auffällig gegenüber der Entwicklung von ae. *weʒ*, *daʒ*.

167 Indessen, wenn Orrm der Etymologie entsprechend *deʒenn* schreibt im Gegensatz zu *eʒhe*, also in ersterem Worte *i*, in letzterem Spirans sprach (Brate, Beitr. X 19, Kluge a. a. O.), bei Hampole dagegen *deghe* erscheint wie *eyhe* und die Folgeentwicklung diese Schreibung bestätigt, so bleibt nichts anderes übrig, als eben einen Übergang zur Spirans nach der Zeit Orrm's anzusetzen. Und wenn wir näher zusehen, finden wir schon bei Orrm selbst Anzeichen dafür. Er schreibt zwar (Brate a. a. O.) stets *deʒenn* und (3 mal) *feʒesst, -edd* (ae. *féʒan*), aber er schwankt zwischen *wreʒenn* (6 mal) und *wreʒhenn* (2 mal, vgl. Hampole's *wreghe*, zu ae. *wréʒan*, das man doch nicht gut mit Kluge a. a. O. deswegen wird mit Gutturalis ansetzen können), und schreibt stets *meʒhe*, dem ebenfalls, mag es nun auf das starke Fem. ae. *méʒ* (angl. *méʒ*) oder auf das schwache *méʒe* (angl. *méʒe*) zurückgehen, Palatalis zukommt. Ich meine also, wir müssen schon für die Zeit Orrm's ungefähr einen solchen Übergang annehmen.

168 Für die Frage, unter welchen Bedingungen er eintritt, kommt zunächst in Betracht, dass nicht alle Fälle mit der Gruppe *éʒ* ihn aufweisen. Ae. (angl.) *héʒ* 'Heu' aus germ. **haujo-*, das also mit *deʒen* aus *daŋjan in eine Reihe zu

stellen ist, erscheint im Psalter als *hai* (: *pai* 36, 2; 71, 16; 101, 12; 105, 20; : *awai* 102, 15; 104, 35; 128, 6; : *ai* 91, 8; 146, 8), ebenso im Prick of Conscience (: *away* 3184) und dem entsprechend heute im Dialekt von Windhill mit der Entsprechung des me. *ai* aus *eʒ*, *eʒ* (§ 153), während da *deʒen*, wie wir sahen, die des me. *ē* aufweist. Ebenso wird ae. (angl.) *flēʒan* aus *flaugjan 'schrecken' in den Nordenglischen Homilien (S. 69) und im Prick of Conscience durch *flay* wiedergegeben (: *day* P. C. 1268, 2246, : *þai* 2316, : *say* 2548), und auch hier erscheint in Windhill die auf me. *ai* weisende Lautung (Wright § 283, 1). Me. *layn* zu ae. angl. *lēʒnan* (aus *laugnian) im selben Denkmal (*laynd* : *ordaynd* 7466) ist allerdings nicht ganz sicher, weil Beeinflussung durch an. *leyna* möglich ist. An das vorausgehende *ē* schlechthin kann der Lautwandel also nicht gebunden sein. Auf der anderen Seite tritt er nach ae. *œ*, *e* nie ein. Ich glaube, dass das Ausschlaggebende die Stellung des *i* in der Silbe war. Ae. *dæʒ* ergiebt me. *dai* und auch ae. *dæʒes*, d. i. *da-ʒes*, me. *dai-es*, wie aus der metrischen Verwendung solcher Formen z. B. im Versschluss bei Orrm, wie auch dessen Schreibung *daʒʒess* hervorgeht; *i* aus ae. *ʒ* wurde also nach Kürze mit ihr zu einem Diphthong verschmolzen. Anders nach Länge. Ein ae. *hēʒ* allerdings ergab zunächst *hēi̭* und gewiss bald *hei̭* und *hei*, welches sich gerade so entwickelte wie *wei̭* aus *wēʒ*, ebenso ae. *flēʒde* me. *flei-de*; aber Formen wie *hēʒes*, *flēʒan*, *dēʒan* wurden frühmittelenglisch zu *hē-i̭es*, *flē-i̭en*, *dē-i̭en*, wie Orrm's Schreibung *deʒenn* mit einfachem *ʒ* mindestens wahrscheinlich macht. Hätte er *dei̭-en* oder *dei̭-i̭en* gesprochen, so würde er *deʒʒenn geschrieben haben. (Zwar setzt er auch nach Kürze einfaches *ʒ* in *forrleʒenn* und *forrleʒernnesse*, Brate 20; doch muss da eine Störung der lautgesetzlichen Entwicklung oder ein Versehen vorliegen. Das Schwanken nach *ī* erklärt sich daraus, dass er überhaupt für ae. *īʒ* nur mehr *ī* sprach.) Ganz parallel liegen ja, von geringem Schwanken abgesehen, die Verhältnisse bei *w*, sobald nur die richtigen ae. Quantitäten angesetzt werden (vgl. Angl. Beibl. IV 105; Material bei Effer Angl. VII Anz. 186). Es mussten sich danach im

Frühnordhumbrischen vielfach im selben Flexionsschema verschiedene Vocalformen ergeben (*fleghe, fluide; deghe, *daide); dass da sehr bald Ausgleich in der einen oder anderen Richtung eintrat, ist begreiflich.

169   Somit wäre unser Lautwandel an die Stellung des i im Silbenanlaut gebunden, die ja nur möglich ist nach Länge in mehrsilbigen Formen. Ist er nun ausserdem auch noch von der Qualität des vorausgehenden Vocals abhängig? Um dies festzustellen, müssen wir uns nach den anderen Folgen von ae. Länge + palatalem $ȝ$ umsehen, also $e'ȝ$, $iȝ$, $y'ȝ$. Letztere liegt vor in $dry'ȝe$, welches bei Orrm $driȝȝe$, d. i. phonetisch $dr\bar{\imath}e$ ergiebt, in den nordhumbrischen Texten überall mit $\bar{\imath}$ und auch in den neueren Dialekten mit der entsprechenden Lautung erscheint. Ae. $e'ȝ$ ist häufiger; diese Gruppe können wir aber erst in's Auge fassen, wenn wir die me. $\bar{\imath}$ behandelt haben. Unsere Formulierung ist also nur eine vorläufige.

170   Worin der Lautwandel seinem Wesen nach bestand, ist auch noch nicht sicher festzustellen; der Ausgangspunkt ist i, der Endpunkt eine Spirans, deren Qualität nach unseren obigen Ausführungen noch fraglich ist. Eben mit Rücksicht auf den uns beschäftigenden Lautwandel möchte man allerdings eher an Palatalis denken. Sein Wesen bestünde also darin, dass i im Silbenanlaut zur palatalen Spirans verstärkt wird, was phonetisch ganz plausibel wäre. Dass der Vorgang gerade die Umkehrung der spätaltenglischen Vocalisierung der ursprünglichen Spirans ist, braucht nicht zu beirren. Immerhin könnte man jedoch vermuten, dass diese im Silbenanlaut überhaupt nie vocalisiert wurde, sondern Spirans blieb und um 1200 die wenigen Fälle, wo i aus germ. j in solcher Stellung sich befand, dafür ebenfalls die Spirans eintreten liessen.

171   Fassen wir nun die Ergebnisse unserer Ausführungen zusammen, so können wir sagen. 1) Jene ursprünglichen Gutturalen, welche im Süden zur Palatalis übergehen und entweder (im Inlaut) bald vocalisiert werden oder doch (im Auslaut) ein j vor sich entwickeln (Kluge's zweite Palatalschichte), bleiben im Norden zunächst als eine Spirans er-

halten, deren Qualität nicht völlig sicher ist, aber wahrscheinlich doch palatal war. Vor ihr wird kein i̯ entwickelt, und sie schwindet in der zweiten Hälfte des 14. Jahrhunderts spurlos. 2) Zu diesem Laute gehen auch, etwa um 1200, die frühme. i̯ aus palatalem ȝ, wie aus ȝ für germ. i̯ innerhalb der oben § 169 dargelegten Grenzen über und teilen ihre weitere Entwicklung.

Das unter 1) Gesagte gilt zunächst für die Fälle mit ae. é. Diese machen aber die Hauptmasse aller überhaupt möglichen aus. Derartige secundäre Palatale kamen auch nach i, í und ǽ (stíȝan, niȝon, wǽȝon) vor. Bei í scheint diese Entwicklung, nach dem spärlichen Material zu schliessen, ebenfalls gegolten zu haben. Doch konnte das Ergebnis nur dasselbe sein wie im Süden: ī. Näher darauf einzugehen würde uns zu weit abführen. Bei i, also einem Fall wie niȝon, stossen wir auf die schwierige Frage nach der Entwicklung des ī-, die wir später eingehend behandeln werden. Mit ǽ sind aber ausser Präteritalformen wie wǽȝon, die stärkster Beeinflussung durch Analogie ausgesetzt sind, kaum Fälle vorhanden, und überall stand dafür anglisch é. Wie weit in Folge des secundären Wandels von fme. i̯ (§ 169) etwa noch Fälle mit ǽ sich ergeben, kann sich erst später zeigen. —

Die dritte Entwicklung, welche uns in den lebenden Mundarten in den uns beschäftigenden Lautgruppen entgegentritt, finden wir nur für éa + h, in ae. héah, néah (nicht auch für éa + ȝ in éaȝe). Sie führt zu dem Laute welcher sonst eine Art me. ę̄ und häufig ae. ǽȝ wiedergiebt. Offenbar besteht also ihr Wesen darin, dass éa hier nicht zu é wurde und das Schicksal der sonstigen é teilte, sondern dass es sich einmal, ob schon altenglisch oder erst später bleibt zunächst unbestimmt, mit ae. ǽ einigte. Das Nähere können wir daher erst bei Besprechung des me. ę̄ behandeln.

Werfen wir nun von hier aus wieder einen Blick auf die andere Seite des Vocalismus, vergleichen wir also die Wiedergabe von é + ȝ, h mit der von ó + ȝ, h, so gewahren wir abermals ein ganz deutliches Symmetrieverhältnis. Wie hier die Entwicklung zu me. ī oder ę̄, so finden wir sie dort zu me. ū oder ǭ und dazu sind auch die Verbreitungsgebiete im Wesentlichen dieselben. Wenn sie nicht vollkommen übereinstimmen, so werden wir wol annehmen dürfen, dass Dialektmischung daran Schuld ist. Diese Entwicklungen waren ja nicht in viel Wörtern vertreten und vor allem: sie bildeten nicht für sich ein Element der Symmetrie, da sie keinen für sich stehenden Laut ausmachten, sondern nur die Anzahl der Belege eines schon vielfach vertretenen Lautes um einige wenige vermehrten.

175   Aus diesem Verhältnis ist aber doch zu schliessen, dass auch die Vorgänge, die zu den heutigen Entsprechungen führten, auf beiden Seiten wesentlich dieselben waren, dass also in der Folge óȝ, óh im Norden der Guttural kein u vor sich entwickelte, bez. nicht zu u vocalisiert wurde, sondern spurlos schwand, so dass einfaches ọ übrig blieb. Wir gelangen somit auf diesem Wege zu einer Erklärung des ọ, während aus dem Material selbst keine mit Sicherheit zu abstrahieren war (§ 136). Untersuchen wir nun, ob das Material diese Auffassung zulässt. Wir finden im Prick of Conscience *droghe*, *ynoghe*, *sloghe*, *lughe* für ae. *dróȝ*, *ȝenóȝ*, *slóȝ*, *lóȝ*, ferner *bugh(es)* neben *bow(es)* für ae. *bóȝ* (wie auch für das Verbum *búȝan* sowol *bugh-* als *bow-*). Auf der anderen Seite steht für ae. ă + ȝ, h sowol *agh* als *aw*: *lagh* (ae. nordh. *hlæhhan*), *laghe* und *law* (ae. *laȝu* und an. *lágr*), *waghe* (ae. *wǽȝ*), *felagh* und *felaw* (an. *félage*), *draw* (ae. *draȝan*), *awen* (ae. *áȝen*). Es zeigt sich also keine scharfe Scheidung zwischen *gh* und *w*, wie auf der palatalen Seite zwischen *gh* und *y*; aber immerhin erscheint in der Folge óȝ, óh fast nur *gh*. Auch ist zu beachten, dass in den lebenden nordh. Mundarten ae. ă + ȝ, h überall von einfachem me. ā geschieden ist und auf ein me. *au* zurückweist. Weiterhin wären vom 15. Jahrhundert an Schreibungen mit einfachem o (oo), sowie Bindungen mit ae. ó zu erwarten, und solche sind bis jetzt nicht bekannt geworden. Das ist auffällig. Trotzdem möchte ich annehmen, dass die Entwicklung der auf der e-Seite symmetrisch war und nur durch südenglischen Einfluss im 15. Jahrhundert verdeckt wird, soweit nicht etwa bloss Mangel an Material oder ungenügende

Durchforschung desselben daran Schuld ist, dass also in der Folge *óʒ, óh* die gutturale Spirans kein *u* vor sich erzeugte und später spurlos schwand, während die Gruppe *ā — ʒ, h* allerdings zu me. *au* führte.

Ein sehr beachtenswertes Seitenstück dazu hat ganz kürzlich Curtis Angl. XVI 410 ff. aufgedeckt. Er hat gezeigt, dass frühme. *-aht* im Schottischen zu *-auht* wird, fme. *-oht* dagegen bleibt. Es fragt sich nur noch, wie me. *ǭ +* Guttural sich verhält. Das Material dafür ist aber sehr gering, da ja für das Nordhumbrische nur die Fortsetzung von *ǫ̆-* hier in Betracht kommt. Speciell bei Ellis ist nichts Sicheres zu ermitteln, da das einzige hiehergehörige Wort seiner Liste, ae. *boʒa*, nicht zuverlässig ist (vgl. § 51). Aber das schriftsprachliche *roe*, älter *roan* 'Fischrogen' aus me. *rowne* (Pr. Parv.), ae. **hroʒn *hroʒa* (Kluge Et. Wtb. s. v.) beweist, dass auch nach *ǭ* spurloser Ausfall des Gutturals vorkam, und da die Form *roan* uns speciell für Lincolnshire bezeugt ist (Skeat s. v.), wird man aus ihr wol auf eine nordenglische Entwicklung schliessen dürfen.

Es scheint also, dass die *u*-Entwicklung der Gutturalis (wie wir kurz sagen wollen) im Norden nur eintritt nach *ā*, dagegen nicht nach *ō*. Sicher fehlt sie nach *ǭ*, u. z. auf nordhumbrischem Gebiet und im nördlichen Mittelland, ferner nach *ō̆*, aber, wie es scheint, nur im Schottischen; wie weit auch nach *ǭ*, bleibt noch festzustellen.

Es würde noch erübrigen, die Entwicklung der Gutturalis nach *ū* zu verfolgen. Was *ŭ* anlangt, so stossen wir da auf die Frage der Schicksale des *ŭ-*, auf welche wir erst später eingehen können. Die Entwicklung nach *ū* ist schwer festzustellen, da das mittelenglische Material nur schwankende Handhaben giebt und das Endergebnis doch wie im Süden *ū* war. Wir können darauf nicht näher eingehen.

13.

Wieder haben wir, indem wir die Vorgeschichte der heutigen Entsprechungen zu ermitteln suchten, die Grenzen der intern-dialektischen Betrachtung überschreiten und Mittelenglisches heranziehen müssen, das teilweise erst jetzt klar wurde. Was sich sonst für ausserdialektische Verhältnisse ergiebt, möge nun zusammengestellt werden.

Die Beziehungen der Schriftsprache zu den Mundarten sind in diesem Punkt im Wesentlichen parallel denen beim $\bar{o}$. Sie teilt natürlich zunächst die wol gemeinenglische Entwicklung des $\bar{e}$ zu $\bar{i}$ und stellt sich bezüglich des $\bar{e}$ vor ae. z, h zur südhumbrischen Gruppe. Zu ihrer allerjüngsten Entwicklung, dem ersten Ansatz zu einer Diphthongierung (Sweet's ij), finden sich Seitenstücke im westlichen Teil des Nordens und besonders des Mittellandes, auch an vereinzelten Punkten des Südens und Ostens. Vielleicht sind sogar ii- und ei-Diphthonge ursprünglich in diesen Abteilungen weiter verbreitet gewesen (an Stelle der heutigen $\bar{e}$, eo, § 159). So würde sich wol ein Zusammenhang der schriftsprachlichen Entwicklung mit Dialekten allenfalls herstellen lassen. Aber am nächsten liegt doch, diesen Lautwandel mit der Zuspitzung des $\bar{e}$ (aus me. $\bar{a}$) zu ei in Beziehung zu setzen, über deren dialektische Begründung wir noch zu handeln haben werden, also genau so wie bei dem entsprechenden Diphthong aus $\bar{u}$ für me. $\bar{o}$ (§ 138) einen Lautwandel festzustellen, welchen die Schriftsprache nicht wie sonst mit Dialekten teilt, sondern welcher in ihr selbst, u. z. in ihrer unteren Schichte, der Vulgärsprache, seinen Ursprung genommen hat, indem eine Tendenz, welche in Gemeinsamkeit mit gewissen Dialekten bei $\bar{e}$ Zuspitzung verursacht, nun auch bei $\bar{i}$ wirksam wird.

180   Die Entwicklung des $\bar{e}$ vor ae. z, h zu me. $\bar{e}$ ist in der Schriftsprache auch durch eingesprengte Fälle nicht vertreten, es sei denn, dass sie in dem offenbar aus dem Schottischen entlehnten *wee* 'klein' vorliegt. Doch ist die Herkunft dieses Wortes zweifelhaft. Skeat will es aus einer der skandinavischen Formen für ae. *wez* ableiten. Wenn aber das Wort 'Weg' zu Grunde liegt, was nach der ursprünglichen Verwendung wahrscheinlich ist, so könnte es auch auf den Plural ae. *wezas* mit ursprünglichem Guttural zurückgehen (also ein Orrm'sches *wezhess* gegenüber *wezz*,

wie *daȝhess* gegenüber *daȝȝ* und Gen. *daȝȝess*). Das Ergebnis müsste auf jeden Fall ein me. $\bar{e}$ sein; aber da dieses im Schottischen die Stufe i früher erreicht als im Süden (§ 279), so wäre das frühne. *ee* schon zu erklären.

Für die englische Lautgeschichte im Allgemeinen wäre vor allem ein ähnlicher Hinweis auf den Zusammenhang der Entwicklung von me. $\bar{e}$ und $\bar{\imath}$ erwünscht, wie wir ihn bei $\bar{o}$ und $\bar{u}$ gefunden haben (§ 142). Leider ist dergleichen nichts vorhanden und kann auch nichts vorhanden sein, weil sowol das Vorrücken des $\bar{e}$ wie die Diphthongierung des $\bar{\imath}$ gemeinenglische Vorgänge sind. Da wir aber zwischen den Entwicklungen von $\bar{o}$ und $\bar{e}$ durchaus ein symmetrisches Verhältnis wahrgenommen haben, müssen wir schliessen, dass auch hier die Beziehung zum Vocalextrem dieselbe ist, dass also das Vorrücken des $\bar{e}$ das Primäre ist und das Ausweichen des $\bar{\imath}$ verursacht hat. Daraus folgt wieder eine chronologische Beziehung. Wir haben gesehen (§ 29), dass die Diphthongierung des $\bar{\imath}$ im Norden wahrscheinlich früher einsetzte als im Süden; somit muss dort auch das $\bar{e}$ früher gegen $\bar{\imath}$ vorgerückt sein.

Man könnte nun aber gerade bei dem Bestande symmetrischer Beziehungen auffällig finden, dass $\bar{e}$ im Norden ebenso vorrückte wie im Süden, obwol ihm doch kein $\bar{o}$ gegenüberstand, und etwa gar meinen, dass hier Beharren des $\bar{e}$ zu erwarten wäre, gerade so wie $\bar{u}$ beharrt. Aber die Bewegung muss ja nicht speciell vom $\bar{o}$ ausgegangen, noch auch vom Vorhandensein beider Laute abhängig gewesen sein. Man kann sich ganz gut vorstellen, und es ist sogar viel wahrscheinlicher, dass sie an eine gewisse Zungenhöhe — eben die dem $\bar{o}$ und $\bar{e}$ gemeinsame — gebunden war, gleichgiltig, ob sowol in der Palatal- als auch in der Gutturalreihe ein solcher Vocal vorhanden. Gegen diese Zungenhöhe muss sich gemeinenglisch eine Abneigung entwickelt haben, die zur Beseitigung aller $\bar{e}$ und $\bar{o}$ führte.

Ausserdem ist aber auch zu erwägen, dass im Nordhumbrischen gerade durch das Vorrücken des $\bar{e}$ zu $\bar{\imath}$ ein durch die eigentümliche Entwicklung des $\bar{o}$ unsymmetrisch gewordener Laut beseitigt wurde. Das Vorrücken setzt ja auch hier früher ein. Wer diesen beiden Momenten grössere, wesentliche Bedeutung zumisst, würde den Wandel des $\bar{e}$ im Nordhumbrischen nicht als Einzelfall einer gemeinenglischen Erscheinung, sondern durch das Symmetriebedürfnis unter den speciellen nordhumbrischen Lautverhältnissen verursacht fassen müssen. Man könnte auf dieser Bahn noch weiter gehen und vermuten, dass der nordhumbrische Lautwandel erst das Vorrücken des $\bar{e}$ auch im übrigen England veranlasste, indem die Bewegung über ihre ursprünglichen geographischen Grenzen hinausgriff; dass sie dann in Folge seiner symmetrischen Stellung im südhumbrischen Lautsystem auch das $\bar{o}$ ergriff, aus welchen beiden Wandlungen wieder die Diphthongierung des i und $\bar{u}$ resultierte; dass somit alle diese Lautwandlungen in letzter Linie ihren Ursprung hätten in den besonderen nordhumbrischen Lautverhältnissen in Folge des Überganges von $\bar{o}$ zu $\bar{u}$, der seinerseits auf keltische Lautsubstitution zurückgehen könnte. Durch diesen Vorgang war das Gleichgewicht gestört worden, und die Folge wäre eine Reihe von Bewegungen gewesen, die über ihr ursprüngliches geographisches Gebiet weit hinausgiengen.

184   Das alles sind Vermutungen, Vermutungen auf recht schwacher Grundlage, die manchem Zweifel ausgesetzt sind. Aber es wird gut sein, auch jene Möglichkeiten in's Auge zu fassen, die als einfache logische Consequenzen aus sichereren Ergebnissen folgen und da auch vor den allerletzten nicht zurückzuscheuen. Die künftige Forschung erhält Gesichtspunkte und kann Hinweise dafür oder dagegen zu Tage fördern, die sie sonst vielleicht nicht, oder nicht so rasch erkennen würde.

185   Weiter könnte man vielleicht auffällig finden, dass bei dem Bestande symmetrischer Beziehungen die Diphthongierung des u im Nordhumbrischen, wenn schon der sonstige Anlass, das Vorrücken des $\bar{o}$ fehlte, nicht durch die des i veranlasst wurde. Indes, das Streben nach Symmetrie kann stärker und schwächer sein; hier war es offenbar nicht im Stande, für sich allein einen Lautwandel hervorzurufen, wie man

denn auch von vornherein geneigt sein wird, dem Vocalextrem ein grösseres Beharrungsvermögen zuzumuten. Daraus etwa ein Argument gegen die eben in's Auge gefasste Möglichkeit des Übergreifens der Bewegung des $\bar{e}$ auf das $\bar{o}$ ableiten zu wollen, wird nicht angehn.

Doch kehren wir wieder auf festeren Boden zurück. 186 Für die frühenglische Lautgeschichte ergeben sich einige wichtige Hinweise aus der Abgrenzung der heutigen Entsprechungen.

Die Ausdehnung des me. $\bar{e}$ in den lebenden Mundarten ist grösser als zunächst zu erwarten wäre, insofern für jene ws. *ie* (*ý*), die angl. *é*, *éo* (Umlaut von *éa* und *éo*) gegenüberstehen, auch auf ehemals westsächsischem Boden, von ganz vereinzelten Spuren abgesehen, die Entsprechung des me. $\bar{e}$ erscheint. Dies wirft Licht auf die mittelenglische Wiedergabe dieser Laute im Südwesten, die bekanntlich zwischen *e* und *u* (d. i. *ü*) schwankt. Für den Umlaut von *éa* hat von den südlichen Denkmälern vor 1250 eine ganze Reihe überhaupt nur *e*; so 'Ancren Riwle', die Legenden von Katharina, Margarethe und Juliane, 'Hali meidenhad' etc. Das Poema Morale bietet in zwei Handschriften (E, e) mehrere *u*, aber die Reime weisen auf *e* (Lewin 20). In Lazamon's Brut begegnen einige *u*, aber keineswegs durchgeführt. Um 1300 zeigen Robert von Gloucester und die in Gloucester entstandene südliche Legendensammlung sowol *u* als *e* in beweisenden Reimen (vgl. Pabst §§ 35 b, 16 c; Mohr 31); und dieser Wechsel findet sich auch in den späteren Denkmälern, z. B. im Ferumbras (Carstens 27). Bei dem Umlaut von *éo* herrscht dasselbe Schwanken; doch kommt die Schreibung *u* in westlichen und südwestlichen Denkmälern in Folge einer besonderen Entwicklung (Sweet HES. 682) auch dem nicht umgelauteten *éo* zu, giebt also keine sichere Auskunft über das Fortleben des ws. *ý*. Vom intern-mittelenglischen Standpunkt aus kann nun dieses Schwanken verschieden aufgefasst werden. Man könnte denken, keines dieser Denkmäler zeige wirklich rein westsächsischen Dialekt oder aber das englische *e* sei auf Kosten des ws. *u* vorgedrungen. Die lebenden Mundarten weisen auf Letzteres;

sie zeigen, dass nach der mittelenglischen Zeit der Vorgang noch weiterschritt und heute fast bei der Ausrottung des ursprünglichen westsächsischen Lautes angelangt ist.

187 Dieses Vordringen des $ẹ$ ist sehr bemerkenswert, da, wie wir unten sehen werden (§ 348), das anglische $é$, welches westsächsischem $ǽ$ gegenübersteht, nicht solche Eroberungen macht. Daraus wird zu schliessen sein, dass die Scheidung im ersteren Falle keine so scharfe war wie im letzteren, und diese Vermutung wird in der Tat durch Hinweise aus dem Altenglischen bestätigt. Über den Umlaut von $éa$ sagt Sievers (§ 97 Anm.), $é$ sei im Allgemeinen ein Anzeichen für nicht strengws. Mundart; obschon es z. B. bei einigen Schreibern der Cura past. begegne, fehle es in Aelfric's Homilien ganz. Beitr. IX 213 möchte er es den östlichen Mundarten, etwa Essex zuweisen. Nach Cosijn (§ 97) finden sich solche gelegentliche $é$ in beiden alten Handschriften der Cura pastoralis, im Orosius und auch in der Chronik, also überhaupt in allen uns bekannten altwestsächsischen Handschriften. Sie scheinen somit auch auf westsächsischem Boden vorgekommen zu sein: wenn Aelfric $ý$ consequent aufweist, so ist das zunächst nicht für das ganze westsächsische Gebiet beweisend, und ausserdem kann jene Regelung vorliegen, nach welcher jede Schriftsprache strebt. Ähnlich verhält es sich mit dem Umlaut von $éo$; er ist im Altwestsächsischen nicht ausnahmslos $íe$ (Cosijn §§ 102, 105), und auch in den jüngeren Texten finden sich öfters $éo$. Sie als weniger streng westsächsisch zu erklären (Sievers § 100), scheint mir schon vom intern-altenglischen Standpunkt aus nicht gut anzugehen; sie werden ebenso nur 'im Allgemeinen' dafür gelten können, wie die $é$ als Umlaut von $éa$ (Sievers a. a. O.). Ziehen wir aber die oben dargelegte Weiterentwicklung in Betracht, so müssen wir wol diese Erscheinungen dahin deuten, dass sowol für den Umlaut von $éa$ als den von $éo$ die Formen $íe$ ($ý$) im Westsächsischen nicht durchaus galten, sondern daneben auch die von uns gewöhnlich als anglisch bezeichneten Formen $é$, $éo$ mindestens in gewissen Fällen geläufig waren und von da aus in mittelenglischer Zeit vordrangen. Welcher Art die Abgrenzung

war, entzieht sich unserer Beurteilung. Woher aber diese Doppelformigkeit gekommen sein mag, hoffe ich an anderem Orte einmal zu erörtern.

Bei der Entwicklung des *é + ʒ, h* (aus *éo, éa + ʒ, h*) 188 scheinen die modernen Bestände besonders geeignet, die mittelenglischen Erscheinungen aufzuhellen. Doch sind diese noch zu wenig nach Zeit und Ort gesichert.

Das *i*, welches der heutigen Lautung im Süden, Osten und südlichen Mittelland zu Grunde liegt, war in mittelenglischer Zeit bereits dem Süden eigen, wie neuerdings Bülbring S. 68 f. dargetan hat. Man hat zwar bis vor kurzem *ī* für *éa + ʒ, h* im Anschluss an ten Brink (§ 49) als anglische Eigentümlichkeit gefasst; dagegen hat Bülbring aus Reimen nachgewiesen, dass es gerade im Süden durchaus üblich ist, und betont, dass es nach dem altenglischen Bestand ebenso zu erwarten ist wie auf anglischem Boden. Denn wenn man für den anglischen Charakter dieses *ī* das anglische *é* aus *éa* vor *ʒ, h* heranzog, so ist entgegenzuhalten, dass auch im Spätwestsächsischen die Schreibung *é* erscheint, und wir keinen Grund haben, an der lautlichen Identität mit den übrigen *é* zu zweifeln. Dazu kommt, dass auch frühmittelenglische Texte aus dem Südwesten in solcher Stellung *e*, nicht wie sonst für ae. *éa, æ* oder *ea* bieten (Sweet HES. 677). Die lebenden Mundarten bringen Bestätigung: gerade im Süden ist *ī* consequent durchgeführt, auf anglischem Boden aber nur in seinen südlichen Teilen.

Die nordhumbrische Wiedergabe durch *ẹ̄* gilt heute wie 189 in mittelenglischer Zeit in Schottland durchaus. Nicht so klar sind die Verhältnisse in Nordengland und dem nördlichen Mittelland. Im Mittelenglischen scheint hier neben *ẹ̄* auch *ī* gegolten zu haben. Wir finden wenigstens in Denkmälern mit unverkennbar nordenglischem Gepräge auch *ī*-Reime; so Ev. Nic. *gilty : dy* 237 (vgl. 300, 309 etc.); Yw. Gaw. *dy : -y* 982, 1168, 1648, 3834; Ben. R. *dy : -ly* 638, *hi : -ly* 1604; Perc. *dy : -y* 387, *dry : -y* 358, *hy : wharby : lye : I* 404. Die Mehrzahl der Fälle weist allerdings nachtoniges *ī* im Reime auf, was weniger beweisend ist, weil es in nordhumbrischen Denkmälern auch mit unzweifelhaftem $\bar{e}$ gebunden wird (Brandl Erc. 59, Buss Angl. IX 498). Doch bleiben immerhin einige Fälle übrig, und man könnte fragen, ob sie nicht in den gelegentlichen ī, die in diesen Gebieten auch heute vorkommen, ihre Bestätigung finden. Doch ist bemerkenswert, dass in den lebenden Mundarten dieses ī fast gar nicht für *éo* ⁚ ʒ, *h* und *é* + ʒ, *h* (in *deʒan*), dagegen öfter für *éa* + ʒ, *h* auftritt. Wären für beide Gruppen in gleicher Weise *ī* neben $\bar{e}$ vorhanden, so könnte man sie dahin auffassen, dass der südliche Lautwandel in seinen Ausläufern bis in's nordhumbrische Gebiet gedrungen sei, und durch Dialektmischung die zwei Entsprechungen bunt verteilt wurden. Es ist aber nicht abzusehen, warum sich für *éa* + Palatal *ī* in weiterem Umfange entwickelt haben sollte als für *éo* + Palatal; eher wäre das Umgekehrte zu erwarten. Dazu kommt, dass diese Abstufung durchaus nicht im mittelenglischen Material uns entgegentritt: hier scheint vielmehr umgekehrt *ī* für *éa* + ʒ, *h* seltener zu sein. Wir haben also ganz ähnliche Verhältnisse wie bei $\bar{q}$ für ae. *á*. Ich glaube daher, dass auch in Nordengland und dem nördlichen Mittelland $\bar{e}$ wie in Schottland das Ursprüngliche ist und in mittelenglischer Zeit noch durchaus galt, die mittelenglischen Reime aber mit *ī* wie die entsprechenden Schreibungen literarischer Tradition aus dem Süden zu danken, und die modernen *ī* der Schriftsprache entlehnt sind.

190 Schwer sind die Verhältnisse im übrigen Mittelland und im Osten zu beurteilen, weil die intern-mittelenglische Grammatik zu wenig vorgearbeitet hat. Für *éo* + ʒ, *h* und *é* + ʒ scheint hier früh *ī* weite Verbreitung gefunden zu haben; doch hat Chaucer für die letztere Gruppe noch Nebenformen mit *ei*, *ai* (ten Brink § 41). Ähnlich verhalten sich die Londoner Urkunden (Morsbach S. 71). Der heutige Bestand scheint demnach durch fortschreitende Übertragung zu seiner Consequenz gelangt zu sein. Noch weiteren Umfang haben *ei*, *ai* wol für *éa* ʒ, *h* gehabt, und bei dieser Gruppe finden wir ja auch heute noch ausser der Wiedergabe durch *ī* und $\bar{e}$ eine dritte. Die Beurteilung dieser

Tatsachen ist aber erst möglich, wenn wir über das me. *ai* überhaupt handeln (§ 309).

Hier müssen wir also manche Fragen ungelöst lassen, teils aus Mangel an Vorarbeiten, teils aus Mangel an Material. Dem künftigen Bearbeiter sei nur noch ein Gesichtspunkt angedeutet. Ist es etwa wie im Norden (§ 168 f.) so auch im Mittelland von Belang gewesen, ob das ʒ ursprünglich derselben Silbe angehörte oder nicht, und sind etwa daher Doppelformen entsprungen, die sich dann zum Teil dialektisch verteilten?

Von Wichtigkeit für's Mittelenglische ist auch, was wir zuletzt über die Entwicklung von ae. *óʒ, óh* im Norden erschlossen zu haben glauben. Vermutlich werden sich bei genauerer Durchsuchung der späteren nordhumbrischen Texte noch Belege für die Wiedergabe durch einfaches *ọ̄* finden; die Fälle sind ja auch weniger zahlreich und darunter nicht so viel alltägliche Wörter, wie bei der entsprechenden Entwicklung des *ẹ̄*: aber auf jeden Fall werden die Belege bedeutend spärlicher sein, als man nach den Verhältnissen bei *ẹ̄* zu erwarten hätte, und dies zeigt wieder, wie sehr die spätere mittelenglische Schreibung und Reimpraxis die Dialekte verwischen, weil sie im Bann südlicher Tradition stehen.

14.

Das me. *ẹ̄* fliesst aus drei Quellen zusammen: ae. *ǽ, éa* und *ĕ-*. Doch ist die Abgrenzung dieses Lautes weniger bestimmt, und Berührungen mit *ę̄* sind zahlreich. Namentlich kommt in Betracht, dass einem Teil der *ǽ*, jenen, welche auf germ. *ǽ* (got. *ê*) zurückgehen, im Anglischen durchaus *ē* entspricht. Bei der Untersuchung ist daher zunächst von den *ē* auszugehen, welche nach Ausweis der mittelenglischen Kriterien wesentlich gemeinenglisch sind, den Ergebnissen von ae. *éa* und *ǽ* als Umlaut von *á*, und dann durch Vergleich mit den Entsprechungen des *ę̄* der Umfang des *ẹ̄* in dem betreffenden Dialekt erst festzustellen. Die zwei ae. $\bar{æ}$ wollen wir im Folgenden als $æ^1$ (Umlaut von ae. $\bar{a}$) und $æ^2$ (aus germ. $\bar{æ}$, got. $\bar{e}$) scheiden.

194   Für die lebenden Mundarten ist nun bezeichnend, dass me. $\bar{ę}$ noch vielfach auf der Stufe $\bar{ę}$ erhalten ist, namentlich im Südwesten. Ellis' Transcriptionen bieten sogar manchmal $\bar{ę}$, doch möchte ich ihre Richtigkeit bezweifeln. In dem einzigen Fall, wo er $\bar{ę}$ durchstehend bringt, in 10 (West-Somerset), zeigen die ausführliche Darstellung Elworthy's und seine eigenen Dialektproben S. 151 f. durchaus $\bar{ę}$. Im übrigen ist es zu $\bar{\imath}$, beziehungsweise zu einem Diphthong des Typus $i\partial$ geworden (ersteres zumeist im Osten und namentlich in Schottland, letzteres im Mittelland) und daher oft wie in der Schriftsprache mit dem me. $\bar{ę}$ zusammengefallen (namentlich in ganz Schottland). Geringeren Umfang nehmen ei- und $e\partial$-Diphthonge ein. Im Einzelnen ist die Verteilung folgende.

195   Im Süden und Osten tritt uns zunächst die Entsprechung $\bar{ę}$ entgegen. Ihr Gebiet umfasst einen Streifen, der sich von Cornwall der Südküste des Bristol-Canals entlang, hierauf die unteren Täler des Severn und Avon aufwärts zieht und den nördlichen Teil des Südens ausfüllt, also Cornwall, Devon, Somerset (12, 11, 10, 4⁶), einen Teil von Dorset (4⁴ᴸ), Gloucester (4²), Worcester, Süd-Warwick, Südwest-Northampton und Oxford (6, 7, 5¹). Weiter findet sich $\bar{ę}$ noch oft neben $\bar{\imath}$ oder Anderem in den angrenzenden Teilen des Westens, Mittellandes und Ostens; so vielfach in Shropshire (14, 28, 29¹ᵃ), Stafford (29¹ᵃ, ²ᵇ), Warwick (29³), Leicester (29⁴), Rutland, Nordost-Northampton (18², ³) und Nord-Buckingham (15). Etwas weiter abliegend begegnet $\bar{ę}$ in dieser Weise in Norfolk und Suffolk (19), einmal sogar $e\partial$, u. z. durchgeführt, im östlichen Suffolk (19⁴). Auffällig ist, dass $\bar{ę}$, $e\partial$ auch manchmal, besonders in den letzten Fällen, für me. $\bar{ę}$ auftreten. Das $e\partial$ in 19⁴ ist sogar für $\bar{ę}$ ziemlich durchgeführt (vgl. oben §§ 150, 159). — Ferner gilt $\bar{ę}$ wie es scheint auf der Insel Man (23²) und, worüber später (§ 202) noch zu handeln sein wird, als besondere Entsprechung eines Teiles der $\bar{ę}$-Laute (der aus ae. $\bar{æ}$-)

im nordwestlichen Mittelland. – In den übrigen Teilen des Südens und Ostens ist me. ę̄ zu ī, seltener zu einem iə-Diphthong vorgerückt.

Vergleichen wir diese Entsprechungen mit denen des me. ē̞, so zeigt sich, dass die zwei Laute auf den zuerst umschriebenen Gebieten, wo ē̞ durch ę̄ dargestellt ist, (mit Ausnahme von Norfolk und Suffolk) streng geschieden, sonst aber wie in der Schriftsprache zusammengefallen sind.

Der Umfang des ę̄ ist daher nicht überall zu erkennen. Im Südwesten, wo dies der Fall ist, erscheint ėə, soweit es überhaupt belegt ist, vorwiegend mit der Entsprechung des ē̞; aber auch die des ę̄ kommt vor: so in *sheep* in 4², ⁴, 6¹, ², 11¹, ², *needle* in 4², 11¹, 15ᵃ, *seed* in 4², 6³, 7, *street* in 6⁸. Für andere Arten ę̄ ist das selten: *team* in 6¹, 15ᵃ, *sea* in 6¹. Im Osten scheinen ähnliche Verhältnisse vorzuliegen. Doch ist das vorliegende Material zu gering, um — bei der hier starken Dialektmischung — Sicheres sagen zu können.

Im Mittelland und Norden herrschen iə und ī, u. z. dieses in den mittleren und südlichen Teilen des Mittellandes (21, 26–29³) sowie dem an Schottland angrenzenden Bezirk 32 (namentlich Northumberland umfassend), jenes in den übrigen Teilen. Auch die Diphthongbildungen, welche für ē̞ kennzeichnend sind (vgl. oben § 149), nämlich solche des *ei*-Typus, kommen gelegentlich hier vor: so neben iə an einigen Punkten Lancashires und Süd-Yorkshires (Blackburn, 22⁴, Leeds, 24⁵), neben ī in Stafford (29¹ᵃ, ²ᵇ) und Leicester (29¹); durchgeführt erscheint (ėii) im nordwestlichen Yorkshire (31¹ᵇ), (ii) im südlichen Durham (31⁶) und (ɛ́iu) in Süd-Cheshire (25). Über gelegentliche ē̞ wurde bereits oben § 195 gehandelt.

Das Verhältnis zum ē̞ ist zumeist derart, dass beide streng von einander geschieden sind. Wo iə für ē̞ gilt, erscheint ę̄ zumeist als ī; ī für me. ę̄ aber begegnet namentlich dort, wo ē̞ nicht durch ī, sondern einen *ei*-Diphthong oder ii vertreten ist: in 21¹, 26 (Derby und Teile von Lancashire), 32⁵ (Mittel-Northumberland), ursprünglich wol auch in 29⁴ (Leicester); Süd-Cheshire (25) scheidet ę̄ und ē̞ als (e′in) und (e′i). Die beiden ē einigen sich unter ī in Doncaster, Yorkshire (24⁹), öfters in den an den Süden angrenzenden Bezirken 28 und 29, wo Dialektmischung in starkem Masse eingetreten zu sein scheint, und endlich in Cumberland und den angrenzenden Strichen (32¹⁻⁴), die schon die schottischen Verhältnisse vorgebildet zeigen. Unter einem ei-Diphthong fallen beide ē zusammen in den oben erwähnten Bezirken 31¹ᵇ und 31⁶, was wol ebenfalls eine Vorbildung der schottischen Verhältnisse bedeutet, und unter einem iə im grössten Teil von Lincoln (20¹,³). Im mittleren und nordöstlichen Yorkshire (30¹,²) stehen sich zunächst iə und ī gegenüber; doch treten letzteren in manchen Fällen bereits iə zur Seite.

200   Der Umfang des ẹ̄ im Mittellande und Norden ist jedoch wesentlich geringer als in den vorher behandelten Gebieten. Soweit nicht überhaupt alle ē zusammengefallen sind und hinreichende Belege für beide Arten des ae. ǣ da sind, erscheint ǣ² durchaus oder doch vorwiegend mit dem Laut des ẹ̄, abgesehen von den Fällen vor r, wo gewöhnlich ẹ̄ und ę̄ überhaupt zusammenfallen. Dies ist namentlich deutlich in den Bezirken 21¹, 22⁴, 24⁵, 30³ᵃᵇ, 31¹ᵃ,³, wo vollständige Wortlisten vorliegen, ferner in 23¹, 25, 26¹,², wo allerdings die Belege spärlicher sind, also in Lancashire, Süd-Cheshire, Süd- und West-Derby und mehreren Teilen Yorkshires (Leeds, Südostküste, Craven und äusserstem Westen). In den übrigen Bezirken (die überhaupt zwei ē deutlich scheiden) finden wir neben ẹ̄ auch ę̄; doch würden bei reichlicheren Belegen diese Ausnahmen gewiss sehr zusammenschrumpfen. Lehrreich ist die ausführlichere Darstellung Wright's für Windhill (24⁴). Hier finden wir für ae. ǣ² sowol ī, die Wiedergabe des me. ẹ̄, als iə, die des me. ę̄ (§ 130 f.); ersteres in *evening, sheep, sleep, street, read, thread, seed, greedy, needle, cheese*; letzteres (abgesehen von den Fällen vor r, wo es lautgesetzlich aus i entstanden sein kann nach §§ 151, 188) in *weapon, dread, breath, breathe, wheeze, eel, meal, sweat*. Sucht man nach dem Grunde der Aufteilung, so kann man kaum irgend einen consonantischen Einfluss oder dergleichen wahrnehmen.

Dagegen fällt auf, dass die meisten Fälle mit $i\partial$ auch in der Schriftsprache $\bar{e}$ hatten (nach Ausweis der Schreibung ea), und dass umgekehrt unter den Belegen mit i aus me. $\bar{e}$ nur wenige sind, die nicht auch in der Schriftsprache nach Ausweis der Schreibung ee me. $\bar{e}$ gehabt hätten. Dieses Zusammentreffen wird kein Zufall sein.

Dass $\bar{a}^2$ sich entschieden zu den $\bar{e}$ stellt, ist vielleicht, soweit die dürftigen Belege reichen, für manche Teile der an den Süden angrenzenden Bezirke 28 und 29 zu constatieren, wo der südliche Lautstand bereits zu Tage tritt. Sehr auffällig ist es dagegen, wenn uns diese Aufteilung im mittleren Northumberland begegnet (32[5]). Indes die beiden Entsprechungen, (ii) und ($_4$i), stehen einander lautlich sehr nahe, und Ellis selbst zweifelt, ob er in allen Fällen sie richtig unterschieden hat (S. 678); es ist daher sehr wahrscheinlich, dass diese Ausnahmsstellung nur auf einer irrtümlichen Auffassung Ellis' beruht, indem er für alle $\bar{a}$ seiner Wortliste den gleichen Laut zu hören glaubte.

Ausserdem sondert sich im Mittelland von der Hauptmasse der $\bar{e}$-Laute zumeist eine Gruppe ab, die auch nicht mit den $\bar{e}$ zusammenfällt, sondern eine besondere Entsprechung bietet. Es sind dies die $\bar{e}$ aus ae. $\check{e}$-, die im Gegensatz zu dem gewöhnlichen $i\partial$ durch ein ei oder $\bar{e}$ dargestellt werden, worauf bereits Sweet HES. 651 und Wright in Paul's Grundriss I 981 aufmerksam gemacht haben. Am deutlichsten ist diese Sonderung an den meisten Orten des südlichen Yorkshires (24[1-5]), demnächst in den nordwestlichen Strichen dieser Abteilung. In den übrigen Teilen des Mittelandes, mit Ausnahme jener, die überhaupt alle $\bar{e}$ zusammenfallen lassen wie namentlich Lincolnshire (20), ist sie vielfach weniger scharf, aber immerhin zumeist noch zu erkennen; in den südlicheren Bezirken (namentlich 29) verliert sie sich. In der nordenglischen Gruppe scheint ei gegenüber sonstigem $i\partial$ im nördlichen Lancashire (31[2a]), das ja an das Mittelland grenzt, zu gelten; doch ist das Material etwas spärlich. Auf den übrigen Gebieten sind nirgends sichere Anzeichen einer solchen Scheidung vorhanden. —

Die örtliche Verteilung der beiden Entsprechungen *ei* und *ē* ist die, dass erstere im nördlichen Teil des Gebietes gilt (Süd-Yorkshire und Lancashire, 24 ¹⁻⁵, 22, 23 ¹), sonst *ē*. — Derselbe Laut erscheint für *ǣ*¹ in *teach*, *reach* öfter in 24.

203 Die nach diesen Ausscheidungen noch übrig bleibenden *ē*, also jene, welche auf ae. *ǣ*¹ und *ēa* zurückgehen, zeigen stets dieselbe Wiedergabe und werden, soweit nicht überhaupt alle *ē* zusammenfallen, gleichmässig von *ē* geschieden. Nur gelegentlich erscheint für *ǣ*¹ die Entsprechung des *ē* (*sea* 30 ³ᵃ, 31 ¹ⁿ, 31 ²ᵇ, *clean* 31 ²ᵇ, ³, *mean* 31 ³, *heal* 31 ¹ⁿ, *lead* 30 ³ᵃ, *heathen* 21 ¹, 22 ⁴).

204 Im Schottischen endlich bestehen Verhältnisse, die wir zum Teil schon berührt haben. Im Allgemeinen sind sämtliche *ē* zu *ī* geworden, welches nach speciell schottischen Quantitätsgesetzen (Murray S. 96 ff.) vielfach gekürzt wird. In den südlichen Grafschaften (33) ist es im Auslaut zu einem *ei*-Diphthong vorgerückt. Von den Scheidungen des Mittellandes und Nordens kann daher hier zunächst nichts zu Tage treten. Dagegen finden sich in allen schottischen Mundarten Abweichungen von dem dargelegten Lautstand in der Weise, dass eine grössere oder geringere Anzahl *ē* mit dem Laute erscheinen, welcher sonst me. *ā* wiedergibt. So gilt im Dialekte Murray's (33ᵃ) (*ī*), die Entsprechung des *a*, für *ĕ*- in *wean*, für *ēa* in *threat*, *death*, für *ǣ*¹ in *heal*, *deal*, für *ǣ*² in *meal*, *where*, in 33ᵇ in denselben Wörtern (mit Ausnahme von *wean*, *meal*) und ausserdem für *ēa* in *sheaf*, *near*, *straw*, für *ǣ*¹ in *heathen*, *most*, *sweat* (wenn nicht in den letzten zwei Fällen *māst*, **swāt* zu Grunde liegen), für *ǣ*² in *fear*. Ebenso erscheint in 35 (Clydesdale) (ee) bez. (è) für *ĕ*- in *knead*, *wean*, für *ēa* in *sheaf*, *great*, *threat*, *death*, *straw*, für *ǣ*¹ in *heal*, *heathen*, *deal*, *most*, für *ǣ*² in *hair*, *there*, *where*, *breath*. Dieselbe Erscheinung tritt vereinzelt schon im Norden auf (*speak*, *wean*, *wear*, *meat* in 31 ²ᵇ; *wear* (*weave*, *swear*?), *sheaf*, *near*, *straw* in 32 ¹). Eine Regel für ihre Umgrenzung ist in den Einzeldialekten nicht deutlich zu erkennen. Stellen wir sämtliche auf schottischem Gebiet überhaupt belegte Fälle zusammen, so ist eine Beziehung zu dem folgenden Consonanten, an die man zuerst

denken möchte, nur insofern zu ersehen, als diese Abweichungen am häufigsten eintreten vor *th, t, l, r*, demnächst, wie es scheint, vor *v, f*, aber auch vor allen anderen Consonanten. Dagegen verhalten sich die einzelnen Arten des ę̄ deutlich verschieden. Die Fälle von ę̄ aus ĭ-, éa und ǣ¹, welche in Ellis' Wortliste stehen, sind fast alle an einem oder dem anderen Orte mit der Entsprechung des ā belegt. Nicht derartig belegt sind bei ĭ-: *break, fever, meal, quean*, bei *éa*: *team, bean*, bei ǣ¹: *sea, teach, mean, wheat*. Dabei wird zu beachten sein, dass manche dieser Wörter überhaupt nicht immer in den Dialekten vorkommen (wie *teach*), oder doch leicht der Beeinflussung durch die Schriftsprache ausgesetzt sind (wie *fever*). Anders steht es bei ǣ². Hier findet sich diese Abweichung häufig vor *r* (*there, where, were, fear, hair*), sonst ein paar Mal in *breath* (38, 39, 41), *meal* (33a, 39), *bleat* (39), dagegen nicht in *read, deed, thread, needle, cheese, speech, sheep, sleep*. Die Wörter, die am sichersten dialektecht sind, finden sich gerade in dieser Gruppe. Das me. ę̄ kennt keine derartige Abweichung (ausser vor *r* in 33ᵇ). Es zeigt sich somit, dass ǣ² mit Ausnahme der Fälle mit *r*, vor dem ja leicht eine besondere Entwicklung eintritt, sich im Wesentlichen so verhält, wie das ẹ̄, dieselbe Erscheinung also, die wir für das Mittelland und den Norden, d. h. für das übrige englische Gebiet zu constatieren hatten.

Dagegen ergiebt sich nichts zur Aufklärung dieser Abweichungen. Consonantische Einflüsse scheinen sie nur zu begünstigen, nicht hervorzurufen. In der ausführlicheren Darstellung Murray's stellen sich diese Verhältnisse nur noch verwickelter dar. Die normale Wiedergabe des ā, nämlich iə, gilt auch in den meisten romanischen Wörtern mit me. ę̄; ī, die normale Entsprechung von me. ę̄ und ẹ̄ gilt nur in *please, pease, peace, feast, beast, seal, pleasure*, die allerdings gegenüber den anderen viel mehr das Gepräge der Dialektechtheit an sich tragen. Eigentümlich sind die Verhältnisse vor *r*. Hier hat me. ā einen Sonderlaut, ę̄, während me. ẹ̄ und ę̄ unverändert ī bleiben (Vgl. Ellis' Wortliste Nr. 301, 312). Der Sonderlaut des ā findet sich nun in dem oben angeführten *where*: dagegen gilt in *there* und ferner in der grossen Masse der Fälle mit Dehnung des *e* vor *r* + Cons. (wie *earl*). der Diphtong ($\bar{\imath}$), der von $\bar{\imath}$ (+ *r*) deutlich geschieden ist.

206 Noch merkwürdiger sind einige Berührungen mit me. *ei, ai* und zwar jenem Diphthong, der sich aus ae. $\bar{a}^1 + i$ entwickelt hat (nicht dem gewöhnlichen aus *a*, *e* + *i*). Sie scheinen für den nördlichen Teil Schottlands, von Angus (38) an. kennzeichnend zu sein. Mit dem dieser Verbindung entsprechenden Diphthong (*ei* oder *ai*) sind belegt: ($\bar{e}$-:) *weave* 38, 39, *speak* 39, *quean* 39, 41, 42; (*ea*:) *great* 38; ($\bar{a}^1$:) *sweat* 38, 39, *wheat* 39, *teacher* 39. Eine Regel für die Abgrenzung ist hier noch schwieriger zu finden; deutlich ist nur wieder, dass sie für me. $\bar{e}$ und das Ergebnis von ae. $\bar{a}^2$ nicht eintritt.

207 Zusammenfassend können wir somit über das Verhältnis von $\bar{e}$ und $\bar{e}$ sagen, dass sie noch heute geschieden sind namentlich im Südwesten und an den meisten Punkten des Mittellandes und Nordens, vereinzelt auch im Osten. Sonst sind sie zusammengefallen, auf grösseren zusammenhängenden Gebieten in Schottland und angrenzenden Teilen des Nordens, ferner zumeist im Osten.

208 Im Anschluss an den mittelenglischen offenen $\bar{e}$-Laut müssen wir nun den in neuenglischer Zeit entstandenen Laut dieser Art, d. h. das Ergebnis von me. *ā* besprechen. Es hat sich aus ae. *a*, *æ* und *ea* in offener Silbe entwickelt, und zwar nach Ausweis der Schreibung und der Reime in den mittelenglischen Denkmälern auf dem gesamten Sprachgebiet. Die lebenden Mundarten bestätigen dies und zeigen weiters, dass die Entwicklung dieses *ā* zu einem *e*-Laut, wie sie in der Schriftsprache zu Tage tritt, ebenfalls eine gemeinenglische ist. Nur der heute ausgestorbene Dialekt der westsächsischen Colonie in Irland (1) scheint davon verschont worden zu sein (Vgl. § 20).

209 Denn die Entsprechungen des *ā* sind durchaus *e*-, ja sogar *i*-Laute. Einfaches $\bar{e}$, die Lautung, welche bis vor

kurzem in der Schriftsprache galt, ist in allen Abteilungen vielfach anzutreffen, namentlich gilt sie, von wenigen Bezirken abgesehen, in Schottland. Häufig ist ein Diphthong des Typus $eə$, recht oft auch, in der nördlichen Abteilung fast ausschliesslich, einer des Typus $iə$. Seltener ist $\bar{\imath}$. Endlich begegnet auch ein ei-Diphthong, besonders im Osten.

Betrachten wir nun die einzelnen Abteilungen. Im Süden finden wir zumeist $iə$ und $eə$ in mannigfacher Verschlingung, nicht selten auch im selben Dialekt neben einander, so dass eine scharfe Abgrenzung der Verbreitungsgebiete nicht möglich ist. Doch ist deutlich, dass $iə$ im mittleren Teil des Südens, in Hampshire, Wiltshire, Gloucester und Dorset (5[3], 4[1,2,4]) vorherrscht (in 4[1] neben $\bar{\imath}$), während im Osten (Sussex, Kent, 5[1], 9) und im Westen (Somerset, Devon, Cornwall, 4[6], 10, 11, 12) $eə$ überwiegt, woneben öfters, im nördlichen Devon (11[1]), wie es scheint, durchgeführt, $\bar{e}$ steht. In den nördlichen Strichen (6, 5[1]) ist ebenfalls oft $\bar{e}$, $eə$ neben $iə$ zu finden. — Die westliche Abteilung zeigt überwiegend $\bar{e}$ (14), daneben auch $eə$, $iə$ (13). — Im Osten sind $iə$, $eə$ seltener: sie finden sich namentlich in den an den Süden angrenzenden Bezirken 15 und zum Teil 16 (Buckingham, Northampton, Bedford, Hertford), im Wechsel unter sich oder mit anderen Entsprechungen. Gewöhnlich erscheint hier $\bar{e}$ (in 19[2] $\bar{\imath}$) oder ein Diphthong des ei-Typus, der eine speciell östliche Eigentümlichkeit darstellt. Er ist belegt, wenn auch, wie es scheint, nirgends durch alle Fälle durchgehend, in Hertford (16[1]), mittlerem Northampton (16[4]), Nordost-Norfolk (19[2]) und in den angrenzenden Teilen des Südens und Mittellandes, wie Südwest-Northampton, Nord-Oxford, Warwick und einigen benachbarten Strichen (6[2-4], 29[2,3]). Unter welchen Bedingungen er neben dem normalen $\bar{e}$ eintritt, ist aus den Beispielen bei Ellis nicht deutlich zu ersehen. Ein $eə$-Diphthong erscheint consequent durchgeführt in Ost-Suffolk (19[4]). — Im Mittellande herrschen $\bar{e}$ und $eə$; der Diphthong ist durchgeführt in Lincoln (20), an mehreren Punkten von Süd-Yorkshire (24) und nimmt auch in den südlichen Teilen von 29 (Stafford, Warwick) einen grossen Raum ein. Ein $\bar{\imath}$ erscheint im grössten Teil von Cheshire (25, 28³, vgl. Ellis S. 409 ff.) und einem im Südwesten angrenzenden Landstrich (28⁴). — In der nördlichen Abteilung gilt i mit wenigen Ausnahmen: (Snaith in Ost-Yorkshire, 30¹, hat $e\vartheta$ und im mittleren Yorkshire, 30¹, wechseln $i\vartheta$ und $e\vartheta$, von denen aber letzteres eine Annäherung an die Schriftsprache ist; vgl. Ellis S. 523). Manchmal ist Umschlag zu einem steigenden Diphthong des Typus $j a$, ie eingetreten (31¹ᵇ, 32², ⁴), manchmal sind beide Teile nach Ellis' Angabe gleich betont (31¹ᵃ, ²ᵇ), ein Übergangsstadium zum steigenden Diphthong. — Der nördlichen Gruppe schliesst sich das südöstliche Schottland (33) mit seinem (i') an, das übrigens nach Murray einem $\bar{e}$ ähnlich klingt: nur vor r gilt $\bar{e}$. Im übrigen Schottland und den vorlagernden Inseln ist dieses $\bar{e}$ allgemein, mit Ausnahme der Orkneys (41), die $\bar{\imath}$ zu haben scheinen, und der Shetlands (42), die einen offenen $\bar{e}$-Laut (EE, E) aufweisen.

211   Auf dem nordhumbrischen Gebiet wird die Zahl der gemeinenglischen $\bar{a}$ vermehrt durch die unverdumpft gebliebenen ae. $\bar{a}$. Sie zeigen auch heute wie schon erwähnt (§ 34) durchaus denselben Laut. Nur auslautendes $\bar{a}$ in ne. *go*, *no*, *who*, *two*, *toe* weist vielfach einen Sonderlaut auf, denselben, der sonst ae. $\bar{a}$, $a + u$ wiedergiebt. So gilt in Angus (38) in diesen Wörtern ebenso wie für $\bar{a}$ u: (aa), dagegen für sonstiges $\bar{a}$: (ee). Diese Sonderentwicklung findet sich mehr oder minder deutlich in ganz Schottland mit Ausnahme der südöstlichen Grafschaften (33), in vereinzelten Beispielen auch im Norden: so in *woe* in 32³, *go* 31¹ᵃ, *who* 30³ᵃ und in noch weiterem Umfang in Snaith, Yorkshire (30⁴), wo ausser auslautendem $\bar{a}$ auch eine Reihe anderer, nämlich in *more*, *sore*, *broad*, *loaf*, *bone*, *stone*, *our*, *those*, *ghost*, mit dem Laute (ᴀᴀ) erscheinen. Hier möchte man allerdings vermuten, dass dies nur eine besondere Wiedergabe des mittelländischen $\bar{\varrho}$ für $\bar{a}$ ist.

212   Es zeigt sich also, dass die Laute, welche dem me. $\bar{a}$ entsprechen, dieselben sind, welche me. $\bar{\varrho}$ wiedergeben. Dennoch sind, wie leicht erklärlich, me. $\bar{a}$ und $\bar{\varrho}$ nicht durchaus zusammengefallen, sondern zumeist noch geschieden.

Im Allgemeinen kann man sagen, dass die Entsprechung des ā auf der Linie a--i gewöhnlich dem ersteren näher steht als die des ẹ und sich durch eine stärkere Neigung zur Diphthongierung auszeichnet. Oft ist also die Scheidung ähnlich der der Schriftsprache, indem sich ī oder iə und ẹ̄, eə, ei gegenüberstehen. Manchmal aber finden wir auch i und iə (33 und vielfach in 32) und gelegentlich sogar zwei verschiedene iə-Diphthonge (31¹ᵃ, ²ᵇ, ³). Wo me. ẹ̄ als ẹ erscheint (vgl. oben § 195) gilt für ā gewöhnlich ein eə, ja sogar iə (4²), so dass also der vorgeschrittenere Laut für ā steht.

In manchen Dialekten sind aber wirklich beide Laute zusammengefallen, ja gelegentlich haben sich alle ē̆ (ẹ und ẹ̄) mit ā vereinigt. Diese Erscheinung kommt vereinzelt in allen Dialektabteilungen vor, über eine grössere zusammenhängende Fläche scheint sie sich nicht zu erstrecken. Im Süden, Westen und Osten begegnet sie verhältnismässig selten. Me. ẹ̄ und ā einigen sich unter ẹ̄ (teilweise?) im westlichen Shropshire (14); starke Berührungen unter ẹ̄ zeigen sich in West-Oxford (5¹), Worcester (6¹) und Rutland (18³), unter iə in Südost-Hertford (16¹). Alle ē̆ sind mit ā zusammengefallen unter eə im östlichen Suffolk (19¹), zum grössten Teil unter iə in Christian Malford, Wiltshire (4¹), unter ī in Chippenham, Wiltshire (4¹); jeder von diesen Lauten schwankt zwischen eə und iə in Hampshire (5³). — Im Mittellande, wo ja zumeist zwei me. ẹ̄ geschieden werden (vgl. oben § 202) fällt nicht selten ā mit dem ẹ aus ē̆- unter ẹ̄ zusammen, während die übrigen me. ẹ̄ durch ī oder iə ausgedrückt werden. Dies ist namentlich deutlich in 21 (Südost-Lancashire und Nordwest-Derby), findet sich aber auch, obwol sich andere Entsprechungen manchmal dazwischen drängen, in den übrigen Gebieten, wo ē̆- durch ẹ̄ wiedergegeben ist. Da nun dieses besondere me. ẹ̄ in den südlicheren Bezirken (26, 27, 28, 29) nicht immer scharf von dem sonstigen ẹ̄ geschieden ist, insofern seine Entsprechung ẹ̄ auch für dieses gelegentlich eintritt, so ergeben sich hier auch Berührungen des ā mit den übrigen ẹ̄. Völliger Zusammenfall mit sämtlichen ẹ̄ unter ẹ̄ tritt ein in Leicester

(29⁴; über den Umfang des ẹ̄ daselbst vgl. § 198) und, wie es scheint, in gewissen Teilen der Insel Man (23²). — Im Norden vereinigen sich ẹ̄ und ā unter iə im östlichen Yorkshire (30², ³ᵃ und an den meisten Punkten von 30³ᵇ). — Im Schottischen endlich (und gelegentlich schon im Nordenglischen) treten jene eigentümlichen Berührungen ein, über welche wir oben § 204 gehandelt haben.

214 Versuchen wir nun die Entwicklung der Verbindung der besprochenen offenen ē-Laute mit j aus ae. ʒ, also der ei-Diphthonge, die sich ja vielfach mit den ai berühren, festzustellen, so geraten wir auf sehr verwickelte Probleme, die in Folge der vielfach unvollständigen Wortlisten bei Ellis noch schwieriger werden, zumal für manche Erscheinungen überhaupt nur wenig Belege in der Sprache vorhanden sind. Uns handelt es sich hauptsächlich darum, ob aus der Entwicklung dieser Diphthonge sich Hinweise bezüglich der der einfachen Längen ergeben, vor allem um die Frage, wie der in der Schriftsprache eingetretene Zusammenfall von me. ā und ai (tale und tail) sich in den Mundarten gestaltet. Zu diesem Zweck werden wir zunächst nicht die wenig belegte und besondere Schwierigkeiten bietende Verbindung ẹ̄ + j verfolgen, sondern den häufigsten dieser Diphthonge, jenen, welcher aus ae. a oder e + ʒ (daʒ, weʒ) entstanden ist. Er ist auch in Ellis' Wortliste durch eine grössere Anzahl Fälle vertreten (Nr. 139—148; 161—166; 237—243; 260—264).

215 Da zeigt sich nun vor allem, dass die Ergebnisse von ae. aʒ, eʒ und, wofern nicht besondere Einflüsse wirksam waren (wie in steak), an ei auf dem gesamten Sprachgebiet zusammengefallen sind. Spuren einer Unterscheidung scheinen sich zu finden in Ost-Kent (9³), Bedford (16²) und Nord-Worcester (29²ᶜ), doch ist die Sache sehr zweifelhaft. Vermutlich hat der ursprünglich einheitliche gemeinsame Laut unter bestimmten Bedingungen sich in zwei gespalten, und zufällig liegt in Folge der geringen Belege der eine nur oder überwiegend für aʒ, der andere für eʒ vor. Auch

Dialektmischung mag einspielen. Jedenfalls wäre eine solche Scheidung vereinzelt. Dass nun die beiden Diphthonge sich ebenso wie in der Vorstufe der Schriftsprache (vgl. Angl. XIV 273) unter ai, nicht unter ei, geeinigt haben, wird aus später vorzubringenden Erwägungen zur Genüge hervorgehen (§ 282 ff.). Wir werden daher von den Producten von ae. $æȝ$, $eȝ$ und an. ei schlechthin als von me. ai reden.

Die Wiedergabe dieses ai ist wieder nach den einzelnen Dialektgruppen abgestuft. Der Süden und teilweise der Osten weisen vielfach einen Diphthong des ai-Typus auf, die übrigen Striche zumeist $ę̄$, seltener $eə$, ei, wobei sich vielfach Berührungen mit me. $ā$ ergeben. 216

Im Süden gilt ai im mittleren Teile, in Wiltshire, Gloucester, Dorset, Somerset (4, 6¹, 10), neben $ę̄$ in West-Oxford (5¹), als ein ei-Diphthong in Nord-Devon (11¹), während am Nordrand (Süd-Warwick, Südwest-Northampton, 6², ⁴), gegen Osten zu (teilweise schon in Hampshire, ferner in Süd-Surrey, Sussex und Kent 5³, ⁴, 9) und, wie es scheint, im äussersten Westen (Süd-Devon und Cornwall, 11², 12) $ę̄$ oder $eə$ dafür auftreten (dieses in 5³, ⁴, 9¹, ², 12, jenes in 6², ⁴, 11²). — Da me. $ā$ in diesen Gebieten als $eə$, $iə$ erscheint, sind beide Laute zumeist scharf von einander geschieden. Berührungen unter $ę̄$ zeigen sich in West-Oxford (5¹) und Süd-Devon (11²), unter $eə$ in Hampshire (5³); voller Zusammenfall unter $eə$ ist eingetreten in Ost-Sussex und Nord-Kent (9¹, ²) und, wie es scheint, in West-Cornwall (12). Von dem Diphthong, der me. $ī$ wiedergiebt, ist die Entsprechung des me. ai aber ebenfalls überwiegend geschieden dadurch, dass jener entweder einen $əi$- oder $ɔi$-artigen Laut hat, diese gewöhnlich ai ist. Gelegentliche Berührungen kommen vor; ihre Untersuchung wäre aber nur bei vollständigen Belegen möglich. Überhaupt zeigen sich auch bei diesem Laute im Süden mannigfache Übergänge und Schwankungen. So ist z. B. im Dialekte Elworthy's, wo die reichlichen Belege einen genaueren Einblick in den Sachverhalt erlauben, die gewöhnliche Entsprechung (áai), bez. (aai'), während me. $ī$ zumeist durch (ɔ'i), manchmal durch (äi) und me. $ā$ durch (ee'), (ii') 217 wiedergegeben ist. Daneben gilt aber auch (ee) für *ai* in einer Reihe von Fällen vor *r* und *l*: vor ersterem dürfte es lautgesetzlich sein, vor letzterem aber (in *bail, jail, reil*) ein Reflex des schriftsprachlichen Lautes, da in sicher dialektechten Wörtern vor *l* (*aal*) gilt und in *reil* daneben auch tatsächlich erscheint. Ferner wird me. *ai* durch (*ee*), der gewöhnlichen Entsprechung des me. *ę̄* wiedergegeben in *day, way, say, lay* (*key, bay*). Von diesen Wörtern haben aber *way, lay* (*bay*) auch das normale (*áai*), das auch alle übrigen germanischen und romanischen me. *ai* im Auslaut aufweisen (*hay, clay, play, gray, slay*): wir werden also nicht eine specielle Monophthongierung im Auslaut vor uns haben, sondern diese (*ee*) vermutlich dem Einfluss benachbarter Dialekte zuzuschreiben haben. Dieser Laut gilt ja, wie wir oben gesehen, im südlichen Devon.

218 Fahren wir nun in unserer Übersicht fort. Der **Westen** stimmt im Wesentlichen mit dem Süden überein, d. h. bietet überwiegend einen *ai*-Diphthong, im mittleren Shropshire (14), wie es scheint, genau denselben, der für me. *ī* gilt. — Im **Osten** zeigt sich *ai* in Essex (16⁵), *ei* in East Haddon, Northampton (16⁴): die gewöhnlichen Entsprechungen sind aber *ei*-Diphthonge und *ē*. Ein *ei* ist durchgeführt in Nordost-Norfolk (19²) und Ost-Suffolk (19⁴). Einfaches *ē* scheint durchgeführt zu sein in Rutland (18³) u. z. als *ę*; im übrigen tritt es u. z. als *ę* oft neben *ei* auf. Ebenso findet sich *eə* neben Anderem in Buckingham (15), Essex (16⁵) und in grösserer Ausdehnung in Bedford (16²). Berührungen mit *ā* ergeben sich daher vielfach: Zusammenfall mit wenigstens einem Teil der me. *ā* ist ersichtlich in Nordost-Norfolk (19²); in Bedford (16²) scheint er, von wenigen Ausnahmen abgesehen, vollständig zu sein. Andererseits ist auch öfters eine Scheidung deutlich wahrzunehmen: in Rutland (18³) stehen sich *ai* und *ā* (mit gelegentlichen Ausnahmen) als *ę* und *ę̄*, in Ost-Suffolk (19⁴) als *ei* und *eə* gegenüber. Doch ist es schwer, das Dialektechte herauszuschälen, denn gerade hier scheinen starke Dialektmischungen stattgefunden zu haben, und der Einfluss der Schriftsprache war hier gewiss stärker als sonst. Dazu kommt, dass der

Einblick in den Sachverhalt durch unvollständige Wortlisten zumeist sehr erschwert ist.

Für das **Mittelland** ist Monophthongierung und Zusammenfall mit me. $\bar{a}$ charakteristisch. Der gemeinsame Laut ist zumeist $\bar{e}$, in Lincolnshire (20) und mehreren Punkten von Süd-Yorkshire (24) *eə*, in Cheshire und den im Südwesten angrenzenden Strichen (25, 28³, ⁴) $\bar{\imath}$. Gelegentlich sind allerdings $\bar{a}$ und *ai* als $\bar{e}$ und $\bar{\imath}$ geschieden; so deutlich im nördlichen Stafford (25¹; vgl. Ellis S. 410), wie es scheint, auch in einigen östlich und südlich angrenzenden Strichen Derbys, Staffords, ja Leicesters und Warwicks (26², ⁵, 29^(1ab), 29¹, 29³ᵃ), obwol hier das normale $\bar{e}$ vielfach daneben steht. Im südlichen Teil des Mittellandes (29) findet sich auch oft das östliche *ei*.

Der **Norden** weist ebenfalls überwiegend $\bar{e}$ für me. *ai* auf, da aber hier $\bar{a}$ durch *iə* wiedergegeben wird, sind die beiden Laute strenge von einander geschieden. Abweichungen von diesem Stande zeigt Yorkshire: im mittleren und nordöstlichen Teil (30¹, ²) ist auch *ai* zu jenem *iə* (*eə*) geworden, welches me. $\bar{a}$ entspricht; ebenso fallen *ai* und $\bar{a}$ in Snaith (30⁴) unter *eə* zusammen; dagegen stehen sich wieder an den meisten übrigen Orten des südöstlichen Teils (30³) *eə* und *iə* gegenüber. Zusammenfall unter $\bar{e}$ scheint in einem Teile Lancashires (31²ᵃ) zu gelten; doch ist das Material zu spärlich. Offenes $\bar{e}$ anstatt $\bar{e}$ in 31¹ᵇ steht vereinzelt.

In **Schottland** endlich zeigt sich fast durchgängig $\bar{e}$, nur auf den Shetlands (42) $\bar{\imath}$ und auf den Orkneys (41), wie es scheint, $\bar{\imath}$. In einigen Dialekten erscheint daneben in vereinzelten Fällen auch ein *ei* oder *ai*. In den südlichen Grafschaften, wo $\bar{a}$ durch *iə* wiedergegeben wird, ist es also von diesem geschieden; in den übrigen Teilen ist der Zusammenfall vollständig.

Über die Beziehungen von me. $\bar{a}$ und *ai* können wir somit zusammenfassend feststellen, dass sie noch heute geschieden sind auf zwei grossen von einander getrennten Gebieten: einerseits an den meisten Punkten des Südens und Westens, andererseits im Norden (mit Ausnahme einiger

Striche in Yorkshire) und Südschottland. Vereinzelte Scheidungen anderer Art als in den genannten zwei Hauptgebieten finden sich im Osten und vielleicht im südöstlichen Mittelland. In den übrigen Gebieten ist Zusammenfall eingetreten, namentlich deutlich im Mittelland und dem mittleren und nördlichen Schottland, wol auch zumeist im Osten.

223 Da also Berührungen zwischen me. *ai* und *ā* häufig sind und andererseits, wie wir oben § 213 gesehen haben, auch solche zwischen *ā* und *ę̄* vorkommen, so ergeben sich manchmal sogar Berührungen zwischen *ai* und *ę̄*. So im westlichen Oxford (5¹) unter *ę*, in Hampshire (5³) unter *ęu*. Im Mittellande fallen *ai* und *ę* aus *ĕ*- dort zusammen, wo letzteres durch *ę̄* wiedergegeben ist (vgl. oben § 202). Sämtliche *ę* einigen sich mit *ai* (und *a*) unter *iə* im nordöstlichen Yorkshire (30²). Berührungen in einzelnen Worten ergeben sich schliesslich überall auf schottischem Gebiete nach Massgabe der oben § 204 behandelten Erscheinungen.

224 Von diesem Zusammenfall des *ai* mit *ā* oder *ę̄* im Allgemeinen sind solche Berührungen zu unterscheiden, die nur in gewissen Wörtern auftreten. Vor allem ist bemerkenswert, dass *again* vielfach mit der Lautung des *a* erscheint in Mundarten, welche sonst *ai* und *ā* aus einander halten. So im Süden in 4¹, ², ⁴, ⁶, 11¹, ferner fast im ganzen Norden (ausgenommen sind nur 31¹ᵃ, ²ᵇ, ³) und in den südlichen Grafschaften von Schottland (33). (Sonst sind ja in Schottland überhaupt *ai* und *ā* zusammengefallen). Dagegen ist im Mittelland dieses Wort öfter mit der Entsprechung des me. *ę̄* belegt, nämlich in 22 ⁴, ⁵, 24 ¹, ⁴, ⁵, u. z. soweit eine Scheidung zweier me. *ę̄* zu erkennen ist (in 22), mit jenem, welches auf ae. *ǣ¹* und *ēa* zurückgeht. Dieselben Abweichungen wie bei *again* zeigen sich auch gelegentlich bei anderen Wörtern vor *n* und *l*; es erscheint *ā* für *ai* in *main* in 31⁶, *tail* 32³, *nail* 32⁴, sogar vor *d* in *maid* 11²; andererseits *ē* für *ai* in *snail* u. z. *ę̄* in 6⁴, *ę̄* oder *ę* in 30³ᵃ, *ę̄* in 30², ³ᵇ, 31¹ᵃ, ³, ebenso *nail*, *tail* mit *ę̄* (neben der normalen Lautung) in 30³ᵇ. In 31¹ᵇ scheint in *snail* sogar die Entsprechung des me. *ī* vorzuliegen. — Schliesslich ist be-

merkenswert, dass im Süden und Osten öfters *day* sich von den übrigen *ai* absondert, indem es einen Monophthong gegenüber dem im Süden normalen *ai*-Diphthong oder sonst irgendwie einen dem *i* näherstehenden Laut aufweist, wie namentlich in 4. In 9[1] erscheint sogar *ī*, welches im übrigen dem me. $\bar{e}$ und *ę* entspricht. Doch könnte dies auch, nach der Beschaffenheit der betreffenden Wortliste, aus einem Unterdialekt stammen, der *ai* durch *ī* und *i̭* wiedergiebt.

Fassen wir nunmehr die Entwicklung von $\bar{e} + i$ in's Auge. Über die Wiedergabe dieser Gruppe, soweit sie auf ae. *éaʒ* (*éah*) zurückgeht, wurde bereits oben § 151 gehandelt; hier haben wir nur die von ae. *ǽ + ʒ* zu besprechen. In Ellis' Wortliste finden sich dafür die Belege ae. *hnǽʒan, wǽʒan, cǽʒ, clǽʒ, ʒrǽʒ, hwǽʒ, ǽʒder* (188—190, 210—213, ne. *neigh, weigh, key, clay, grey, whey, either*); davon haben *hnǽʒan, cǽʒ, clǽʒ, ǽʒder ǽ*[1], *wǽʒan* und *ʒrǽʒ ǽ*[2]; *hwǽʒ* ist mir etymologisch nicht klar.

In den lebenden Mundarten nun finden wir für diese Gruppe im Süden und Osten, soweit sie überhaupt hier belegt ist, dieselben Entsprechungen wie für alle anderen me. *ai*. Nur *key* zeigt öfters die Wiedergabe des me. *ę*, aber in Übereinstimmung mit der Schriftsprache; daher ist davon abzusehen. Die Entsprechung des gewöhnlichen *ai* ist auch in allen anderen Abteilungen häufig zu treffen, in einem oder dem anderen Worte ist sie fast in jedem Dialekt vorhanden, und namentlich scheint (*n*)*either*, soweit überhaupt vorkommend, ihn überall zu haben; auch *ę* in *key* erscheint öfter und muss bei Seite gelassen werden; aber daneben finden sich sehr bemerkenswerte andere Lautungen. Im südlichen Mittelland scheint die Wiedergabe des me. *ę* vorzuliegen in Nord-Derby, 26[1] (*whey*), Leicester, 29[4] (*key*), und im südlichen Cheshire, 25 (*weigh*). Im nordwestlichen Mittelland (Süd-Yorkshire, Lancashire), tritt uns öfter derselbe *ei*-Diphthong entgegen, der für eine Art *ę*, dem aus ae. *ě*-, gilt, u. z. in 22[4] (*key*), 24[1D] (*key*), 24[3] (*weigh, key*), 24[4] (*weigh, key*), 24[5] (*neigh, weigh, key, whey*). Unklar sind die *ei* in 24[9] (*key, grey*). Für *clay* gilt aber hier überall, für *gray* ausser in 24⁹. das gewöhnliche me. *ai*. Im Norden erscheint in *neigh, weigh, key* zumeist, in *whey* manchmal (nie aber in *clay, gray*) ein *ei*-Diphthong, der im Allgemeinen für sich steht, zuweilen aber, im nördlichen Durham (32²) und mittleren Northumberland (32⁵), mit dem Diphthong, der me. *ī* wiedergiebt, identisch ist; ferner die Wiedergabe des *ē* in 30 (*neigh, key,* wol *e*), 32² (*key*), 32⁴ᵇ (*weigh*), 32⁵ (*weigh, key*). In Schottland treffen wir in denselben Wörtern (mit Ausnahme von *neigh,* welches nicht vorzukommen scheint), ferner auch in *clay* (aber nie in *gray*) einerseits Diphthonge des Typus *ei, ai,* welche sich mit der Entsprechung des *ī* decken, in 35 (*clay, whey*), 36 (*whey*), 38, 39 (*weigh, key, whey*), 42 (*weigh, whey*), andererseits auch *i,* wie es sonst me. *ę* und *ẹ* wiedergiebt, in 34 (*weigh*), 35 (*weigh, key*). Daran reiht sich *ei* in 33ᵃ (*weigh, clay*), welches hier die specielle Wiedergabe von auslautendem me. *ē* ist, während das *ei* in 33ᵇ in denselben Wörtern für sich steht.

227 Eine Scheidung der beiden *ē* ist nicht wahrzunehmen. Ae. *wǣʒan* und *ʒrǣʒ* gehen durchaus nicht zusammen im Gegensatz zu den anderen, sondern ersteres gewöhnlich mit *eǣʒ,* letzteres mit *clǣʒ.* Übereinstimmung mit der Entwicklung von *ēa — ʒ, h* zeigt sich nur im nordwestlichen Mittelland (vgl. § 154).

228 Damit ist aber die Reihe der *ei-, ai*-Diphthonge noch nicht erschöpft; es bleiben noch einige übrig, die sich teils auf dem ganzen Sprachgebiet, teils auf einem Teile entwickelt haben. Es wäre jenes *ei* zu verfolgen, welches sich aus ae. *eah* entwickelt, in Ellis Wortliste durch *eahta,* ne. *eight* (Nr. 324) vertreten. Im Süden und Osten herrscht auch in diesem Falle Übereinstimmung mit der Schriftsprache: im Mittelland und Norden, namentlich in letzterem, scheint dieses *ei* gewöhnlich mit dem eben besprochenen zusammenzufallen, während im Schottischen, wo das χ noch heute erhalten ist, ein solcher Diphthong überhaupt nie bestanden haben dürfte. Ferner wäre in diesem Zusammenhang auch die Entwicklung von ae. *eoh(t), ieh(t), ih(t)* zu untersuchen. Aber wir können uns auf eine weitere Ver-

folgung dieser Verhältnisse nicht einlassen, weil sie ausserhalb unseres eigentlichen Gegenstandes liegen. Überdies ist die Untersuchung in Folge des geringen Materials äusserst schwierig.

15.

Versuchen wir nun, in diese bunte Masse von Entsprechungen Ordnung zu bringen, das heisst festzustellen, ob sich die Einzelentwicklungen unter allgemeinere Gesichtspunkte zusammenfassen, auf grosse durchgreifende Züge zurückführen lassen. Die uns entgegentretenden Erscheinungen bieten an sich nichts Auffälliges; sie entsprechen ganz denen, die wir bereits bei der Entwicklung des me. ǭ gefunden haben; nur sind die Verhältnisse verwickelter, weil zwei, manchmal sogar drei offene ē-Laute an ihnen teilnehmen. Verfolgen wir sie in der Weise, dass wir vom mittelenglischen Lautwert ausgehen — wie wir oben getan haben — so ergeben sich zwar gewisse Zusammenfassungen, wie etwa die südwestliche Bewahrung des me. ę̄ als e-Laut, aber die Hauptmasse der Erscheinungen bleibt ein wirrer Knäuel. Dagegen gelangen wir auf einem anderen Wege zu wichtigen Hinweisen. Vergleichen wir die vorgeführten Entsprechungen mit denen des ǭ, so finden wir, dass fast überall einer der zwei, bez. drei offenen ē-Laute dem ǭ symmetrisch gegenübersteht. So bietet der Dialekt Elworthy's (10) entsprechend den uɪ, oɪ, welche die normale Wiedergabe des ǭ bilden, eine Reihe iɪ, eɪ, welche me. ā vertreten. An den meisten Orten des südlichen Yorkshires (24) dagegen steht dem uɪ aus me. ǭ ein iɪ gegenüber, welches aus me. ę̄ hervorgegangen ist. In Schottland wieder geben die symmetrischen Laute ö̱, bez. (u') und ę̄, bez. (i') me. ǭ und ā wieder. Diese Beziehung als eine zufällige, sich von selbst ergebende zu betrachten, wird bei der grossen Anzahl der Einzelentwicklungen dieser Laute von vornherein nicht gut angehen. Unmöglich wird dies, wenn wir beobachten, dass die Abstumpfung zu eɪ (iɪ), die nach unseren obigen Darlegungen sowol bei ?̣ als bei ạ eintritt, u. z., wie es beim ersten Anblick scheinen möchte, ganz regellos, dass diese, von wenigen Ausnahmen abgesehen, nur den offenen ē-Laut ergreift, der in dem betreffenden Dialekt dem ọ̄ symmetrisch gegenübersteht. Daraus geht hervor, dass jene Symmetrie eine innere Beziehung wiedergiebt. Folgen wir diesem Hinweis und scheiden wir die offenen ē-Laute nicht nach der Etymologie in den aus me. ā und den aus me. ẹ̄ hervorgegangenen, sondern in den dem ọ̄ symmetrisch und den ihm unsymmetrisch gelegenen Laut, so wird das Bild mit einem Schlage klarer.

230   In Bezug auf diese Symmetrie zerfallen die lebenden Mundarten in zwei Gruppen, die zumeist zusammenhängende Gebiete umfassen und sich ziemlich deutlich abgrenzen; in der ersten, bei weitem grösseren sind ọ̄ und ạ, in der zweiten ọ̄ und ẹ̄ symmetrisch. Zur ersten Gruppe gehören einerseits der Süden und Osten, andererseits Schottland und der grösste Teil des Nordens; zur zweiten der Landstreifen zwischen diesen Gebieten, also wenig mehr als das Mittelland. An den Berührungslinien zeigen sich, wie zu erwarten, Übergänge und Mischungen. Die südliche Grenzlinie scheint im Allgemeinen allerdings scharf zu sein und genau mit der zwischen dem Mittelland einerseits, dem Süden und Osten andererseits zusammenzufallen, nur der südliche Teil von 29 (29², ³ Warwickshire etc.) dürfte mit dem Süden gehen; aber die Angaben Ellis' über diese Striche sind vielfach lückenhaft, so dass Bestimmtes vorläufig nicht gesagt werden kann. Bei der nördlichen Grenzlinie liegen die Verhältnisse klarer. Die Symmetrie der ersten Gruppe zeigt sich bereits in einigen Teilen des nördlichen Mittellandes, nämlich in Nord-Lincolnshire (20³) und der hart an der Grenze liegenden Gegend von Keighley in Süd-Yorkshire (24³). Im Norden ist im Bezirk 30, das mittlere und östliche Yorkshire umfassend, grösstenteils ạ und ẹ̄ zusammengefallen, so dass die Zuweisung zu einer der beiden Gruppen zunächst nicht möglich ist. In 30¹ gilt aber wie es scheint für ạ noch vielfach ein eigener Laut und da zeigt sich die Symmetrie des Mittellandes, die zwischen ọ̄ und ẹ̄. Viel-

leicht hat sie ursprünglich im ganzen Bezirk gegolten. Der grösste Teil von 31 (West-Yorkshire, Nord-Lancashire, Westmoreland, Süd-Durham und Cumberland), sicher $31^{1a, 3, 6}$, stellt sich bereits zur ersten Gruppe; zur zweiten gehört allem Anschein nach 31^{2b}, das nordwestliche Lancashire. Für die anderen Teile liegt zu wenig Material vor. Der Bezirk 32 endlich (Northumberland, Nord-Durham und Nord-Cumberland) gehört, soweit eine Symmetrie bei der Spärlichkeit der $ǭ$ zu erkennen ist ($32^{1, 3, 4}$), zur ersten Gruppe.

Nur sehr wenig Dialekte weisen eine solche Symmetrie nicht auf. Im südwestlichen Shropshire (14) erscheint me. $ǭ$ als *uo*, *oə*, me. $ā$ als $ẹ̄$, me. $ẹ̄$ ebenfalls als $ẹ̄$, woneben das zu erwartende *iə* steht. Dies wird wol das Ursprüngliche und $ẹ̄$ durch Dialektmischung eingedrungen sein. Es ist bemerkenswert, dass dieser Bezirk an der keltischen Sprachgrenze liegt und zum Teil erst spät anglisiert worden ist. Im östlichen Suffolk (19^4) stehen sich $ū$ ($ü$) oder *ou* und *eə* gegenüber, welch letzteres für a, $ẹ̄$ und $ę̄$ gilt; es werden sich uns indes (§§ 252, 276) noch andere Gründe dafür ergeben, dass dieses gemeinsame *eə* nicht ursprünglich ist. Ebenso tritt die Symmetrie nicht (oder nicht deutlich) zu Tage an einigen Punkten des Nordens, wie schon erwähnt wurde (31^{1b}, 32^2, ^{5}). Aber für me. $ǭ$ liegen hier nur wenig Belege vor, da ja nur das Ergebnis von ae. $ō$- in Betracht kommt. Wenn nun diese spärlichen Belege $ǭ$ ($ʋ$) zeigen, gegenüber dem sonst im Norden herrschenden *uə* (§ 44), so ist die Vermutung berechtigt, dass dieser Laut nicht dialektecht, sondern der Schriftsprache entlehnt sei. — Eine geringfügige Abweichung ist es, wenn nicht *uo* und *iə*, sondern *uə* und *eə* sich gegenüberstehen, im südlichen Warwick (6^2), Bedford (16^2) und mittleren Northampton (16^1). Doch geben hier die Angaben Ellis' kein völlig klares Bild: Dialektmischung ist sehr wahrscheinlich.

Wie nun an allen einzelnen Punkten diese Symmetrie sich bemerkbar macht, so stehen sich natürlich auch die lautlichen Veränderungen, welche me. $ǭ$ einerseits, der symmetrische offene $ē$-Laut andererseits erleiden, in ihrer Art und ihrer Verbreitung symmetrisch gegenüber. Nur die

Aufhellung, welche im Südwesten zwar hauptsächlich *ou*, aber in gewissem Umfang auch *o* ergreift, hat nichts Entsprechendes auf der *e*-Seite (doch vgl. § 306). Kleinere Abweichungen zeigen sich manchmal in den Verbreitungsgebieten der lautlichen Veränderungen. So ist etwa der durch Zuspitzung entstandene Diphthong auf der *e*-Seite, also *ei*, nicht an so vielen Punkten belegt als der entsprechende Diphthong auf der *o*-Seite, *ou*. Aber dieser steht an den Orten, wo er ohne das symmetrische *ei* erscheint, neben anderen Entsprechungen (*ö*, *oə*, *uə*), so dass der Verdacht der Entlehnung an ihm haftet. Zudem sind ja gerade in diesen Gebieten Ellis' Wortlisten vielfach lückenhaft. Von solchen kleineren Abweichungen ist natürlich abzusehen, namentlich an Orten, wo für denselben Laut zwei oder mehrere Entsprechungen neben einander stehen und daher wahrscheinlich Dialektmischung eingetreten ist. Wo dagegen eine consequente Lautgebung sich zeigt und genügend Belege vorhanden sind, um Sonderentwicklungen ausscheiden zu können, tritt jene Symmetrie deutlich zu Tage.

233   Es ergiebt sich nun die Frage wie die neue Symmetrie in der Gruppe I entstanden ist, auf welcher Lautstufe das unter die *ē*-Laute rückende *ā* sich dem *ǭ* gegenüberstellte, und wann dies eintrat. Diese Fragen können aber erst dann zu lösen versucht werden, wenn wir die Vorgeschichte der heutigen Entsprechungen reconstruiert haben.

234   Fassen wir daher die lautliche Entwicklung des symmetrischen offenen *ē*-Lautes in's Auge (also im Süden, Osten, Schottland und dem grössten Teil von Nordengland me. *ā*, sonst, namentlich im Mittelland, *ę*). Der Lautwert *ę̄* scheint, nach spärlichen Belegen zu schliessen, in East Haddon, (16⁴) zu gelten. Das ist derselbe Dialekt in welchem wir für me. *ǭ* den Laut *ǫ* gefunden haben (§ 46), aber nicht als Bewahrung des mittelenglischen Wertes, sondern durch secundäre Senkung aus *ō* entstanden (§ 117). Das Entsprechende gilt wol auch für dies *ę*, welches völlig vereinzelt dem *ę̄*, *eə* im übrigen Osten gegenübersteht. Häufig ist die Lautstufe *ę*;

wir haben also das bekannte Vorrücken gegen das Vocalextrem vor uns. Gewöhnlich sind aber Diphthongierungen eingetreten, die sich wie beim $\bar{\varrho}$ in zwei Gruppen teilen: entweder ist der Ausgang der einfachen Länge zu einem *ə* geworden: 'Abstumpfung', oder zum Vocalextrem *i*: 'Zuspitzung'. Erstere, die zu dem modernen *eə*, *iə* führt, haben wir zunächst zu verfolgen.

Für ihren Eintritt haben wir Zeugnisse, die eine Datierung ermöglichen. Das erste ist ausserordentlich früh, aber leider nicht ganz sicher. Smith (1568) giebt nach Ellis III 883, 904 als schottische Aussprache von *bone, stone* (baan, bean) und (staan stean) an. Man wäre zunächst geneigt, in diesem (ea) einen *eə*-Diphthong zu sehen; aber es wäre auffällig, dass daneben noch Formen mit reinem *a* bestanden hätten, da doch ein *eə* kaum direct aus *a* entstanden sein kann, sondern als nächste Vorstufe ein *ē* voraussetzt. Dazu kommt, dass nur in den südlichen Grafschaften, also einem verhältnismässig kleinen Teil Schottlands, die heutigen Lautungen Abstumpfung aufweisen und wir keinen Grund haben, eine grössere Ausbreitung dieser Erscheinung in früheren Jahrhunderten anzunehmen. Wir werden noch einmal in anderem Zusammenhang auf dieses Zeugnis zurückkommen (§ 260) und sehen, dass es wahrscheinlich nichts mit der Abstumpfung zu tun hat.

Das nächste Zeugnis wäre die Transcription *yeawhayle* für die schottische Lautung von *erewhile* in Greene's Drama Jacob IV, das vor 1592 geschrieben und 1598 gedruckt wurde (Dyce S. 187). Nach Massgabe der damaligen südenglischen Lautwerte kann sie nur *iēr*- bedeuten und würde also nicht bloss Abstumpfung, sondern schon Accentumschlag beweisen. Dies ist um so auffälliger, da *ē* heute im Schottischen durch *i* wiedergegeben ist. Aber in einer Reihe von Fällen treffen wir dafür auch die Entsprechung des me. *ā* (§ 204), und dieses ist im Südschottischen durch *iə* wiedergegeben. Also eine Möglichkeit, dass jene Transscription zutrifft, ist vorhanden, aber so lange wir nur einen Beleg dafür haben, ist doch die Basis zu gering. Wir werden daher gut tun, vorläufig nichts daraus zu schliessen.

237 Völlig deutlich und beweisend sind dagegen die folgenden Zeugnisse, von denen die meisten jenen über die Abstumpfung des $\bar{q}$ parallel laufen. Hieher gehört zunächst die bereits oben § 61 angezogene und erörterte Angabe Gill's (1621) bezüglich der Aussprache der 'Boreales' (Ellis IV 1249 f.): 'Illis etiam frequens est (ea) pro (e), vt (meat) pro (meet) cibus: et pro (o), vt (beath) pro (both) ambo'. Dieses (ea) werden wir aus den oben § 61 dargelegten Gründen gewiss als einen e_{∂}-Diphthong zu fassen haben. Seine zwei Belege zeigen also die Abstumpfung einerseits für me. $\bar{e}$, andererseits für me. (nördl.) $\bar{a}$, und in der Tat findet sich beides in Dialekten, die er mit 'Boreales' meinen kann. Leider ist aus seinen Worten nicht zu entnehmen, ob beide Formen demselben Dialekt entnommen sind. In diesem müssten $\bar{a}$ und $\bar{e}$ zusammengefallen sein (denn dass eine der schottischen Berührungen zwischen a und $\bar{e}$ wie wir sie oben § 204 besprochen haben, vorliegt, ist nicht wahrscheinlich), und das ist nach Ausweis der heutigen Lautungen nur der Fall im mittleren und östlichen Yorkshire (30). Aber seine Worte erlauben nicht einen solchen Schluss. Eine Localisierung ist indes auf anderem Wege zu gewinnen. Da er fortfährt: 'Apud meos etiam Lincolnienses audies ...' wird er wahrscheinlich eine Gegend gemeint haben, die nicht südlicher liegt als Lincolnshire, also höchstens das nördliche Mittelland. Sein $e\partial$ für ae. $\bar{a}$ kann aber nicht aus diesem stammen, da hier $o\partial$, $u\partial$ gilt, und auch $e\partial$ für $\bar{e}$ aus $\bar{e}$- ist nicht möglich im westlichen Teil des nördlichen Mittellandes, da dieser Laut hier nicht Abstumpfung erfährt, sondern eine Sonderentwicklung aufweist (vgl. § 202). Gill muss also das von Ellis als Norden bezeichnete Gebiet im Auge gehabt haben. Hier aber zeigt nur das seiner Heimat nahe liegende Yorkshire Zusammenfall von $\bar{a}$ und $\bar{e}$ unter ∂-Diphthongen. Da wir nun aus den oben § 61 dargelegten Gründen aus seinem Zeugnis auf einige Zeit zurückschliessen müssen, kommen wir zu dem Ergebnis, dass die Abstumpfung des symmetrischen offenen $\bar{e}$-Lautes im Norden schon zu Ende des 16. Jahrhunderts vollzogen war, gerade so wie $o\partial$ für $\bar{q}$ um diese Zeit sicher in Lincolnshire bestand.

15. OFF. Ē-LAUTE. VORGESCHICHTE DER ENTSPRECHUNGEN.

Es fragt sich nur, wie wir uns das Verhältnis von $e\mathfrak{d}$ und $o\mathfrak{d}$ zu einander vorzustellen haben, ob bei den Boreales das $o\mathfrak{d}$ Lincolnshires, und umgekehrt hier das nördliche $e\mathfrak{d}$ nicht bestand. Gill's Worte, unbefangen aufgefasst, erlauben keinen sicheren Schluss, da 'etiam' doppeldeutig ist. Zudem ist in Rechnung zu ziehen, dass seine Kenntnis der Dialekte vielleicht lückenhaft war und er, wie aus seiner ganzen Ausdrucksweise hervorgeht, gar nicht Vollständigkeit anstrebt, sondern verschiedene Züge, wie sie ihm gerade einfallen, aufzählt. Nur was er sagt, ist wertvoll; aus dem Fehlen gewisser Angaben Schlüsse zu ziehen sind wir nicht berechtigt. Wir werden daher nach Massgabe der heute überall zu Tage tretenden Symmetrie seine positiven Angaben über den Bestand von $e\mathfrak{d}$, $o\mathfrak{d}$ dahin ergänzen dürfen und müssen, dass wahrscheinlich in Lincolnshire wie im Norden sowol $e\mathfrak{d}$ als $o\mathfrak{d}$ galt, nur ersteres in verschiedenem Umfang (für ae. $\acute{a}$ nur im Norden). Unmöglich wäre es wol nicht, dass derselbe Vorgang bei den zwei Lauten nicht überall gleichzeitig eingetreten ist, dass er etwa an manchen Orten zuerst auf der o-Seite, an anderen zuerst auf der e-Seite sich vollzogen hätte. Dann aber war der zeitliche Unterschied gewiss kein bedeutender und im Allgemeinen hat die frühere Annahme mehr Wahrscheinlichkeit für sich.

Dass die Abstumpfung des symmetrischen $\bar{e}$-Lautes zu Ende des 16. Jahrhunderts auf das angegebene Gebiet beschränkt war, lässt sich aus dem Mangel an Belegen für andere Striche bei Gill nicht sicher schliessen. Nach Massgabe der Verhältnisse beim $\bar{\rho}$ werden wir es aber annehmen dürfen.

Weitere Zeugnisse stammen aus der Mitte und zweiten Hälfte des 17. Jahrhunderts. Wallis (1653) sagt in seiner allgemein-phonetischen Einleitung bei Besprechung des 'e masculinum' (d. i. ρ), dass es im Englischen durch einfaches e wie durch ea und ei wiedergegeben werde, und fährt dann fort (S. 9 des Oxforder Neudrucks):

> Quanquam revera voces per *ea* scriptae rectius pronunciarentur, si, praeter sonum ipsius *e* producti, etiam sonus Anglici *a*

(raptissime pronunciati) adjungeretur; prout olim pronunciatus fuisse verisimile est, atque in aliquibus locis, praesertim septentrionalibus, etiamnum pronunciantur.

Dass seine Lehren bezüglich der 'richtigeren' Aussprache begründeten Zweifeln ausgesetzt sind, wurde bereits oben § 17 bemerkt. Aber seine bestimmte Angabe über diphthongische Aussprache des me. *e* an manchen Orten, besonders im Norden, werden wir glauben dürfen, zumal sie mit anderen Angaben übereinstimmt. Der Diphthong wäre nach seiner Analyse *ęę* gewesen, aber diese Form ist an sich unwahrscheinlich; sein Bemühen, an das Schriftbild anzuknüpfen, hat ihn wol da beeinflusst. Wir werden seine Äusserung auf einen *eə*-Diphthong zu deuten haben, welcher Art, ist nicht zu bestimmen. Nicht einmal *eə* ist gesichert, da er unter das *e* masculinum auch das kurze *e* von *tell* u. dgl. einreiht. Jedenfalls bietet er eine Bestätigung Gill's.

Sehr beachtenswert und für die Dialekte von grosser Wichtigkeit sind die Bemerkungen Cooper's über das *ā* in der Schriftsprache. Er ist ja der erste, der für me. *ā* und *ai* unzweideutig die Lautung *ę̄* bezeugt (Ellis I 70, vgl. Angl. XIV 278); aber er macht einige charakteristische Einschränkungen. Dieser Laut gelte rein nur für *ai* und für *ā* in *cane, wane* und vor -*nge* und -*ge*; sonst werde danach ein '*u* gutturalis' eingeschoben, 'quae nihil aliud est quam continuatio nudi murmuris postquam *a* formatur'. Er meint also klärlich einen Diphthong *ęə*, welcher *ā* wiedergiebt, während *ę̄* dem me. *ai* entspricht; denn in den Fällen, wo nach ihm *ā* diese Lautung hat, liegt offenbar in Folge speciellen consonantischen Einflusses auch *ai* zu Grunde, wofür wir zum Teil noch weitere Zeugnisse besitzen (vgl. Ellis I 120). Diese von Ellis mit Recht als sehr auffällig bezeichnete Angabe über die Geltung eines *ęə* für *ā*, welche von keinem anderen Grammatiker bestätigt wird, rückt nunmehr in ihr richtiges Licht. Wir haben offenbar eine dialektische Lautung vor uns, sei es nun, dass Cooper nicht völlig dialektfrei sprach, seine Angabe also eine individuelle Eigentümlichkeit wiederspiegelt, sei es, dass wirklich zu seiner Zeit bei manchen Sprechern *eə* galt, dieser Diphthong also einen Ansatz machte, in die Schriftsprache einzudringen, aber schliesslich doch nicht durchdrang. Jedenfalls lässt uns seine Angabe einen Blick tun in die dialektische Entwicklung seiner Zeit und ist als solche von grosser Wichtigkeit. Aus welchem Dialekt sein eə stammt, wissen wir nicht; vermutlich aber war es ein den Hauptsitzen der Schriftsprache, vor allem der Hauptstadt, nicht zu fern liegender, eə für me. $\bar{a}$ also damals im Süden oder Osten schon entwickelt.

Hieher gehören auch einige andere Bemerkungen. Als Aussprache von *earth, herb* giebt Cooper (1685) an: 'barbare (ǝrth, ǝrb)', Miège (1688): '= *yerth, yerb* pas du bel usage' und Jones (1701): '(ɹerb) as sounded by some' (vgl. Ellis IV 1006, 1009). Diese Wörter scheinen nicht hierher zu gehören, da sie heute den Laut des $\check{e}$ zeigen; dass sie aber im Frühneuenglischen $\bar{e}$ (als Dehnung vor r + Cons.) hatten, geht für *earth* aus der Schreibung wie directen Zeugnissen hervor und ist für *herb* danach zu erschliessen. Da nun eine solche vulgäre Aussprache höchst wahrscheinlich nichts anderes ist als die Lautung eines benachbarten Dialekts und da, wie bei den entsprechenden Diphthongen für $\bar{q}$ (vgl. § 67), iə, ie auf ein früheres iə zurückgeht, so erweisen diese Zeugnisse dial. iə aus me. $\bar{e}$ für das Ende des 17. Jahrhunderts. Dieses ist heute charakteristisch für den nördlichen und östlichen Teil des Mittellandes, findet sich aber auch an manchen Orten des Südens und Ostens, wenn $\bar{e}$ mit $\bar{a}$ zusammenfällt (vgl. § 213). Genaueres werden wir also aus diesen Angaben nicht schliessen können; jedenfalls aber beweisen sie, dass zu jener Zeit die Abstumpfung bei $\bar{e}$ auch in den südlicheren Teilen Englands schon bekannt war, wo sie zur Zeit Gill's höchst wahrscheinlich noch nicht bestanden hatte. Dieselben Gewährsmänner, Cooper und Jones, haben uns ja auch ganz ähnliche Hinweise hinsichtlich der Abstumpfung bei $\bar{q}$ geliefert (vgl. § 62).

Nach allem, was uns an Zeugnissen vorliegt, ist also zu schliessen, dass die Abstumpfung des symmetrischen offenen $\bar{e}$-Lautes zeitlich wie örtlich sich parallel zu der des $\bar{q}$ vollzog.

Ganz entsprechend den Verhältnissen auf der *o*-Seite

ist nun auch beim symmetrischen offenen $\bar{e}$-Laut häufig ein
Vorrücken zum Vocalextrem zu beobachten, also zu $i\partial$, $\bar{\imath}$,
zu letzterem (ausser teilweise in 4 ¹ und 29⁹) nur dann, wenn
er dem me. $\bar{e}$ entspricht und me. $\bar{ę}$ durch einen ei-Diphthong
wiedergegeben ist. Dieses $\bar{\imath}$ geht somit aus denselben Gründen,
wie das entsprechende $\bar{u}$ auf $u\partial$ (§§ 66, 74), auf ursprüngliches
$i\partial$ zurück. Das Vorrücken zum Vocalextrem
ist also an die Abstumpfung gebunden: wir finden es nur
dort, wo auch Abstumpfung zu constatieren ist, während
diese selbst ein weiteres Gebiet hat. Schon daraus folgt,
dass die Abstumpfung das Primäre ist, dass also ihre Basis
$\bar{e}$ war, nicht $\bar{\imath}$. Dies wird bestätigt durch eine einfache
Erwägung. Hätte die Abstumpfung die Lautstufe $\bar{\imath}$ ergriffen,
so hätte sie auch das me. $\bar{ę}$ treffen müssen, das
ja schon seit Beginn der neuenglischen Zeit in allen Dialekten
durch $\bar{\imath}$ vertreten ist. Endlich bieten die frühesten
Zeugnisse nur $e\partial$, nicht $i\partial$, auch für solche Striche, die heute
$i\partial$ haben, wie das Gill's für die Boreales. Da nun die Verhältnisse
beim $\bar{o}$ ganz parallel liegen, ergiebt sich, dass die
Basis der Abstumpfung überall $\bar{e}$, $\bar{o}$, nicht $\bar{\imath}$, $\bar{u}$ war und das
Vorrücken zum Vocalextrem erst später eingetreten ist.

245   Weiter aber ergiebt sich nun die Frage, welche Art $\bar{e}$, $\bar{o}$
die Basis war, geschlossenes oder offenes, ferner, ob überall
die gleiche. Fassen wir zunächst die Verhältnisse auf der
e-Seite in's Auge. Hier ist geschlossene Qualität für die
südlichen Gegenden sicher ausgeschlossen. Cooper bezeugt
für die erste Componente seines $e\partial$ unzweifelhaft offene
(§ 241), und wenn sich heute in den westlichen Teilen des
Südens me. $\bar{ę}$ und $\bar{a}$ zumeist als $\bar{ę}$ und $e\partial$ ($i\partial$) gegenüberstehen,
so beweist das, da doch die Entsprechung des $\bar{a}$
zunächst, bevor Abstumpfung eintrat, offener gewesen sein
muss als die des $\bar{ę}$, dass hier $\bar{a}$ niemals $\bar{ę}$ gewesen, somit
auch die Abstumpfung nicht bei diesem Lautwert eingetreten
sein kann. Dass ihr auch in den nördlichen Gegenden
nicht $\bar{ę}$ zu Grunde lag, ist deswegen wahrscheinlich,
weil sie hier sehr früh erfolgte, spätestens zu Ende des
16. Jahrhunderts, und um diese Zeit me. $\bar{a}$, welches hier
ja zumeist von ihr ergriffen wird, doch schwerlich schon

den Lautwert ẹ̄ gehabt haben wird. Es muss somit ein offener ē-Laut gewesen sein, und es könnte in den angeführten Fällen, wo es sich ja um das Ergebnis von me. ā handelt, nur fraglich erscheinen, ob nicht etwa ǣ die Basis war. Indes ist zu erwägen, dass alles Vorliegende und im Vorangegangenen Vorgebrachte uns zur Annahme drängt, dass die Abstumpfung auf der e-Seite symmetrisch zur o-Seite eintrat. Das me. ọ̄ hat nun gewiss niemals einen offeneren Laut gehabt als ọ̄ (mid-back-round), somit wird auch auf der e-Seite die Abstumpfung keinen offeneren Laut als ẹ̄ erfasst haben.

Ferner ist es nach dem vorliegenden Tatbestand 246 höchst wahrscheinlich, dass sie durchaus an eine bestimmte Qualität gebunden war, also überall bei der gleichen Qualität eintrat. Das möchte man gerade daraus schliessen, dass sie in verschiedenen Gegenden etymologisch verschiedene Laute ergreift. Wenn wir sehen, dass in einem Dialekt die Wiedergabe des me. ā, im benachbarten die des me. ẹ̄ von ihr betroffen wird und eine zeitliche Differenz unwahrscheinlich ist (wie z. B. im Norden und nördlichen Mittelland), so können wir uns die Sachlage kaum anders erklären, als dass die Lautstufe, bei der sie überhaupt nur eintrat, in dem einen Dialekt durch me. ā, im anderen durch me. ẹ̄ ausgefüllt war.

Ich möchte daher ganz allgemein annehmen, dass die 247 **Abstumpfung an die Qualität ẹ̄, ọ̄ gebunden war**, dass sie auf dem gesamten Sprachgebiet, soweit sie überhaupt erfolgte, nur diese Lautfärbung ergriff. Dieser Satz ist allerdings nicht für alle Teile Englands gleich stark gestützt; es ist auch nicht völlig zu erweisen, dass der Lautwandel überall bei derselben Qualität eintrat; aber nach dem, was vorgebracht wurde, scheint mir diese Auffassung immerhin die grösste Wahrscheinlichkeit für sich zu haben. Wie es dann möglich ist, dass eo, io-Diphthonge auch manchmal me. ẹ̄, ọ̄ vertreten, soll später erklärt werden (§ 252).

Ist dieser Satz richtig, so können wir die Datierung 248 der Abstumpfung im Süden und Osten noch schärfer fassen, als es oben geschehen ist. Das me. ọ̄ war nach dem Zeugnis Wallis' (Ellis I 99) in der Schriftsprache bereits um 1650 ṷ, wird also in den der Schriftsprache nahestehenden Mundarten des Südens und Ostens, die ja nach Ausweis der heutigen Lautungen dieses Vorrücken mit ihr teilen, schwerlich länger bestanden haben. Somit muss die an die Lautqualität ọ̄ gebundene Abstumpfung noch in die erste Hälfte des Jahrhunderts fallen. Da ferner Gill im Jahre 1621 noch einfache Länge hört oder zu hören glaubt (§ 61), können damals höchstens die ersten Ansätze vorhanden gewesen sein. Voll ausgebildet ist sie daher erst im zweiten Viertel des Jahrhunderts worden.

249 Nach der Abstumpfung hat sich vielfach ein Übergang zu iə, uə vollzogen (die manchmal wieder zu ī, ū vereinfacht wurden). Wo dagegen der symmetrische offene ē-, ō-Laut nicht Abstumpfung erlitten hat, ist er nicht zu ī, ū vorgerückt, welche Lautwerte zumeist durch die Entsprechungen des me. ẹ̄, ọ̄ eingenommen sind. Diese Umstände würden darauf hinweisen, dass der Gesamtentwicklung dieses Lautes die Tendenz zu Grunde liegt, bis zum Vocalextrem vorzurücken, soweit dies nicht etwa durch einen anderen Laut ausgefüllt ist. Gegen diese Auffassung spricht aber die Tatsache, dass iə, uə ja nicht allgemein gilt, wie zu erwarten wäre, sondern vielfach eə, oə. Wir werden auf diese Frage in anderem Zusammenhange noch einmal zurückkommen (§ 294). Jedenfalls aber wird man vermuten dürfen, dass bei Abstumpfung das Vocalextrem deswegen so oft erreicht wird, weil es nicht durch einen anderen Laut ausgefüllt war, wie bei der einfachen Länge.

250 Fassen wir nun unsere bisherigen Darlegungen bezüglich der Abstumpfung zusammen, so gelangen wir zu folgenden Ergebnissen. Auf dem grössten Teil des englischen Sprachgebietes tritt im Laufe der neuenglischen Periode eine Diphthongierung der Laute ẹ̄, ọ̄ zu eə, oə ein, woraus dann vielfach iə, uə wird (§ 294). Sie hat sich am frühesten vollzogen im Norden und den angrenzenden Teilen des Mittellandes, wo ihre Ergebnisse schon in den letzten Jahrzehnten des 16. Jahrhunderts bestanden (Näheres noch unten § 288). Im Süden und Osten (und südlichen Mittelland?) ist sie

später, im Laufe des zweiten Viertels des 17. Jahrhunderts, eingetreten. Die Lautstufe $\bar{ę}$ wird überall durch me. $\bar{ę}$ eingenommen; die Stufe $\bar{ẹ}$ in Südschottland und dem grössten Teil des Nordens durch me. $\bar{a}$, im Mittelland und einigen Punkten des Nordens durch me. $\bar{ę}$, im Süden und Osten wieder durch me. $\bar{a}$. Frei von diesem Wandel sind der grösste Teil von Schottland, viele Striche des Ostens, die sich aber heute in Folge besonders starker Dialektmischung nicht mehr genau feststellen lassen, und endlich manche vereinzelte Punkte wie besonders deutlich das nördliche Devon (11 [1]). In den mittleren und südwestlichen Teilen des Mittellandes hat sie einmal bestanden, aber ihre Ergebnisse sind wieder zu $\bar{i}$, $\bar{u}$ monophthongiert worden.

Die Diphthonge des Typus $eə$, $oə$ ($iə$, $uə$) sind aber allerdings, wie schon beiläufig erwähnt wurde, nicht völlig auf das symmetrische offene $\bar{e}$ und $\bar{o}$ beschränkt. Zunächst kommen sie auch gelegentlich als Entsprechung des unsymmetrischen offenen $\bar{e}$ vor, also in der ersten Gruppe für me. $\bar{ę}$, in der zweiten für me. $\bar{a}$. Nicht hieher gehört der Fall, dass die zwei offenen $\bar{e}$-Laute zusammengefallen und gemeinsam durch einen $eə$ ($iə$)-Diphthong vertreten sind, wie in den Dialekten von Ost-Suffolk (19 [1]), des östlichen Yorkshires (30 [2, 3]), wahrscheinlich auch Hertfords (16 [1]), und, obwol hier der Zusammenfall kein völliger ist, Wiltshires (4 [1]): daran reiht sich Hampshire (5 [3]), wo zwei Diphthonge für jeden der beiden Laute vorliegen. Hier ist offenbar vor der Abstumpfung Zusammenfall unter dem symmetrischen Laut eingetreten. Aber in einigen Gegenden hat jeder einen eigenen Diphthong, zumeist in der Weise, dass sich $\bar{a}$ und $\bar{ę}$ als $eə$ und $iə$ gegenüberstehen; es sind dies Lincoln (20), fast das ganze südliche Yorkshire (24), ein Teil des mittleren Yorkshires (30 [1]) und auch wol sonst einzelne Punkte wie Charlwood in Süd-Surrey (5 [4]), ferner einige Teile des Bezirkes 31 (31 [1a, 2b, 3]), wo sich zwei Arten $iə$, oder fallender und steigender Diphthong gegenüberstehen. Endlich erscheinen die Abstumpfungsproducte auch für me. $\bar{ę}$ und $\bar{ǫ}$, wie bereits §§ 107, 118, 148, 156 dargelegt wurde.

Dabei ist jedoch bemerkenswert, dass in diesen Fällen die symmetrischen offenen $\bar{e}$, $\bar{o}$ fast immer denselben ə-Diphthong zeigen, und manchmal sogar der unsymmetrische offene $\bar{e}$-Laut ihn aufweist.

252 Namentlich diese zweite Gruppe ist höchst auffällig und scheint geeignet, unsere Ausführungen über die Abstumpfung über den Haufen zu werfen; sieht es doch danach aus, als ob sie auch manchmal die Lautstufe $\bar{i}$, $\bar{u}$, oder doch $\bar{\varrho}$, $\bar{\varphi}$ erfasst habe. Aber es wird zu beachten sein, dass, wie erwähnt, fast immer auch Zusammenfall mit dem symmetrischen offenen Laut eingetreten ist, obwol die umgebenden Dialekte meist scheiden. Das kann schwerlich Zufall sein und macht eine Negative höchst wahrscheinlich: dass die Abstumpfung nicht $\bar{i}$, $\bar{u}$ ergriffen hat; es wäre sonst nicht zu begreifen, warum sie sich nicht auch in Fällen ohne jenen Zusammenfall mit den offenen Lauten findet. In positiver Richtung ergeben sich zwei Möglichkeiten der Erklärung. Entweder trat der Zusammenfall vor der Abstumpfung ein, natürlich unter $\bar{\varrho}$, $\bar{\varphi}$, so dass diese bereits einen gemeinsamen Laut vorfand; oder es standen ursprünglich wirklich iə und $\bar{i}$, uə und $\bar{u}$ einander gegenüber und wurden später vermengt. Ersteres ist mir wahrscheinlicher für die meisten hiehergehörigen südlichen und östlichen Bezirke, da sich in ihrer Nachbarschaft auch die auffälligen $\bar{\varrho}$ statt des zu erwartenden $\bar{i}$ für me. $\bar{\varrho}$ finden (vgl. §§ 150, 159) und gleichzeitig jene $\ddot{o}$- und $\ddot{u}$-Laute für $\bar{\varphi}$, welche wir § 159 ebenfalls auf eine ursprüngliche Senkung der Artikulationsstelle zurückzuführen versuchten. Das frühne. $\bar{i}$, $\bar{u}$ aus me. $\bar{\varrho}$, $\bar{\varphi}$ wäre also im Süden und Osten manchmal secundär wieder zu $\bar{e}$, $\bar{o}$ gesenkt worden. Die zweite Möglichkeit scheint mir mehr Wahrscheinlichkeit zu haben für die anderen Bezirke, namentlich für Lincolnshire. Die Ursachen der Vermengung mögen verschiedene gewesen sein. Da den zunächst streng geschiedenen iə und $\bar{i}$ in der Schriftsprache durchaus i gegenüberstand, so ergab sich iə für $\bar{i}$ leicht als falsche Rückübersetzung. Dadurch, oder auch bloss deswegen, weil der Abstand zwischen Abstumpfungsdiphthong und einfacher Länge gering war oder gering wurde, mochte sich das Ge-

fühl für den Unterschied abstumpfen und auch *uə* für *ū* eintreten. Wie dem aber auch sei, die oben gewonnene Negative scheint mir sicher zu sein.

Wo dagegen zwei verschiedene ə-Diphthonge für *ā* und *ę̄* stehen, liegt die Sache wesentlich anders. Zum Teil mögen sie einer Dialektmischung zu danken sein. In Lincolnshire erscheint im Norden wie im Süden *ā* als *eə*, *ę̄* als *iə*, dagegen *ǭ* im Süden als *uə*, im Norden als *oə*. Da nun der Süden zur Gruppe II, der Norden zu 1 gehört, wäre, nach den Entsprechungen des *ǭ*, *iə* für *ę̄* nur im Süden, *eə* für *ā* nur im Norden zu erwarten, im Übrigen aber Monophthonge (*ī* und *ē*). Der tatsächliche Stand dürfte durch gleichzeitige Ausdehnung des *iə* auf den Norden und des *eə* auf den Süden entstanden sein. Sollte dies aber nicht zutreffen, so würde sich Lincolnshire den anderen geographisch zusammenhängenden Bezirken zugesellen, die sowol für *ā* als für *ę̄* ə-Diphthonge haben, und für welche Dialektmischung weniger wahrscheinlich ist. Diese Bestände werden in bemerkenswerter Weise durch die ausführliche Darstellung des Dialekts von Windhill (24 ⁴) durch J. Wright aufgehellt. Hier geben *iə*, *uə* me. *ę̄*, *ǭ* wieder, *eə* ist Vertreter von me. *ā*, *ai* und das symmetrische *oə* von me. und frühne. *au* (in Fällen wie *draw*, *law* und *fall*, *talk*, *calf*; vgl. §§ 63, 62). Dieser letztere Zusammenhang ist wichtig; *au* ist zur Zeit der Abstumpfung von me. *ę̄*, *ǭ* wol noch Diphthong gewesen. Hier ist also klärlich eine zweite Abstumpfung eingetreten, als neuerlich eine offene *ē*, *ō*-Qualität sich entwickelt hatte. Ob sie der ersten gleich war, lässt sich nicht feststellen, doch möchte ich es vermuten. Dass *au* über die Stufe *ǭ*, bei welcher es in der Schriftsprache stehen blieb, hinausschritt, wird durch benachbarte Dialekte illustriert, die sogar *ǭ* aufweisen. Dasselbe *oə* wie in Windhill zeigt sich in Leeds (24 ⁵) und im mittleren Yorkshire (30 ¹). In den anderen Bezirken scheint nach dem vorliegenden Material keine derartige Entsprechung auf der *o*-Seite vorhanden zu sein, doch möchte ich das nicht als endgiltig festgestellt sehen. Wir haben wol in allen diesen Strichen eine zweite spätere Abstumpfung zu constatieren. Dass im Englischen manchmal

Lautwandlungen sich wiederholen, sobald ihre Bedingungen sich wieder entwickeln, wurde Angl. XVI 474 ff. dargelegt.

254 Damit ist die Abstumpfung wol nach allen Richtungen klargelegt. Kehren wir wieder zur lautlichen Entwicklung des symmetrischen offenen $\bar{e}$-Lautes zurück. Was noch zu sagen übrig bleibt, ist gering.

255 Die andere Art der Diphthongierung, die Zuspitzung, stellt sich völlig symmetrisch der des $\bar{q}$ gegenüber und alles über diese Festgestellte (§ 64) gilt mit den entsprechenden Veränderungen auch hier. Sie ist also vermutlich bedeutend jünger als die Abstumpfung und charakterisiert den Osten. Die qualitativen Veränderungen, das Vorrücken zu e- und i-Lauten, wurden schon im Vorangegangenen behandelt. Damit sind die oben § 194 ff. dargelegten Erscheinungen erschöpft; auf den Umschlag zu steigenden Diphthongen, sowie auf Verkürzungen, die wir beim $\bar{q}$ behandelt haben, gehen wir hier, als zu weit abliegend, nicht ein. Das Fehlen einer der Aufhellung des ρ entsprechenden Erscheinung wurde schon berührt (§ 232) und wird noch unten (§ 306) behandelt werden.

256 Nachdem wir die lautliche Entwicklung des symmetrischen offenen $\bar{e}$-Lautes verfolgt haben, dürften wir im Stande sein, seine etymologische Vorgeschichte festzustellen und die Fragen zu beantworten, die wir oben § 233 aufgeworfen haben. Wir haben gesehen, dass in Bezug auf diesen Laut die lebenden Mundarten in zwei Gruppen zerfallen: in der ersten entspricht er me. $\bar{a}$, in der zweiten me. $\bar{e}$. Hier hat sich also das me. Symmetrieverhältnis erhalten, dort ein neues gebildet. Eine Handhabe, um zu bestimmen, wie und wann dies eintrat, gewährt uns die Abstumpfung, welche ja an vielen Punkten der Gruppe I sich vollzogen hat und an die Lautstufe e, $\bar{q}$ gebunden war. Die neue Symmetrie zwischen me. $\bar{a}$ und $\bar{q}$ muss also auf dieser Lautstufe sich herausgebildet haben, nicht etwa später; noch zur Zeit als das me. $\bar{q}$ seine Qualität besass, rückte das $\bar{a}$ so weit vor,

dass es sich ihm als ẹ symmetrisch zur Seite stellte. Was dabei mit dem me. ẹ geschah, werden wir später zu erörtern haben. Dieser Rückschluss gilt streng genommen allerdings nur für jene Dialekte der Gruppe I, die Abstumpfung kennen, aber bei ihrer grossen Zahl und geographischen Verteilung werden wir gewiss den gleichen Tatbestand in der ganzen Gruppe I annehmen dürfen.

Aus dem Gesagten ergeben sich nun wichtige chronologische Schlüsse. Dass in der Entwicklung des ẹ ein wesentlicher zeitlicher Unterschied zwischen den verschiedenen Dialekten bestand, ist nicht wahrscheinlich. Daher muss das ā dort, wo es sich ihm symmetrisch gegenüberstellte, gegenüber den Strichen, wo dies nicht eintrat, um eine Stufe voraus gewesen sein: es war schon ẹ̄, als es in diesen noch zwischen ẹ̄ und ā lag. Das Vorausseinkann eine doppelte Ursache haben. Entweder hat ā die Bewegung früher angetreten, oder aber ein rascheres Tempo eingeschlagen. Eine Entscheidung ist da kaum zu treffen; vermuten möchte ich allerdings ersteres. Beachtenswert ist dabei die geographische Verteilung. Das ā war in Schottland und dem Norden einerseits, im Süden und Osten andererseits gegenüber dem Mittelland voraus: ein ganz ähnliches Verhältnis kehrt wieder bei der Entwicklung des ü, welches in den modernen Dialekten in einem mittleren Gürtel erhalten ist, nördlich und südlich davon Entrundung erfahren hat (vgl. Ellis 15 ff.). Nur ist die conservative Zone hier breiter.

Wie nun innerhalb der Gruppe I das zeitliche Verhältnis zwischen ihrem nördlichen und südlichen Teil war, ist damit noch nicht bestimmt. Da die Entsprechung des ā in gleicher Weise von der Abstumpfung ergriffen wird, könnte man zunächst meinen, das Tempo der Entwicklung sei gleich gewesen. Aber dagegen ist zu bedenken, dass die Abstumpfung im Norden früher eintritt als im Süden (§ 250). Im nördlichen Teil der Gruppe I (d. i. Schottland und dem grössten Teil von Nordengland) muss ā um die Mitte des 16. Jahrhunderts oder bald nachher den Lautwert ẹ̄ erreicht haben, um in dessen letzten Jahrzehnten zu ea zu werden. Im südlichen Teil (Osten und Süden) ist das zweite Viertel des 17. Jahrhunderts, um welche Zeit hier die Abstumpfung eintrat, der terminus ad quem für das Erreichen der Lautstufe $\bar{e}$. Der terminus a quo ist nicht direct zu bestimmen. Es wäre ja an sich nicht unmöglich, dass diese Lautstufe schon geraume Zeit früher eingetreten und eben nur die Abstumpfung später erfolgt wäre, weil ihre von Norden aus sich ausbreitenden Wellen einige Zeit gebraucht hätten, um zum Süden gelangen. Aber nach Massgabe der Entwicklung der Schriftsprache, welche bei Lautwandlungen, die sie mit den benachbarten Mundarten teilte, doch vermutlich nicht sehr stark hinter ihnen zurückblieb, ist es immerhin wahrscheinlich, dass die Lautung $\bar{e}$ nicht so früh eingetreten war wie im Norden. Das erste Viertel des 17. Jahrhunderts werden wir also als die Periode bezeichnen dürfen, wo in den Dialekten des Südens und Ostens das Ergebnis von me. $\bar{a}$ zu $\bar{e}$ wurde.

259   Im Mittellande (sammt den Strichen des Nordens, die zu II gehören) muss zur Zeit der Abstumpfung $\bar{a}$ noch $\bar{æ}$ oder Ähnliches gewesen sein; denn damals war die Lautstufe $\bar{e}$ durch me. $\bar{e}$ ausgefüllt. Wann $\bar{a}$ hier zu $\bar{e}$ wurde, ist nicht zu bestimmen.

260   Unsere durch Rückschlüsse gewonnenen Ergebnisse finden nun zum Teil Bestätigung durch directe Zeugnisse. Die Angabe Smith's (1568), wonach die schottische Aussprache von *bone, stone* (baan, bean) und (staan, stean) wäre, wurde bereits (§ 235) berührt. Um sie richtig zu fassen, sind zwei andere Stellen in seinen Werken zu vergleichen, in denen er über den Diphthong *ai* spricht (Ellis I 121): 'Scoti et Transtrentani quidam Angli voces has [nämlich *pay, day, way* etc.] per impropriam diphthongum Græcam *ą* proferunt ut nec *i* nec *e* [nämlich als zweite Componente] nisi obscurissime audiatur'. 'Scoti & Borei quidem Angli [*pay, day, way*] per *a*, vix vt illud *i* audiatur, pa, da, wa, aut potius per *ae* proferunt'. Da die Grammatiker jener Zeit gern vom Schriftbild ausgehen, wird gerade auf dieses 'potius' das Hauptgewicht zu legen sein. Der Lautwert, welchen man damals dem lat. *ae* beimass, war zweifellos

der eines einfachen ẹ̄ (vgl. Ellis a. a. O.). Wir haben daher gewiss Smith's Angaben dahin aufzufassen, dass *ai* im Schottischen und, wie er sagt, zum Teil im Nordenglischen, mit *ā* zusammengefallen war (worüber noch zu handeln sein wird), dieses aber nicht die ihm und dem Süden geläufige Aussprache, sondern vielmehr den Lautwert ẹ̄ hatte. Mit seinem (baan bean, staan stean) meint er wol auch nichts anderes, als was er an der zuletzt angezogenen Stelle durch die Worte 'per *a* aut potius per *ae* proferunt' ausdrückt. Nur transcribiert er hier den ẹ̄-Laut nicht in gelehrter Weise mit *ae*, sondern nach Massgabe des damaligen südenglischen Lautstandes mit *ea*. Dass er überhaupt Doppelformen angiebt, erklärt sich aus dem Verhältnis zur Schreibung: er giebt zunächst die schottische Schreibung und dann eine Transscription. Übrigens wurde um jene Zeit im Schottischen auch vielfach *ea* für *ā* geschrieben (während me. ẹ̄ als *ee*, *ei* erscheint), was deutlich auf die Lautung ẹ̄ weist.

Eine weitere Äusserung liegt dann vor von Gill (1621), 261 der nach Ellis III 910 als nördliche Form des Präteritums von *write* (wraat) angiebt. Aber dies steht in hartem Widerspruch mit seiner Angabe über (ea) in der nordhumbrischen Form von *both* (§ 237), der wir im Hinblick auf das entsprechende Zeugnis bezüglich (oa) und namentlich auf die Übereinstimmung mit den heutigen Mundarten mehr Vertrauen zu schenken haben. Wahrscheinlich hat er nur die schottische Schreibung *wrate* vor Augen, und weitere Schlüsse sind gar nicht erlaubt.

Endlich kommt hier in Betracht die Angabe des 262 Schotten Hume aus dem Jahre 1617 (EETS. 5 S. 8), *bare* laute in Schottland und im Süden gleich, und dieser Laut sei 'not far unlyke the sheepes bae, quhilk the greek symbolizes be η not α, βη not βα'. Dieses Zeugnis wurde bereits Angl. XIV 268 besprochen und auf den Lautwert ǣ gedeutet. Da wir auch andere Hinweise für den Bestand dieses Lautes im Süden haben (vgl. a. a. O.), sind wir berechtigt, Hume so weit zu folgen. Seine Behauptung aber, dass im Schottischen derselbe Laut gegolten habe, steht im

Widerspruch zu allen anderen Zeugnissen und Hinweisen. Nach unseren früheren Ableitungen müsste der schottische Laut ę gewesen sein. Denken wir uns nun, dass tatsächlich ę im Norden und ā im Süden sich gegenüberstanden, und ziehen wir den Zweck in Betracht, welchen Hume's Schrift verfolgt, so wird die Annahme sehr plausibel, dass er diesen Unterschied nicht erkannte oder nicht berücksichtigte. Es handelt sich ihm darum, die Orthographie (und beim Lateinischen die Aussprache) zu regeln auf Grund dessen, was dem Norden und dem Süden gemeinsam war. 'My purpose is .... to conform (if reason wil conform us) the south and north beath in latine and in English' (S. 9 § 14). Dass er dabei geringere Unterschiede vernachlässigte, ist um so begreiflicher, als die Schrift, von der jene Grammatiker immer stark abhängig sind, nur ein Zeichen bot (æ war ihm gleich e nach S. 8 § 11) und Hume, wie wir noch unten sehen werden, keineswegs klare Lautvorstellungen oder ein scharfes Ohr hatte. In ganz gleicher Weise wirft ja auch Hart (1569) die Laute ǣ und ę zusammen (Angl. XIV 276) und erklärt ü für einen Diphthong, weil die Schrift kein einfaches Zeichen dafür bietet (eb. 292). Dazu kommt, dass vor r ja die beiden Laute etwas schwerer auseinanderzuhalten sind. Endlich ist die Möglichkeit nicht ausgeschlossen, dass tatsächlich das ā vor r die Qualität ǣ etwas länger bewahrte, während in anderen Stellungen schon ę galt, und dass Hume gerade deshalb diesen Fall, und nur diesen wählte. Danach dürfen wir trotz seiner Worte an unserer Auffassung festhalten.

203 Bestätigung erhält sie durch die Transcriptionen nordenglischer Dialektformen (aus Lancashire etc.) in einigen Dramen aus den Dreissigerjahren des 17. Jahrhunderts (Panning 45 f.). Für ae. ā, welches in der Schriftsprache ja durch o, oa wiedergegeben wird, erscheint gewöhnlich a, manchmal auch ai, welches damals auch im Süden schon dem ā nahestand. Hier kommt also ein qualitativer Unterschied vom südenglischen ā nicht zum Ausdruck, nur das Nichtvorhandensein des ō ist hervorgehoben. Dagegen wird für me. ā aus ă-, ferner für ai und manchmal auch für ā aus ae. ā

entweder *ea* oder seltener *ae* geschrieben: *eale*, *feath*; *eane*, *wea*; *hwell*, *maer*. Ersteres weist klärlich nach Massgabe der südenglischen Lautwerte auf $\bar{e}$ hin, letzteres wird nur latinisierende Schreibung sein. Wir finden also hier dasselbe Schwanken zwischen *a*, *ea*, *ae* wie bei den Grammatikern, und die gleiche Erklärung hat auch hier einzutreten. Was dann speciell Schottland anlangt, so finden wir ja, wie schon erwähnt, auch in seinen Schriftwerken dieses Schwanken zwischen historischer, anglisierender und latinisierender Orthographie.

Die bisher angeführten Zeugnisse haben sich alle auf die schottisch-nordenglische Entwicklung des $\bar{a}$ bezogen. Für das Mittelland und den Süden haben wir keine directen Angaben; dafür aber legt, allem Anschein nach, die Schriftsprache selbst für diese Gebiete Zeugnis ab. Ich habe Angl. XIV 268 ff. aus den verschiedenen, einander zum Teil hart widersprechenden Zeugnissen über die Aussprache des $\bar{a}$ auf eine doppelte Entwicklung innerhalb der Schriftsprache selbst geschlossen, in der Weise, dass in der conservativen Richtung a auf derselben Lautstufe sich befand wie $\bar{a}$, also bis in die erste Hälfte des 17. Jahrhunderts hinein $\bar{a}$ blieb und dann zu $\bar{o}$ vorrückte, in der fortschrittlichen dagegen um eine Stufe voraus war, das heisst schon im 16. Jahrhundert $\bar{a}$ lautete und in der ersten Hälfte des 17. (kaum erst um die Mitte, wie es a. a. O. S. 270 heisst) zu $\bar{e}$ wurde. Diese Auffassung schien mir aus einer unbefangenen Würdigung der Zeugnisse hervorzugehen; sie wollte constatieren und wurde ausgesprochen, ohne durch irgend eine Vermutung über den Ursprung der Doppelheit beeinflusst zu sein. Nunmehr ergiebt sich, dass diese Scheidung mit einer parallelen in den Dialekten zusammentrifft. Wie die zwei Richtungen in der Schriftsprache verhalten sich die Entwicklungen des $\bar{a}$ in den Dialekten des Mittellandes einer-, des Südens und Ostens andererseits, nur ist die Schriftsprache gegenüber letzteren zeitlich etwas zurück. Wir werden daraus schliessen müssen, dass jene nur ein Reflex von diesen sind und daher für sie Zeugnis ablegen, wie andererseits ihr ehemaliger Bestand durch sie bestätigt wird.

265　Dieses Zusammentreffen zweier auf ganz verschiedenen Wegen und unabhängig von einander gewonnenen Ergebnisse darf wol als eine wesentliche Stütze für beide bezeichnet werden. Es kann daher als gesichert gelten, dass me. $\bar{a}$ im Neuenglischen dieselbe Entwicklung in dreierlei Tempo durchlief. Voran gieng das nordhumbrische Gebiet (soweit zu 1 gehörig), wo es schon um die Mitte des 16. Jahrhunderts $\bar{e}$ war; dann folgte der Süden und Osten, wo diese Stufe im ersten Viertel des 17. Jahrhunderts erreicht wurde, und schliesslich das Mittelland, wo dies noch später eintrat, während um jene Zeit noch $\bar{æ}$ galt.

266　Die Weiterentwicklung zu datieren, ist uns im Allgemeinen nicht möglich. Nur für den Osten können wir das Eintreten der Stufe $\bar{e}$ mit einiger Wahrscheinlichkeit fixieren. Hier ist wol gegen Mitte des Jahrhunderts me. $\bar{ǫ}$ von $\bar{ǫ}$ zu $\bar{o}$ vorgeschritten, da es um diese Zeit in der Schriftsprache auftaucht (Wallis). Daher wir auch das ihm symmetrische $\bar{a}$ zu $\bar{e}$ geworden sein.

267　Auf einem beschränkten Gebiet zeigt sich aber noch eine weitere symmetrische Beziehung innerhalb einer besonderen Gruppe der me. $\bar{e}$, $\bar{ǫ}$. Im westlichen Mittelland weist, wie wir § 202 gesehen haben, das gelängte ae. $\bar{e}$- eine besondere Entsprechung auf, und diese Erscheinung hat ihr genaues Seitenstück auf der o-Seite, indem sich auf demselben Gebiet $\bar{ǫ}$ aus $\breve{o}$- von sonstigem $\bar{ǫ}$ (aus ae. $\bar{a}$) scheidet (§ 50). Wol verliert sich diese Eigentümlichkeit, wenn wir nach Süden schreiten, bei $\breve{o}$- früher als bei $\breve{e}$-; aber dergleichen kommt ja auch bei anderen symmetrischen Verhältnissen vor (vgl. § 232). Übrigens tritt sie vielleicht nur in Folge der geringeren Belege bei $\breve{o}$- weniger umfangreich zu Tage. Auch die Lautgestalt ist deutlich symmetrisch; $\breve{e}$- wird durch ei, $\bar{e}$ wiedergegeben, während die übrigen $\bar{e}$ durch $iə$, $\bar{i}$ ausgedrückt sind, und ebenso stehen sich oi, $\bar{o}$ und $uə$, $\bar{u}$ gegenüber.

268　Die diphthongischen Formen ei, oi sind nun gewiss aus $\bar{e}$, $\bar{o}$ entstanden. Im südwestlichen Yorkshire (24) finden wir auch ein *ui* (für me. *ǭ*), neben welchem im Auslaut *ū* steht, so dass die Annahme naheliegt, *ui* gehe auf ein älteres *ū* zurück (vgl. § 118), ja auf einem benachbarten Gebiet, in Cheshire (25), sogar *ai* für me. *ū*, das sicherlich auf jenes *ā* zurückgeht, welches in benachbarten Gebieten, namentlich vielen Orten von Süd-Yorkshire (24), uns entgegentritt und seinerseits durch Monophthongierung aus *au* entstanden ist (vgl. § 30). Wir haben also eine Erscheinung vor uns, welche mit der Zuspitzung einige Ähnlichkeit hat, aber in ihrem Wesen doch grundverschieden ist: eine Diphthongierung in der Weise, dass an den einfachen langen Vocal, sei es nun ein vorderer oder ein rückwärtiger, ein *i̯* antritt oder, besser gesagt, der Ausgang der Länge die *i*-Stellung einnimmt. Entsprechendes ist ja aus deutschen Mundarten bekannt. Vermutlich ergriff in den angegebenen Strichen, namentlich in Süd-Yorkshire (24), diese Diphthongierung sämtliche (inlautenden) einfachen Längen, die zu der Zeit, als sie eintrat, überhaupt noch vorhanden waren. Denn im Herde dieser Erscheinung, dem angegebenen Bezirk, ist zumeist ausser *ī* und dem vor *r* entstandenen *ǭ* (aus *er*, *ir*, *ur*) und *ā* (aus *ar*), die klärlich späteren Ursprungs sind, gar keine Länge mehr vorhanden. An einigen Punkten findet sich noch ein *ā* für me. *ū*, das aber offenbar ebenfalls eine ganz junge Entwicklung des in Doncaster (24⁹) noch heute geltenden *au* ist. Auf anderen Gebieten war sie vielleicht auf die geschlossene Qualität (narrow vowels) eingeschränkt. Das lässt sich mit dem uns vorliegenden Material nicht sicher feststellen.

Bringen wir diese Sonderentwicklung in Abzug, so stehen heute *ẹ̄*, *ǭ* den für das gewöhnliche *ẹ̄*, *ǭ* geltenden *iə*, *uə* (*ī*, *ū*) gegenüber. Dieses Verhältnis würde die Vermutung nahelegen, dass die aus *ĕ*-, *ŏ*- entstandenen Längen um eine Stufe offener waren als die übrigen *ẹ̄*, *ǭ*, und eine Bestätigung scheint der Umstand zu bringen, dass das Ergebnis von *ĕ*-, wo es nicht als *ei*, sondern als *ę̄* erscheint, mit dem me. *ā* zusammengefallen ist: das unter die *ē*-Laute rückende *ā* musste naturgemäs den offensten *ē*-Laut zuerst einholen. Aber eine sorgfältige Erwägung aller in Betracht kommenden Bestände, wie sie namentlich aus Wright's Grammatik von Windhill (24 ⁴) und danach auch aus den Angaben Ellis' über die benachbarten Dialekte zu ersehen sind, führt zu anderen Ergebnissen. Vor allem ist zu beachten, dass vor *r* anstatt des Sonderlautes *iə, uə* erscheint, die Entsprechung des gewöhnlichen $\bar{e}, \bar{o}$ (Wright §§ 75, 104). War die Basis überoffenes $\bar{e}, \bar{o}$, so konnte sich nach der Vocalisierung des *r* kaum anderes als *eə, oə* ergeben. Da tatsächlich aber vor *r* die gelängten Kürzen und die übrigen $\bar{e}, \bar{o}$ zusammengefallen sind, so müssen wir uns vorstellen, dass jene geschlossener waren und durch das folgende *r* offener gemacht wurden; denn, dass sie umgekehrt in Folge dieser Stellung geschlossener wurden, ist nicht glaublich. Daraus ergiebt sich also, da sie andererseits auch von me. $\bar{e}, \bar{o}$ getrennt sein mussten, eine mittlere Qualität. Dafür spricht auch noch ein anderer Umstand. Wir finden die Entsprechungen von $\bar{e}$-, $\bar{o}$- auch in einigen anderen Fällen (Wright §§ 43, 44), die zum Teil noch zur Besprechung gelangen werden, zum Teil überhaupt dunkel sind. Deutlich ist aber darunter, dass unser Sonderlaut für ae. *ǣ* vor palatalem *c* (*blæch, ræch, tæch*, § 138) steht, während des sonst regelmässig *iə* (aus me. *ę*) ergiebt. Es ist nun ganz plausibel, dass ein offener Vocal durch palatalen Einfluss mittlere Qualität erhält, nicht aber, dass er überoffen geworden wäre. Und was zunächst für überoffene Färbung zu sprechen schien, lässt sich mit dem Gesagten ganz gut vereinbaren. Das mittlere $\bar{e}, \bar{o}$ konnte nicht bis zu $\bar{i}, \bar{u}$ vorrücken, ohne mit me. $\bar{e}, \bar{o}$ zusammenzufallen. Es konnte auch nicht Abstumpfung erleiden, weil diese nur $\bar{e}, \bar{o}$ betraf. Es rückte also bloss bis $\bar{e}, \bar{o}$ vor (abgesehen von dem Wandel zu *ei, oi*), während das zu *eə, oə* gewordene $\bar{e}, \bar{o}$, ohne auf Widerstand zu stossen, das Vocalextrem erreichen konnte. Ebenso ist der Zusammenfall mit $\bar{a}$ begreiflich. Dieses fand auf seinem Wege das zu *eə* gewordene $\bar{e}$ gar nicht mehr vor und stiess daher auf das mittlere $\bar{e}$.

270 Die Basis für den Sonderlaut des $\bar{e}$-, $\bar{o}$- im westlichen Mittelland waren somit $\bar{e}, \bar{o}$ von mittlerer Qualität,

zwischen mc. $\bar{e}$, $\bar{\varrho}$ und me. $\bar{e}$, $\bar{\varrho}$ liegend. Man wird sie entweder, nach ihrer Etymologie, durch $\bar{e}^2$, $\bar{\varrho}^2$, oder, um ihren Lautwert anzudeuten, etwa mit $\bar{e}$, $\bar{\varrho}$ bezeichnen dürfen.

Aus dem Verhalten des mittleren $\bar{a}$ zu $\ddot{a}$ ergiebt sich 271 auch noch ein Stück relativer Chronologie. Da überall dort, wo ein ei-Diphthong erscheint, aus $\ddot{e}$- und $\bar{a}$ getrennt sind, muss der Zusammenfall erst nach der Entstehung der ei eingetreten sein, also ziemlich spät. Das stimmt nun vorzüglich zu dem oben constatierten Verhalten des $\bar{a}$ im Mittellande, wo es ja am spätesten unter die $\bar{e}$-Laute rückt.

Verfolgen wir nun das Schicksal des **unsymmetri-** 272 **schen offenen $\bar{e}$-Lautes** — er entspricht im Mittelland dem mc. $\bar{a}$, sonst dem mc. $\bar{e}$ — so stellt sich heraus, dass seine Entwicklung aufs innigste mit der der zwei (bez. drei) symmetrischen Laute zusammenhängt. Ihr Grundzug ist, wie bei diesen, das Vorrücken gegen das Vocalextrem, das hier noch deutlicher zum Ausdruck kommt, weil nicht Abstumpfung eintritt. Die tatsächliche Gestaltung hängt aber wesentlich von der Entwicklung der benachbarten symmetrischen Laute ab.

In den Dialekten der Gruppe II, im Mittelland, liegt 273 der unsymmetrische Laut **hinter** dem symmetrischen, da er durch mc. $\bar{a}$ gebildet wird. Sein Vorrücken gegen das Vocalextrem kann daher nur so weit erfolgen, als es die Entwicklung des symmetrischen Lautes erlaubt, oder es muss Zusammenfall eintreten. In Folge der Abstumpfung, die den symmetrischen Laut aus der Reihe der einfachen Vocale entfernt, ist indessen der Spielraum für den ja Monophthong bleibenden unsymmetrischen nicht so gering. Er gelangt gewöhnlich bis zu $\bar{e}$, bei Eintritt einer zweiten Abstumpfung (§ 253) zu $e\partial$, in wenigen Fällen, wo das Vocalextrem durch besondere Vorgänge wieder frei wird, sogar zu $\bar{\imath}$ (25, 28³, ⁴), bleibt aber dabei von $\bar{e}$ (aus $\ddot{e}$, $\acute{e}a$) getrennt, da dieses zu $i\partial$ (i), beziehungsweise zu $ei\partial$ wird. Nur wo drei mc. $\bar{e}$ geschieden werden, fällt er oft mit

einem von ihnen, dem mittleren, wie wir eben gesehen
haben, zusammen. Namentlich zu beachten ist Eines.
Dieser Laut ist zwar von Haus aus unsymmetrisch, aber
er bleibt es auf die Dauer nicht. Auf den Gebieten, wo er
mit ẹ̄ aus ē- zusammenfällt, findet er seine Entsprechung
in dem mittleren ǭ aus ō- (vgl. § 267 ff.); im übrigen aber
vereinigt er sich, wie wir unten sehen werden, mit der
Wiedergabe des *ai* und steht zumeist symmetrisch der Entsprechung des me. *ou* gegenüber. Nur wo er zu ī wird
(Cheshire und Umgebung), steht er grösstenteils vereinzelt,
da ū hier zu (œ'u) geworden ist. Doch bedürften diese Verhältnisse einer genaueren Untersuchung; es scheinen hier
starke Dialektmischungen sich vollzogen zu haben.

274 Anders verhält es sich in der Gruppe I, also den
Gebieten nördlich und südlich vom Mittelland. Hier ist der
unsymmetrische Laut me. ę̄, er steht also zwischen dem
symmetrischen offenen (me. ā) und dem geschlossenen ē-Laut
(me. ẹ̄). Da nun ersterer dem Vocalextrem sehr nahe kommt,
es vielfach auch erreicht, scheint kein Raum für einen
Laut zwischen ihm und dem das Vocalextrem ausfüllenden
geschlossenen vorhanden, und Zusammenfall mit einem von
beiden unvermeidlich zu sein. Ein Ausweichen wird aber
vielfach herbeigeführt durch die Abstumpfung. Wo ā die
Gestalt *ea* annahm, konnte es zum Vocalextrem weiterrücken,
ohne das vor ihm liegende ę̄ zu gefährden. Dem entsprechend
gestalten sich die tatsächlichen Verhältnisse, wobei zu bemerken ist, dass, sobald Zusammenfall des ę̄ mit einem
Nachbarlaute eintritt, dies gewöhnlich me. ẹ̄ ist, was bei
der Tendenz zum Vocalextrem sich leicht begreift.

275 Wo also in der Gruppe 1 Abstumpfung nicht eingetreten, me. ā somit bis zu ę̄ vorgerückt ist, in fast ganz
Schottland und vielfach im Osten, hat sich me. ę̄ mit ẹ̄
vereinigt. Wo sie erfolgt ist, zeigt sich ein doppeltes Verhalten. Entweder bleibt ę̄ auf der Stufe ę̄, die es offenbar
schon zur Zeit der Abstumpfung einnahm, und daher von me.
ẹ̄ getrennt; dies ist namentlich im Südwesten der Fall (vgl.
oben § 195); oder aber es fällt trotzdem mit me. ẹ̄ zusammen, wie öfters im Norden, in den südlichen Grafschaften

von Schottland, manchmal im Osten und auch an mehreren
Punkten des Südens. Was dieses verschiedene Verhalten
verursachte, ist nach dem, was wir bisher erschlossen haben,
nicht zu ersehen. Wir werden indes später eine Erklärung
dafür finden (§ 301).

Ausser dem Zusammenfall mit ẹ̄ zeigt sich in geringerem Umfang, aber unter denselben Voraussetzungen
der mit ā. Er tritt gelegentlich im Süden und Osten auf
(vgl. oben § 213), aber ausser den Fällen, wo überhaupt
alle ẹ̄-Laute sich einigen (5³, 19⁴), wol in Folge von besonderen
Rückbildungen (§§ 159, 252), doch nur sehr vereinzelt;
ferner durchgeführt an den meisten Orten des mittleren
und östlichen Yorkshires (30), aus Ursachen, die bei reichlicherem
Material wol zu Tage treten würden. Namentlich
bemerkenswert in dieser Richtung sind aber die Berührungen
zwischen ẹ̄ und ā, die neben dem gewöhnlichen Zusammenfall
von ę̄ und ẹ̄ im Schottischen sich finden. Ihre Deutung
ist sehr schwierig. Da im Südschottischen in der Entsprechung
des ā Abstumpfung eingetreten ist, muss der Zusammenfall
schon vor ihr, also vor dem Ausgang des 16.
Jahrhunderts erfolgt sein. Damit kommen wir der mittelenglischen
Periode nahe, und allerdings bestehen ja von
einigen dieser Wörter schon damals Nebenformen mit ā
(whare, thare, ware; vgl. u. a. Buss, Angl. IX 501 f.; Curtis,
Angl. XVI 445 ff.). Aber ihre Zahl ist ziemlich deutlich
begrenzt und viel geringer als in den lebenden Dialekten.
Sollten die modernen Fälle analogisch nach jenen wenigen
schon mittelenglischen gebildet sein? Es scheinen jedenfalls
noch andere Dinge mit einzuspielen, wie aus der eigentümlichen
Verschiedenheit vor r im Dialekt Murray's hervorgeht,
die Curtis a. a. O. nicht berücksichtigt hat. Teilweise
wird gewiss auch Beeinflussung durch das Südenglische,
namentlich die Schriftsprache, vorliegen. Im 16. Jahrhundert,
als in ihr me. ẹ̄ noch ę̄ war, galt dieser Laut in Schottland
für me. ā. In Lehnwörtern trat daher der in dialektechten
Wörtern me. ā wiedergebende Laut für me. ẹ̄ ein.
In Südschottland war der Vorgang nur vor der Abstumpfung
möglich, in den übrigen Grafschaften, die diese nicht kennen,

aber auch noch später, als der Laut $ę$ im Norden wie im Süden zu $ẹ$ vorgerückt war. Daher wird es gewiss kommen, dass diese Berührung so häufig in romanischen Wörtern zu finden ist, besonders solchen, die kein volkstümliches Gepräge haben. Zu einer erschöpfenden Erklärung dieser Erscheinung bedürften wir aber mehr Material, sowol aus dem Mittelschottischen, wie den neueren Dialekten.

277   Es ergiebt sich also, dass in der Gruppe I der unsymmetrische Laut zumeist überhaupt beseitigt wird. Soweit er erhalten bleibt — im Südwesten — findet er zum Teil eine symmetrische Entsprechung in dem $ọ$, welches me. $ǫu$ wiedergiebt. Wo dieses nicht gilt, steht er allerdings vereinzelt und wir haben eine wirkliche Störung der Symmetrie vor uns ähnlich wie in der Gruppe II in Cheshire. Aber es ist zu bedenken, dass die Frage, ob wirklich gar keine derartige Entsprechung besteht, nach Ellis' vielfach so lückenhaften Wortlisten nicht endgiltig beantwortet werden kann. Gewiss wird es solche Fälle geben, aber ihre Anzahl wird kleiner sein, als es nach Ellis scheinen möchte.

278   Wie beim symmetrischen Laut über das me. $ā$, so erhalten wir jetzt über die Entwicklung des me. $ę̄$ einen Gesamtüberblick. Die allergrösste Mehrzahl der modernen Dialekte weist deutlich darauf hin, dass sein Vorrücken in Beziehung zu dem des me. $ā$ steht, nicht etwa zu dem des me. $ẹ̄$ (von dem es ja zumeist auch durch einen bedeutenden Zeitraum getrennt ist) u. z. so, dass $ę̄$ sich in einem bestimmten Abstand von $ā$ bewegt, der selten aufgehoben wird. Die Stadien dieser parallelen Entwicklung sind klärlich $ǣ—ę̄, ę̄-ẹ̄, ẹ̄-ī$, soweit nicht durch die Abstumpfung eines der Glieder aus der Reihe der einfachen Vocale entfernt wird und daher andere Bahnen einschlägt. Fälle, die abzuweichen scheinen, werden später ihre Erklärung finden (§ 301). Welche von den beiden an einander gebundenen Bewegungen Ursache, welche Folge war, ist vorläufig noch nicht sicher zu bestimmen; doch ist gewiss wahrscheinlicher, dass die des $ā$ primär ist. Endgültige Bestätigung dieser Auffassung wird sich später (§ 301) ergeben.

Damit gewinnen wir auch einige chronologische Ergebnisse. Sicher war das 'me. ẹ̄ in der Gruppe 1 nicht mehr ę̄ zur Zeit der Abstumpfung, also in Südschottland und dem Norden in der zweiten Hälfte des 16. Jahrhunderts, im Süden und Osten im zweiten Viertel des 17. Aus der Beziehung zum ā werden wir den positiven Schluss ziehen, dass es damals ę̄ war und diese Lautstufe um 1550, bez. nach 1600 erreichte. Im Mittelland wurde es ja zum grössten Teil abgestumpft. Wann dann in den früher genannten Bezirken (mit Ausnahme des Südwestens) der Übergang zu ī eintrat, ist im Allgemeinen nicht genauer zu bestimmen, vermutlich aber nicht lange danach. Im Osten wird er wol gegen die Mitte des Jahrhunderts sich vollzogen haben, da um diese Zeit wahrscheinlich a zu ę̄ wurde (§ 266).

Leider haben wir kaum directe Zeugnisse zur Entwicklung dieses Lautes. Aus dem Fehlen eines Hinweises bei Hume könnte man schliessen wollen, dass zu seiner Zeit (1617) me. ẹ̄ noch nicht mit me. ę̄ unter ī zusammengefallen war, sondern noch ę̄ lautete; denn einen so in die Augen springenden Unterschied vom südenglischen Lautstand (der me. ẹ̄ und ę̄ als ę̄ und ī schied) hätte ihm bei der Tendenz seiner Schrift allerdings auffallen sollen. Aber auf dieses Fehlen wird bei dem so unzuverlässigen Hume kaum so viel Gewicht gelegt werden dürfen. Eine Bemerkung Gill's (1621) scheint allerdings Zeugnis für den Osten abzulegen. Im Anschluss an die Eigentümlichkeiten dieser Dialektgruppe erwähnt er die der Londoner Modedamen, deren ἰσχνότης er weidlich auf's Korn nimmt (Ellis I 90). In den Beispielen erscheint nun ē, 'beinahe' i für me. ā in *capon* und ī für me. ę̄ in *meat, leave*. Gewiss war diese Modeaussprache nur eine Übertreibung vorgeschrittener Lautung, die in der Vulgärsprache und den umgebenden Dialekten ihre Grundlage hatte, wie heute *park* und Ähnliches in der Sprache der Londoner 'mashers'. Die Übertreibung tritt deutlich zu Tage bei der Lautung des ā, welche in den umgebenden Dialekten nach Ausweis der heutigen Lautung nirgends über ę̄ hinausgegangen ist. Ziehen wir sie ab, so bleibt als dialektische Grundlage ę̄ für me. ā und ẹ̄ für me. ē̜, also die Lautwerte, die wir oben erschlossen haben.

281   Zur endgültigen Aufhellung vieler bisher berührter Verhältnisse hilft die Entwicklung des me. *ai*, zunächst desjenigen, welches gemeinenglisch (§ 215) auf ae. *æᵹ* und *eᵹ*, sowie auf an. *ei* zurückgeht.

Da ist nun vor allem bemerkenswert, dass uns auf einem bestimmten Gebiet, besonders im Südwesten (§ 217 f.), ein *ai*-Diphthong entgegentritt. Für seine Beurteilung sind einige Grammatikerzeugnisse von Wichtigkeit. Smith (1568) sagt bei der Besprechung des *ai*: 'In his [den aufgezählten Beispielen] est utraque litera brevis apud vrbanius pronunciantes. Rustici utranque aut extremam saltem literam longam sonantes, pinguem quendam odiosum, et nimis adipatum sonum reddunt' (Ellis I 121). Ähnliches an anderer Stelle: '... exprimunt ... eadem [sc. verba] Eurosaxones populares mei rusticiores nimis pingui et adipato sono, *way, day, pay*: vt etiam tinnitum illud *i* reddat in fine' (eb.). Ferner sagt Gill (1621) von den 'Australes': 'in (ai) etiam post diphthongi dialysin, (a), odiose producunt: vt, (to paai) solvo, (dhaai), illi' (Ellis IV 1250). Es wird uns also im 16. und 17. Jahrhundert bezeugt, dass im Süden und auch in östlichen Strichen vielfach eine besondere, vollere Articulation des *ai* galt, namentlich auch der zweiten Componente, die sonst im 17. Jahrhundert schon reduciert war. Danach dürfen wir das *ai* im Südwesten gewiss als Erhaltung des me. Diphthongs erklären. Auch (*æ̈i*) in Chippenham, Wiltshire (4¹) und (*ëei*) im nördlichen Devon (11¹) wird unmittelbar auf me. *ai* zurückgehen, da die Entwicklung von *ei*-Diphthongen aus *ē* in diesen Gebieten sonst nicht belegt ist. Schwieriger ist die Beurteilung diphthongischer Entsprechungen im Osten, da hier *ei*-Formen durch die dieser Abteilung eigentümliche Zuspitzung aus *ē* entstanden sein können. In manchen Fällen ist Erhaltung des mittelenglischen Diphthongs sicher. In Übereinstimmung mit den Worten Smith's über die Eurosaxones begegnen heute in Essex

(16⁵) und teilweise auch in Northampton (16⁴), allerdings neben anderen Entsprechungen, ai, ǣi, die nicht auf Zuspitzung zurückgehen können, da ā durch ę̄ und höchstens durch ei vertreten wird. Wo dagegen die Entsprechung von ai und ā in gleicher Weise ein ei-Diphthong ist, wie in Nordost-Norfolk (19²), wird er gewiss eine Neubildung aus früherem ē sein. Zweifelhaft ist die Sache in Fällen wie im östlichen Suffolk (19⁴), wo ā durch eə, ai durch ei wiedergegeben ist. Letzteres könnte die unmittelbare Fortsetzung des mittelenglischen Lautes sein, aber der gegenwärtige Zustand könnte sich auch so herausgebildet haben, dass zur Zeit, als Abstumpfung eintrat, me. ai noch schwach diphthongisch war, und daher von ihr unberührt blieb, hierauf zu einem Monophthong sich entwickelte und als solcher von der ja später erfolgenden Zuspitzung ergriffen wurde.

In allen übrigen Bezirken dagegen zeigt sich zwischen ai und ā dasselbe Verhältnis wie zwischen ǫu und ǭ (oben § 69 ff.). Wo Abstumpfung eingetreten ist, sind sie mit wenigen Ausnahmen von einander als ę̄ (ei) und eə, iə geschieden, wo nicht, unter ę̄ (ei, ī) zusammengefallen. Der Umfang letzterer Erscheinung ist allerdings grösser als der der entsprechenden bei ǫu, weil ā in Folge davon, dass es im Mittellande den unsymmetrischen offenen ē-Laut darstellt, auf einem grösseren Gebiete als ǭ von der Abstumpfung verschont blieb. Zudem scheint das ǫu auf nordhumbrischem Gebiete eine ganz andere Entwicklung einzuschlagen (§§ 70, 76). Den Sachverhalt bei ai werden wir nach Massgabe der bei ǫu dargelegten Erwägungen (§ 72) in folgender Weise aufzufassen haben. Im Diphthong ai war die erste Componente qualitativ mit dem ā identisch; ihre Quantität war zunächst eine mittlere, die sich aber immer mehr der Länge näherte in dem Masse, als das i abnahm. Sie machte daher die qualitativen Veränderungen des ā mit, seine quantitativen aber erst dann, als sie durch völligen Schwund der zweiten Componente zur einfachen Länge geworden, d. h. mit der Entsprechung des ā zusammengefallen war. Zur Zeit als die Abstumpfung eintrat, war sie in den meisten Dialekten noch nicht so weit gelangt; daher wird sie von diesem an die Quantität der Länge gebundenen Lautwandel gewöhnlich nicht ergriffen, sondern schreitet, während durch ihn $\bar{a}$ zu einem Diphthong wird, zur Monophthongierung weiter. In den nicht zahlreichen Fällen, wo auch das Ergebnis von *ai* Abstumpfung aufweist (oben § 217 ff.), muss der volle Schwund der zweiten Componente und die Vereinigung mit *a* etwas früher, bevor jene eintrat, erfolgt sein. Wo dagegen *a* nicht von der Abstumpfung ergriffen wird, sei es dass sie überhaupt nicht eintritt (wie in fast ganz Schottland und vielfach im Osten), sei es dass sie zwar eintritt, aber nicht die Entsprechung des $\bar{a}$, sondern die des $\bar{e}$ ergreift (im Mittelland), da geht die qualitative Entwicklung ungestört ihren Gang weiter und führt zum Zusammenfall von $\bar{a}$ und *ai*. Die gewiss spätere Zuspitzung fand *ai* (abgesehen vom Südwesten) wol schon überall monophthongiert vor, ergriff daher seine Entsprechung ebenso wie die des $\bar{a}$.

283 Diese Auffassung wird durch dieselben Erwägungen gestützt, welche wir bei *ọu* dargelegt haben (§ 72); in Folge des grösseren Materials treten aber die Verhältnisse hier deutlicher hervor und lassen uns, wie ich glaube, zu einer endgiltigen Bestätigung gelangen. Wo *ai* und $\bar{a}$ tatsächlich zusammengefallen sind — und das ist ja auf recht ausgedehnten Gebieten der Fall — wird die von uns behauptete Beziehung zwischen ihnen kaum einem Zweifel unterliegen. Es wäre zwar von vornherein nicht unmöglich, dass *ai* nach der Monophthongierung zunächst von $\bar{a}$ geschieden war und erst später sich mit ihm einigte. Aber dagegen spricht die Entwicklung der Schriftsprache, in welcher wir an der Hand von Zeugnissen jene Beziehung deutlich verfolgen können (Angl. XIV 273). Denn diese Entwicklung wird nicht etwas darstellen, was sonst in keinem Dialekt vorkommt, sondern nur ein Beispiel aus vielen gewähren. Dazu kommt, dass uns auch für die Dialekte einige gleich anzuführende Zeugnisse diese Beziehung zwischen *ai* und $\bar{a}$ bestätigen.

284 Wo nun aber *ai* und *a* noch heute getrennt sind, könnte man dies als ein Anzeichen einer verschiedenen Entwicklung der beiden Laute hinstellen und zwar nach

Ausweis der heutigen Entsprechungen verschieden in der Weise, dass das Ergebnis von *ai*, bez. seine erste Componente offener war als die Entsprechung des *ā*. Dies scheint ja noch heute zu Tage zu treten in 18³, wo nach Ellis me. *ai* durch *ẹ̄*, me. *ā* durch *ẹ̄* wiedergegeben ist. Vielleicht könnte man sogar eines der unten angeführten Zeugnisse (§ 289) in diesem Sinne deuten wollen. Dagegen ist nun ein wichtiges und, wie ich glaube, entscheidendes Argument zur Geltung zu bringen. Es kann unmöglich ein Zufall sein, dass, abgesehen von Bezirken, wo die schwankende Lautgebung Dialektmischung verrät (wie im südlichen Mittelland und vielfach im Osten), dort, wo *ai* und *a* geschieden sind, auch überall (ausser in 18³) Abstumpfung eingetreten ist, während dort, wo sie nicht gilt, Zusammenfall erfolgt ist. Aus dem Umstand, dass das ja recht ausgedehnte Gebiet der Scheidung zwischen *ai* und *ā* über das so vielfach zersplitterte Gebiet der Abstumpfung nicht hinausgreift, muss mit Notwendigkeit gefolgert werden, dass ein innerer Zusammenhang zwischen den beiden Erscheinungen besteht, dass jene Scheidung an die Abstumpfung gebunden ist, dass sie nur dort eintreten k o n n t e, wo diese gilt. Bei dieser Beziehung ist aber nur die oben gegebene Erklärung möglich. Gegen diesen Schluss kann die vereinzelte Ausnahme 18³ nicht von Belang sein. Sie ist gegenüber der Überzahl der anderen Fälle höchst auffällig, so dass man zweifeln möchte, ob Ellis hier den Tatbestand richtig wiedergegeben hat. Sollte dies der Fall sein, so haben wir aber doch nur eine vereinzelte Abweichung von der gesamten übrigen Entwicklung vor uns, die deshalb nicht viel bedeuten kann. Aber sie ist lehrreich. Wenn die dargelegte Beziehung zwischen *ai* und *ā* nicht gälte, müsste man nicht vielfach ähnliche Tatbestände erwarten?

Ganz dasselbe Argument lässt sich ja auch für das Verhältnis von *ǫu* zu *ǭ* geltend machen. Doch ist in Folge der oben erwähnten Beschränkungen das zur Verfügung stehende Material zu gering, um volle Beweiskraft zu erreichen. Durch die parallelen Verhältnisse beim *ai* erhält es aber volle Bestätigung.

285   Die dargelegten Beziehungen bieten uns auch Handhaben für die Feststellung der Chronologie. Für die Lautstufen der ersten Componente — welche schliesslich allein übrig bleibt — gelten ohne weiters die Datierungen, die wir für das $\bar{a}$ gewonnen haben. Das Datum des völligen Schwundes des -i, der Monopthongierung also, können wir dort ermitteln, wo Abstumpfung eingetreten ist; sie ist nach dieser erfolgt, wenn ai und $\bar{a}$ heute getrennt sind — und dies ist gewöhnlich der Fall; vor ihr dagegen, wenn sowol ai als $\bar{a}$ Abstumpfung erlitten haben. Danach muss in Schottland und Nordengland (soweit dies zur Gruppe I gehört) in der zweiten Hälfte des 16. Jahrhunderts die erste Componente den Lautwert $ę$ gehabt haben, me. ai also entweder $ęi$ oder $\bar{ę}$ gelautet haben. Wie die zweite Componente beschaffen war, welche der genannten Entsprechungen galt, lässt sich für Schottland (ausser den südlichen Grafschaften) nicht erschliessen. In Nordengland (und dem südlichen Schottland) hingegen war die zweite Componente noch nicht geschwunden, es galt noch $ęi$; nur das mittlere und östliche Yorkshire (30) war bereits beim Monophthong $\bar{ę}$ angelangt. Im Osten und Süden (soweit letzterer nicht ai überhaupt bewahrt) hatte in der ersten Hälfte des 17. Jahrhunderts die vordere Componente die Qualität $ę$, die zweite scheint häufig schon geschwunden gewesen zu sein, da die Abstumpfung öfter $\bar{a}$ und ai ergreift (5^3, $9^{1,\,2}$, 15, 16^2); genauere Bestimmungen sind vorläufig nicht möglich. Im Mittelland endlich (samt den Strichen des Nordens, die zur Gruppe II gehören) wurde jene Lautstufe erst später erreicht: in der ersten Hälfte des 17. Jahrhunderts muss noch a als erste Componente gegolten haben. Über die zweite ist hier nichts zu ermitteln (weil die Abstumpfung ja nicht me. $\bar{a}$, sondern me. $\bar{ę}$ ergreift).

286   Soviel ergibt sich mit Sicherheit. Einiges Weitere ist nach dem allgemeinen Verhalten der Dialekte höchst wahrscheinlich. Jene Striche Yorkshires, welche dem übrigen Norden in der Monophthongierung vorangehen, haben dies wol in keinem zu starken zeitlichen Abstand getan. Der an sich nicht so bedeutende Unterschied wurde nur deswegen

folgenschwer, weil die Abstumpfung dazwischen kam: in den Dialekten, welche schon Monophthong hatten, ergriff sie auch die Entsprechung des *ai*, in den anderen aber nur die des *ā* und bewirkte, dass auch später Zusammenfall mit *a* nicht mehr eintreten konnte. Die Monophthongierung in jenen voraneilenden Dialekten wird also doch erst dem 16. Jahrhundert angehören. — Ferner dürfen wir gewiss auch annehmen, dass das Mittelland die Monophthongierung nicht sehr früh eintreten liess. Da es sonst in der lautlichen Entwicklung hinter dem Nordhumbrischen wie auch hinter dem Süden und Osten zurück ist, so wird es bezüglich jenes Vorganges ihnen mindestens nicht voran sein. Es zeigt ja vielfach den Charakter einer conservativen Zone. — Über das Datum der Monophthongierung in Schottland etwas zu vermuten, haben wir allerdings bisher keinen Anhaltspunkt.

Wir besitzen nun einige Grammatikerzeugnisse, welche unsere durch Rückschlüsse gewonnenen Ergebnisse bekräftigen und ergänzen, u. z. einerseits die Beziehung des *ai* zum *ā*, andererseits die Datierungen. Eines derselben, die Bemerkungen Smith's (1568) haben wir bereits oben § 260 berührt, um die Qualität des *ā* zu bestimmen. Es geht aus ihnen hervor, dass *ai* und *ā* im Schottischen und einigen nordenglischen Dialekten zu Smith's Zeit die gemeinsame Entsprechung *ę̄* hatten. Das stimmt nun auf's beste mit dem bisher Ermittelten überein: mit einigen nordenglischen Dialekten muss er das mittlere und östliche Yorkshire im Auge haben, die ja in der nördlichen Abteilung eine Sonderstellung einnehmen. Wir ersehen aus diesem Zeugnis weiter — und damit werden unsere obigen Darlegungen ergänzt — dass auch in Schottland um jene Zeit bereits *ę̄* galt, also die Monophthongierung bereits vollzogen war, während wir bisher über das Verhalten der zweiten Componente in diesen Strichen nichts ermitteln konnten. Was Nordengland betrifft, so stimmen die zwei Angaben Smith's: 'Scoti et Transtrentani quidam Angli' und 'Scoti et Borei quidem Angli' allerdings nicht völlig überein. Nehmen wir sie wörtlich, so besagt die erste, dass einige Angeln jenseits des Trents (d. h. des Humbers), die zweite, dass wenigstens die nördlichen Angeln den Schotten in diesem Punkt sich anschliessen. Letzteres ist nicht richtig: nur ein Teil der nördlichen Angeln lässt *ai* und *ā* zusammenfallen, wie auch in der ersten Angabe gesagt ist. Ich meine daher, das quidem der zweiten Stelle ist nur ein Versehen oder Druckfehler für quidam: dadurch ist jene Übereinstimmung hergestellt, die auch die anderen von Ellis a. a. O. seinen beiden Werken entnommenen Stellen aufweisen.

288 Dieses Zeugnis ist noch weiter wichtig, weil sich daraus ergiebt, dass die Abstumpfung, welche in Yorkshire heute zu Tage tritt, damals noch nicht vollzogen oder doch noch in einem solchen frühen Stadium war, dass sie Smith nicht merkte. Wir gewinnen für sie einen terminus a quo, allerdings nur für Yorkshire, während wir bisher nur einen terminus ad quem hatten: die Abstumpfung ist also hier in den letzten Jahrzehnten des 16. Jahrhunderts eingetreten.

289 Fernerhin kommt eine Angabe Gill's in Betracht. Er führt als eine Eigentümlichkeit der 'Boreales' an: 'In (ai) abjiciunt (i). vt pro (pai) soluo (paa); pro (sai) dico (saa); et pro (said, sed)' (Ellis IV 1250). Wir haben also wieder ein deutliches Zeugnis dafür, dass das Ergebnis der Monophthongierung als mit dem *ā* identisch empfunden wurde. Gill's Transcription werden wir ebenso wie Smith's *a* (oben § 260) aufzufassen haben, obwol er nicht wie dieser ein 'potius per *ae*' anfügt. Es kam ihm nur darauf an, die Monophthongierung zu kennzeichnen, nicht den genauen Lautwert. Ob nun Gill diese Eigentümlichkeit als gemeinnordenglisch kennt, ist nicht sicher aus seinen Worten zu entnehmen; es ist aber immerhin wol möglich, dass seit der Zeit Smith's die Monophthongierung allgemein geworden war, zumal ja derselbe Gill auch die Abstumpfung des me. *ā* unzweifelhaft bezeugt. Dann ist freilich die Identificierung mit *ā* vom nordenglischen Standpunkt aus nicht richtig; aber es begreift sich, dass Gill den südenglischen einnahm.

290 Von diesen Zeugnissen heben sich nun sehr ab die Angaben Hume's (1617). Er sagt a. a. O. S. 9 § 1: 'Of a, in our tongue we have four soundes, al so differing ane from an other, that they distinguish the verie signification

of wordes, as, a tal man, a gud tal, a horse tal'. Hierauf bemerkt er, dass er nach dem Muster der Lateiner und Griechen 'diphthongs', d. h. diphthongische Schreibungen anwenden möchte und schlägt vor: 'the king's hal with the voual a: a shour of hael, with ae; hail marie, with ai; and a heal head, as we cal it, quhilk the English cales a whole head, with ea'. Also er findet einen Unterschied zwischen *tale* und *tail*, zwischen *hail* aus ae. *hæȝel*, *hail* aus an. *heil* und schott. *hale* aus ae. *hál*. An diesem Zeugnis ist aber verdächtig, dass er nicht bloss me. *a* von me. *ai*, sondern auch heimisches *ai* von dem dem an. *ei* entsprechenden unterscheiden will, was gegen unsere gesamte übrige Kenntnis der englischen Lautentwicklung läuft. Ferner kommt in Betracht, dass er selber gleich in den nächsten Absätzen so sehr in den von ihm vorgeschlagenen Bezeichnungen schwankt, dass man sich nicht vorstellen kann, sie hätten wirklichen Lautunterschieden entsprochen. Ich glaube vielmehr, dass seine Scheidung eine künstliche ist. Es fiel ihm auf, dass gleichlautende Wörter verschiedene Bedeutung hatten, und andererseits für denselben Laut verschiedene Zeichen in Gebrauch waren (*a*, *ai*, *ae*, *ea*); er versuchte daher zunächst eine graphische Unterscheidung und glaubte dann verschiedene Laute zu hören, zumal ja zum Teil, zwischen *tall* und *tale*, *hall* und *hail*, tatsächlich ein Unterschied bestand. Wir haben Hume ja auch sonst ungenau und unzuverlässig gefunden (§ 262).

Für die Entwicklung in den südlicheren Teilen des Sprachgebietes besitzen wir kein unmittelbares Zeugnis, doch dürfen wir vermutlich aus einigen dem Wortlaute nach anders gemeinten Bemerkungen auf dialektische Erscheinungen schliessen. Schon sehr früh ist uns eine monophthongische Aussprache bezeugt, die in Modekreisen herrschte und von conservativen Grammatikern bekämpft wird. Derartige Äusserungen liegen vor von Smith (1568) und Gill (1621), später von Butler (1633), und Hart (1569) stellt diese Lautung sogar als die normale hin (vgl. Ellis I 121 ff., 90 f., Angl. XIV 276 ff.). Dass dieser Monophthong identisch war mit der entsprechend vorgeschrittenen Lautung des *ā* (natürlich nicht der von ihnen gelehrten conservativen), geht unzweifelhaft aus der Äusserung Gill's über die ἰσχνότης (Ellis I 90 f.) hervor. Aus Smith's Worten ist nichts zu entnehmen; Hart stellt ihn zwar mit der Entsprechung des me. $\bar{e}$ auf eine Linie, während er dieses von $\bar{a}$ scheidet; aber das ist nur die Folge seiner besonderen Tendenzen (Angl. XIV 276, 291 f., unten § 337). Diese Aussprachevariante nun wird vermutlich eine dialektische Lautung sein, welche von den Modekreisen aufgenommen und vielleicht etwas übertrieben wurde (vgl. § 280). Als Quelle dürfen wir, wenn nicht etwa schottischer Einfluss vorliegen sollte, einen örtlich London nahestehenden Dialekt vermuten. In der Tat haben wir nun im Osten und östlichen Teil des Südens Dialekte, in denen nach Ausweis der heutigen Lautungen der Zusammenfall mit $\bar{a}$ schon vor der Abstumpfung, also vor dem zweiten Viertel des 17. Jahrhunderts erfolgt sein muss (9^1, ^{2}, 15, 16^2; vgl. oben § 285). Aus solchen Gebieten werden diese Lautungen stammen und daher für sie Zeugnis ablegen, das, wie man sieht, mit unseren früheren Aufstellungen übereinstimmt. Allerdings ist die Möglichkeit nicht ausgeschlossen, dass schon damals die Vulgärsprache der grossen Städte, vor allen Londons, sich so verhielt wie heute: dass sie nicht wesentlich von den umgebenden Dialekten abhängig war, sondern den Tendenzen der Lautbewegung in der Schriftsprache, die in dieser naturgemäss etwas langsamer zur Geltung kommen, ungehindert sich hingab und daher übertrieben fortschrittliche Lautungen aufwies. Auch aus dieser Quelle könnten jene Modelautungen stammen.

292   Sicher aber dürfen wir hier in Anspruch nehmen jenes oben § 241 angeführte Zeugnis Cooper's (1685), welches als schriftsprachliche Norm das hinstellt, was dialektisch war oder höchstens einen Anlauf machte, in die Schriftsprache einzudringen: *ai* and $\bar{a}$ ist nach ihm $\bar{e}$; rein gelte der Laut aber nur für *ai*, während in der Entsprechung des $\bar{a}$ sich ein dumpfer Nachklang an den Laut $\bar{e}$ anschliesse. Seine Angaben sind namentlich deswegen von Wichtigkeit, weil sie uns das Verhältnis von Monophthongierung des *ai* und

Abstumpfung in gewissen Dialekten — wahrscheinlich südhumbrischen — in der zweiten Hälfte des 17. Jahrhunderts bezeugen; diese ist bereits eingetreten, hat aber nur me. $\bar{a}$ ergriffen, obwol die Entsprechungen von $\bar{a}$ und ai dieselbe e-Qualität aufweisen: das entspricht genau unseren Ausführungen. Die Stadien der Entwicklung von $\bar{a}$ und ai waren klärlich:

1) $\bar{e}$—ei; 2) $eə$—$e(i)$; 3) $eə$—$\bar{e}$.

Da also die Zeugnisse der Grammatiker unsere früheren Ausführungen bestätigen, dürfen wir unsere Erklärung des heutigen Lautstandes als erwiesen hinstellen. Es erübrigt jetzt nur, einige noch nicht berührte, der Aufhellung bedürftige Punkte zu besprechen.

Vor allem ergiebt sich die Frage, wie sich die Entsprechungen von ai und $\bar{a}$ nach der Abstumpfung verhalten, ob die frühere Beziehung fortdauert oder nicht. Dieselbe Frage haben wir schon oben § 73 bezüglich ϱu und $\bar{\varrho}$ aufgeworfen. Es scheint nun auf den ersten Blick, dass jedes seinen eigenen Weg geht; $\bar{a}$ und ϱ rücken vielfach bis zu $iə$, $uə$ vor, ai und ϱu nur bis zu $\bar{e}$, $\bar{\varrho}$; die Abstumpfung hätte also die ursprünglichen Beziehungen zerstört. Aber ich glaube, die Sache verhält sich doch anders. Dem einfachen $\bar{e}$, $\bar{\varrho}$ entsprechend, wären als Abstumpfungsdiphthonge $eə$, $\varrho ə$ zu erwarten; es ist nun bemerkenswert, dass diese Formen nur vereinzelt vorkommen ($eə$ z. B. 6^2, 16^4, $\varrho ə$ 9^1), ihre Stelle also fast immer entweder $iə$, $uə$ oder $eə$, $\varrho ə$ einnehmen. Die Lautqualität, die als Monophthong so häufig ist, kommt im $ə$-Diphthong kaum vor, während die benachbarten Qualitäten in ihm ganz geläufig sind: da tritt denn doch eine Abneigung gegen die Folgen $eə$, $\varrho ə$ zu Tage, und das führt zur Annahme, dass jene Formen zwar einmal erreicht, aber nach der einen oder anderen Richtung hin beseitigt, d. h. teils durch $eə$, $\varrho ə$, teils durch $iə$, $uə$ ersetzt wurden. Seitenstücke zu diesem Vorgang finden sich in anderen Sprachen. Im bairisch-österreichischen Dialekt wird $\bar{e}$, $\bar{\varrho}$, sobald es vor jenes $ə$ zu stehen kommt, welches r wiedergiebt, zu i, u, also *$eə$, $\varrho ə > iə$, $uə$ (Beitr. XI 500, XIV

135). und auch der Sprache der Gebildeten in Österreich sind ę oder ǫ + r (genauer ər) ungeläufige und unbequeme Lautfolgen. Das Wesen dieser Erscheinung wird darauf beruhen, dass der Gegensatz zwischen der Anspannung der Zunge, welche ę und ǫ erfordern, namentlich wenn sie stark ausgeprägt sind, und der Schlaffheit der Muskeln bei der Articulation des ə durch Assimilation beseitigt wird. Dabei kann nun entweder durch höhere Zungenstellung für den akustischen Effect der stärkeren Muskelanspannung Ersatz geschaffen werden: ęə wird zu iə; oder aber ein solcher Ersatz wird nicht gesucht: ęə wird zu eə. Diese Angleichung liegt durchaus im Geiste der neuenglischen Lautentwicklung, in welcher der assimilatorische Einfluss des r, beziehungsweise des aus ihm hervorgegangenen ə-Lautes, eine so grosse Rolle spielt. Auch haben wol die meisten iə der modern-englischen Dialekte offenes i. Übrigens lässt sich auch geschlossenes i erklären: nach meinem aus dem österreichischen Dialekt erwachsenen Sprachgefühl wenigstens verbindet sich i + ə leichter als ę + ə, wol deswegen, weil die geschlossenen Varietäten der Vocale (narrow vowels) um so mehr Muskelspannung erfordern, je tiefer sie liegen, ę also mehr als e, dieses mehr als i.

295 Ich glaube daher, dass wir eine qualitativ völlig parallele Entwicklung zwischen den Entsprechungen von ai und ā anzunehmen haben bis zu dem Zeitpunkt, wo sich ę und ęə gegenüberstanden; da wurde nun ęə beseitigt, wie ein Körper im labilen Gleichgewicht umkippt, indem es entweder zu eə zurückfiel oder zu iə vorschritt. So kann sich das Nebeneinander von eə und iə in manchen Dialekten (z. B. West-Somerset) doch auch ohne Dialektmischung erklären: für die Verteilung der beiden Laute könnten consonantische Einflüsse in Betracht kommen. In den meisten Fällen aber dürfte sich der Hergang so gestaltet haben, dass in den Dialekten, die heute eə aufweisen, die Stufe ęə überhaupt nicht erreicht wurde, sondern die Abneigung gegen einen Wechsel von Anspannung und Schlaffheit der Muskeln innerhalb des Diphthongs sich so stark erwies, dass sie die Entwicklung überhaupt zum Stillstand

brachte; während in den Dialekten, die heute iə aufweisen, sie dies nicht vermochte, aber immerhin kräftig genug war, um nach Erreichung der Stufe ẹə das Umkippen zu bewirken. Ganz dasselbe gilt natürlich von dem Verhältnis zwischen ǫu und ǭ.

Wir haben somit festzustellen, dass die Beziehungen zwischen ai, ǫu und ā, ǭ, welche vor der Monophthongierung der ersteren überall zu Tage treten, auch nach derselben, als ā, ǭ ihrerseits durch Abstumpfung zu Diphthongen wurden, noch weiter bestehen und weiter wirken, bis sie durch die Abneigung gegen die Lautfolgen ẹə, ǫə abgeschnitten werden. Die entscheidenden Stadien in dieser langen Entwicklung sind demnach folgende:

ā . . . . . ẹ̄   ẹə   ẹə   ẹə [ẹʝ]   iə, ẹʝ
ai . . . . . ẹi   ẹ(i)   ẹ   ẹ̄   ẹ̄.

Ebenso auf der o-Seite:

ǭ   ǫə   ǫə   ǫə |ǫʋ| uə, ǫə
ǫu   ǫ(u)   ǭ   ǭ   ǭ.

Es ergiebt sich also die bemerkenswerte Erscheinung, dass ai und ǫu nach kurzer Zeit die Stellen unter den Monophthongen besetzen, welche ā und ǭ in Folge der Abstumpfung verlieren, und ihre Entwicklung fortsetzen.

Das Dargelegte wirft auch noch auf andere Erscheinungen Licht. Ähnlich wie iə (ẹə) und ẹ̄, uə (ǫə) und ǭ innerhalb eines Dialekts, stehen sich diese Laute auch auf dem gesamten Sprachgebiet gegenüber als Entsprechungen des symmetrischen offenen ē- und ō-Lautes. Das Nebeneinander von drei Vocalstufen ist nun offenbar nicht die Folge geringeren oder stärkeren Vorrückens gegen das Vocalextrem, sondern das secundäre Ergebnis der Abneigung gegen ẹə, ǫə. Der symmetrische offene ē- und ō-Laut hat sich zunächst auf dem ganzen Sprachgebiet, mochte er nun Abstumpfung erfahren oder nicht, parallel entwickelt, bis er die Stufe ẹ̄ oder ẹə, ǭ oder ǫə erreichte, bez. sich ihr näherte; da trat dann jene Teilung des ə-Diphthongs in iə, uə und eə, oə ein, die uns heute vorliegt. Damit kommt die Bewegung dieses Lautes, deren Tendenz ja Annäherung an das Vocalextrem ist, zum Stillstand: die Stufe ẹə, ǫə bedeutet ein Hindernis, welches teilweise die Entwicklung aufhält, teilweise zur beschleunigten Einnahme des Vocalextrems führt. Dass und warum die Entwicklung der monophthongischen Wiedergabe bei ē zum Stillstand kommt, wurde bereits oben § 249 besprochen.

298 Die Beziehung zwischen *ai* und *ā* hat sich also noch inniger erwiesen, als es auf den ersten Blick scheinen möchte. Wir haben überhaupt stets gefunden, dass die Entwicklung der mittelenglischen Diphthonge sich so vollzieht, dass die erste Componente dieselben Lautstufen durchläuft, wie ein entsprechender Monophthong, gewöhnlich eine Länge, manchmal auch eine Kürze (§§ 72, 76). Dagegen ist nun *ai* auf einem nicht unbedeutenden Gebiet, namentlich im Südwesten, bis auf den heutigen Tag als *ai* erhalten, während das einfache ā (und auch ă) in diesen Strichen sich ähnlich entwickelt wie sonst. Die Bewahrung des me. Diphthongs ist daher höchst auffällig und nur etwa der Erhaltung des me. ī und ū in der westsächsischen Colonie in Irland (§§ 26, 32) zur Seite zu stellen. Für diese ist der Grund gewiss in besonderen äusseren Umständen — der Verpflanzung der Sprache auf fremden Boden — zu suchen. Man möchte daher auch hier an einen äusseren Grund denken, und eine Möglichkeit bietet sich in der Tat dar.

299 Das Gebiet der Erhaltung des *ai* grenzt im Westen an Cornwall, umfasst also einen Teil jener Striche, in welchen im Mittelalter und, immer mehr schwindend, bis zum 17. Jahrhundert herauf das Cornische gesprochen wurde. Ist nun etwa an der keltischen Sprachgrenze der Ursprung jener Lockerung des Zusammenhanges zwischen *ai* und *ā* zu suchen, in Folge deren die erste Componente des *ai* nicht von der Entwicklung des *a* ergriffen wurde? Ist etwa im späteren Mittelenglisch bei Anglisierung der keltischen Bevölkerung in ihrem Munde eine Lautsubstitution eingetreten, welche sich auf die angrenzenden englischen Gebiete ausdehnte? In diesen Strichen zeigt sich auch das auffällige *ü* (*ö*) für me. *ō* (§§ 109, 135). Dass das Gebiet des *ai*

gerade Cornwall nicht umfasst, wäre nicht von Belang. Einmal ist diese Grafschaft erst in neuenglischer Zeit anglisiert worden (Kluge, Grdr. I 798), während die von uns angenommene Umgestaltung des *ai* in's spätere Mittelenglisch fallen muss, um vor der sonst in den südlichen Dialekten eintretenden Monophthongierung sich so weit auszubreiten. Ferner aber weichen die hier gesprochenen sehr vielfältigen Dialekte so stark von denen in den östlich angrenzenden Strichen ab, dass sie offenbar mit ihnen in gar keinem Zusammenhang stehen (Ellis 171). Das Englische ist hier nicht allmählich von Osten vorgerückt, sondern wahrscheinlich auf den verschiedensten Wegen eingedrungen und noch dazu ziemlich spät, so dass Cornwall für diese Frage gar nicht in Betracht kommt. Auch Devonshire zeigt, wie es scheint, kein volles *ai* mehr. Aber im nördlichen Teil gilt ein *ei*-Diphthong, der unmittelbar auf älteres *ai* zurückgehen muss (vgl. § 281). Der Süden hat ein allerdings auffälliges $\bar{e}$; doch mag das eine ganz junge Entwicklung aus dem im Norden geltenden *ei* sein und mit der im übrigen England vor sich gegangenen Monophthongierung nichts zu tun haben.

Eine Antwort auf die aufgeworfene Frage zu geben vermag ich so wenig wie oben § 135. Möge ein Kenner des Keltischen das Wort ergreifen! Die Fragestellung selbst wird man deswegen hoffentlich nicht bemäkeln. Sie ergiebt sich als letztes Glied einer Gedankenreihe, deren frühere Glieder keineswegs hypothetisch sind.

Eine Folge der nahen Beziehungen des *ai* zum *ā* sind die zu me. *ę̄*. Wir haben gesehen, dass me. *ai* dort, wo me. *ā* Abstumpfung erleidet und wo es nicht schon vor dieser mit ihm zusammengefallen ist, also überhaupt in allen Fällen, wo *ai* und *ā* sich nicht einigen, in kurzer Zeit die Stelle unter den Monophthongen einnimmt, welche *a* verliert, und seine Entwicklung fortsetzt. Er muss daher überall, wo es sich überhaupt von *ā* getrennt hält, in dieselben Beziehungen zum unsymmetrischen offenen *ę̄*-Laut (es handelt sich hier nur um Dialekte der Gruppe I) eintreten, die sonst das *a* aufweist (vgl. § 278). Das ist in der Tat der Fall: *ai* rückt bis zu *ẹ̄*, me. *ę̄* bis zu *ī* vor. Nun ist klar, was oben § 275 noch auffällig schien: warum *ę̄* auch dort, wo *a* Abstumpfung erleidet und daher aus der Reihe der Monophthonge heraustritt, zu *ī* wird; die Stelle des *ā* ist eben durch *ai* eingenommen worden. Wo dagegen dies nicht möglich ist, weil *ai* überhaupt als *ai* erhalten bleibt, da rückt — und das ist höchst bemerkenswert — auch *ę̄* nicht bis zu *ī* vor, sondern bleibt auf der Stufe *ẹ̄*, die es zur Zeit der Abstumpfung des *ā* einnahm. Ein Vergleich der Gebiete der Bewahrung des *ai* und der Wiedergabe des me. *ę̄* durch *ẹ̄* lehrt, dass die zwei Erscheinungen in den allermeisten Fällen Hand in Hand gehen. Die Gebiete decken sich zwar nicht in allen Ausläufern vollständig genau, wie es in diesen flachen Gegenden mit lebhaftem Verkehr und daraus folgender Dialektmischung nicht zu verwundern ist; aber wo die eine Erscheinung deutlich ausgeprägt oder gar consequent durchgeführt erscheint, ist auch die andere zu finden. Das kann unmöglich Zufall sein. Dieser territoriale Zusammenhang ist vielmehr ein sicherer Beweis dafür, dass die zwei Erscheinungen an einander gebunden sind, und, zusammengenommen mit dem oben § 278 Entwickelten, für das, was uns schon dort ziemlich deutlich wurde: dass die Bewegung des me. *ę̄* gegen das Vocalextrem einzig durch das Vorrücken des *ā*, beziehungsweise des seine Stelle einnehmenden *ai*, veranlasst ist und daher in stets gleichem Abstand von diesem sich vollzieht. Es wird dort zu *ī*, wo *ā* oder *ai* zu *ę̄* werden; wo die äusserste monophthongische Lautstufe, die letztere erreichen, *ę̄* ist (im Südwesten, wo *ā* dann abgestumpft wird, *ai* aber überhaupt bleibt), verharrt *ē* auf der Stufe *ẹ̄*.

302   Als Seitenstück dazu wäre nun allerdings zu erwarten, dass dasselbe Beharren des *ę̄* als *ẹ̄* sich auch dort zeigt, wo *ā* und *ai* gleicherweise durch *ea* oder *iə* vertreten sind, also auf der Stufe *ẹ̄* zusammengefallen sein müssen, wie in 24[4] und 30[1,2]. Aber das sind immer nur vereinzelt stehende Dialekte; es ist nicht zu verwundern, dass sie die Bewegung des *ę̄* von *ẹ̄* zu *ī*, welche in der Umgebung all-

gemein herrschte, mitmachten, obwol in ihnen selbst der unmittelbare Anlass dazu fehlte.

Die Beziehungen des me. *ai* zu den benachbarten Lauten, me. *ā* und *ę̄*, sind somit festgestellt. Es fragt sich jetzt noch, ob ihm, wie sonst gewöhnlich, ein symmetrischer Laut auf der *o*-Seite gegenübersteht? 303

Soweit erstens das besprochene Verhältnis zwischen *ai* und *ā*, zweitens das zwischen *ǫu* und *ǭ* besteht und drittens *ā* und *ǭ* symmetrisch sind, müssen auch me. *ai* und *ǫu* ein symmetrisches Verhältnis bilden. Ausgeschlossen ist somit erstens der Südwesten, zweitens Schottland, der Norden und das nördliche Mittelland, drittens das Mittelland überhaupt, und es bleibt nur ein kleines Gebiet übrig, der östliche Teil des Südens und der Osten. Hier ist nun die zu erwartende Symmetrie ganz deutlich. Gewöhnlich gilt *ę̄* und *ǭ*, bez. *ei* und *ou*. Wo Abstumpfung eintritt, erscheint sie gewöhnlich auf beiden Seiten (namentlich deutlich 5 [8], 16 [1]). Allerdings finden sich da mancherlei Unregelmässigkeiten; doch werden sie zum grössten Teil durch Dialektmischung entstanden sein.

Ausserdem stehen sich *ai* und *ǫu* aber auch im Mittelland (abgesehen vom nördlichen Streifen, vgl. §§ 70, 253) zumeist symmetrisch als *ę̄* und *ǭ* gegenüber; in 20 zeigt sich Abstumpfung, wenn auch bei *ǫu* weniger deutlich. Das ist nun sehr auffällig; hier sind ja nicht *ā* und *ǭ* symmetrische Laute, sondern *ę̄* und *ǭ*. Der Tatbestand erklärt sich auf folgende Weise. Die Entsprechung für me. *ǫu* ist um eine Stufe hinter *ǭ* zurück, da dieses in der Regel zu *uo* oder *ū* geworden ist. Me. *ai* fällt mit *ā* zusammen und dieses ist ebenfalls eine Stufe hinter dem dem *ǭ* symmetrischen *ę̄* zurück, welches gewöhnlich zu *iə*, *ī* wird. Die Symmetrie ergiebt sich also nur secundär: das dem symmetrischen offenen *ē*-Laut nachrückende *ā* und daher das mit ihm zusammenfallende *ai* holen das *ǫu* ein, weil es, aus den oben § 249 dargelegten Gründen, über die Stufe *ǭ* nicht hinauskommt. — Übrigens sind die Belege für *ǫu* hier manchmal so lückenhaft, dass das Gesagte nur im Allge- 304 meinen gilt und bei vollständigem Material im Einzelnen wol Abänderungen erleiden würde.

305 In den übrigen Strichen ist ein symmetrisches Verhältnis zwischen me. *ai* und *ou* nicht zu erwarten und auch tatsächlich nicht vorhanden. Vielfach ergeben sich andere Beziehungen dieser Beschaffenheit. Die Dialekte, in welchen me. *ou* erhalten scheint (nördliches Mittelland, Norden und Schottland), sind wegen der spärlichen Belege für *ou* bei Ellis schwer zu beurteilen. In Windhill (24[4]) steht dem *eı* für *ai* und *ā* ein *oı* aus me. *au* gegenüber, anderseits dem *ou* für me. *ou* jenes *ei*, welches das mittlere *ē* wiedergiebt. Dieser letztere Laut ist aber ganz jungen Ursprungs, und sein (wenn auch nicht vollkommen symmetrisches) Seitenstück ist vielmehr *oi* aus mittlerem *ō* (§ 267). In Murray's Südschottisch (33[a]) steht dem (*e*), zu welchem zumeist *ai* geführt hat, kein (*o*) gegenüber; me. *ou* erscheint (S. 113 ff.) gewöhnlich als (ou), dem allenfalls das (ei) als Wiedergabe von inlautendem *ī* und auslautendem *ę* zur Seite gestellt werden kann. Hier also und so wol auch im Norden (30[1, 2] ausgenommen), bleibt die Entsprechung des *ai* unsymmetrisch. Im übrigen Schottland, wo nicht Abstumpfung eintritt, ist nicht bloss *ai*, sondern auch *ā* durch *ę̄* vertreten, und auf der anderen Seite me. *ǭ* durch *ǭ*.

306 Im Südwesten ergiebt sich ein dem *ai* symmetrischer Laut, wie es scheint, öfter in dem *au*-Diphthong, der me. *ū* wiedergiebt, aber gewiss steht es vielfach vereinzelt. Auf der anderen Seite findet *ou*, so weit es zu *ǭ* wird, sein Gegenstück in dem *ę̄* für *ę̄*. Aber gewöhnlich tritt hier — und das ist bemerkenswert — die eigentümliche Aufhellung des *ou* ein, die wir oben § 78 erörtert haben. Ihr Gebiet ist etwas kleiner als das der Bewahrung des *ai* (vgl. § 56 und § 217), auch scheint sie nicht so durchgeführt. Doch könnte das secundär sein und ein innerer Zusammenhang zwischen den beiden Erscheinungen bestehen. Vielleicht ist *ou* deshalb hier von der ursprünglich nur der Kürze zukommenden Aufhellung ergriffen worden, weil die Beziehung zu einem symmetrisch gelegenen, im gleichen Sinne sich entwickelnden Diphthong auf der *e*-Seite fehlte. Ver-

hielte sich das so, so würde wahrscheinlich, dass auch die Bewegung des *ę* durch die des symmetrischen Lautes, also me. *a*, bez. *ę̄* veranlasst wurde. Leider ist ein zwingender Hinweis aus dem vorliegenden Material nicht zu gewinnen.

Es zeigt sich also, dass, sobald *ai*, *au* als *i*-, bez. *u*-Diphthonge erhalten sind, die Symmetrie häufig verloren geht. Indes haben wir schon an anderem Orte (§ 161) Gelegenheit gehabt zu beobachten, dass, sobald derartige Diphthonge in Betracht kommen, die Symmetrie leichter schwindet als sonst. Wirklich auffällig ist dagegen das unsymmetrische *ę* (für *ai*) im grössten Teil des Nordens und in Südschottland.

Ausserordentlich verwickelt und daher schwer zu beurteilen sind die Verhältnisse bei den besonderen Arten der *ei/ai*-Diphthonge, von denen wir nur die Fortsetzung von ae. -*ǣʒ* verfolgt haben (§ 225 ff.). Nur wenig lässt sich mit einiger Sicherheit oder Wahrscheinlichkeit feststellen.

Zunächst ist bemerkenswert, dass ʒrǣʒ, clǣʒ und ǣʒder trotz der Verschiedenheit der *ǣ* fast durchweg die Entsprechung des gewöhnlichen *ai*, nicht die sonst auftretenden Sonderlautungen zeigen. In *ǣʒder* gehört ʒ derselben Silbe an wie *ǣ*. Was ʒrǣʒ und clǣʒ von den anderen Fällen unterscheidet, kann nur der Umstand sein, dass ihre einsilbigen Formen über die flectierten überwiegen, mindestens nach Ausweis anderer Wörter derselben Kategoreeen (*o*-Adjectiva und *o*-Masculina) für die Weiterbildung massgebend sind, bei jenen aber die zweisilbigen. Denn *ǣʒ* nimmt im Mittelenglischen als Femininum (ten Brink § 207) ein analogisches -*e* an. Es scheint also auch hier ausschlaggebend zu sein, ob *i̯* aus ʒ derselben Silbe oder der folgenden angehört, und im ersteren Falle das Ergebnis das gewöhnliche me. *ai* zu sein. So würde sich auch erklären, warum hier eine Scheidung zwischen $ǣ^1$ und $ǣ^2$ nicht zu merken ist. Im Norden, wo für letzteres *é* galt, konnte das Ergebnis nach Ausweis anderer Fälle mit *é* vor ʒ, welches derselben Silbe angehört (z. B. *héʒ* § 168), auch nur *ei*, dann *ai* sein.

309   Verschiedene Entwicklungen zeigen die übrigen Belege. Das durchgehende me. *ai* des Südens und Ostens ist klar. Von den anderen Entsprechungen scheint ziemlich durchsichtig das *ei* im nordwestlichen Mittelland, der Laut, den wir inzwischen als Ergebnis eines mittleren me. *ē*, das zwischen *ẹ̄* und *ę̄* stand, erkannt haben. Dass ae. *ǣ* vor Palatalis in diesen Strichen eine etwas weniger offene Färbung angenommen habe (ohne zu vollem *é* zu werden), ist an sich ganz plausibel und wird dadurch gestützt, dass auch *ǣ* vor *ć* diesen Laut aufweist (Wright § 138). Es wäre nur einzuwenden, dass diese Entsprechung auch für ae. *éa* in *héah*, *néah*, *eahta* gilt, wo Gutturalis folgt. Sollte hier das heutige *ei* anderen Ursprungs sein, desselben wie in der Wiedergabe von ae. *feohtan*, *riht?* — Von Bedeutung für diese Entwicklung ist offenbar die Stellung des Palatals im Anlaut der Folgesilbe: man möchte meinen, dass hier jene Rückbildung des *i* zur palatalen Spirans eintrat, die wir oben § 167 festgestellt haben, und diese dann spurlos schwand, so dass es zu einer wirklichen Diphthongbildung gar nicht kam. Sonst wäre wol das Ergebnis dasselbe gewesen wie im Süden und Osten. Aber all das ist noch zu wenig gesichert. Wir vermögen daher auch die §§ 169, 190 aufgeworfenen Fragen, die hier ihre Lösung finden sollten, nicht sicher zu beantworten.

310   Bei den sonst öfter auftretenden Entsprechungen von me. *ē* käme es darauf an, ob sie auf *ẹ̄* oder *ę̄* zurückgehen, was leider nicht zu ersehen ist. Erstere könnten desselben Ursprungs sein, wie das oben besprochene *ei*, da ja das mittlere *ē* des westlichen Mittellandes sich sonst zum *ẹ̄* schlägt; oder aber *ǣ* hat hier ebenso *ẹ̄* ergeben wie sonst, es ist nur wie oben und zum Unterschied von der südöstlichen Entwicklung nicht zu einer Diphthongbildung gekommen. Liegt aber *ę̄* zu Grunde, und das scheint mindestens an zwei Punkten der Fall zu sein, so müsste man wol daraus schliessen, dass die palatale Einwirkung, die im nordwestlichen Mittelland mittleres *ē* ergab, hier zu vollem *ẹ̄*

führte, wieder ohne dass ein wirklicher Diphthong gebildet wurde.

Die namentlich in Schottland uns entgegentretenden 311 diphthongischen Entsprechungen sind erst recht dunkel. Jungen Ursprungs können sie (ausser in Südschottland) kaum sein, da ein junger Übergang von $\bar{e}$ oder dergl. zu *ei*, *ai* sonst nicht nachzuweisen ist. Am ehesten möchte ich sie für Bewahrungen eines me. *ei* halten, das sich irgendwie von den gewöhnlichen *ei*, die zu *ai* wurden (ae. *weʒ* > me. *wai*) unterschied und dann, als me. ī zu *ei* diphthongiert wurde, in manchen Dialekten mit ihm zusammenfiel und seine weitere Entwicklung (zu *ai*) teilte. Dass einfach me. ī zu Grunde liegt, ist nicht wahrscheinlich, weil es doch auch öfter von dessen Entsprechung geschieden ist.

16.

Wenden wir uns nun zur Schriftsprache, so gewahren 312 wir, dass die Dialekte hier noch viel ausgesprochener als sonst den Hintergrund bilden, der ihre Entwicklung erst in's richtige Licht setzt.

Die Schriftsprache gehört heute zu den Dialekten der Gruppe I, in welcher also die Entsprechungen von me. *ā* und *ǭ* sich symmetrisch gegenüberstehen. Sie stellt sich in diesem Punkte zum Osten und Süden, wie in so vielen anderen. Es wurde aber bereits berührt (§ 264), wie dieser Zustand sich herausgebildet hat, wie im Frühneuenglischen zwei Entwicklungen des *ā* neben einander hergehen, und es hat sich uns herausgestellt, dass die conservative der in den mittelländischen Dialekten parallel läuft, die fortschrittliche und schliesslich zum Sieg gelangende die des Ostens und Südens wiedergiebt, obwol mit einer kleinen Verspätung.

Es ist allerdings bezweifelt worden, dass in der Schrift- 313 sprache eine solche Doppelheit bestand. Victor sieht in den sich widersprechenden Angaben unserer Gewährsmänner nur eben das, was ich geleugnet hatte, die Auseinandersetzung zwischen dem alten und neuen Laute, wie sie bei Lautwandlungen gewöhnlich ist. Die Franzosen, in deren Angaben die fortschrittliche Richtung zuerst zu Tage tritt, hätten die zunehmende Palatalisierung früher als die Engländer selbst erkannt (Phon.³ 121). Dagegen ist zu erwidern, dass die Verhältnisse hier doch anders liegen als bei jenen Auseinandersetzungen, wie uns eine recht deutlich beim Übergang des me. ϱ von ϱ zu $\bar{\imath}$ zu Beginn des 18. Jahrhunderts entgegentritt. Es handelt sich nicht bloss um den Gegensatz von $\bar{a}$ und $æ$, sondern auch den von $\bar{æ}$ und $\bar{\varrho}$, nicht zwei Einzellaute, sondern zwei Lautreihen, und dazu einen Zeitraum von zwei Jahrhunderten. Dabei ist namentlich das Verhältnis zu $\bar{a}$ von Bedeutung. Da so lange die einen mit voller Bestimmtheit Gleichheit, die anderen Verschiedenheit von $\bar{a}$ und $\bar{æ}$ lehren, und sich in beiden Lagern selbständige Beobachter und gute Phonetiker befinden, wie namentlich Wallis und Cooper, kann man doch nicht gut annehmen, dass erstere bloss aus Voreingenommenheit beständig einen tatsächlichen Lautunterschied überhört hätten. Gelegentlich fällt ja auch die eine oder andere Bemerkung, aus der hervorgeht, dass die Lautgebung nicht einheitlich war. Palsgrave lehrt die Lautung des a, welche dort gilt, 'wo das beste Englisch gesprochen wird': er kennt also, wie Victor a. a. O. selbst bemerkt, noch eine andere. Ausschlaggebend scheint mir aber, dass, wie sich uns oben ergeben hat, dieselbe Doppelheit innerhalb der südhumbrischen Dialekte bestanden hat und damit offenbar die Ursache und Grundlage für die Scheidung in der Schriftsprache klar gelegt ist.

In einem Punkte allerdings möchte ich Victor zustimmen. Eine Scheidung der beiden Richtungen nach socialen Schichten, wonach also die conservative Richtung den höheren Ständen, die fortschrittliche den mittleren und unteren eigen gewesen wäre, ist nicht wol möglich. Die Grenzen werden überhaupt keine so scharfen gewesen sein, und verschiedene Ursachen in den einzelnen Fällen die Zugehörigkeit zu der einen oder anderen Richtung bestimmt haben. Auch der Gegensatz zwischen gehobener und Umgangssprache wird eingespielt haben. So wird es sich wahrscheinlich erklären, dass im 16. Jahrhundert die einheimischen Zeugnisse nur die conservative, die französischen mir die fortschrittliche Richtung vertreten.

Die Doppelheit selbst scheint mir jedenfalls gesichert. Die Schriftsprache zeigt also in einem Fall, wo die drei Dialektgruppen, in welche das südhumbrische Gebiet zerfällt, früh und stark auseinandergiengen, eine Vereinigung ihrer Eigentümlichkeiten; eine sehr beachtenswerte, aber mit ihrem sonstigen Verhalten wol übereinstimmende Erscheinung. Wir kommen zu einer ganz ähnlichen Auffassung, wie sie Sweet HES. § 774 vorgetragen hat: dass im 16. Jahrhundert in der Sprache Londons $\bar{a}$ schon $\ae$ war, 'but that the tradition of the older $\bar{a}$ was still kept up by the influx of provincial speakers, so that the two sounds really existed side by side'.

Aber es ist bemerkenswert, dass nicht nur der Kampf zwischen den beiden Richtungen lange dauert, sondern auch der Stand der Gruppe 1, d. h. die Symmetrie zwischen $\bar{a}$ und $\bar{\varrho}$, erst ziemlich spät erreicht wird. Bei Cooper (1685), dem zuverlässigsten Vertreter der fortschrittlichen Richtung, stehen sich diese Laute (wenn wir von dem schwachen ə-Nachklang in der Entsprechung des $\bar{a}$ absehen) als $\bar{\varrho}$ und $\bar{\varrho}$ gegenüber; der dem me. $\bar{\varrho}$ symmetrisch gelegene Laut ist auch bei ihm noch me. $\bar{\varrho}$, das durch $\bar{\varrho}$ wiedergegeben ist. Bei den folgenden Gewährsmännern tritt uns dasselbe Verhältnis entgegen. In der ersten Hälfte des 18. Jahrhunderts rückt dann in einem langwierigen Kampf zwischen dem alten und neuen Laut (vgl. Ellis I 88 ff.) me. $\bar{\varrho}$ von $\bar{\varrho}$ zu $\bar{\imath}$ vor, und um jene Zeit muss auch $\bar{a}$ zu ϱ geworden sein. Wir finden allerdings noch vielfach Angaben die auf $\bar{\varrho}$ schliessen lassen (so z. B. auch bei Lediard); aber einerseits können das die letzten Ausläufer der conservativen Richtung sein, und andererseits haben wir eben dieselbe Auseinandersetzung zwischen dem alten und neuen Laut vor uns wie beim $\bar{\varrho}$. Unzweifelhaftes $\bar{\varrho}$ ist zuerst belegt von Pell 1735 (Löwisch 28), weniger sichere Hinweise finden sich schon früher. Da nun me. $\bar{\varrho}$ seinen Lautwert $\bar{\varrho}$ um jene Zeit nicht veränderte, wurde also erst damals, in der ersten Hälfte des 18. Jahrhunderts, die heutige Symmetrie hergestellt.

317 Das ist sehr spät, wenn wir damit die Entwicklung in den Dialekten der Gruppe I vergleichen. Wir haben oben (§ 258) gesehen, dass im Süden und Osten schon im ersten Viertel des 17. Jahrhunderts, als $\bar{a}$ die Stufe $\bar{\varepsilon}$ erreichte und $\bar{q}$ noch seinen mittelenglischen Lautwert hatte, die Symmetrie erreicht worden sein muss. Die fortschrittliche Entwicklung giebt also den ihr zu Grunde liegenden dialektischen Lautstand nicht genau wieder, sondern ist um eine Stufe zurück. Zur Zeit als für me. $\bar{a}$, $\bar{q}$ im Osten und Süden bereits $\bar{\varepsilon}$, $\bar{q}$ galt, bietet sie zwar $\bar{q}$, aber noch das ältere $\bar{\varepsilon}$. Beim $\bar{q}$ gab sie den aus den Dialekten kommenden Impulsen rascher nach als bei $\bar{a}$, offenbar weil sie einheitlich waren, während bei $\bar{a}$ in Folge der daneben bestehenden conservativen Richtung es einiger Zeit bedurfte, bis sie zur Geltung kamen: so viel Einheitlichkeit bestand doch in der Schriftsprache, um ein zu starkes Auseinandergehen zu verhindern. —

318 Was die lautliche Gestaltung des $\bar{a}$ anlangt, so stellt sich die Schriftsprache zu den Dialekten des Ostens. Sie bleibt von der Abstumpfung verschont, um später Zuspitzung eintreten zu lassen. Jene hat vielleicht zur Zeit Cooper's einen erfolglosen Versuch gemacht, in die Schriftsprache einzudringen (§ 241), was wol eine Einwirkung von Seiten des Südens bedeuten würde.

319 Der andere offene e-Laut, der innerhalb der neuenglischen Entwicklung unsymmetrisch wird, das me. $\bar{\varepsilon}$, rückt bis zu $\bar{\imath}$ vor und fällt daher mit dem me. $\bar{e}$ zusammen, ganz so wie in vielen Dialekten, auch des Ostens, und genau entsprechend den oben § 274 ff. dargelegten Principien. Seine Bewegung zeigt auch den oben § 278 festgestellten Zusammenhang mit der des $\bar{a}$, u. z. bemerkenswerter Weise mit der fortschrittlichen Richtung. Da Wallis (1653) zum ersten Mal die Lautstufe $\bar{e}$ bezeugt, muss sie bereits in der ersten Hälfte des 17. Jahrhunderts eingetreten sein, ganz entsprechend der fortschrittlichen Lautung des $\bar{a}$, das um diese

Zeit zu ẹ geworden sein muss, aber nicht entsprechend dem Lautstand Wallis, der für dieses ā̄ lehrt. In der ersten Hälfte des 18. Jahrhunderts, als ā die Stufe ẹ erreicht, rückt ẹ zu ī vor. Aber eben in Folge des Zusammenhanges mit ä, dessen Entwicklung in der fortschrittlichen Richtung hinter den die Grundlage bildenden Dialekten etwas zurücksteht, ist auch seine Entwicklung verspätet: es bleibt bis Ende des 17. Jahrhunderts dem me. ǭ symmetrisch (ẹ̄ gegenüber ọ̄), während in den Dialekten jene Stelle bereits ä eingenommen und das ẹ zu ī getrieben hatte.

Dass auch einmal der Abstumpfungsdiphthong, wie er im Mittellande für me. ẹ̄ galt, den Versuch gemacht hat, in die Schriftsprache einzudringen, könnte man vielleicht aus den oben § 240 angezogenen Worten Wallis' entnehmen wollen; doch ist die Sache zu unsicher. Es möchte indes scheinen, dass die Abstumpfung, wenn auch nicht die Schriftsprache, so doch die Schrift beeinflusst hat: wenigstens entbehrt die Frage nicht ganz der Berechtigung, ob die consequente Durchführung der Schreibung ea, oa für me. ẹ̄, ǭ in geschlossener Silbe nicht durch das Aufkommen der dialektischen eə, oə mindestens befördert wurde. Die Schreibung ea ist in mittelenglischer Zeit nie völlig ausgestorben, aber sie ist im 14. und 15. Jahrhundert doch ziemlich selten. Caxton hat sie in einer nicht bedeutenden Anzahl namentlich französischer Wörter (Römstedt 18). Palsgrave (1530) hat ihrer wenige, auch Salisbury (1547) schreibt noch vielfach e(e); erst nach der Mitte des 16. Jahrhunderts setzt es sich in seiner heutigen Ausdehnung fest (Ellis I 77 ff.; vgl. Salge 5, Fuhr 27). Die Schreibung oa ist noch späteren Ursprungs; bei Caxton findet sie sich nicht (Römstedt 21), bei Palsgrave ebensowenig (Ellis I 98), und auch in Drucken aus der zweiten Hälfte des Jahrhunderts ist es zunächst noch seltener (Salge 24, Fuhr 33). Erst im 17. Jahrhundert scheint es allgemein geworden zu sein. Wir sehen also, dass die Durchführung des ea nach der Mitte des 16. Jahrhunderts, die des oa noch später erfolgte. In der zweiten Hälfte des Jahrhunderts bestanden aber schon im Norden und nördlichen Mittelland für ā bez. ẹ̄ einerseit und ǭ andererseits die Diphthonge *ea, oa*, für welche nach dem damaligen Lautstand *ea, oa* passende Bezeichnungen waren. Diejenigen, denen von ihrem heimathlichen Dialekt diese Laute geläufig waren, mochten daher gern zu diesen Zeichen greifen, um die Zweideutigkeit der Schreibung *e(a), o(o)*, die bald $\bar{\imath}, \bar{u}$, bald $\bar{e}, \bar{o}$ bedeutete, zu beseitigen.

321 Das Alles sind, wie ich zugebe, nur sehr schwache Hinweise; die Durchführung des *ea, oa* lässt sich auch ohne einen solchen Einfluss völlig befriedigend erklären. Aber es dürfte doch nicht wertlos sein, die Möglichkeit eines Zusammenhanges im Auge zu behalten, von dem die fortschreitende Forschung vielleicht weitere Anzeichen zu Tage fördert.

322 Ausser dem normalen Zusammenfall des me. $\bar{e}$ mit me. $\bar{e}$ zeigt die Schriftsprache auch ein paar Fälle, wo $\bar{e}$ mit $\bar{a}$ unter der Entsprechung des letzteren sich geeinigt hat. Es sind dies: *break, great, steak, yea* (letzteres auch mit der normalen Lautung) und eine Reihe von $\bar{e}$ vor *r*, nämlich: *bear* Sb. u. V., *wear, tear, swear, pear* (aus $\bar{e}$-), *ere* (aus $\bar{æ}$[1]), *there, where, were* (aus $\bar{æ}$[2]). Es scheint, dass diese zwei Gruppen zu sondern sind.

323 Die erste zeigt zunächst, bis in's 18. Jahrhundert hinein, genau dieselbe Entwicklung wie sonst $\bar{e}$. *Break* erscheint im 16. Jahrhundert mit der Lautung $\bar{e}$, bei Cooper (1685) mit $\bar{e}$ und im 18. Jahrhundert noch bei Buchanan (1766) und Sheridan (1780) mit $\bar{\imath}$. Lediard (1725) ist der erste, der es (mit anderen Wörtern) von den übrigen *ea* (= $\bar{\imath}$) absondert, und $\bar{e}$ (wie deutsches *eh*) lehrt (aber ohne dieses mit der Lautung des $\bar{a}$ zu identificieren, Ellis IV 1044). Walker (1791) ist der erste, der ihm den Laut des $\bar{a}$ zuweist. Für *great* lehrt der Expert Orthographist (1704) $\bar{\imath}$, dagegen Lediard (1725) $\bar{e}$, und Buchanan (1766). Sheridan (1780) und alle folgenden denselben Laut, den sie auch dem *a* geben. Ellis setzt als diesen $\bar{e}$ an, aber es war gewiss $\bar{e}$ (§ 316). Walker kennt daneben bei *great* wie auch bei *break* die Aussprache mit $\bar{\imath}$ und verwirft sie als affectiert (Pron. Dict. 1791 S. 30 § 241 f.). Weniger deutlich ist die Entwicklung von *steak*. Es wird von an. *steik* abge-

leitet und damit stimmt die Schreibung *steyke* im Prompt.
Parv. gut überein. Aber daneben ist schon im 15. Jahrhundert *stekis* belegt (vgl. Stratmann-Bradley s. v.), die heutige Schreibung erweist ein schon spätmittelenglisches *stẹ̄k*, und in der Tat bezeugt Smith (1568) die entsprechende Lautung (Ellis III 904). Auch manche modernen Dialekte bieten entsprechende Formen (z. B. 19²). Woher *stẹ̄k* kam, ist eine schwierige Frage; aber seine Existenz ist völlig gesichert. Leider ist das Wort bei den früheren Grammatikern nicht belegt. Lediard (1725) lehrt wie bei *break*, *great* ī (Ellis IV 1044), und von Sheridan an erscheint es mit dem Laut des ā (bei Ellis IV 1081 allerdings nicht verzeichnet). Dass die heutige Lautung auf die mittelenglische Form mit *ei*, *ai* zurückgeht, was an sich ja eine ganz befriedigende Erklärung böte, ist deswegen unwahrscheinlich, weil im 16. und 17. Jahrhundert nach Ausweis des vorliegenden Materials nur die Form *stẹ̄k* bestanden zu haben scheint. — In *yea* endlich ist schon vor dem allgemeinen Übergang der me. ẹ̄ zu ī die Lautung ī bezeugt: Salisbury (1569) hat zwar ẹ̄, Wallis (1653) und Cooper (1685) aber ī, Jones (1701) giebt beides an. Nach dem Übergang der ẹ̄ zu ī finden wir ī beim Expert Orthographist (1704), ē (d. h. die Lautung des ā) bei Buchanan (1766) und Sheridan (1780). Die ī-Form des 17. Jahrhunderts darf uns aber nicht beirren; sie geht offenbar auf das anglische *yē* zurück, während Salisbury's Lautung und die Schreibung *yea* sächsisches *yē̦* wiederspiegeln. Beide Formen hätten nun im 18. Jahrhundert, nachdem auch me. ẹ̄ zu ī geworden war, einzig ī ergeben können; das in dieser Zeit belegte, zur heutigen Aussprache hinführende ē ist auf eine Stufe zu stellen mit den eben besprochenen Fällen.

Die moderne Lautung mit dem dem me. ā entsprechenden Laute ist also in diesen Wörtern schon in der ersten Hälfte des 18. Jahrhunderts belegt, aber erst in der zweiten allgemein geworden.

Eine Erklärung für *break*, *great* hat bereits Sweet HES. § 822 gegeben: der Einfluss des vorausgehenden *r* habe den Laut des 17. Jahrhunderts bewahrt. Dagegen ist dasselbe einzuwenden, wie gegen seine entsprechende Erklärung von *broad* (vgl. § 91): wenn ein solcher Einfluss des vorangehenden *r* bestanden hätte, wäre er in allen entsprechend gebauten Wörtern zu erwarten. Dazu kommt, dass dieselbe Erscheinung ja auch in *steak*, *yea* uns entgegentritt. Wie wir nun in *broad* einen dialektischen Einschlag erkannt haben, so werden wir auch hier lieber zu einer solchen Erklärung greifen, und in der Tat ergiebt sich eine solche ganz ungezwungen.

326   Zwei Möglichkeiten bieten sich auf Grund unserer früheren Auseinandersetzungen dar. Die abweichende Lautung, mit welcher diese Worte in der ersten Hälfte des 18. Jahrhunderts auftauchen, kann unmittelbar einem Dialekt entstammen, welcher me. $\bar{e}$ nicht zu $\bar{\imath}$ bez. i, sondern zu $\bar{e}$ werden lässt. Das ist der Fall im Südwesten, ungefähr derselben Gegend, aus welcher die Lautungen von *broad*, *groat* und wahrscheinlich auch die von *one*, *once* der Schriftsprache zugeflossen sind. Das heute dort geltende $\bar{e}$ hat schon im 17. Jahrhundert bestanden (§ 279); in der Schriftsprache fiel es bald mit der Entsprechung des me. $\bar{a}$ zusammen. Diese Erklärung ist die einfachste.

327   Eine andere Möglichkeit, die nach den Erörterungen in § 141 in's Auge zu fassen ist, wäre, dass die Schriftsprache in diesen wenigen Fällen die Entwicklung einer Mundart teilt, die $\bar{e}$ und $\bar{a}$ unter der Entsprechung des letzteren zusammenfallen lässt, gleichgiltig, wie diese lautet. In erster Linie kommen dabei natürlich jene Dialekte in Betracht, in denen die Einigung von $\bar{e}$ und $\bar{a}$ unter $\bar{e}$ erfolgt ist, also einige Punkte des Gebietes, in welchem $\bar{e}$ durch $\bar{e}$ vertreten wird (vgl. oben § 213), von denen das westliche Oxford (5[1]) und Worcester (6[1]) der Hauptstadt am nächsten liegen würden. Ferner könnte auch der teilweise Zusammenfall des $\bar{e}$ mit $\bar{a}$, der für die schottischen Dialekte bezeichnend ist (§ 204), von Einfluss gewesen sein. Aber es ist auch nicht ausgeschlossen, dass solche Mundarten eingewirkt haben, in welchen der gemeinsame Laut i ist, wie in einem grossen Teil von Yorkshire (30[2], [3]), oder e_i, wie im östlichen Suffolk (19, vgl. oben § 213): denn diesem einen dialektischen Laut entsprachen damals wie heute in der Schrift-

sprache zwei: einerseits ę̄ (für me. *a*), andererseits ī (für ē); war nun der dem Dialekt Entstammende gewohnt, in einer grossen Anzahl von Fällen sein heimisches *iə* (*ea*) durch ę̄ zu ersetzen, so konnte er es auch dort tun, wo es einem schriftsprachlichen ī entsprach. Ein unzweifelhaftes Beispiel einer derartigen Übersetzung in's Lautsystem der Schriftsprache haben wir ja oben § 141 zu constatieren gehabt.

Eine dritte Möglichkeit endlich ergiebt sich noch von 328 ganz anderer Seite. Es ist bekannt, dass der Übergang des dem me. ę̄ entsprechenden ę̄ zu ī von den englisch sprechenden Bewohnern Irlands zunächst nicht mitgemacht wurde und sogar heute in den minder gebildeten Schichten noch der Laut des 17. Jahrhunderts gilt (Ellis I 92, 90). Es könnte also auch eine Beeinflussung von Seiten des irischen Englisch vorliegen.

Eine sichere Entscheidung zwischen diesen verschie- 329 denen Möglichkeiten zu treffen, erlaubt uns das vorliegende Material noch nicht. Am wahrscheinlichsten dürfte immerhin Übernahme der ē-Form aus dem Südwesten sein. Schliesslich ist aber auch daran zu erinnern, dass alle dargelegten Einflüsse zusammengewirkt haben können. Vielleicht ist es auch mehr als Zufall, dass die ersten Gewährsmänner, die uns nach Lediard diese Abweichungen bezeugen, Buchanan und Sheridan, ein Schotte und ein Ire sind.

Verwickelter und schwieriger zu beurteilen sind die 330 Verhältnisse bei den Fällen mit *r*. Dass sie mit den eben besprochenen auf eine Stufe zu stellen sind, ist deswegen unwahrscheinlich, weil sie schon bei dem ersten Gewährsmann, der überhaupt ī für me. ę̄ bezeugt, beim Expert Orthographist (1704), als Ausnahmen mit der Lautung des ā erscheinen (Ellis I 88 f.) und von da an völlig feststehen. Zudem drängt sich schon in Folge ihrer grösseren Anzahl die Frage auf, ob nicht das folgende *r* von Bedeutung gewesen ist. An sich wäre eine solche Einwirkung gewiss ganz plausibel. Ziehen wir aber die übrigen Fälle mit me. ę̄ vor *r* heran, so vermehren sich nur die Schwierigkeiten. Wir müssen etwas weiter ausholen.

12*

331   Die mittelenglische Scheidung zwischen ẹ und ę erscheint vor r im Frühneuenglischen stark verwischt. Für me. ẹ, u. z. jenes, welches constant war, also nicht mit ę nach Dialekten wechselte, zeigt sich in einigen Fällen die auf ẹ weisende Schreibung ea und e-e, und bei den Grammatikern neben der zu erwartenden Lautung ī auch ẹ. Es sind dies: hear, dear, dreary, weary, here, fere. Regelmässig in Schreibung und Lautung, soweit letztere überhaupt bezeugt ist, verlaufen steer, leer, deer, beer. — Von den Wörtern mit me. ę haben eine Reihe schon im 16. und 17. Jahrhundert neben der zu erwartenden, dem me. ẹ entsprechenden Lautung auch ī, und zwar nicht bloss solche, in denen schon im Mittelenglischen ẹ und ę wechselten, wie fear, year, bier (ae. ǣ²), sondern auch solche, deren Vocal in allen Dialekten ę war (ae. ea, ě-), nämlich ear, sear, near, tear Sb., smear, shear, spear, year (Ellis I 86). Der me. ę wiedergebende Laut ist namentlich von Gill (1621) und Butler (1633) bezeugt, während Cooper (1685) fast überall ī hat. Vom 18. Jahrhundert an ist dann dieser Laut allgemein. — Die noch übrigen Fälle mit ę vor r sind eben die § 322 aufgezählten, heute Ausnahmen bildenden Wörter. Sie zeigen im 16. und 17. Jahrhundert die normale Wiedergabe des ę (offenerer Laut bei Cooper? Ellis I 82): zu Beginne des 18. Jahrhunderts aber machen sie nicht die Entwicklung zu ī mit, sondern werden von da an mit der Lautung des ā bezeugt: nur ere und pear sind vom Expert Orthographist (1704) mit ī belegt (Ellis I 88 f.; aber nicht auch ere von Sheridan (1780), wie Ellis IV 1076 irrtümlich angiebt). Wie die Lautung des ā war, ergiebt sich aus dem oben § 316 Gesagten: es rückte eben um jene Zeit von ę zu ẹ vor. Wenn die uns beschäftigenden Wörter mit seinem Laute bezeugt sind, so besagt das offenbar, dass in ihnen die frühere Lautqualität ę bewahrt wurde.

332   In keine dieser Gruppen einzureihen sind wier, mere, rear, aber nur deswegen, weil wir für diese Wörter keine Grammatikerzeugnisse besitzen. — Die entsprechenden romanischen Wörter endlich schliessen sich den germanischen an. Fälle mit ẹ vor r scheinen nicht vorzukommen. Die

ẹ erscheinen wie die heimischen Belege teils in der Schreibung *ea*: *appear, clear, arrears*, oder *e-e*: *mere*, teils mit *ee*: *peer, cheer* (früher auch *chear*, vgl. NED. s. v.). Als Lautung ist schon vor dem Übergang des ẹ zu ī überall ī belegt; nur *arrears* hat bei Jones (1701) ē, was vielleicht auf das heimische *rear* zurückzuführen ist. Nach jenem Übergang erscheint nach Ellis IV 1078 *mere* einmal bei Sheridan mit ē, aber ein Blick in dessen Wörterbuch lehrt, dass er *mere* aus ae. *mere* meint, das sich also vereinzelt den Fällen wie *bear* angeschlossen zu haben scheint. Für *mere* aus *merus* lehrt auch er ī.

Was nun das merkwürdige Schwanken zwischen ē und 333 ī im Frühneuenglischen anlangt, so haben darüber gehandelt und Erklärungen vorgelegt Sweet HES. § 823 und Kluge Grdr. 1 880. Für uns kommt hauptsächlich der Tatbestand in Betracht. Es gab also, wenn wir von den ganz vereinzelten Ausnahmen *ere, pear* absehen, im 16. und 17. Jahrhundert eine Gruppe von Fällen, welche constant ī hatten (sämtlich aus me. ẹ̄), eine zweite, in denen ī und ē wechselten (teils aus ẹ̄, teils aus ę̄), und endlich eine dritte mit constantem ē (aus me. ę̄). In der zweiten wird das Schwanken im Laufe des 17. Jahrhunderts zu Gunsten des ī beseitigt; in der dritten rückt der Vocal zu Beginn des 18. nicht zu ī vor, sondern bleibt ē. Es erscheinen also nur jene ę̄ vor *r* im späteren Neuenglischen mit ī, welche schon im früheren zwischen ī und ē schwankten, während jene, welche kein solches Schwanken kannten, die Stufe ī nicht erreichen. Dieses Verhältnis weist deutlich darauf hin, dass wir eine lautliche Wirkung des *r* vor uns haben: es hindert den Übergang zu ī und bewahrt die Lautstufe ę̄, obwol es schon bestehendes ī nicht zu beseitigen im Stande ist.

Etwas ganz Ähnliches ist ja um dieselbe Zeit auf der 334 anderen Seite des Vocalismus eingetreten: sämtliche ā werden vor *r* zu ǭ (Angl. XVI 456 ff.). Die Wirkung des *r* ist also hier kräftiger als auf der *i*-Seite, während im Spätmittelenglischen, als me. ẹ̄, ǭ zu ī, ū vorrückten, das Umgekehrte sich zeigt: das *r* hindert zwar teilweise ẹ̄ (oben § 331), aber durchaus nicht ǭ (a. a. O.). Das sind kleine

Abweichungen von der Symmetrie, wie sie aber in den Dialekten, soweit nicht Vermischung eingetreten ist, kaum zu finden sein werden. Die Schriftsprache ist eben kein einheitlicher Dialekt. Die Folge ist, dass ihr heute die Folge $\bar{\imath} \dotplus \partial(r)$ zwar ganz geläufig ist, $\bar{u} \dotplus \partial(r)$ aber lautgesetzlich nicht vorkommen kann (a. a. O. 459); nur durch secundäre Vorgänge hat sie in ein paar Fällen wieder Geltung erlangt.

335   Das *r* muss dann ziemlich bald weitergewirkt und $\bar{e}$, $\bar{\varrho}$ zu $\bar{\varepsilon}$. $\bar{\varrho}$ zurückgeworfen haben, so dass die Vocale von *made* und *mare* (*bear*), *stone* und *more* (*court*) sich unterschieden. Allerdings geben die Orthoepisten bis auf Smart (1839) herab den gleichen Laut an, aber in ausländischen, speciell deutschen Grammatiken finden sich schon in der zweiten Hälfte des 18. Jahrhunderts Hinweise darauf, dass *a* vor *r* $\bar{\varepsilon}$ war; so deutlich bei Wagner 1789, der $\bar{a}$ durch *ee*, *eh*, vor *r* aber durch *äh* umschreibt (Löwisch 31). Es ist nicht überraschend, dass einen so feinen Unterschied auch sonst gute Beobachter übersahen, während Ausländer, in deren Muttersprache, je nach der dialektischen Unterlage, die $\bar{e}$-Laute sehr schwankten und deren Ohr daher für solche Unterschiede geschärft war, den Sachverhalt richtig erkannten. Wahrscheinlich steht dieser Vorgang in Zusammenhang mit der in den meisten Dialekten erkennbaren Abneigung gegen die Folgen $\varrho\textit{u}$, $\varrho\textit{u}$ (§ 294): denn zu seiner Zeit war gewiss das *r* schon völlig zu $\textit{u}$ vocalisiert. Nur tritt diese Abneigung in der Schriftsprache später zu Tage, wie so vieles Andere, was wir in den Dialekten vorgebildet finden.

336   Bezüglich der Entwicklung des me. *ai* aus ae. *æ͡ᵹ*, *eᵹ* stellt sich die Schriftsprache, wie gewöhnlich, zu den Dialekten des Ostens; es vereinigt sich mit me. $\bar{a}$, und die gemeinsame Entsprechung erleidet später Zuspitzung zu einem *ei*-Diphthong. Die Einzelheiten des Verlaufes wurden Angl. XIV 273 und oben § 291 behandelt.

337   Die a. a. O. behauptete Beziehung zwischen den Entwicklungen von *ai* und *a* ist von Victor bezweifelt worden,

auf Grund einiger Grammatikerstellen, die für *ai* monophthongische Aussprache lehren, ohne anzugeben, dass sie die Lautung des *ā* sei (Phon.³ 123). Das Fehlen dieser Bemerkung bei Smith und Butler erklärt sich aber einfach daraus, dass diese Aussprache nicht die ihrige, sondern eine von ihnen nicht gebilligte, affectierte war, dass sie also mit der ihnen geläufigen Lautung des *a* allerdings nicht übereinstimmte. Sie fiel ihnen gerade beim *ai* auf, u. z. Butler deutlich deswegen, weil sich dadurch Übereinstimmung mit dem Französischen ergab, Smith, weil ihm überhaupt das Schwanken der Lautung des *ai*, *ei* auffiel, und dies wieder offenbar deshalb, weil die Schrift auch zwei Zeichen bot. Hart stellt allerdings *ai* dem *ę̄* gleich, welches er natürlich von *a* scheidet. Aber dass er sich da im groben Irrtum befindet, lehrt die Folgeentwicklung; die von Victor angeführten Fälle, wo heute *ai ī* lautet, sind, wie wir gleich sehen werden, ganz anders zu erklären. Es ist auch leicht zu ersehen, wie er dazu kam. Er will die Sprache meistern, womöglich die 'wahren und alten Laute' der fünf Vocalzeichen (Angl. XIV 292) wieder herstellen. Das *ā̈*, welches er m. E. für *ā* und *ai* sprach, konnte er daher nicht als selbständigen Laut anerkennen, sondern schlug es zu dem ja nahestehenden *ę̄* (für me. *ę̄*), sobald es *ai* geschrieben wurde, aber natürlich nicht dort, wo es *a* wiedergab: diesen Wörtern wies er den 'wahren und alten' *ā*-Laut zu, wie er ja tatsächlich noch in der conservativen Richtung galt. Völlig entscheidend ist aber vor allem, dass sich die behauptete Beziehung zwischen *ai* und *a* in allen englischen Dialekten (die nicht *ai* als solches bewahren) wiederfindet. Dagegen vermag das Zeugnis eines Grammatikers nicht aufzukommen.

Me. *ei*, *ai* aus ae. *ǣʒ* fällt in der Regel mit dem gewöhnlichen *ai* zusammen, wie in allen Dialekten des Ostens und Südens. Eine Ausnahme machen aber *key* und *either*. Jenes zeigt zuerst bei Price (1668) dieselbe Lautung wie sonst me. *ę̄* und macht dann dessen Entwicklung mit. Dasselbe gilt für *either* in der Aussprache *īðə(r)*, deren Vorstufen von Cooper (1685) an belegt sind. Doch haben wir bereits ein me. *ether*, zunächst im Mittelland und Norden

(Hav. 1882. Engl. Gilds 70 18. 115 11. Degr. 1177), dann auch in den Londoner Parlamentsurkunden (Morsbach 72). Wir werden gewiss die neuenglische Lautung auf diese Nebenform zurückzuführen haben. Woher sie kommt, ist nicht so klar. Man hat ein ae. *ǣder als Grundform angesetzt (Morsbach 72) und jenen Schwund der Palatalis angenommen, der aus sæȝde, *onȝēaȝn ws. sǣde, onȝēan machte (Sievers 214, 3), Formen, die ja der heutigen Lautung von said, again zu Grunde liegen. Dagegen ist einzuwenden, dass bei diesem häufig vorkommenden Worte für einen speciell westsächsischen Lautwandel doch ein Beleg aus altenglischer Zeit zu erwarten wäre, der aber fehlt (vielleicht, weil die Folge -ȝd- sich erst secundär ergeben hat?), und ferner, dass die mittelenglischen Belege gerade ausserwestsächsisch, z. T. nordenglisch sind. Ich möchte eher an eine Folge von Satzunbetontheit denken.

339   Anders liegen die Verhältnisse bei key. Vor dem 17. Jahrhundert treffen wir keine e-Form, was doch kaum Zufall sein wird. Dagegen finden wir Seitenstücke dazu in den modernen Dialekten. Ae. ǣȝ fällt mit dem Ergebnis des mittleren ē zusammen im nordwestlichen, vielleicht im ganzen westlichen Mittelland, und dieses mittlere ē wurde im übrigen England zu ī geschlagen. Ich meine daher, dass die besondere Lautung von key nichts anderes ist als diese dialektische Entwicklung, die im 17. Jahrhundert in die Schriftsprache drang.

340   Dieselbe Entwicklung auch für either anzunehmen, geht kaum an, einmal wegen des schon me. ether, und namentlich weil sie, nach dem oben § 308 f. Ausgeführten, an die Stellung des ȝ im Silbenanlaut gebunden gewesen zu sein scheint.

341   Die andere Lautung von either, mit dem dem me. ī entsprechenden Diphthong, ist schon seit dem 16. Jahrhundert (Smith, 1568) belegt, scheint aber erst in unserem Jahrhundert so starken Anhang gewonnen zu haben. Diese hat nun ihre genaue Entsprechung in gewissen nordenglischen, namentlich aber schottischen Dialekten, welche ae. ǣȝ durch den Laut des me. ī wiedergeben (§ 226). Es ist daher

wieder wahrscheinlich, dass die schriftsprachliche Lautung auf diese Dialekte zurückgeht, woraus sich für diese ergiebt, dass die Lautung mit dem me. $\bar{\imath}$ wiedergebenden Diphthong schon im 16. Jahrhundert galt. Dass speciell für dieses Wort bei Ellis kein Beleg mit jenem Diphthong vorliegt, kann bei der Lückenhaftigkeit des Materials nichts besagen.

Die Hypothese Ey's (Herrig's Archiv 69, 125), wonach die Aussprache *aidi*(r) auf einem Sprechfehler Georg's I beruhe, ist als geradezu töricht abzuweisen. Bei Behandlung solcher Fragen ist es doch das Erste und Unerlässlichste, in Ellis' Aussprachverzeichnissen nachzusehen, wie alt die betreffende Lautung ist; in unserem Falle zeigt sich, dass sie schon im 16. Jahrhundert, lange vor Georg I bestand.

Wie *key*, *either* haben nun auch *quay* und *ley* ('Sprung, Fach' als terminus der Weberei) die Lautung $\bar{\imath}$. Letzteres wird auch *lea* geschrieben, ist aber etymologisch nicht klar. Ersteres geht auf me. *keie*, afr. *caie* zurück und scheint früh mit me. *keie* aus ae. *cǽʒ* vermengt worden zu sein. Keinesfalls wird man diese Fälle mit Vietor als eine Stütze für Hart's Gleichsetzung von *ai* und *ę̄* anziehen dürfen (§ 337): in ihnen werden besondere Entwicklungen, vielleicht wie in *key*, vorliegen.

17.

Das Tatsachenmaterial der lebenden Mundarten und die Schlüsse, die sich daraus ergeben, eröffnen auch vielfach Ausblicke auf die vorneuenglische Sprachperiode und die gesamtenglische Lautgeschichte überhaupt. Einiges Allgemeinere wurde schon behandelt, namentlich die Symmetrieverhältnisse zwischen den offenen $\bar{e}$- und $\bar{o}$-Lauten (§§ 229 ff., 267 ff.) und der Causalzusammenhang zwischen den Bewegungen des $\bar{a}$ (bez. *ai*) und *ę̄*.

Zunächst kommen die Abgrenzungen der heutigen Entsprechungen der me. $\bar{e}$-Laute in Betracht. Im Allgemeinen, kann man sagen, weisen die Mundarten auf zwei me. $\bar{e}$ zurück, ein geschlossenes, das auf ae. *é* und *éo*, und ein offenes, das auf ae. *ǽ*, *éa* und *í̆*- zurückgeht. Die Grenzen dieser Laute wechselten schon im Altenglischen; aber dieser Wechsel spiegelt sich zumeist in den modernen Dialekten wieder.

346   Die Monophthongierungen der altenglischen Diphthonge und der Zusammenfall mit den entsprechenden Längen, wie sie die intern-mittelenglische Grammatik festgestellt hat, finden also ihre Bestätigung: ein kaum zu bezweifelndes, aber immerhin ganz wünschenswertes Ergebnis.

347   Das Schwanken zwischen *éa* und *éo* in den anglischen, namentlich nordhumbrischen Texten wird dagegen durch die modernen Dialekte nicht bestätigt. In Schottland und einigen Strichen des Nordens und Mittellandes sind wol alle *ē* in Folge speciell neuenglischer Lautwandlungen (wie in der Schriftsprache) zusammengefallen; aber recht beträchtliche Striche im Norden und Mittelland trennen me. *ẹ̄* und *ę̄*, und da zeigt sich nirgends, dass zwar ae. *é* und *ǽ*, nicht aber *éa* und *éo* auseinandergehalten werden. Auch der Reimgebrauch der nordenglischen Dichter scheidet nach den Beobachtungen Buss' (Angl. IX 502). Wir müssen daraus schliessen, dass trotz des Schwankens der Schreibung im Altenglischen die beiden Diphthonge lautlich durchaus getrennt waren, der Unterschied also in der ersten Componente lag, obwol die Schrift gleichmässig *e* bietet. Vermutlich hatte sie in der Entsprechung des germ. *au* den Lautwert *ǽ*, in der des germ. *eu* dagegen *e*, wie man schon aus anderen Gründen anzunehmen geneigt ist.

348   Der Wechsel von ws. *ǽ* und angl. *é* für germ. *ǽ* spiegelt sich in den Dialekten deutlich wieder. Soweit nicht überhaupt alle *ē* zusammengefallen sind und das Material reichlich genug ist, um ein Urteil zu gestatten, erscheint auf westsächsischem Boden die Entsprechung des *ę̄*, auf anglischem die des *ẹ̄*. Auch in Schottland, wo alle *ē* zu *i* geworden sind, lässt sich das ursprüngliche *ę̄* erkennen (§ 204). Leider erhalten wir — wenigstens aus dem vorliegenden Material — keine sicheren Aufschlüsse über das Verhalten des Ostens und des östlichen Teils des Südens, also des ostsächsisch-ostanglischen und des kentischen Gebietes. Die

erwähnte Scheidung ist allerdings nicht ganz sauber. Nicht unbedeutende Spuren des anglischen *é* finden sich auch im Südwesten. Da es aber fast immer nur Worte sind, welche in der Schriftsprache *ee* aufweisen, also seit Beginn der neuenglischen Zeit mit $\bar{\imath}$ lauteten, so liegt wahrscheinlich Beeinflussung von Seiten der Schriftsprache vor, die wol erst nach der mittelenglischen Periode auftrat. Andererseits finden wir auf anglischem Boden auch manche *ẹ*; aber wieder scheinen es nach dem Vorliegenden fast nur Fälle zu sein, wo die Schriftsprache $\bar{e}$ (geschrieben *ea*) hat, was wieder Beeinflussung von dieser Seite wahrscheinlich macht. Nach all dem ist anzunehmen, dass in der mittelenglischen Periode die Scheidung noch eine ganz saubere war, und damit ist ein sicherer Ausgangspunkt für die Beurteilung des Reimgebrauches gewonnen.

Es kommen aber auch ein paar Fälle vor, wo ae. *ǽ* als Umlaut von *á* durch die Entsprechung des $\bar{e}$ wiedergegeben wird (§ 203). Unsere Belege entstammen hauptsächlich dem Norden und nördlichen Mittelland, doch dürften bei reichlicherem Material wol auch in den anderen Strichen sich welche feststellen lassen. Ganz entsprechende Reimbindungen hat man bei mittelenglischen Dichtern beobachtet, vor allem bei Chaucer (ten Brink § 25, 2) und auch im Norden (Buss Angl. IX 502). Schon Orrm schreibt für diesen Laut neben gewöhnlichem *æ* manchmal *e* (Sweet HES. § 676), und in ne. *mean* lehrt Smith $\bar{\imath}$ (Ellis I 112). Vergleichen wir die Fälle, so zeigt sich eine bemerkenswerte Übereinstimmung: es sind fast nur solche mit folgendem Dental, besonders *n, l, d, th*. Gewiss also dürfen wir die modernen Sonderlautungen an jene mittelenglischen Erscheinungen anknüpfen, für welche sie willkommene Bestätigung bieten. Gehen wir nun auf's Altenglische zurück, so zeigen sich auch da manchmal *e*-Schreibungen (vgl. Brown S. 69 f. 72), u. z. wieder vor Dentalen. Die Wurzeln dieser Ausweichung reichen also wol in die altenglische Zeit zurück. Ob aber bloss ein consonantischer Einfluss oder Anderes vorliegt, ist schwer zu entscheiden. Auch die geographische Ausbreitung bedarf noch einer genaueren Feststellung.

350   An einigen Punkten (6¹, 31¹ᵃ, ²ᵇ, weniger sicher 30³ᵃ) ist auch ae. *sǣ* mit der Entsprechung des *ẹ̄* belegt. Das scheint die Regel zu bestätigen, welche ten Brink für Chaucer aufgestellt und andere ohne weiters auf andere Denkmäler übertragen haben, dass me. ę̄ im Auslaut zu ẹ̄ werde. Aber die Belege sind doch etwas spärlich. Im Frühneuenglischen lehrt zwar nach Ellis IV 1014 Wallis *ī* in *sea*; aber ich kann in seinem Buch nichts davon finden. Der Lautwandel dürfte also jedenfalls nur an wenigen Punkten eingetreten sein, und es ist fraglich, ob nicht *sę̄* deshalb so oft im Reim auf ẹ̄ erscheint, weil Reimwörter mit auslautendem ę̄ so häufig, die auf ẹ̄ (*see*, *slee*) aber so gering an Zahl sind (vgl. Fischer, Angl. XI 190).

351   Sichere Fälle von ę̄ für ae. *éa* und *ē*- finden sich nicht. Wenn *team* in 6¹ und 15 ę̄ aufweist, so wird nicht ae. *téam*, sondern die umgelautete anglische Form *tēman* zu Grunde liegen.

352   Aber von der Hauptmasse der ẹ̄ scheiden sich zum Teil diejenigen, die auf *ē*- zurückgehen, und die entsprechende Erscheinung zeigt sich auch bei *ō*-. Die Dialekte erweisen den einstigen Bestand eines dritten me. *ē* und *ō*, wenigstens im westlichen Mittelland, u. z. von mittlerer Qualität (§ 269). Die Wichtigkeit dieser Tatsache wurde schon betont: es zeigt sich hier eine Unterscheidung, von der die internmittelenglische Grammatik nichts weiss, ein Beleg, wie unvollständige Ergebnisse die Folgerungen aus Schreibung und Reimgebrauch allein liefern. Denn dass diese Scheidung bis in die frühmittelenglische Zeit zurückreicht, kann keinem Zweifel unterliegen.

353   Es würde sich zunächst die Frage ergeben, ob in diesen Strichen die ẹ̄, ọ̄ und ę̄, ǭ denen der übrigen gleich waren und nur eben zwischen ihnen noch eine dritte Qualität bestand, oder ob der Abstand zwischen geschlossener und offener Qualität hier grösser war als sonst? Eine sichere Antwort darauf ist nicht zu geben. Doch möchte man eher Ersteres annehmen, da sich bezüglich der Lautwandlungen der ẹ̄, ọ̄ und ę̄, ǭ kein Unterschied vom übrigen Sprachgebiet zeigt.

Wichtiger ist die Entstehung dieser mittleren Qualitäten. Der Hauptmasse nach gehen sie auf $\bar{e}$-, $\bar{o}$- zurück: das Dehnungsergebnis ist nicht wie sonst identisch mit $\bar{e}$ aus $\check{e}a$, $\bar{o}$ und $\bar{o}$ aus $\check{a}$, sondern weniger offen. Entweder also waren hier $\bar{e}$, $\bar{o}$ offener als sonst — und das haben wir eben als nicht wahrscheinlich bezeichnet — oder aber $\bar{e}$-, $\bar{o}$- waren zur Zeit, als die Dehnung eintrat, nicht so offen wie im übrigen England. In der Tat nun muss sich ja einmal gemeinenglisch bei $\bar{e}$, $\bar{o}$ ein Übergang von geschlossener zu offener Qualität vollzogen haben (vgl. u. a. Kluge, Grdr. I 877 f. 883; Angl. XVI 459); im westlichen Mittelland muss also dieser Lautwandel noch nicht völlig vollzogen gewesen sein, als die Längung in offener Silbe eintrat. Denn dass etwa hier diese letztere etwas früher war als sonst, ist mir nicht wahrscheinlich; das Mittelland ist — wenigstens in späterer Zeit — auch in anderen Punkten hinter dem Norden wie dem Süden zurück (me. ne. $\check{u}$, $\bar{u}$). Damit wird auch wahrscheinlich, dass jener Übergang zur offenen Qualität überhaupt nicht lange vor der Längung lag, was man auch aus anderen Gründen vermuten möchte.

Die behandelte Erscheinung ist vielleicht auch noch in anderer Beziehung von Wichtigkeit. Ihr Gebiet scheint scharf gegen Norden abgegrenzt zu sein, u. z. durch dieselbe Linie, welche die Gebiete der Verdumpfung und Bewahrung des ae. $\bar{a}$ scheidet (Ellis' Grenze zwischen Mittelland und Norden). Wir hätten also einen Fall, wo zwei offenbar in keinem Zusammenhang stehende Erscheinungen genau dieselbe Abgrenzung zeigen, ohne dass etwa die Gestaltung des Bodens die Erklärung lieferte. Das würde für die bekannte Streitfrage, wie weit überhaupt Dialekte als wirkliche Einheiten anzuerkennen sind, von Belang sein. Aber es ist nicht völlig sicher, ob unsere Erscheinung nicht doch über die Grenzlinie hinausreicht (§ 202); es bedürfte noch einer genaueren Nachprüfung an Ort und Stelle.

Die Untersuchung der lebenden Mundarten ergiebt also in Bezug auf die me. $\bar{e}$, ausser der eben besprochenen Ergänzung, eine Bestätigung der Ergebnisse der internmittelenglischen Forschung. Um so weniger ist daher zu billigen, was neuerdings Curtis über diesen Punkt vorgebracht hat (Angl. XVI 421). Er führt die bekannten ten Brink'schen Classen der me. $\bar{e}$ an, und stellt die Regeln auf: im Süden ergebe bloss die Classe γ (ae. $\acute{e}$, $\acute{e}o$) $\bar{e}$; im Mittellande und vielleicht in einem Teil des Nordens sowol β (ae. $\acute{a}$) als γ: in Schottland dazu noch α (ae. $\acute{e}a$, $\breve{e}$-), so dass alle $\bar{e}$ zusammenfallen. Diese Auffassung ruht auf zwei falschen Voraussetzungen: erstens, dass ae. $\acute{a}$ als Umlaut von $\acute{a}$ sich ebenso verhalte wie $\acute{a}$ für germ. $\acute{a}$, während tatsächlich diesem anglisch durchaus $\acute{e}$ gegenübersteht, für jenes nur selten $\acute{e}$ erscheint und dem entsprechend auch die me. $\bar{e}$ für letzteres nur geringen Umfang haben; und zweitens, dass im Nordhumbrischen für $\acute{e}a$ vielfach der Laut $\acute{e}o$ eingetreten sei, nicht bloss die Schreibung (a. a. O. § 276). Zudem ist zu scheiden zwischen der im Mittelenglischen von Dialekt zu Dialekt wechselnden Lautgebung in Folge verschiedener altenglischer Grundlage und der späteren Entwicklung von $\bar{e}$ zu $\bar{\imath}$ im Zusammenhang mit den Vocalwandlungen, die wir nach den chronologischen Verhältnissen des Südens als specifisch neuenglisch bezeichnen dürfen. Curtis' Material ergiebt keinen Hinweis für seine Auffassung. Er kann sich nur darauf stützen, dass in seinem Denkmal, aus der Mitte des 16. Jahrhunderts, alle $\bar{e}$ mit einander reimen. Aber ganz abgesehen von der Frage nach der Beweiskraft der Reime und Anderem, wovon noch die Rede sein wird, könnte man bei dem späten Datum des Textes, der lange nach Beginn der specifisch neuenglischen Entwicklung in Schottland liegt, doch nur daraus schliessen, dass alle me. $\bar{e}$ zu $\bar{\imath}$ geworden sind, also der heutige Stand im Schottischen schon erreicht ist, gar nichts aber bezüglich der Abgrenzung der mittelenglischen Laute. Was diese betrifft, so haben wir oben §§ 204, 318 aus gewissen Spuren folgern müssen, dass im Schottischen vor der specifisch neuenglischen Entwicklung ebenfalls $\bar{e}$ und $\bar{e}$ geschieden wurden und dass ae. $\acute{a}^1$ $\bar{e}$, ae. $\acute{a}^2$ $\bar{e}$ ergab, ganz wie im Norden und Mittelland.

Auch unsere Bestimmungen der frühneuenglischen Lautwerte in den Dialekten reichen in ihren Consequenzen zum Teil in's Mittelenglische zurück; nicht bei den südhumbrischen Dialekten, in denen jene Lautwerte den mittelenglischen noch nahe stehen und die schon früh, im 15. Jahrhundert, vor der aufblühenden Schriftsprache zurücktreten, wol aber bei den nordhumbrischen, welche die specifisch neuenglischen Lautwandlungen früher angetreten haben müssen und von denen ja die nördlichsten, die schottischen, eine eigene Schriftsprache geliefert haben. In diesen Gebieten, haben wir gefunden, war um die Mitte des 16. Jahrhunderts me. $\bar{\imath}$ natürlich wie im Süden $\bar{\imath}$; me. $\bar{e}$ hatte den Lautwert $\bar{\imath}$; $\bar{a}$ den eines $\bar{e}$. Wie verhält sich dazu, was aus den nordhumbrischen Denkmälern des 15. und beginnenden 16. Jahrhunderts zu erschliessen ist, ergiebt sich Bestätigung, und lassen sich etwa die Vorstufen jener Lautwerte, sowie überhaupt der Eintritt der specifisch neuenglischen Entwicklung datieren? In Betracht kommt dabei fast nur Schottland; die nordenglischen Denkmäler jener Zeit sind zu stark im Bann der südenglischen Schriftsprache. Die zahlreichen schottischen Texte sind aber leider noch nicht genügend kritisch auf diese Punkte hin untersucht. Gelegentliche Bemerkungen finden sich wol an verschiedenen Orten, und dass $\bar{a}$ sein Vorrücken unter die $\bar{e}$-Laute hier früher angetreten hat als im Süden, ist wol ziemlich anerkannt (vgl. Kluge, Grdr. I 877). Erst die jüngste Zeit hat eine vorzüglich angelegte Arbeit dieser Art gebracht, die schon erwähnte von Curtis über ein schottisches Denkmal aus der ersten Hälfte oder der Mitte des 16. Jahrhunderts (Angl. XVI 387), mit der wir uns auseinandersetzen müssen.

Curtis kommt zu dem Schlusse, dass alle me. $\bar{e}$ bereits zu $\bar{\imath}$ geworden sind (§ 129), und me. $\bar{a}$ den Lautwert $\bar{e}$ hat (§ 148 ff.). Das stimmt zum Teil mit dem überein, was wir auf ganz anderen Wegen gewonnen haben: ein erfreuliches Zusammentreffen. Freilich werden von seinen Gründen für den Lautwert des $\bar{a}$ nur die gelegentlichen (quantitativ ungenauen) Reime auf $\bar{e}$ verschiedener Herkunft als wirklich beweis-

kräftig gelten können (§§ 72. 94. 302). Dagegen kommt
Curtis zu anderem Ergebnis bezüglich des me. $\bar{e}$, welches
nach ihm bereits zu $\bar{\imath}$ geworden ist. Das hängt zusammen
mit seiner § 356 besprochenen Ansicht, dass im Schottischen
überhaupt kein me. $\bar{e}$, sondern nur $\bar{\varrho}$ bestanden habe. Sehen
wir aber davon ab. Die Gründe für seine Ansetzung sind,
dass alle $\bar{e}$-Laute gleichmässig *ei* geschrieben werden und
sowol unter sich, als auch gelegentlich mit frz. *i*, wo es
nicht diphthongiert wurde, und mit me. $\bar{\imath}$ reimen. Dagegen
ist Folgendes zu sagen. Die gleichmässige Schreibung kann
an sich nichts beweisen. Zur selben Zeit wurde in Süd-
england *ee* oder *e-e* für beide Arten me. $\bar{e}$ gebraucht,
obgleich sich die Lautungen $\bar{\imath}$ und $\bar{e}$ gegenüberstanden.
Andererseits steht das gelegentliche *ea* nur für me. $\bar{\varrho}$,
was für den Schreiber wenigstens Scheidung der beiden $\bar{e}$
wahrscheinlich macht (§ 277). Was die Reime anlangt, so
wäre zunächst zu zeigen, wie weit der Dichter überhaupt
darin genau ist. Wer Länge und Kürze bindet (me. $\bar{a}$ und
$\check{e}$, also $\bar{\varrho} : \check{e}$), der kann auch den qualitativen Unterschied
von $\bar{\imath}$ und $\bar{e}$ unbeachtet lassen. In Wirklichkeit liegen aber
die Verhältnisse nicht so wirr, wie Curtis meint. Bewei-
sende Reime auf $\bar{\imath}$ finden sich nur bei $\bar{e}$; *sea : trewlie* (§ 226)
u. dgl. besagt nichts, weil (offenbar ungenaue) Bindungen von
$\bar{e}$ und nachtonigem $\bar{\imath}$ schon viel früher in nordhumbrischen
Texten vorkommen, und *leaue : give* (§ 274) wird sich uns
im zweiten Teil dieser Untersuchungen in ganz anderem
Lichte darstellen (vgl. auch Curtis § 360 ff.). Dass ferner
alle $\bar{e}$ unter sich reimen, ist nicht ganz richtig. Niemals
sind z. B. ae. *éa* und *éo* mit einander gebunden. Legen wir
den gewöhnlichen nordhumbrischen Bestand zu Grunde,
wonach ae. $\acute{e}$, *éo*, $\acute{æ}^2$ me. $\bar{\varrho}$, ae. $\acute{æ}^1$, *éa*, $\bar{e}$- me. $\bar{e}$ ergeben,
und berücksichtigen wir, dass *weill* auf ein schon ae. $\acute{e}$
zurückgeht, so zeigen sich folgende Abweichungen (vgl.
§§ 119 f., 130, 226, 274):

a) $æ^1$ reimt auf $\bar{\varrho}$ in den Wörtern *cleine, meine, breid,
deal, sea* (§ 226);

b) *éa* reimt auf $\bar{\varrho}$ in *eare, leaue*, ferner ein paar Mal
auf den Vocal von *remeide, repeit, quyet* (§ 274);

c) ae. $\bar{e}$- reimt öfter auf $\bar{e}$ (aus $\bar{a}^2$) vor r (§ 130);
d) der Reim *eate* : *swcit* (§ 130).

Von diesen Fällen sind zunächst die mit r als nicht beweisend auszuscheiden; dass vor r vielfach Berührungen von $\bar{e}$ und $\bar{e}$, offenbar unter letzterem, stattfanden, ist bekannt. Sonst finden wir unter a) Fälle von $\bar{a}^1$ vor Dentalen und im Auslaut, die nach unseren obigen Ausführungen (§ 349) auch $\bar{e}$ gehabt haben können; unter b) das Subst. *leave*, das durch das engverknüpfte Verbum ae. (angl.) ʒelḗfan $\bar{e}$ erhalten haben kann, ferner Bindungen auf das $\bar{e}$ gelehrter Wörter, das bei Chaucer $\bar{e}$ ist (und manchmal auch hier, vgl. § 212), aber nach Ausweis des ne. *repeat* offenbar auch zum Teil $\bar{e}$ war. Es bleibt somit nur der eine Reim *eate* : *swcit*, aus dem man nicht auf Zusammenfall der zwei $\bar{e}$-Laute wird schliessen dürfen. Eher könnte man aus dem sonstigen Fehlen solcher Bindungen folgern, dass der Dichter die zwei $\bar{e}$ auseinanderhielt. Jedenfalls werden unsere auf anderen Wegen gewonnenen Ansetzungen der Lautwerte $\bar{e}$ und $\bar{e}$ durch diesen Tatsachenbestand nicht erschüttert.

Für die mittelenglische Grammatik wie für die englische Sprachgeschichte überhaupt ist ferner von Wichtigkeit, was die modernen Dialekte über die Entwicklung des *ai* lehren, wie dies andererseits durch die Ergebnisse der intern-mittelenglischen Forschung ergänzt wird. Vergleichen wir die beiderseitigen Ergebnisse nach den einzelnen Dialektgruppen.

In Schottland, haben wir gesehen, war der heutige Zusammenfall von *ai* und *ā* schon im 16. Jahrhundert vollzogen: beide lauteten $\bar{e}$. In mittelenglischer Zeit nun finden wir schon um 1375 bei Barbour einige Male *ai* und *ā* im Reim gebunden (Brandl Erc. 53, Anz. f. d. A. X 337); in der ungefähr gleichzeitigen Susanna, die auch schottisch zu sein scheint, und bei dem späteren Wyntoun fehlen zwar solche Bindungen, aber in den anderen Dichtungen des 15. Jahrhunderts sind sie gewöhnlich (Brandl a. a. O., Buss Angl. IX 501 ff.), und in der Schreibung gehen *ai* und

ā durch einander. Gewiss ist also mindestens in einigen
Teilen Schottlands schon im letzten Viertel des 14. Jahrhunderts der Zusammenfall vollzogen gewesen und bald
danach auch in den übrigen Strichen (abgesehen natürlich
von den südlichen Grafschaften). Aber es ist sehr wol
möglich, dass der Vorgang noch früher stattgefunden hat.
Das Reimen bewegte sich sicherlich im Mittelenglischen
bis zu einem gewissen Grade in traditionellen Bahnen: es
bedurfte daher einiger Zeit, bis neue Reimmöglichkeiten,
die die Sprachentwicklung schuf, wirklich ausgenützt
wurden (vgl. unten § 369). So mag es auch kommen, dass
wir keine solchen Reime bei Wyntoun finden: er, der ja
als Greis sein Werk schrieb, war wol noch in älterer
Tradition befangen. Bei der Susanne ist auch die Kürze
des Gedichtes zu beachten.

360 Neuerlich hat allerdings Heuser zu zeigen versucht,
dass in der Handschrift C des Bruce aus dem Jahre 1487
ai und *ā* noch bis zu einem gewissen Grade in der Schreibung geschieden würden, der Zusammenfall daher noch
nicht ganz vollzogen sei (Angl. XVII 91 ff.). Dabei erwähnt er aber mit keinem Wort die Reimbindungen von
ai und *ā*, die schon ein volles Jahrhundert vor der Entstehung jener Handschrift einsetzen. Es bliebe nichts übrig,
als sie für ungenau zu halten. Aber da sonst die früheren
nordhumbrischen Dichter ziemlich genau reimen, wird man
sich schwer dazu entschliessen. Dazu kommt, dass Schreibungen ja einfach traditionell sein können, dass sie jedenfalls nur für den Schreiber etwas beweisen und dieser ja
aus einem Gebiete stammen kann, welches *ai* und *ā* trennt:
aus Nordengland oder den südlichen Grafschaften Schottlands.

361 Sicht man aber näher zu, so zeigt sich eine Scheidung
von *ai* und *ā* doch nur innerhalb sehr enger Grenzen, und
man wird auch bald gewahr, was diese Eigentümlichkeiten
des Schreibgebrauches veranlasst. Einmal wurde es offenbar früh beliebt, *ai* als eine Bezeichnung des *ā* im Gegensatz zu *ă*, gleichwertig also mit der Schreibung *a-e* zu
verwenden. Daher erscheint es nicht in offener Silbe (be-

sonders im Wortauslaut), wo sich Länge von selbst verstand. Ferner ist zu beachten, dass die altenglischen Kürzen in offener Silbe innerhalb noch zu bestimmender Grenzen, namentlich, wie es scheint, vor Tenues, auf nordhumbrischem Gebiete nach Ausweis der lebenden Mundarten kurz geblieben sein müssen (vgl. Curtis Angl. XVI 398 ff.). In solchen Fällen wurde natürlich nicht *ai* geschrieben. Was noch übrig bleibt (wie *day* gegenüber *swa*) wird einfach traditionelle Schreibung sein; diese Fälle scheinen durch die ganze schottische Literatur durchzugehen. Die von Heuser S. 105 angesetzten Lautübergänge mögen stattgefunden haben (vgl. unten § 367), aber vor dem allgemeinen Zusammenfall von *ai* und *ā*. Seine an sich ganz dankenswerten Beobachtungen vermögen daher nicht umzustossen, was die Reime lehren.

In Nordengland und den südlichen Grafschaften von Schottland standen sich nach unseren Darlegungen im 16. Jahrhundert zur Zeit der Abstumpfung *ai* und *ā* als *ęi* und *ę̄* gegenüber. Nur in einigen Dialekten Yorkshires hatte *ai*, vermutlich nicht lange vor der Abstumpfung, erst im 16. Jahrhundert also, die Stufe *ę̄* erreicht. In der Tat liegen hier auch die Verhältnisse im Mittelenglischen anders als in Schottland. Wenn wir die hiehergehörigen Denkmäler vornehmen, hat es allerdings den Anschein, als ob *ā* und *ai* nicht mehr geschieden würden; doch ist mehreres zu berücksichtigen. Zunächst muss von der Schreibung, in der sie vielfach wechseln, abgesehen und das Reimkriterium herangezogen werden (Brandl Erc. 52, Schleich Yw. XIII). Ferner ist zu beachten, dass öfter Doppelformen mit *ā* und *ai* neben einander stehen, namentlich deshalb, weil den heimischen Wörtern die entsprechenden nordischen Lehnformen zur Seite getreten sind (wie *hale* und *hail*), aber auch aus anderen Ursachen (wie *slain* und *slan*, *again* und *agan*, vgl. unten § 376), wie bereits Brandl Anz. f. d. A. X 337 hervorgehoben hat. Andere als solche scheinbar hiehergehörige Fälle kommen nur höchst vereinzelt vor. Wenn sie in den Hauptdenkmälern des Nordenglischen, dem Cursor Mundi und dem Prick of

Conscience, fehlen, so könnte man das allerdings bloss als die Folge ihres höheren Alters ansehen. Aber auch Dichtungen aus der zweiten Hälfte des 14. Jahrhunderts, wie die Benedictinerregel, Perceval, Degrevant, Eglamour, Octavian, bieten keine solchen Bindungen; nur Thomas of Erceldoune reimt einmal *rase : says* (Brandl Erc. 52). Man wird aber diesem Fall in seiner Vereinzelung nicht viel Gewicht beimessen können. Die Denkmäler des 15. Jahrhunderts sind auf diesen Punkt hin noch nicht genügend untersucht worden; indes sind sie auch von geringerer Bedeutung, weil sich um diese Zeit die Dialekteigentümlichkeiten bereits stark verwischen.

363   Von besonderem Interesse für diese Frage sind die Spiele von York (ed. L. T. Smith), weil wir von ihnen mit grosser Wahrscheinlichkeit annehmen können, dass sie uns die Sprache Yorkshires darstellen, und gerade auf Teilen dieses Gebietes (speciell in der Umgebung von York) die lebenden Mundarten Zusammenfall von *ai* und *ā* zeigen, von dem wir aber wahrscheinlich gefunden haben, dass er erst im 16. Jahrhundert eingetreten ist. Auch zeitlich sind diese Spiele genau fixiert: der vorliegende Text stammt, obwol vielfach auf älteren Grundlagen beruhend, aus dem zweiten Viertel des 15. Jahrhunderts (S. XVII ff., XLV ff.). Da die bisherigen Arbeiten über sie das Verhältnis von *ā* und *ai* noch nicht genügend beleuchtet haben, müssen wir etwas ausführlicher werden.

364   Vor allem ist bemerkenswert, dass öfter *ā* und *ai* als verschiedenartige Reimvocale verwendet werden. Völlig deutlich und beweisend ist dies, wenn sie unmittelbar neben oder zwischen einander stehen, wie 6, 24 (aaabab: *welaway, day, ay, fra, may, ma*); 24, 25 (ababbab: *-ain, -ān*); 25, 218 (abab: *-ain, -ān*); 28, 287 (abba: *-ail, -al*); bedeutungsvoll aber auch dann, wenn sie in längeren Strophen durch andere Reimwörter getrennt sind, wie 18, 57 (aabcbc, Ausl.); 20, 1 (ababababcdcd, Ausl.); 28, 123 (ababababcddc, vor *n*).

365   Auf der anderen Seite scheinen allerdings Reime von *ai* und *ā* vorzukommen. Abzusehen ist dabei von Fällen,

wo nur die Schreibung nach der Etymologie zu berichtigen ist. (Besonders zu beachten 13, 13: *straise* statt *strase*; 28, 285: *haine* statt *hane*, nicht *bane*, wie die Herausgeberin vorschlägt: *in hide and in haine* 'in Feld und in Gehege', formelhafter Ausdruck für 'überall'). Zuweilen ist zu bessern. (So 46, 258: statt *graued hir* (: *laid hir* : *affraied hir*) lies *graid hir*; 25, 214: statt *consayte* : *latte* lies *concet* : *lette*.) Zu berücksichtigen ist auch eine metrische Licenz. Wenn vier Reimwörter zu setzen sind, so können zur Not zwei Paare dafür eintreten, also a-a-b-b für a-a-a-a. So finden wir 33, 230 ff. in der Strophenform abab bcbc decd als b-Reime: *streyned, demened, wenyd, tenyd*, eine Folge, die vom Dichter nur als *ai* : *ai* ; *ē* : *ē* gemeint sein kann (daher *demeyned* zu lesen, wie auch 30, 327 zeigt). Danach ist 36, 93 die Folge *made, brede* (l. *brade*), *saide, grayde* als *a* : *ā* — *ai* : *ai* zu fassen, nicht als Bindung von *ā* und *ai*.

Sonst finden sich an Reimen von etymologischem *ai* und *a* (*ā*) folgende Fälle:

a) *ai* (afr. oder an.) vor *st*; *fraste* (*ai*) : *a-baste* (*ai*) : *wrayste* (*a*) : *trayste* (*ai*) 11, 133; ähnlich 7, 57; 17, 181; 26, 247; 29, 121; 29, 244; 46, 260.

b) afr. -*ain* in (englisch) nachtoniger Silbe; *bargayne* : *beyan* : *pan* 5, 119; ähnlich 13, 23; 26, 227; (*barrane*) 10, 31; (*certayne*) 21, 16; (*ordande*) 13, 25; 21, 143; 23, 68; 35, 243.

c) *frande* ('fragen') : *sande* : *hande* 13, 225.

d) *ressayue* (*it*) : *hane* (*it*) 10, 300.

e) *clayme* : *same* : *blame* 25, 79; *prenayles* : *balis* : *talis* 25, 516.

f) *bale* : -*aile* (5 mal) 35, 110; ebenso 31, 194.

g) *paire* ('impair') : *care* : *bare* : *ware* 26, 114; *laide* : *brade* 32, 17; *fayre* : *there* (l. *thare*) 41, 9; : *bare* 41, 354; *faills* : *avaylls* : *daylls* ('dales') 41, 399.

Von diesen Abweichungen fallen zunächst die ersten zwei Kategorieen durch ihre scharfe Umgrenzung und die Häufigkeit der Fälle auf, was auf sprachliche Grundlagen schliessen lässt. In a) tritt uns gewiss ein Lautwandel

entgegen, der *ai* vor *st* zu *ā* werden liess, gerade so wie
me. *ai* vor *š* und Verwandtem sein *i* verliert (Angl. XVI
505 ff.); er wird erwiesen durch die Schreibung *traste* bei
Langland (Stratm.-Br. s. v.) und liegt ja auch in ne. *master*
aus me. *maister* (afr. *maistre*) vor. Auch in b) wird sich
ein Lautwandel, von nachtonigem *-ain* zu *-an*, abspiegeln
(wie bereits Brandl Anz. f. d. A. X 337 gesagt hat); schon
in der ältesten Handschrift des Cursor Mundi begegnet die
Schreibung *montan* (Behrens 136, 127; vgl. unten § 369).
Ebenso findet sich daselbst die Form *resane* (Behrens 143;
vgl. unten § 369), durch welche der Reim in d) in Ordnung
kommt. Neben *claime* (c) steht eine Nebenform *clame*, die
bei Manning und Langland (Mätzner s. v., Behrens 126)
belegt ist und sich aus den endungsbetonten Formen des
Französischen wie auch aus dem Lateinischen ergiebt.
Danach ist auch eine Nebenform *prevale* (e) möglich. *Bale*
(f) scheint sich mit *baile* 'Gefängnis', aus dem Altfranzösi-
schen (vgl. Stratm.-Br. s. v.), gemengt zu haben und daher
öfter in *ai*-Reimen vorzukommen. Rätselhaft ist der nirgends sonst belegte Infinitiv *frande* (c), offenbar mit der
Bedeutung von *fraine*, von dem es eine Weiterbildung sein
müsste (aber welcher Art?), sofern nicht ein Textverderb-
nis vorliegt. Dass *i* in volltoniger Silbe vor gedeckter
Nasalis ebenso absorbiert würde, wie in nachtoniger vor
einfacher (siehe oben), wäre ganz einleuchtend. Es bleiben
somit von den angeführten Fällen nur die fünf unter g)
aufgezählten übrig, und bei diesen fällt wieder auf, dass
drei in dem Stück 41 stehen, welches erst um die Mitte
des 16. Jahrhunderts in die Handschrift eingetragen wurde,
um eine Zeit also, wo auch nach unseren Ausführungen der
heute in mehreren Strichen Yorkshires vorliegende Zusammenfall von *ai* und *ā* schon vollzogen war.

368 Für die ältere Zeit bleiben also nur zwei Reime bestehen (von denen übrigens 32, 17 vielleicht ein Textver-
derbnis birgt, weil die Stelle nicht ganz klar ist), und
diesen stehen sieben Fälle der Verwendung von *ai* und *a*
als verschiedene Reimvocale gegenüber. Man könnte diese
sich widersprechenden Hinweise etwa durch die Annahme

in Einklang bringen, vor *r* und *d* habe sich bereits der Zusammenfall vollzogen, sonst aber, speciell im Auslaut, vor *l* und *n*, noch nicht. Indes für diese Scheidung wäre keine phonetische ratio abzusehen. Haben wir uns aber zu entscheiden, welchen von diesen Hinweisen wir mehr Gewicht beimessen sollen, so werden wir unbedingt die Verwendung als verschiedene Reimvocale höher anschlagen; denn — ganz abgesehen von der grösseren Zahl der Fälle — gewiss kann ein Dichter eher zwei Laute, die nicht völlig gleich sind, im Reim binden, als völlig gleiche dort verwenden, wo das Ohr verschiedene erwartet. Wir werden also die zwei Reime von *ai* und *ā* als Ungenauigkeiten ansehen müssen, und solche sind ja in so hervorragend volkstümlichen Stücken nicht überraschend. Eine weitere Möglichkeit wäre allerdings, dass die Stücke 26 und 32, in denen sie stehen, entweder selbst oder in ihren Grundlagen in einem Dialekt verfasst sind, der *ai* und *a* nicht mehr schied, also in einem schottischen. Abhängigkeit von Schottland ist jedoch in diesem Fall nicht recht glaublich. Wie dem auch sei, jedenfalls war in der ersten Hälfte des 15. Jahrhunderts auch in Yorkshire der Zusammenfall von *ai* und *ā* noch nicht vollzogen, während er — in vollkommenem Einklang mit unserer oben gewonnenen Chronologie — in einem Yorkshirer Texte aus der Mitte des 16. Jahrhunderts deutlich hervorzutreten scheint.

Es zeigt sich also, dass der mittelenglische Reimgebrauch mit den Verhältnissen in den lebenden Mundarten dahin übereinstimmt, dass der frühe (schon mittelenglische) Zusammenfall von *ai* und *ā* etwas speciell Schottisches, dem Nordenglischen Fremdes ist. Vereinzelte Bindungen der zwei Laute bei nordenglischen Dichtern (eine in Thomas of Erc., zwei in den Yorker Spielen) sind ungenau. Wenn die Schreibung *a* und *ai* so bunt durch einander gehen lässt, so wird man dies schwerlich damit ausreichend erklären können, dass die zwei Laute einander sehr nahestanden. Es muss wol schottischer Einfluss im Spiele sein, der sich bei der geographischen Nähe und dem Aufschwung der schottischen Sprache und Literatur im 15. Jahrhundert wol begreift. Es ist nur bemerkenswert, dass sich diese Verwechslungen sehr früh zeigen. Bereits die älteste Handschrift des Psalters, aus dem ersten Viertel des 14. Jahrhunderts, hat einige Fälle (*fai* 7, 6; 9, 4; *awa* 102, 15), während die ältesten schottischen Texte, Urkunden aus den Jahren 1385—1398, allerdings von geringem Umfang, dergleichen nicht zeigen (Murray 91 ff.); denn *certane*, *ordanyt* (neben *-ai-*), *catale*, *resaue* (neben *-ai-*), sind anders zu beurteilen (vgl. oben § 367). Dies ist um so auffälliger, als ja schon um 1375 die ersten Reime von *a* und *ai* auftauchen. Ich möchte daher annehmen, dass in diesen Urkunden die Schreibung traditionell ist, während tatsächlich ein Unterschied zwischen *a* und *ai* nicht mehr bestand, und ferner, dass ausserhalb der Kanzleien auch die Orthographie schon schwankend wurde; sonst wäre es kaum zu erklären, dass dies so früh schon in Nordengland eintrat, obwol die zwei Laute hier durch die ganze mittelenglische Zeit geschieden wurden. Ist das richtig, legt also das frühe Schwanken in Nordengland Zeugnis ab für die Verhältnisse in Schottland, dann hat sich hier der Lautwandel schon einige Zeit bevor er in den Reimen zu Tage tritt, vollzogen, und wir kommen zu dem Ergebnis, dass er nicht an das Ende, sondern in die erste Hälfte des 14. Jahrhunderts zu versetzen ist. Die endgiltige Erledigung dieser Specialfrage fällt der intern-mittelenglischen Grammatik zu.

370   Für das Mittelland haben wir das Datum der Monophthongierung des *ai* zu *a* nicht ermitteln können, aber wahrscheinlich gefunden, dass sie nicht früher als im Norden erfolgte. Von den mittelenglischen Denkmälern aus diesen Landschaften zeigen die früheren, im südlichen Teil auch alle späteren, *ai* und *a* völlig deutlich geschieden, ganz so wie in den noch übrigen Teilen des Sprachgebietes. Nicht so zweifelfrei sind die Verhältnisse im nördlichen Mittelland von der zweiten Hälfte des 14. Jahrhunderts an. Wir besitzen vor allem ein sicher hiehergehöriges Denkmal in den Towneley-Spielen, welche ja im südwestlichen Yorkshire, also südlich von der Humbergrenze entstanden sind. Hier zeigen sich nun bemerkenswerter Weise einige Reime

von *ai* und *a* (Brandl Erc. 53). In den übrigen Texten, die dem nördlichen Mittelland zugewiesen werden (z. B. Ipomedon A, Graf von Toulouse, Sir Gowther), finden wir dergleichen nicht, mit Ausnahme des Guy of Warwick, in dem ebenfalls ein paar Mal *ai* und *a* gebunden sind (Zupitza, EETS. 25 S. XIII). Aber da der Dichter dieser Romanze sich auch sonst die allergröbsten Ungenauigkeiten erlaubt (vgl. Zupitza a. a. O.), so müssen diese Fälle als nichts beweisend bei Seite gelassen werden. Wie weit die Towneley-Spiele in ihren Reimen genau sind, ist noch nicht untersucht. Jedenfalls stehen sie in diesen Bindungen vereinzelt. Wollte man sie für vollwertig halten, so würde folgen, dass unser Wahrscheinlichkeitsschluss doch nicht das Richtige getroffen hat, dass hier vielmehr die Monophthongierung des *ai* ebenso früh erfolgte wie in Schottland, im Gegensatz zum Norden (und natürlich zu allen südlicheren Strichen). Diese Annahme scheint mir aber doch zu bedenklich, weil dieses Vorauseilen dem Norden gegenüber im stärksten Gegensatz stünde zu dem sonstigen Verhalten des Mittellandes. Ich möchte vielmehr annehmen, dass die Reime der Towneley-Spiele gerade so ungenau sind, wie die entsprechenden Fälle im Guy of Warwick und den Yorker Spielen, was ja auch bei diesen urwüchsigen, von Kunsttradition kaum beeinflussten Dichtungen nicht wundernimmt.

Wir dürfen somit zusammenfassend constatieren, dass 371 das, was wir oben (§ 285) erschlossen haben, durch das mittelenglische Material Bestätigung und eine wertvolle Ergänzung erfährt: der Zusammenfall des *ai* und *a* auf schottischem Boden, aber auch nur auf diesem, ist schon mittelenglischen Ursprungs; er hat sich wol schon in der ersten Hälfte des 14. Jahrhunderts, sicher gegen Ende desselben, vollzogen. Damit ist auch die Abtrennung des Schottischen vom Nordenglischen datiert. Denn die frühe Monophthongierung des *ai* ist nicht nur ein unterscheidendes Merkmal jenes Dialekts, sondern auch das erste dieser Art. Vor diesem Lautwandel lässt sich ein Unterschied zwischen der Sprache diesseits und jenseits des Tweeds, wie Murray gezeigt hat, nicht feststellen. —

372   Zu ähnlichen Ergebnissen wie die eben entwickelten ist bereits Curtis Angl. XVI 429 gelangt; er hat auch schon ihre Wichtigkeit für die Localisierung mittelenglischer Denkmäler betont. Da er aber den Zusammenfall von *ai* und *ā* nicht durchaus zu datieren vermochte, können seine Rückschlüsse nicht immer zwingend sein, so bezüglich des mittleren und östlichen Yorkshires und des nördlichen Mittellandes. In diesen Punkten gehen unsere Schlüsse bedeutend weiter. —

373   Nachdem wir aus dem mittelenglischen Material eine Datierung gewonnen haben, die wir aus den moderndialektischen Beständen nicht ermitteln konnten, und damit der Kreis geschlossen ist, wird es angemessen sein, die im Vorangegangenen zeitlich fixierten Punkte in der Entwicklung der offenen $\bar{e}$-Laute zusammenzustellen, um einen leichten Überblick zu ermöglichen. In den meisten Fällen vermochten wir ja von der relativen zur absoluten Chronologie vorzudringen. Nur bezüglich des Mittellandes gelang das nicht ganz und unsere Ansätze sind daher etwas unsicher. Zur Zeit der Abstumpfung hatte hier me. $\bar{e}$ den Lautwert $\bar{e}$ und me. $\bar{a}$ war $\bar{æ}$; dieser Zeitpunkt ist aber nur für den nördlichen Teil ziemlich sicher zu bestimmen: er ist wol hier derselbe wie im Norden (§ 238). Wann die Abstumpfung jedoch im südlichen Teil eintrat, ist fraglich. Nach dem sonstigen Verhalten dieser Striche möchte man dasselbe Datum wie im Süden und Osten vermuten. Dem entsprechen unsere Ansätze. Streng genommen steht aber dann der Lautwert $\bar{æ}$ für $\bar{a}$ im letzten Viertel des 16. Jahrhunderts nur für den nördlichen Teil, im zweiten Viertel des 17. nur für den südlichen fest; es könnte sein, dass zu diesem letzteren Zeitpunkt im Norden des Mittellandes $\bar{a}$ bereits zu $\bar{e}$ geworden war, dass also auch innerhalb des Mittellandes das $\bar{a}$ nicht einheitlich, sondern in zwei Stufen sich entwickelte.

17. OFF. Ē-LAUTE. RÜCKSCHLÜSSE.

	Ia (Schottland. Norden).				II (Mittelland).				Ib (Osten, Süden).			
	ē̜			ē̜				ē̜				ē̜
14. Jahrhundert	ā		ai		ā		ai	ē̜	ā		ai	ē̜
16. Jh., 3. Viertel	ē̜	ā (Sch.), ai (N.)		ē̜								
„ „ 4.		ē̜ (Sch.); ei; ē̜ (N.)		ē̜								
17. Jh., 1.	ē̜ (Sch.), eə (N.)	ē̜ (Sch.); ē̜(i); eə(N.)		ē̜	āe	ai eə(N.), ē̜(S.)		ē̜	ē̜	eə, ē̜	ē̜(i), eə ai (SW.)	ē̜
„ „ 2.					ǣ	ǣ(i)	eə			ē̜; ē̜ ai (SW.)		

371   Kehren wir wieder zur Betrachtung des Diphthongs *ai* zurück. Seine Entwicklung, in ihrer Gesamtheit überschaut, zeigt eine beachtenswerte zeitliche Abstufung. Im äussersten Norden vollzieht sich seine Monophthongierung im 14. Jahrhundert, im Südwesten überhaupt nicht, in den dazwischen liegenden Strichen, also auf dem grössten Teil des Sprachgebietes, im Laufe des 16. und 17. Jahrhunderts. Hier möchte es scheinen, dass ein Zusammenhang mit der Entwicklung eines neuen *ai*-Diphthongs für me. $\bar{\imath}$ besteht. In der Schriftsprache wenigstens tritt die Schwäche der zweiten Componente deutlich zu Tage zu der Zeit, wo der neue Diphthong, der ja zuerst *ei* war, einem *ai* sich nähert. Die Dialekte, welche im 16. Jahrhundert in der Monophthongierung des me. *ai* voran sind — die nordenglischen — sind es auch in der Entwicklung des neuen Diphthongs für me. *i* (§ 29). Es scheint, dass hier wieder ein Laut den anderen verdrängte; nur haben wir nicht so deutliche Hinweise wie in anderen Fällen.

375   Um so auffälliger ist dann das Verhalten der beiden von der Hauptmasse sich absondernden Gebiete. Über den Südwesten haben wir schon oben § 299 gehandelt. Was Schottland anlangt, so hat Murray (a. a. O. 52) eine Erklärung für die frühe Monophthongierung des *ai* gegeben, die auf den ersten Blick sehr anspricht. Er vermutet wieder keltischen Einfluss und verweist darauf, dass im Gaelischen *ai*, wie auch die anderen *i*-Diphthonge, mit sehr schwachem *i* gesprochen wird. Eine solche Beeinflussung wäre gewiss sehr einleuchtend; wir hätten also das vom intern-englischen Standpunkt auffällige Verhalten Schottlands einer Einwirkung von aussen zuzuschreiben. Indes, aus dem, was unten (Anhang I) über die gaelische Orthographiereform mitgeteilt wird, ergiebt sich, dass Murray die Lautverhältnisse nicht richtig auffasst. — wie mir Herr Professor Zimmer auf meine besondere Anfrage hin auch bestätigt. 'In all den von Murray a. a. O. genannten gaelischen Wörtern hat nie ein Diphthong gestanden, sondern nur einfache Vocale (altir. *bale, patir, cethir, bethir, usre* etc.), und die neuirisch-gaelische Schreibung *ai, ei, ui* etc. ist nur

Orthographie, um die sogenannte dünne (d. h. mouillierte) Aussprache der *l, t, th, s* zu markieren, welche Aussprache selbst durch den dem Consonanten folgenden hellen Vocal bedingt ist. Es kann somit nicht keltischer Einfluss in dem Sinne vorliegen, dass Schwund oder Schwächung der zweiten Componente im Gaelischen den gleichen Vorgang im Englischen hervorgerufen hat. Aber damit ist die Möglichkeit einer Anknüpfung an ausserenglische Momente nicht gänzlich benommen. Ist etwa bei der Anglisierung der Gaelen eine Lautsubstitution eingetreten, indem sie für das ihnen ungeläufige *ai* die Folge $\bar{a}$ + mouilliertem Consonanten einsetzten, und war etwa dies der erste Schritt zur Monophthongierung?

Auch die von dem allgemeinen Zusammenfall zu scheidenden vereinzelten Berührungen von *ai* und $\bar{a}$ (und $\bar{e}$), welche § 224 behandelt wurden, reichen in ihren Wurzeln in vornenenglische Zeit zurück, was wir in aller Kürze belegen wollen. Es handelt sich dabei namentlich um das Wort *again*. Die im Süden und besonders im Norden heute geltenden $\bar{a}$ haben ihre Vorläufer in mittelenglischen $\bar{a}$, die einerseits im Süden bei Laʒamon vorkommen (vgl. Mätzner s. v.), andererseits aus nordenglischen Reimen sich ergeben (wie *agayne* : *allone* York Sp. 27, 150; : *ilkone* eb. 28, 64). Derartige Schreibungen in schottischen Denkmälern beweisen nichts, doch ist Buss Angl. IX 507 f. zu vergleichen. Die mittelländische $\bar{e}$-Form ist eine genaue Fortsetzung des Orrm'schen *onnʒæn(ess)* und anderer ostmittelländischen Formen (*aʒen* Gen.). Ein $\bar{e}$ liegt auch der schriftsprachlichen Lautung zu Grunde. Im Frühneuenglischen ist einerseits diphthongische Form bezeugt, andererseits $\bar{e}$ und seine Verkürzung, die ebenso wie in *said* zur Herrschaft gelangt ist. Von den anderen Wörtern finden sich entsprechende Belege im 15. Jahrhundert: *nal* Pall. Husb. II 199 (vgl. Stratmann-Bradley s. v.); *snele* Wright-Wülker 643, 18; *snyle* eb. 706, 24.

In allen diesen Fällen liegt ae. $æʒ + l, n$ zu Grunde, woraus im Allgemeinen *æi, ai + l, n* sich entwickelte. Da-

neben gab es auch im Altenglischen Formen, in denen der
Palatal ausgefallen und Ersatzdehnung eingetreten war
(Sievers § 214, 3): sie ergeben die ę̄-Formen. Die ā könnten
ebenso auf das durch Ersatzdehnung entstandene ǣ zurückgehen wie in me. *ware, thare* etc. für ae. *wǣron, ðǣr*.
Oder ist in Formen wie *nǣgles*, nordh. *tógǣʒnes* das ʒ ohne
Ersatzdehnung geschwunden, so dass *æ* in offener Silbe
stand und mittelenglisch zunächst zu ā wurde? Im Einzelnen sind dabei noch andere Fragen zu lösen. Ausfall
des ʒ mit Ersatzdehnung ist speciell westsächsisch; die
ē-Formen erscheinen aber gerade im Mittelland. Ferner
ist zu erwägen, wie weit bei *again* etwa Satzunbetontheit
eingewirkt hat. All das liegt aber zu sehr ausserhalb
unseres eigentlichen Themas, um hier weiter verfolgt zu
werden.

378 Aus den so verwickelten und vielfach noch dunklen
Verhältnissen bei der Wiedergabe von ae. *ǣʒ* (§ 308 ff.)
lassen sich wenig Rückschlüsse ziehen. Doch ist deutlich,
dass durch die Einwirkung des palatalen ʒ das vorausgehende *ǣ* in einem Teil des Mittellandes dem *ė* genähert
wurde, so dass es im Mittelenglischen mittleres ē ergab,
an anderen Punkten, wie es scheinen möchte, sogar bis zu
ė vorrückte. Dass im Altenglischen die Schreibung *ǣʒ*
durchgeht, kann uns nicht beirren. Wir haben also hier
eine palatale Einwirkung vor uns, die mit dem Umlaut
einige Verwandtschaft hat, daher man sie allenfalls Palatalumlaut nennen könnte. Der Vorgang, den Sievers (früher)
so nannte, der Wandel von *ėaʒ* zu *ėʒ* u. s. w., tritt, wie
man sieht, schon altenglisch ganz anders auf und zeigt in
den heutigen Mundarten ganz andere Folgen. Und doch
würde man erwarten, dass diese Lautwandlungen Hand in
Hand giengen, sofern sie ihrem Wesen nach zusammen-
gehörten. Wo *ėa*, das ist *ǣa*, zu *ė* wurde, offenbar über *ǣ,
sollte doch *ǣ* um so eher zu *ė* werden. Da dies nicht der
Fall ist, kann in dem Wandel von *ėa* zu *ė* keine palatale
Wirkung zu Tage treten. Dazu nun kommt, dass ʒ in
dieser Verbindung von Haus aus guttural war und keines-

wegs die Bedingungen für den Übergang zur Palatis vorliegen. Allerdings wurde es auch einmal palatal, aber erst in Folge des Wandels von *ęa* zu *ę* (Kluge Grdr. I 845), und gehört dann zu jener zweiten Schichte, die sich in ihrer Entwicklung ganz scharf von den schon altenglischen Palatalen scheidet. In anderen Fällen erweist die spätere Entwicklung gewöhnliche Gutturalis (ae. *earh* > ne. *arrow*). Sievers' Ansetzung von 'Halbpalatalen' (§ 206, 5) wird dem Tatbestand kaum besser gerecht werden können. Er fasst auch neuestens (in seinem 'Abriss' § 5) die Regel über den Palatalumlaut anders: 'durch folgenden **gutturalen und palatalen** Consonanten werden Diphthonge vereinfacht oder sonst verändert'. Ich glaube, wir werden die Annahme palatalen Einflusses ganz fallen lassen und nach einer anderen Erklärung suchen müssen. Der Schwund der zweiten Componente gerade vor Gutturalis wäre ganz verständlich. Es kommt ja auch sonst vor, dass Consonanten gerade der Articulation nach verwandte Vocale absorbieren, und speciell in der späteren englischen Lautentwicklung hat sich der Vorgang wiederholt vollzogen (vgl. Angl. XVI 503). Ähnlich wurden jene altenglischen Erscheinungen von Sweet schon vor geraumer Zeit erklärt (Philol. Soc. Proceedings 5. Feb. 1885). Eines bleibt aber dabei unklar: was bei *ea* den Übergang der ersten Componente von der offenen zur geschlossenen Qualität bewirkte. Denn dass sie ursprünglich offen war, speciell den Lautwert *æ* hatte, wird wol niemand bezweifeln.

Wir kommen also zu keinem positiven Ergebnis. Jedenfalls aber dürfte durch die Entwicklung der Gruppe *ęȝ* in den Dialekten, die uns zeigt, wie eine sicher palatale Einwirkung sich äussert, die Negative gestützt werden, dass in dem Übergang von *ęaȝ* zu *ęȝ* ein derartiger Einfluss nicht im Spiel sein kann.

350 Um das im Vorangegangenen vorgelegte Material leichter überschauen zu können, sind die modern-dialektischen Entsprechungen der mittelenglischen Längen — mit Ausnahme von $\bar{\imath}$ und $\bar{u}$, bei denen die Verhältnisse ja sehr einfach liegen, und der Verbindungen $\acute{e}$ und $\acute{o}$ $\vdash$ $\mathfrak{z}$, h, die schon früh mit $\bar{\imath}$, $\bar{u}$ oder $\bar{e}$, $\bar{o}$ zusammenfallen — auf dem beigehefteten Blatt in eine Tabelle zusammengestellt worden. Die Einordnung erfolgte nach den Abteilungen Ellis', die sich allerdings mit den Verbreitungsgebieten der Entsprechungen mannigfach kreuzen, aber immerhin geeignet sind, den Überblick zu erleichtern. Innerhalb derselben wurde die Örtlichkeit nach den Weltgegenden (und durch M = mittlerer Teil) oder mit den Ziffern der Ellis'schen Bezirke bezeichnet. Was in jeder Zeile dem ersten Lautwert in Klammern folgt, kommt mehr oder weniger häufig neben ihm innerhalb desselben Dialekts vor. Durch / getrennte Werte (*ei* / *ii*) sind Endpunkte von Reihen nahverwandter Laute, welche auf einem gewissen Gebiet, auf die Einzeldialekte verteilt, gelten. Die häufigsten, für die Abteilung charakteristischen Entsprechungen sind vorangestellt, ganz vereinzelt stehende, belanglose überhaupt nicht aufgenommen, um die Übersicht zu erleichtern. Die Transcription ist bei den Diphthongen zumeist die ungefähre (§ 22). Man wird in dieser Tabelle namentlich die Scheidung oder den Zusammenfall ursprünglich getrennter Laute, ferner die Symmetrieverhältnisse leicht überblicken können.

II.

Unter den 'mittelenglischen Längen', von denen im Vorangehenden gehandelt wurde, haben wir die Ergebnisse der altenglischen Längen und von *a, e, o* in offener Silbe verstanden, soweit nicht besondere Ursachen Verkürzung bewirkt haben. Der Grund für diese Abgrenzung ist leicht ersichtlich: alle mittelenglichen Indicien weisen darauf hin, dass diese Längen im Wesentlichen gemeinenglisch waren. In der Tat hat sich uns auch bei der Untersuchung der lebenden Mundarten kein Anzeichen ergeben, das dagegen spräche. Nunmehr liegt aber die Frage nahe, was mit den noch übrigen zwei Kürzen in offener Silbe, mit $\breve{\imath}$- ($\breve{y}$-) und $\breve{u}$- geschah. Die Entwicklung dieser beiden ist ein schwieriges Problem der englischen Lautgeschichte, über welches die Meinungen noch sehr auseinandergehen. Können wir etwa, nachdem die Entsprechungen der übrigen normalen Längen und Kürzen in den lebenden Mundarten festgestellt sind, aus diesen neue Hinweise zur Lösung des Problems gewinnen?

1.

Die bisherige Forschung war auf das mittelenglische Material und für die neuenglische Zeit auf die Entwicklung der Schriftsprache angewiesen. Da in dieser ae. $\breve{\imath}$-, $\breve{u}$-, von wenigen und keineswegs durchsichtigen Fällen abgesehen, mit me. $\breve{\imath}$, $\breve{u}$ aus ae. $\breve{\imath}$, $\breve{u}$ in geschlossener Silbe zusammenfallen (*son* aus ae. *sunu* wie *sun* aus ae. *sunne*, *bit* aus ae.

bite wie *sit* aus ae. *sittan*), so liegt am nächsten die Auffassung, dass *i* und *u* im Gegensatz zu *a, e, o* auch in offener Silbe als Kürzen verharrten. Sie wird vertreten von Sweet (HES. § 623) und ist wol in England alleinherrschend. Anderer Ansicht ist ten Brink (Zeitschr. f. d. A. XIX 212; Chaucer's Spr. S. 25). Er nimmt zwischen Länge und Kürze eine mittlere Quantität an, die 'schwebende', und schreibt sie namentlich den uns beschäftigenden Ergebnissen von ae. ĭ-, ŭ- zu. Im Allgemeinen stünde diese Quantität allerdings der Kürze näher, und daher führe sie auch in der Weiterentwicklung fast immer zur Kürze. Gegen diese Theorie hat sich Morsbach ausgesprochen (S. 181) und triftige Einwürfe vorgebracht, ohne freilich alle bei dieser Frage in Betracht kommenden Erscheinungen genügend aufhellen zu können. Er schliesst sich Sweet an. Ganz kürzlich hat Brugger ten Brink's Ansicht weiter ausgeführt (Angl. XV 281), ohne etwas Neues von Belang beizubringen und ohne Morsbach's Einwände zu widerlegen.

383   Eine dritte ganz abweichende Auffassung, die früher schon in einigen Kieler Dissertationen durchschimmerte (vgl. Fick S. 16, 18, Münster S. 21), hat Sarrazin Bezzenberger's Beitr. XVI 315 vorgetragen. Er meint, ae. ĭ-, ŭ- seien zu me. ē, ō gelängt und diese nur secundär zumeist wieder beseitigt worden. In dieser allgemeinen Fassung wird die Regel kaum viel Zustimmung gefunden haben. Die Beseitigung des ō liesse sich allenfalls durch den Hinweis auf Fälle wie *done* (me. ǭ > ne. ū > ŭ > ʌ) plausibel machen. Aber wie in so zahlreichen Fällen (*bill, bit, dill, grip, pith, quid, rim, shin, spit, stitch, witchelm*) *i* für ē eingetreten sein soll, worüber Sarrazin kein Wort sagt, bleibt ganz rätselhaft, und eine Parallele ist kaum beizubringen; denn in *pretty, silly* liegen die Verhältnisse doch anders. Ferner sind von den von ihm angeführten Fällen einige als nicht beweisend auszuscheiden, weil ihr Vocal auf andere Quellen zurückgehen kann: *pease* und *beadle* sind wahrscheinlich durch die entsprechenden französischen Formen beeinflusst (*peise* > *pēse, bedel*), in *evil* kann das *e* die reguläre kentische Wiedergabe von ae. *y* sein, und auf *bridegroom* aus ae.

brýdguma hat sicherlich *groom* aus an. *grómr* gewirkt. Aber einige Fälle bleiben als unanfechtbar übrig: *gleed* (*glede*), *weet*, *week*, *weevil* aus ae. *glida*, *witan*, *wicu*, *wifel*, ferner *wood*, *door* aus ae. *wudu*, *duru*, und es zeigt sich in ihnen speciell die Entsprechung des me. geschlossenen $\bar{e}$, $\bar{o}$. Dass *door* zwingend auf me. $\bar{o}$ weist und nicht mit ae. *dor* in Zusammenhang gebracht werden kann, wurde Angl. XVI 459 gezeigt; *wood* ist zwar seit dem 16. Jahrhundert mit dem Laute $\breve{u}$ bezeugt, aber die constante Schreibung *oo* weist doch darauf hin, dass zur Zeit der Fixierung der heutigen Orthographie auch die dem me. $\bar{o}$ entsprechende Lautung galt, ja wol vorherrschte. Aus demselben Grunde ist *sieve* aus ae. *sife* trotz der Lautung $\breve{\imath}$ diesen Fällen anzureihen (zumal wir für seine frühneuenglische Aussprache kein Zeugnis besitzen). Endlich ist offenbar hier einzufügen *beetle* aus ae. *bitela* (vgl. NED. s. v.) und das altertümliche *speer* (*spere*, *speir*) aus ae. *spyrian*. In diesen Fällen gilt die dem heutigen Laut entsprechende Schreibung seit dem Beginn der neuenglischen Zeit (zum Teile schon im Spätmittelenglischen), von einigen (*week*, *door*) ist uns auch die entsprechende Lautung seit dem 16. Jahrhundert bezeugt: es ist also nicht zu bezweifeln, dass die Entstehung dieser Formen in die mittelenglische Zeit fällt, dass $\breve{\imath}$-, $\breve{u}$- irgendwo und irgendwann im Mittelenglischen zu $\bar{e}$, $\bar{o}$ werden konnten.

Diese Fälle waren nun den Vertretern der anderen Ansichten keineswegs völlig unbekannt. ten Brink findet in der eigentümlichen qualitativen Entwicklung des $\breve{\imath}$ zu ne. *ee* einen Hinweis auf schwebende Quantität: sie habe hier, entgegen den übrigen Fällen, zur Länge geführt, aber zu einer Zeit, als die Diphthongierung von me. $\bar{\imath}$ zu ne. *ai* schon vorüber war (Chaucer S. 25). Dass das nicht möglich ist, hat bereits Morsbach S. 181 dargetan. Er sieht vielmehr in *week*, *weevil* einen Einfluss des *w* auf *i* (eb.), in *wood* eine dialektische Aussprache (S. 65). Aber auch eine derartige consonantische Einwirkung kann nicht vorliegen: das zeigt *gleed*, *beetle*. Und auch abgesehen davon: ein solcher Einfluss wäre doch seltsam. Wie käme *w* dazu, eine Senkung der Zunge beim folgenden Vocal hervorzurufen? Die einzige Möglichkeit wäre eine Art Dissimilation, da sowol bei *i* als bei *w* (= *u̯*) die Zunge hohe Stellung einnimmt, wenn auch an verschiedenen Orten. Aber warum tritt nicht dieselbe Wirkung des *w* bei *ī* in geschlossener Silbe ein? Bei Ansetzung von combinatorischem Lautwandel müssen wir doch etwas vorsichtiger zu Werke gehen und uns fragen, ob denn das Angenommene lautphysiologisch begreiflich und mit den anderen Spracherscheinungen in Übereinstimmung zu bringen ist.

385   In einen anderen Zusammenhang rücken diese Fälle nach einer Theorie, welche Brandl Anz. f. d. Alt. XIII 97 ff. vortrug. Er stellte die Fälle zusammen, wo im Mittelenglischen ae. *i* und *y* durch *e* wiedergegeben oder auf *e* gereimt werden, und schloss aus ihnen (S. 101) auf eine gemeinmittelenglische Tendenz, die kurzen palatalen Hochzungenvokale zu *e* herabzustimmen, der eine parallele Tendenz, *u* zu *o* werden zu lassen, gegenüberstehe. Ferner meinte er, dass dabei der folgende Consonant von Einfluss sein könne: namentlich Dentale und *r* begünstigten sie. Weiter geführt wurde diese Ansicht von Römstedt (S. 13), der die Herabstimmung bei Caxton am ausgesprochensten vor Dentalen und *r* in offener Silbe fand, und neuerlich von Hoelper (S. 17). Ist das richtig, so wird man geneigt sein, die uns beschäftigenden Fälle als neuenglische Überreste jener Tendenz zu erklären, aus denen dann hervorgienge, dass die Herabstimmung nur bis zu *ẹ, ọ* führte, nicht zu dem sonstigen *ę, ǫ*. Diese Auffassung scheint mir indes berechtigtem Zweifel ausgesetzt. Sie gründet sich hauptsächlich auf die mittelenglische Schreibung, deren Tatbestand sie gewiss richtig zusammenfasst; aber ob wir von dieser Tendenz in der Schreibung und von gelegentlichen Reimen, deren Beweiskraft nicht ganz sicher ist, auf eine genau ebenso umgrenzte Tendenz in der Lautgebung schliessen dürfen, ist eine weitere Frage. Die mittelenglische Schreibung ist ja von verschiedenen Principien beherrscht, die sich nicht selten kreuzen; sie bedarf zumeist der Aufhellung von anderer Seite her, um völlig klar zu werden.

Dazu kommt, dass in diesem speciellen Falle die Umgrenzung der Erscheinung doch eine ziemlich verschwommene ist, die eher den Eindruck einer schwankenden Fixierung als einer schwankenden Lautgebung macht.

Die bisher ausgesprochenen Theorieen scheinen mir also nicht hinzureichen, um den heutigen Tatbestand der Schriftsprache bezüglich der Entwicklung von ae. $\bar{\imath}$-, $\bar{u}$- völlig zu erklären; die Formen mit *ee*, *oo* bedürfen noch einer näheren Untersuchung. Da sie aus mittelenglischer Zeit stammen, läge es nahe, die Sprachdenkmäler aus dieser Zeit nach ihren Vorstufen zu durchsuchen; einiges Material ist ja in den oben erwähnten Darlegungen der Theorie Brandl's bereits beigebracht. Aber es ist wenig Aussicht, auf diesem Wege zu sicheren Ergebnissen zu gelangen. Die Schreibungen sind schwankend und zumeist mehrdeutig, die Reime an sich ebenfalls mindestens zweideutig. Wem fielen bei me. $\bar{o}$ für $\bar{u}$- nicht die in gewissen Denkmälern so häufigen Bindungen wie *love : behove* ein? Aber sofern sie überhaupt genau sind, sagen sie nur, dass ae. $\bar{u}$- und $\bar{o}$ zusammengefallen sein müssen; ob unter einem mittleren Laut oder einem von beiden, und wenn dies, ob $\bar{u}$ zu $\bar{o}$ oder $\bar{o}$ zu $\bar{u}$ geworden ist, bleibt zunächst ganz unsicher. Gewöhnlich wurden sie in letzterer Weise gedeutet; aber der einzige plausible Grund war doch nur, dass innerhalb des Neuenglischen Ähnliches sich findet (Fälle wie *done*), und das ergiebt im günstigsten Fall nur eine gewisse Wahrscheinlichkeit. Mit mehr Recht könnte man auf Grund von *wood*, *door* annehmen, dass $\bar{u}$ zu $\bar{o}$ geworden war, denn diese Formen beweisen den Bestand eines $\bar{o}$ für die mittelenglische Zeit; aber zwingend wäre auch dieser Schluss nicht.

Wir wollen daher einen anderen Weg einschlagen. Wir wollen zunächst sehen, wie $\bar{\imath}$-, $\bar{u}$- in den lebenden Mundarten wiedergegeben wird und namentlich, ob sich irgendwo Spuren von me. $\bar{e}$, $\bar{o}$ zeigen. Die Entsprechungen dieser Laute sind ja, wie wir gesehen haben, in den meisten Dialekten deutlich von allen anderen geschieden, namentlich von $\bar{\imath}$, $\bar{u}$ einerseits, $\bar{\imath}$, $\bar{u}$ andererseits. Selten fällt $\bar{o}$ mit $\bar{o}$ zusammen, etwas häufiger allerdings $\bar{e}$ mit $\bar{e}$. Aber auch in diesen Dialekten werden wir die Entsprechung eines ẹ̄ als ursprüngliches ẹ̄ deuten dürfen, so lange nicht sichere Fälle von ẹ̄ nachgewiesen sind.

2.

388   In den lebenden Mundarten finden wir nun nirgends Spuren einer Längung zu me. ī, ū, wie ja von vornherein zu erwarten war. Die gewöhnliche Wiedergabe ist die durch me. ī, ū, daneben erscheinen auch öfters die Entsprechungen von me. ẹ̄, ọ̄. Unsere Untersuchung spitzt sich dahin zu, den Umfang dieser letzteren genau festzustellen. Bei der eigenartigen Verteilung der Belege über das Sprachgebiet wie auch ihrer geringen Zahl wird es gut sein, diesmal das Material ausführlicher mitzuteilen, als es in den früheren Capiteln geschah. Zuvor jedoch möge als Probe der Tatbestand einer Mundart dargelegt werden, über die wir genauer unterrichtet sind: Murray's südschottischer Dialekt. In diesem wird me. ū durch (u), im Auslaut durch (ʌu), me. ŭ (aus ae. ŭ in geschlossener Silbe) durch (a), me. ọ̄ (und ü) durch (ə) wiedergegeben (S. 103, 116). Es ergeben nun ae. *cuman*, *sunu* allerdings (a); aber ae. *lufu*, *ábufan*, *duru*, *cudu*, *hulu*, ferner *duca* (nicht *dúca*!) und **ufen* haben (ə) (S. 147 ff.). Ebenso verhält es sich auf der *i*-Seite. Me. ī wird durch (ei, ei, ai), ĭ durch (e), ẹ̄ und ẹ̄ durch (i) wiedergegeben. Dieser letztere Laut zeigt sich nun auch für ae. ĭ- in *lifian* (S. 97), *ʒifan* (205; vgl. Anhang II), *drifen* (204), *stice* (122), *wica* (146). Das sind also völlig deutliche und unanfechtbare Fälle.

389   Zur vergleichenden Untersuchung der lebenden Mundarten auf diesen Punkt hin ist wieder Ellis' 'classified wordlist' heranzuziehen. Sie bringt unter ŭ- folgende Wörter (Nr. 599—607): *ábufan*, *lufu*, *fuʒol*, *suʒu*, *cuman*, *sumor*, *sunu*, *duru*, *butere*. Von diesen sind *sumor* und *butere* als nicht beweisend auszuscheiden: in zweisilbigen Formen mit der Endung -*er* kann die Kürze deswegen bewahrt sein, weil Dehnung durch die Endsilbe verhindert wurde. Ebenso

ist nach dem oben § 12 aufgestellten Grundsatze *duru* auszuscheiden: da in der Schriftsprache in diesem Worte die Entsprechung des me. *ǭ* gilt, kann sie von da aus in die Mundarten gedrungen sein, ist also nicht beweisend. Vorsicht ist auch bei *ābufan* angemessen, da es enklitisch sein kann, und aus anderen Gründen, die noch zur Besprechung gelangen werden. Ae. *uʒ* in *suʒu*, *fuʒol* ergiebt durch den Wandel von ʒ zu *u* im Süden me. *ū*, ne. *ou* (vgl. ne. *sow*, *fowl*); im Norden ist aber das gutturale ʒ, wie wir oben gesehen haben (§ 174 ff.) nach *ǭ* aus ae. *ó* nicht zu *u* geworden, sondern spurlos geschwunden; das Gleiche musste nach *ǭ* aus *ū*- eintreten. Wir haben daher jene Wörter ebenfalls in Betracht zu ziehen. — Von Ellis' Liste bleiben somit übrig: *ābufan*, *lufu*, *cuman*, *sunu*; *fuʒol*, *suʒu*.

Unter ae. *ī*- und *ȳ*- bringt Ellis folgende Belege 390 (Nr. 440—451, 673—682): *wicu*, *sife*, *ifiʒ*, *Friʒedæʒ*, *stiʒel*, *hiʒian*, *niʒon*, *hire*, *þise*, *ʒitan*, *Tiwesdæʒ*, *siwian*; *mycel*, *dyde*, *dryʒan*, *lyʒe*, *dryʒe*, *dyne*, *cyrice*, *bysiʒ*, *bysiʒu*, *lytel*. Von den ersteren sind zu streichen: *ifiʒ*, *Friʒedæʒ*, *Tiwesdæʒ*, *siwian*, weil sie *i* haben (letztere zudem, weil sie Diphthong ergeben); auch *hiʒian* wird gewöhnlich mit *i* angesetzt (doch vgl. § 554); ferner: *ʒitan*, weil sein Vocal *ĕ*, nur westsächsisch *ie*, *y*, *i* ist; *hire* und *þise*, weil sie Enklitika sind und Nebenformen mit anderem Vocale zur Seite haben; endlich *wicu*, weil die Schriftsprache me. *ī* aufweist. Auch *sife* ist nicht ganz beweiskräftig, denn auch hier muss in der Schriftsprache die Lautung des me. *ī* gegolten haben (vgl. § 383); indes da heute *ĭ* gilt, wollen wir es doch im Auge behalten. Für die Folge *iʒ* gilt das oben über *uʒ* Gesagte, soweit nicht ʒ palatal war, sondern jene Gutturalis, welche zwar im Süden secundär zur Palatalis wurde, im Norden aber erhalten blieb und später — nach *ǭ* wenigstens — spurlos schwand (vgl. oben § 171). In *niʒon* liegt sie vor; *stiʒel* wechselt im Altenglischen mit *stiʒol*, also palatales ʒ mit gutturalem ʒ; somit ist auch dieses Wort, wie die früheren, in Betracht zu ziehen. Von den *ȳ*-Wörtern gehören *lytel*, *dryʒe*, *dryʒan* nicht hieher, denn sie haben Länge. *Mycel*, *cyrice*, *bysiʒ(u)* sind als mehrsilbig nicht beweisend; *lyʒe* hat palatales ʒ, ergab also gemeinenglisch ī (soweit es nicht von *léogan* beeinflusst ist); *dyde* ist unsicher, weil es enklitisch werden und weil eine etwaige $\bar{\rho}$-Form aus dem Plural *dédon, dédon* stammen kann. — Somit bleiben für ī- nur: *sife, dyne; stiʒol, niʒon*.

391   Verfolgen wir nun diese Wörter durch Ellis' Wortlisten, so zeigt sich ein sehr bemerkenswertes geographisches Verhältnis: ī, ū gelten fast ausschliesslich in den südlichen Gebieten, $\bar{\rho}$, $\bar{\rho}$ finden sich neben ihnen in den nördlichen. Im Einzelnen ist die Verteilung wie folgt.

392   Die Entsprechung des $\bar{\rho}$ für ū- fehlt in Ellis' Süden, Westen und Osten fast ganz, abgesehen von dem nicht völlig sicheren *above*. In diesem Worte findet sie sich im Süden deutlich in 10 (West-Somerset) und 11² (Süd-Devon), vielleicht auch 5³ (Hampshire), im Westen weniger sicher in 1 (Wexford, Irland), im Osten deutlich in 18³ (Rutland); unsicher ist die Form in 19² (Nordost-Norfolk), mit einem räthselhaften (*oo*), das sonst me. $\bar{\rho}$ wiedergiebt. Ferner gilt ū aus $\bar{\rho}$ in *come* in 12 (West-Cornwall) und scheint gegolten zu haben in 1 (Wexford, Irland). Im Mittellande begegnen wir der Entsprechung des $\bar{\rho}$ öfters in den Gebieten, welche an den Norden angrenzen; im Norden und in Schottland sind die Belege über das ganze Gebiet zerstreut. Ich will sie, um eine Übersicht über ihre Häufigkeit zu ermöglichen, in eine Tabelle zusammenstellen, wobei ich vom Mittelland nur die Dialekte anführe, in denen sich Belege finden, vom Norden und Schottland aber sämtliche. Die Ausdeutung der heutigen Laute ist allerdings nicht immer so leicht wie in dem oben § 388 angeführten Fall; es muss dabei in Rechnung gezogen werden, dass manchmal die Wiedergabe des me. Lautes je nach dem folgenden Consonanten variiert und daher in zweifelhaften Fällen ein Wort mit gleicher oder ähnlicher consonantischer Umgebung heranzuziehen ist. Ich werde in solchen Fällen einen Verweis auf die betreffende Nummer der Wortliste anbringen.

2. ENTSPRECHUNGEN IN DEN LEBENDEN MUNDARTEN.

	abufan	*lufu*	*cuman*	*sunu*	*fuzol*	*suzu*
Mittelland						
20,1 (Süd-Linc.)	*u*	*u ō*	*u ō*	?	*ū*	*u*
3 (Nord-Linc.)	*ọ*	*u*	*u*	*u*	?	?
22,3 (Ost-Lanc.)	*ō*	—	—	—	—	—
4 (Mittel-Lanc.)	*ō*	?	*u*	*u*	*ū*	*ō*
24,1 (Süd-Yorksh.)	*ō*	*u*	*u*	*u*	*ū*	*ū*
3 „	—	*ō*(577)	—	—	—	—
5 „	*ō* ?	*u*	*u*	*u*	*ū*	*ū*
Norden						
30,1 (Mittel-Y.)	*ō*	*u ō*	*u*	*u ō*	*ū*	*u*
2 (Nordost-Y.)	—	*u*	—	—	—	*ō*
3a (Südost-Y.)	*u*	*u*	*u*	*u*	*ū*	*ō*
3b,4 „	*u ō*	*u*	*u*	*u*	*ū*	*ọ*
31,1a (West-Y.)	*u ō*	*u*	*u*	*u*	*ū*	*ō*
1b (Nordw.-Y.)	*ō*	*u*	*u*	*u*	*ū*	*ū*
2a (Nord-Lanc.)	—	*u*	*u*	*u*	—	—
2b (Nordw.-Lanc.)	*ō*	*u*	*u*	*u*	*ū*	*ọ* (555)
3 (West-Y.)	*u*	*u*	*u*	*u*	*ū*	*ō* (?)
6 (Süd-Durh.)	*ọ*	*u*	*u*	*u*	*ū ọ*	*ū ō* (?)
32,1 (Nord-Cumb.)	*ō*	*u*	*u*	*u*	*ū*	*ū ō*
2 (Nord-Durh.)	*u*	*u*	—	*u*	—	*ū*
3 (Süd-North.)	*ō*	*u*	*u*	*u*	*ū*	*ū*
4 „	—	*ō*(584)	—	—	*ū*	*ū*
5 (Mittel-N.)	*u*	—	—	*u*	*ū*	*u ō*
Schottland						
33a ⎱(South. Count.)	*ō*	*ō*	*u*	*u*	—	*ū*
b ⎰	*ō*	*u*	*u*	*u*	*ū*	*ū*
34 (Loth. a. Fife)	—	—	*u*	*u*	—	*ū*
35 (Clydesdale)	*ō*	*u ō*	*u*	*u*	*ū*	*ū*
36 (Gall. a. Carr.)	—	—	—	*u*	*ō*	*ū*
37 (Highland B.)	—	—	—	*ō* (?)	—	—
38 (Angus)	—	—	*u*	?	*ū*	*ū*
39 (Moray a. Ab.)	*ō*	?	*u*	*u ọ* (587) *ū*	*ū.*
40 (Caithness)	—	—	*u*	—	*ō* (587)	—
41 (Orkneys)	—	?	?	—	*ō* (566)	—
42 (Shetlands)	*ō*	*ō*	*u*	*u*	*u*	*u*

Ausser diesen Fällen sind noch bei Ellis mit der Entsprechung des *ō* belegt in 32²: *honey* (? vgl. Nr. 587); 33ª: *cud, hull, duck, oven* (vgl. oben § 388), vielleicht auch honey, nut (vgl. Nr. 595); 35: summer, honey, nut (vgl. Nr. 572 etc.); 38: summer (? vgl. Nr. 595); 42: summer (neben u). —

394   Ähnlich verteilt findet sich $\bar{e}$ für $\bar{\imath}$-. In Ellis' Süden, Osten und Westen zeigt sich kaum ein Beleg. In *sieve* scheint in 4⁶ $\bar{e}$ vorzuliegen, doch ist dieses Wort an sich nicht völlig sicher (vgl. § 390). Im Osten begegnet einmal in 16¹ (Ware, Hertf.) $\bar{e}$ in *quick* (vgl. ae. *cwī-cu, cwī-ces* etc.). Die Belege im Mittelland, Norden und Schottland will ich in derselben Weise zusammenstellen wie die $\bar{o}$ für $\bar{u}$-.

	sife	*dyne*	*stiȝol*	*niȝon*
Mittelland				
20, 3 (Nord-Linc.)	—	—	ī $\bar{e}$	ī
21, 1 (Südost-Lanc.)	—	—	$\bar{e}$	—
2 (Nordw.-Derb.)	i $\bar{e}$ (?)	i	$\bar{e}$	ī
22, 1 (Südw.-Lanc.)	—	—	$\bar{e}$	ī
2 (Mittel-Lanc.)	—	—	$\bar{e}$	i
4 "	i	i	$\bar{e}$	ī
5 (Nordost-Lanc.)	—	—	$\bar{e}$	ī
24, 1 (Süd-Yorksh.)	—	—	ī $\bar{e}$	ī
3 "	—	—	$\bar{e}$	ī
4 "	—	i	$\bar{e}$	—
5 "	i	i	$\bar{e}$	ī
9 "	—	—	$\bar{e}$	—
25 (Süd-Chesh.)	—	—	$\bar{e}$	—
Norden				
30, 1 (Mittel-Y.)	$\bar{e}$	i	ī	i $\bar{e}$ (?)
2 (Nordost-Y.)	—	—	—	—
3a (Südost-Y.)	?	—	$\bar{e}$	ī
3b, 4 "	i	i	ī $\bar{e}$ (?)	ī
31, 1a (West-Y.)	i	i	$\bar{e}$	ī $\bar{e}$
1b (Nordwest-Y.)	?	i	$\bar{e}$	ī
31, 2a (Nord-Lanc.)	—	—	—	—
2b (Nordw.-L.)	—	—	$\bar{e}$	ī
3 (West-Y.)	$\bar{e}$ (?)	i	ī $\bar{e}$	ī
6 (Süd-Durh.)	$\bar{e}$ (?)	i	ī	ī
32, 1 (Nord-Cumb.)	$\bar{e}$ (296)	i	i	ī
2 (Nord-Durh.)	—	—	—	—
3 (Süd-North.)	$\bar{e}$	—	i	ī
4 "	—	—	ī	—
5 (Mittel-N.)	—	i	i	ī

	sife	dyne	stiʒol	niʒon
Schottland				
33a b} (South. Count.)	ẹ̄ (296)	i	—	ī
34 (Loth. a. Fife)	—	—	—	i
35 (Clydesdale)	ẹ	i	—	i
36 (Gall. a. Carr.)	—	—	—	i
37 (Highland B.)	—	—	—	—
38 (Angus)	i	i	ī	ī
39 (Moray a. Ab.)	i	i (?)	i	ī
40 (Caithness)	—	—	—	ī
41 (Orkneys)	—	—	—	—
42 (Shetlands)	—	—	—	—

Ausser diesen Fällen sind noch mit der Entsprechung des $\bar{e}$ belegt in 24⁴ (Wright § 94): *sty, tile* (ae. *stiʒu, tiʒol*); 33ª: *live, give(n), driven, stitch, wick*; 38: *speer* (ae. *spyrian*); 39: *living* (?); 42: *give, live* (vgl. Nr. 296). Die letzteren Fälle sind wertvoll: sie zeigen, dass die geringe Zahl der schottischen Belege für $\bar{e}$ in obiger Tabelle nur eine Folge der Spärlichkeit des Materials überhaupt ist.

Vergleichen wir den Umfang der Gebiete, in welchen $\bar{e}$ und $\bar{o}$ auftreten, so finden wir im ganzen Übereinstimmung; nur scheint $\bar{o}$ etwas weiter nach Süden zu reichen. Aber es fällt auf, dass diese südlichen $\bar{o}$ fast nur in dem Worte *above* auftreten und dass dann fast immer das *v* fehlt, während es in mittelenglischer Zeit ziemlich fest ist. Es scheint, dass das *v* (wol in unbetonter Stellung) vocalisiert wurde, mit dem vorausgehenden $ŭ$ $\bar{u}$ ergab und dieses hierauf — da es ja nachmittelenglischen Ursprungs sein muss — mit dem inzwischen entstandenen $\bar{u}$ für me. $\bar{o}$ zusammenfiel. Auf eine solche Entwicklung weist auch der Umstand, dass manchmal in diesem Worte eine besondere Länge erscheint, die sich sonst nur vereinzelt findet. In Windhill (24⁴; vgl. Wright § 40) lautet das Wort *əbūn*, mit einem $\bar{u}$, das sonst selten ist und sich deutlich von der Wiedergabe des me. $\bar{o}$ (*ui* oder *iu*) abhebt. Es liegt nur noch vor in *šūl* 'shovel', *stūp* < me. *stulpe*, *būkp* 'bulk', *wūl* 'wool' (me. *wolle*), ist also klärlich in Folge von Vocalisierung von *l* oder *v* aus $ŭ$ + $ŭ$ entstanden. Auf diese

Weise werden vermutlich sämtliche anscheinend auf me. $\bar{\varrho}$ weisenden Formen dieses Wortes vom Mittelland südwärts zu erklären, also von den übrigen Belegen für $\bar{\varrho}$ zu scheiden sein. In den Gebieten vom nördlichen Mittelland an ist eine sichere Entscheidung nicht zu treffen. Auch die zwei südlichen Belege für $\bar{\varrho}$ in *come* sind unsicher. In 12, West-Cornwall, herrscht überhaupt kein bodenständiger Dialekt, sondern importiertes Englisch, das der Charakteristica der südenglischen Dialekte fast ganz entbehrt (Ellis S. 171). In 1, Wexford (Irland), ist der Dialekt fast ein Jahrhundert ausgestorben und die Lautung aus schriftlichen Aufzeichnungen erschlossen. Unter solchen Umständen können wir Belegen, die noch dazu ganz vereinzelt sind, keine Bedeutung beimessen. Auf der anderen Seite wird auch das in den Osten einmal eingesprengte $\bar{\imath}$ in *quick* nicht viel erweisen können. Als das Gebiet der $\bar{\imath}$, $\bar{\varrho}$ sind daher die nordhumbrischen Landschaften und das nördliche Mittelland zu bezeichnen.

397   Die Belege für $\bar{\imath}$ und $\bar{\varrho}$ sind nun freilich nicht sehr zahlreich; aber nach dem § 12 entwickelten Grundsatz müssen sie uns sehr wertvoll sein. Formen mit $\bar{\imath}$, $\bar{u}$ können von der Schriftsprache beeinflusst, solche mit $\bar{\imath}$, $\bar{\varrho}$ dagegen müssen unbedingt echt sein, und nach unseren bisherigen Erfahrungen ist es höchst wahrscheinlich, dass sie nur Reste eines ursprünglich grösseren Bestandes bilden, welcher durch den ausgleichenden Einfluss der Schriftsprache verringert worden ist. Wie stark dieser gewesen ist, können wir deutlich ersehen, wenn wir, den oben dargelegten Stand im Auge behaltend, die Lautung von *door* und *week* in den lebenden Mundarten verfolgen. *Door* ist, mit Ausnahme von einigen wenigen Punkten des Mittellandes, wo die Entsprechung des $\bar{u}$ gilt (21 [2], 22 [3, 5], 25, 26), stets mit Länge oder auf Länge weisenden Vocal belegt, manchmal mit einem Laut, der von der sonstigen Wiedergabe des $\bar{\varrho}$ abweicht, aber der Schriftsprache nahesteht, also noch deutlich die Spuren der Entlehnung an sich trägt. Ähnlich finden sich in *week* $\bar{\imath}$-Formen in allen Abteilungen, auch im Süden; nur sind daneben auch $\bar{\imath}$-Formen südlich von Humber recht häufig zu finden, vereinzelt sogar nördlich.

2. ENTSPRECHUNGEN IN DEN LEBENDEN MUNDARTEN. 221

Auffällig und gewiss nicht bedeutungslos ist es ferner, 398 wie verschieden häufig die einzelnen Wörter der Ellis'schen Liste mit $\bar{e}$ bez. $\bar{o}$ belegt sind. Weitaus an der Spitze stehen *stile* und *sow*, Wörter, welche gerade ländlichen, einfachen Lebensverhältnissen geläufig sind, während sie in der Sprache der Städter, die ja vor allem Vertreter der Schriftsprache sind, ziemlich selten vorkommen. Solche Wörter bieten die meiste Gewähr, echte, unbeeinflusste Dialektformen darzustellen. Das gilt besonders von *stile*, da ja die damit bezeichnete Sache überhaupt nur auf dem Lande vorkommt, und tatsächlich finden sich in diesem Worte die meisten Belege unserer Sonderentwicklung. Bei den anderen Wörtern ist die Dialektechtheit bedeutend weniger sicher. *Love* und *son*, wol auch *come*, sind der Beeinflussung durch die Kanzelsprache ausgesetzt, *nine* der Einwirkung der Handelssprache (vgl. § 37; oder ist es ae. *nizen*? vgl. § 512), *din* ist wol überhaupt selten ein echtes Dialektwort. *Fowl* scheint vielfach ausgestorben und neuerdings eingeführt zu sein; wenigstens ist es in 30³ᵇ 'little used', und die Beutungsentwicklung liesse das begreiflich erscheinen. Auch diese Erwägungen machen es also wahrscheinlich, dass der ursprüngliche Bereich der $\bar{e}$, $\bar{o}$ ein weiterer war als heute.

Versuchen wir nun, ob wir aus dem vorgelegten Material etwas über die Vorgeschichte des heutigen Standes 399 ermitteln können. Wir sehen, dass $\bar{\imath}$-, $\bar{u}$- sich von $\breve{\imath}$, $\breve{u}$ sondern und mit $\bar{e}$, $\bar{o}$ zusammenfallen. Die besondere Entwicklung, die hier zu Tage tritt, hat also nicht letztere, sondern $\bar{\imath}$-, $\bar{u}$- ergriffen, d. h. diese sind einmal gedehnt worden. Es ergiebt sich die Frage, wann dies eintrat und wann der Zusammenfall mit me. $\bar{e}$, $\bar{o}$ stattfand, als sie noch $\bar{e}$, $\bar{o}$ waren, oder als sie den Lautwert $\bar{\imath}$, $\bar{u}$ hatten. Das Naheliegendste wäre ja, zu vermuten, dass $\breve{\imath}$-, $\breve{u}$- gedehnt wurden zu einer Zeit, als jene bereits $\bar{\imath}$, $\bar{u}$ waren, und daher mit ihnen sich einigten. Manche Dialekte liessen auch diese Erklärung zu. Aber die schottischen und die meisten nordenglischen (alle nördlich von der Linie 6) machen Schwierigkeiten. In diesen hat ja $\bar{o}$ niemals die Stufe $\bar{u}$ erreicht, sondern von der Qualität $\bar{o}$ aus die eigentümliche Entwicklung zu einem ü-, ö-Laut eingeschlagen, die wir oben § 123 ff. besprochen haben. Wenn nun ŭ- dasselbe Ergebnis aufweist, so ist die einfachste Erklärung die, dass die Längung und der Zusammenfall mit $\bar{o}$ erfolgte, bevor dieses jene Entwicklung antrat, also noch vor dem Beginn des 14. Jahrhunderts (vgl. § 127). Man könnte ja auch daran denken, dass ŭ- erst gedehnt wurde, als es in der Entwicklung zu *ü* begriffen war, und dann dem inzwischen entstandenen ü, ö für $\bar{o}$ so nahe stand, dass es sich mit ihm einigte. Diese Auffassung würde z. B. Morsbach nach seinen Äusserungen S. 186, 2 naheliegen. Dagegen spricht aber der Umstand, dass die Entsprechungen von ŭ und $\bar{o}$ überall scharf getrennt sind, die beiden Laute sich also schwerlich je besonders nahegestanden haben werden, und namentlich die Tatsache, dass in einem grossen Teil des Nordens (den Strichen südlich von der Linie 8) die Entrundung des ü zu *ü* überhaupt nicht eingetreten ist. Hier ist es gar nicht anders denkbar, als dass ŭ- zu $\bar{o}$ wurde, bevor mc. $\bar{o}$ seine nordhumbrische Sonderentwicklung einschlug, und danach wird die Wahrscheinlichkeit in den anderen Gebieten ebenfalls zur Gewissheit. Steht aber dieser frühe Zeitpunkt für ŭ- fest, so wird niemand daran zweifeln, dass der in seinem Wesen wie seiner Ausbreitung genau entsprechende Vorgang bei ĭ- in dieselbe Zeit fällt. Damit stimmt ja auch auf's beste überein, dass die paar Fälle der Schriftsprache, von denen wir ausgegangen sind, ihre eigentümliche Vocalisation schon im Mittelenglischen erhalten haben müssen.

400 Als Ergebnis unserer Untersuchung der neueren Mundarten können wir also hinstellen: **Auf dem nordhumbrischen Gebiet und in den angrenzenden Teilen des Mittellandes muss vor dem 14. Jahrhundert ĭ-, ŭ- zu $\bar{\imath}$, $\bar{o}$ gelängt worden sein** in einem Umfange, der sich heute nicht genau erkennen lässt, da die nicht sehr zahlreichen Belege wie Reste eines früher grösseren Bestandes aussehen. Wir haben also für einen Teil des englischen Sprachgebietes denselben Vorgang zu constatieren, der im Niederländischen ja allgemein ist.

3.

Treten wir jetzt an das Mittelenglische heran, um zu 101 sehen, wie es sich zu den Weisungen der lebenden Mundarten verhält, so bekommt das sich uns bietende Material ein anderes Aussehen. Wir haben einen festen Standpunkt gewonnen, von dem aus wir sicherer beurteilen können. Die schon erwähnten nordhumbrischen Reime wie *love* : *behove* sind jetzt nicht mehr vieldeutig. Die bekannten, namentlich im Norden so häufigen Schreibungen *e*, *o* für *i*, *u*, besonders in offener Silbe, erhalten einen neuen Untergrund. Sind wir aber einmal in Stand gesetzt, die stummen Schriftzeichen mit einiger Sicherheit zu deuten, so scheint das Mittelenglische geeignet, unsere Einsicht in diese Vorgänge mächtig zu fördern. Wir dürfen hoffen, aus dem reichen Material nicht bloss zu erkennen, ob die oben formulierte örtliche und zeitliche Umgrenzung der Dehnung von $\bar{\imath}$-, $\bar{u}$- richtig ist, sondern auch, in welchem Umfang diese eingetreten ist, d. h. ob sie durch alle Fälle durchgieng oder an weitere Bedingungen geknüpft war. Das Problem wäre freilich zunächst weiter zu fassen: es würde sich darum handeln, die Entwicklung von $\bar{\imath}$-, $\bar{u}$- überhaupt zu untersuchen; aber auf Grund der bisherigen Forschung und ein Ergebnis unserer Untersuchung vorausnehmend, dürfen wir jetzt schon feststellen, dass sich nirgends Anzeichen einer Längung zu $\bar{\imath}$, $\bar{u}$ finden, dass zumeist $\bar{\imath}$-, $\bar{u}$- mit $\breve{\imath}$, $\breve{u}$ zusammenfallen und daher die folgenden Darlegungen sich bloss mit der Frage zu beschäftigen haben, wie weit $\bar{e}$ und $\bar{o}$ bestanden.

Die Hilfsmittel, dies zu erkennen, sind die Schreibung 402 und namentlich der Reimgebrauch. Die Schreibung giebt wenig Sicheres an die Hand, da *e* und *o* vielfach auch für $\bar{\imath}$ und $\bar{u}$ gebraucht werden, die Doppelschreibungen *ee*, *oo* aber in den nördlichen Gebieten viel seltener begegnen als im Süden und überhaupt mehr in geschlossener Silbe üblich waren. Nachdem die eigentümliche nordhumbrische Entwicklung des me. $\bar{o}$ zu einem $\ddot{u}$-Laut eingetreten war, wurde es nach französischem Muster mit *u* bezeichnet, zunächst noch vielfach mit der historischen Schreibung *o* schwankend. Da nun auch *ū* bald durch *u*, bald durch *o* ausgedrückt wurde, giebt die Schreibung abermals kein sicheres Anzeichen. Erst in späterer Zeit und namentlich in ausgeprägt schottischen Texten wird *u* für *ǭ* consequent gebraucht, wol auch *ui* oder Ähnliches dafür verwendet, wie andererseits für *ē* häufig *ei* geschrieben wird. Da stehen wir auf sicherem Boden. Sind also positive Schlüsse erst verhältnismässig spät möglich, so müssen wir auch mit negativen vorsichtig sein. Wenn die Schrift *i*, *u* bietet, so folgt daraus noch nicht, dass der Dichter oder auch nur der Schreiber wirklich *ī*, *ū* sprach. Er kann bloss der herkömmlichen Orthographie gefolgt sein. Dies ist um so begreiflicher, als die Lautung *ē*, *ǭ*, so viel wir bis jetzt gesehen haben, den nördlichen Strichen eigen war und diese von den südlichen, wie in so vielen anderen Dingen, gewiss auch in der Orthographie beeinflusst wurden. Höchstens consequent gebrauchtes *i*, *u* könnte einen Schluss erlauben, aber dergleichen findet sich kaum in irgend einem Denkmal aus der späteren mittelenglischen Zeit.

403   Mehr giebt uns das andere Hilfsmittel an die Hand, der Reimgebrauch; denn da wir einen Gesichtspunkt für seine Beurteilung gewonnen haben, entfällt jene Zweideutigkeit, die ihm von Natur aus anhaftet. Aber auch hier werden gewisse Vorsichtsmassregeln nötig sein. Man hat den Reimgebrauch mit Recht als eines der wichtigsten Kriterien für lautgeschichtliche Fragen sehr in den Vordergrund gerückt. Aber ich meine, man ist in seiner Wertschätzung doch etwas zu weit gegangen. Namentlich verfallen viele Untersuchungen der Sprache einzelner Denkmäler, wie sie in den letzten zwei Jahrzehnten so reichlich erschienen sind, in den Fehler, jeden Reim auf Treu und Glauben hinzunehmen. Wir müssen uns doch die realen Verhältnisse beim mittelalterlichen Reimen besser vergegenwärtigen, und dann werden wir etwas vorsichtiger sein.

404   Vor allem ist es eine wichtige Vorfrage, die sich von selbst versteht, aber dennoch häufig ausser Acht gelassen

wurde, ob denn der Dichter überhaupt genau reimt. Welchen Wert haben z. B. Schlüsse auf die Abgrenzung von $\bar{e}$ und $\bar{e}$ bei einem Denkmal, in welchem $\bar{\imath}$ und $\bar{e}$ reimen können? Mit welchem Recht dürfen wir dem Dichter eine so feine Unterscheidung zumuten, wenn er einen mindestens nicht geringeren Lautabstand offenkundig vernachlässigt? Um nun diese Vorfrage zu beantworten, scheint es nötig, den Lautstand des Dichters schon zu kennen; wir würden uns also im Kreise bewegen. Indes, auch wenn dem so wäre, jedenfalls sind oft gewisse Negativen, wie die eben aufgezeigte, völlig sicher und vermögen Fehlschlüsse zu verhindern. Aber bis zu einem gewiss nicht unbedeutenden Grade werden wir auch zu positiven Schlüssen gelangen können. Wir wissen doch schon im Grossen und Ganzen, was aus einem gegebenen altenglischen Laut ungefähr werden kann, die Zahl der Möglichkeiten ist uns meist bekannt. Innerhalb dieser Grenzen wird dann eine sorgfältige Kritik weiterschreiten können. Consequenz und Einheitlichkeit im Reimgebrauch, scharfe Abgrenzung der einzelnen Erscheinungen lassen darauf schliessen, dass sich im Reime sprachliche Eigentümlichkeiten widerspiegeln; fehlen diese Charakteristica, so ist zu vermuten, dass der Dichter willkürlich vorgeht. Volle Aufhellung wird dann häufig durch vergleichende Heranziehung älterer und besonders jüngerer, lebender Sprachzustände erreicht, worüber bereits Schröer Neu. Spr. 1 375 ff. gehandelt hat.

Ferner ist es von vornherein gar nicht sicher, wie weit der Dichter seinen Dialekt und wie weit er einen einheitlichen, ja ob er überhaupt einen wirklich gesprochenen (wenn auch gemischten) Dialekt zum Ausdruck bringt, was alles man zumeist stillschweigend vorausgesetzt hat. Da sich nachweisen lässt, dass sogar die nordenglischen Dichter Formen gebrauchen, welche ihrem Heimatdialekt fremd waren (§ 97 f.), müssen wir in dieser Beziehung etwas skeptisch sein. Es ist auch eigentlich nicht anders zu erwarten. England war im Mittelalter in eine Reihe von Dialekten gespalten, von denen bis in's 15. Jahrhundert hinein sich keiner über die anderen zu einer Gemeinsprache erheben konnte. Nur völlig naive, in engem Kreise wurzelnde Dichter werden genau so gereimt haben wie sie sprachen und daher einen wirklichen Dialekt sauber zur Darstellung bringen. Etwas höher gebildete, die im Lande sich einigermassen umgesehen hatten, konnten aus verschiedenen Gründen sich anders verhalten.

406 Vor allem konnten ihnen durch literarische Tradition andersdialektische Reime zufliessen, wie in dem eben berührten Fall. Aber auch weniger auffällige Möglichkeiten ergeben sich und müssen im Auge behalten werden. Ein Dichter konnte, wie bereits Morsbach S. 160 angedeutet hat, gewisse Reime, welche seine Heimat sofort verrieten, absichtlich vermeiden, um die Verbreitung seines Werkes in weiteren Kreisen zu erleichtern. Provincialismen gab es gewiss lange bevor es eine Gemeinsprache gab: jede sprachliche Eigentümlichkeit, die nicht allen Dialekten gemein war, konnte als solche empfunden werden, und gewiss wird das früh der Fall gewesen sein bei denen, die nur ein geringes Verbreitungsgebiet hatten. Das Streben, sie abzustreifen, wird namentlich in literarisch untergeordneten Provinzen höher stehenden, tonangebenden gegenüber auftreten, in England also im Norden, der ja erst spät zu eigener Production erwachte und darin zunächst stark vom Süden beeinflusst war. Aus demselben Grunde kann der Dichter Reime, welche in allen Dialekten gleichlauten, mit Vorliebe anwenden. Wenn er also z. B. sehr häufig einerseits *love*, *above*, andererseits *prove*, *move*, *behove* bindet, so beweist das noch nicht, dass in seiner Sprache $\bar{u}$- und $\bar{\varrho}$ wirklich geschieden waren. Ähnlich dem Grundsatze, den wir oben § 12 für die lebenden Mundarten in ihrem Verhältnis zur Schriftsprache aufgestellt haben, wird man von den in den mittelenglischen Reimen zu Tage tretenden Erscheinungen sagen dürfen, dass nur die vom Durchschnittlichen, Gewöhnlichen, späterhin (vom 14. Jahrhundert ab) die vom Londoner Englisch abweichenden mit Sicherheit als dialektecht angesehen werden dürfen, während die übrigen importiert sein können. Endlich wird auch mit der Reimträgheit der mittelenglischen Dichter zu rechnen

sein; das oben berührte Verhältnis kann sich auch dadurch herausstellen, dass der Dichter geläufige und deshalb sich leicht ergebende Reime sich ausgedehnt zu Nutze macht: das Streben nach Neuheit des Reimes ist ja im Mittelalter nur spärlich vorhanden gewesen.

Von Wichtigkeit sind auch die Zahlenverhältnisse. Ein ungenauer oder seinem Dialekte fremder Reim kann dem Dichter leichter ein- oder zweimal als vielmals entschlüpfen; häufig gebrauchte, stets wiederkehrende Reime unterliegen weniger einem Verdacht. Freilich wird man dabei nicht mechanisch vorgehen dürfen und, namentlich bei negativen Schlüssen, die Häufigkeit der betreffenden Reimwörter in der Rede überhaupt in Betracht ziehen müssen. *Wode* 'Holz', *sone* 'Sohn' z. B. sind an sich seltener als *good*, *doon*, *sone* 'bald'; in manchen Denkmälern werden sie ganz fehlen, während letztere ganz gewöhnlich sind: dieses Fehlen dürfen wir nicht als ein Vermiedenwerden fassen. Endlich muss jede Erscheinung durch das ihr Gegensätzliche beleuchtet werden. Handelt es sich z. B. um Reime von $\bar{u}$- und $\bar{o}$, so ist zu fragen, ob auch solche von $\bar{u}$- und $\bar{u}$ vorkommen, und wie das Verhältnis zu erklären ist.

Um diese Gesichtspunkte zur Geltung zu bringen, sollten, meine ich, allgemeine Reimuntersuchungen, d. h. solche, welche dem gesamten Lautstand eines Denkmals gelten, anders eingerichtet sein als bisher zumeist. Es scheint mir nicht zweckmässig, die Reime nach den altenglischen Vocalen zusammenzustellen; dabei können Verhältnisse, auf die es bei der Beurteilung ankommt, nicht deutlich genug hervortreten, und die beständigen Kreuzverweise, die bei genauer Durchführung nötig sind, schwellen die Untersuchung unnötiger Weise auf und schädigen die Übersichtlichkeit (wie an der jüngsten, sonst ja so lobenswerten Arbeit dieser Art, der Curtis' Angl. XVI 387 ff., deutlich hervortritt). Wir sollten die aus dem Texte selbst sich ergebenden Reimsysteme zusammenstellen. Es wird sich zeigen, dass gewisse etymologisch sofort durchsichtige und unzweifelhaft reine Reime häufig vorkommen. Diese fasse man zusammen und prüfe dann erst seltenere und nicht von vornherein zweifelfreie Bindungen. Schliessen sie sich an die früheren Gruppen so an, dass diese völlig geschlossen bleiben, so ist die Sache ja einfach und klar. Verbinden sie aber zwei Systeme mit einander, so hat die Kritik einzusetzen. Nach Massgabe der angeführten Gesichtspunkte ist dann zu erwägen, ob aus diesen Mittelgliedern zu schliessen ist, dass die beiden Systeme lautlich zusammenfallen, also in Wirklichkeit nur eines bilden; oder, wenn dies nicht der Fall ist, ob die verbindenden Reimwörter etwa lautlich zwischen beiden standen und daher beiderseitig (mit leiser Ungenauigkeit) reimen konnten, oder ob es von ihnen vielleicht Doppelformen gab, und weiterhin wie diese aufzufassen sind, ob im Dialekt des Dichters vorhanden oder zwei Dialekten angehörig. Bei Chaucer z. B. finden wir zwei Reimsysteme mit $ō$, die klärlich als $ǭ$ und $ọ̄$ zu scheiden sind (ten Brink §§ 29, 30); ausserdem einige Verbindungsglieder, die getrennt zu behandeln sind (eb. § 31). Zum Teil geben sie wirklich einen Lautwandel wieder ($wǭ > wọ̄$), zum Teil liegen ihnen Doppelformen zu Grunde (bei go, vielleicht bei $home$, oben § 143 f.), im übrigen sind sie aber Ungenauigkeiten. Ähnlich verhält es sich bei den $ī$-Reimen (ten Brink Angl. I 526 ff.). Ein gutes Beispiel liefert auch ei, ai bei Rob. Glouc. (Pabst § 38), oder $ēnd$ und end ebenda (Bülbring Engl. Stud. XX 149). Aus sich selbst heraus wird also jedes Denkmal lautlich zu erfassen sein. Die Darstellung wird ungefähr die Gestalt annehmen, wie sie ten Brink seiner Chaucer-Grammatik und neuerlich Pabst seiner so tüchtigen Arbeit über Robert von Gloucester gegeben hat. Wie die einzelnen altenglischen Laute wiedergegeben werden, was man allerdings gern mit wenigen Blicken übersehen möchte, kann dann in einer kurzen Zusammenfassung gesagt werden, wie das ten Brink in seiner Chaucer-Grammatik § 48 ff. getan hat. —

Fassen wir nun unsere besondere Aufgabe im Sinne dieser methodologischen Forderungen in's Auge. Wir haben nach Anzeichen für den Bestand von $ī̆$, $ŭ̄$ für $ī$-, $ŭ$- zu suchen. Dazu wird es nicht nötig sein, für jedes Denkmal eine allgemeine Reimuntersuchung anzustellen; ein Ausschnitt daraus wird genügen. Wir haben die Reimsysteme von $\bar{\imath}$-, $\bar{e}$, $\bar{u}$-, $\bar{o}$, d. h. also die Selbstreime dieser Vocale, zusammenzustellen und zu sehen, ob sich verbindende Reime zwischen ihnen zeigen. Ist dies der Fall, so sind sie kritisch zu beurteilen. Vor allem ist zu fragen, ob der Dichter genau genug reimt, dass wir aus diesen Bindungen auf Identität des Vocals schliessen dürfen. Es wird daher zu untersuchen sein, einerseits, ob der Dichter sonst die Quantitäten aus einander hält, und andererseits, wie er sonst die in Betracht kommenden Lautqualitäten behandelt, ob er also $\bar{\imath}$ und $\bar{e}$, $\bar{u}$ und $\ddot{o}$ scheidet. Auf die Behandlung anderer Lautqualitäten einzugehen wird im Allgemeinen nicht nötig sein. Ob z. B. $\bar{e}$ und $\bar{ę}$ gesondert gehalten werden, ist für unsere Frage ziemlich gleichgiltig, da der qualitative Abstand zwischen $\bar{e}$ und $\bar{ę}$ nach unserem bisherigen Wissen wahrscheinlich geringer war als zwischen $\bar{\imath}$ und $\bar{ę}$ und das Verhalten des Dichters zu einem geringeren Abstand für unsere Frage von keinem Belang sein kann. War er aber grösser, so wird eine allfällige Neigung zu ungenauen Reimen voraussichtlich umso eher in der Behandlung von $\bar{\imath}$ und $\bar{e}$ zu Tage treten. Das Verhältnis von $\bar{e}$ und $\bar{ę}$ käme allerdings in Betracht, wenn zu entscheiden wäre, ob der durch Längung des $\bar{\imath}$- entstandene $\bar{e}$-Laut $\bar{e}$ oder $\bar{ę}$ war. Aber dieser Frage sind wir durch die lebenden Mundarten, die auf $\bar{ę}$ weisen, überhoben.

Die Ergebnisse der Prüfung der Texte nach jenen beiden Gesichtspunkten sind hierauf zu combinieren. Findet sich etwa, dass ein Dichter $\bar{\imath}$ und $\bar{e}$, aber auch $\bar{e}$ und $\bar{\imath}$, oder gar sicheres $\bar{\imath}$ und $\bar{e}$ bindet, so beweisen Reime von $\bar{\imath}$- und $\bar{ę}$ nichts, weder für, noch gegen die Dehnung. Hält er die Quantitäten reinlich aus einander, so müssen auch in $\bar{\imath}$- : $\bar{ę}$-Reimen Vocale gleicher Quantität gegolten haben, und diese war offenbar Länge. Trennt er sonst $\bar{\imath}$ und $\bar{e}$, so ist auch die Qualität nicht mehr zweifelhaft: sie muss $\bar{e}$ gewesen sein, u. z. nach Massgabe der lebenden Mundarten speciell $\bar{ę}$.

Hierauf ist die Frage nach der Begrenzung der so

erwiesenen Länge aufzuwerfen, wobei wieder sorgsam alle
tatsächlichen Verhältnisse geprüft werden müssen. Es ist
indes an der Zeit, von theoretischen Erwägungen zur Sache
selbst vorzuschreiten und die ausgesprochenen methodologischen Grundsätze an den Beispielen darzulegen. Die Anordnung wird dabei aus praktischen Gründen etwas anders
sein, als sie nach dem Gesagten zu erwarten wäre. Die
Frage z. B., ob die Reimgenauigkeit ausreicht, um aus
etwaigen Bindungen von $\bar{u}$- und $\bar{\rho}$, $\bar{\imath}$- und $\bar{e}$ Schlüsse zu
ziehen, soll bei jedem Denkmal vorausbehandelt werden.

4.

412 Gehen wir also an die Untersuchung des mittelenglischen Materials. Da uns die Spuren von me. $\bar{e}$, $\bar{\rho}$ in den
lebenden Mundarten als eine wesentlich nordhumbrische
Eigentümlichkeit entgegengetreten sind, wird es angemessen
sein, zunächst die nordenglischen und schottischen Denkmäler in Betracht zu ziehen. Den Anfang möge eines der
ältesten von ihnen machen, welches in Folge seines bedeutenden Umfangs reichliches Material liefert und zudem
in mehreren Handschriften erhalten ist, der Cursor Mundi.

413 In der Ausgabe von Morris (EETS. 57, 59, 62, 66,
68, 99, 101) sind die vier wichtigsten vollständigen Handschriften (C, F, G, T) parallel und eine fünfte sehr wichtige,
aber nur in einem Bruchstück erhaltene (E) S. 1587 ff.
besonders abgedruckt. Für sprachliche Zwecke kommen
namentlich in Betracht C und E, in zweiter Linie F, G,
während T in einen anderen Dialekt umschrieb und auch
vielfach die Reime änderte. Als vollwertig werden im Folgenden nur solche Reime angesehen, welche von allen Hss.
oder doch C, F, G und, soweit es reicht, von E überliefert
sind. Ferner erstreckt sich unsere Untersuchung nur auf
die Verse 1—24968, da nach der Einleitung V. 219 hier das
Werk schliessen sollte. Manches Sprachliche ist von Hupe
S. 190* ff. zusammengestellt worden, reicht aber für unsere
Zwecke bei weitem nicht aus.

Die Schreibung in diesem Denkmal giebt wie gewöhn- 414
lich wenig an die Hand: *i*, *u* wechelt mit *e*, *o*. Bemerkenswert ist aber, dass öfter in C, selten in den anderen Hss.,
i, *u* für *ī*, *ū* erscheint; so *dride* 271, *dide* 1085, *bi-tuine* 3572,
hir 4593, *liue* 6033, *stile* 7545, auch *fild* E 23851, *hind* 2539,
wind 24777, *priste* 6947; *sun* 987, *stud*, *fludd* 1853 f., *bute*
5957, *dun*, *sun* 13176 f., 14672 f. Das *u* für *ū* könnte man
als Anzeichen der nordhumbrischen Entwicklung zu einem
ü-Laut fassen, aber *i* für *ī* sieht aus wie eine umgekehrte
Schreibung auf Grund des Wandels von *ī-* zu *ē*. Die Bedeutung dieser Erscheinung wird freilich dadurch abge-
schwächt, dass, wieder zumeist in C, auch für *ī* und *ū* (*ou*)
sich manchmal *e* und *o* finden (*smete* 15798, *scene* 23696,
medicen 1378, *discreue* 12245; *lote* 1305, *don* 1847, *ton* 3346).
Jedenfalls scheint aus dieser Unsicherheit hervorzugehen,
dass sich die herkömmliche Schreibung und die tatsächliche
Lautung beim Schreiber vielfach widersprachen.

Auf sichereren Boden gelangen wir bei den Reimen. 415
Wir wollen sie vorerst nach Massgabe unserer früheren
Ausführungen auf ihre Genauigkeit prüfen.

In qualitativer Hinsicht kommt da in Betracht, dass
gelegentlich, aber sehr selten, *ī* und *ē* gebunden werden,
d. h. das Ergebnis von ae. *ī* (*ȳ*) und ae. *ē* (*eo*), also etymologisch berechtigtes *ī* und *ē*; denn andere Fälle, die nur
in Folge der schwankenden Schreibung hieherzugehören
scheinen, sind natürlich von vornherein auszuscheiden. Sicher
sind die Reime *bitter* : *better* 6349 und *bitīde* (prät.): *bedd*
8669; weniger sicher *tint* : *jugement* 9459, weil nur von C und
G überliefert; aber allerdings sieht die Lesart von F und T
wie eine Verbesserung des ungenauen Reimes aus. Alle
sonstigen Fälle, die Hupe S. 184* anführt, sind fraglich.
Die Wörter mit der Folge -*eng* (*steng*, *leng*, dazu *yeng* 6126)
schwanken bekanntlich vielfach in der Schreibung zwischen
e und *i* und scheinen eine Nebenform mit *ī* entwickelt zu
haben (vgl. Schröer, Neu. Spr. I 375 f.); neben *bren* und
togeder stehen ebenfalls — aus anderen Gründen — *i*-For-
men, und dasselbe wird von dem etymologisch unklaren
hent zu gelten haben, das hier auffällig oft mit *i* gebunden

wird und im Prompt. Parv. auch mit *i* geschrieben erscheint.

416 Reime von ursprünglichem $\bar{\imath}$ und $\bar{e}$ sind kaum vorhanden. V. 23469 f. hat C *dere* : *scire*, die übrigen Hss. *dere* : *schere*. Die Stelle ist nicht ganz klar; doch dürfte *scire* schwerlich Adjektiv sein, wie Hupe meint, sondern umgekehrte Schreibung für *schere* 'schneiden, teilen' (so auch Kaluza im Glossar). Die vor Consonantengruppen gelängten Kürzen scheinen gebunden V. 6079 f.: *wild* : *feild*. Doch ist nicht völlig sicher, ob in dem Dialekt des Dichters hier wirklich Länge galt (vgl. auch oben § 27). Ferner ist vielleicht zu beachten, dass im Ae. ein Adjectivum *fild* (*filde?*) einmal belegt ist (Bosworth-Toller s. v.), auch sonst im Me. *i*-Formen in diesem Worte, namentlich im Norden, nicht selten sind (vgl. Mätzner s. v.) und an unserer Stelle F und T *fild* bieten, während sie sonst höchst selten oder gar nicht *i* für $\bar{e}$ schreiben. Ein weiterer Fall, *unweild* : *child* 10539, steht nur in C, könnte aber wol ursprünglich sein.

417 Bindungen von $\bar{u}$ und $\bar{o}$ wie von $\bar{u}$ und $\bar{o}$ sind noch weniger nachzuweisen. Am ehesten könnte hiehergehören *worth* : *forth* 5889 f.; doch mag in *worth* neben $\bar{u}$ (*weo* > *wo wu*, vgl. ne. *worth*), immerhin auch $\bar{o}$ bestanden haben. Nicht ganz deutlich ist *couer* : *ouer* 10119. Nach der Herkunft des ersteren Wortes (afrz. c*o̯v*r-, norm. c*u̯v*r-) und nach der ne. Lautung, deren normale Vorstufe schon im 16. Jahrhundert feststeht, wäre $\bar{u}$ oder $\bar{u}$ zu erwarten, nach dem Muster von *prove* eher $\bar{o}$. Wahrscheinlich haben wir hier eine ausnahmsweise Bindung von $\bar{o}$ und $\bar{o}$, verursacht durch den Mangel an Reimwörtern. Was sonst noch Hupe S. 184* anführt, gehört nicht hierher: dass z. B. Namen auf *on* wie *Salomon* bald auf $\bar{o}n$, bald auf $\bar{u}n$ (*oun*) reimen können, wird durch Fälle wie *Palamǫn* neben *Palamoun* bei Chaucer erwiesen (ten Brink § 71).

418 In quantitativer Beziehung sind die Unregelmässigkeiten anscheinend zahlreicher; aber sie gehören fast alle nur scheinbar hieher. Auch hiezu hat bereits Hupe S. 185* ff. einiges Material beigebracht, doch mancherlei fälschlich angezogen, vor allem die Fälle mit Eigennamen. Er nimmt

für *John*, *Adam*, *Abram* u. dgl. Kürze an; aber da diese Namen auch sonst fast immer im Reim auf Länge stehen, ist doch Länge höchst wahrscheinlich. Mit Recht hat auch Hupe nicht hiehergerechnet Fälle wie *wijt* (ae. *witan*): *it* C 8551 und öfters, wo die Hs. fälschlich Vocallänge anzeigt (wie sie umgekehrt fälschlich *writte* für *write* 11088 etc. bietet).

Im übrigen treten uns zwei Kategorieen als besonders ausgeprägt und auffällig entgegen:

α) die Schlusssilben von *drightin* und *wiperwin* stehen häufig in C, manchmal auch in F, G, im Reim auf *i* (vgl. V. 179, 2643, 3945, 5776 etc.; 5517, 7205, 9575, 9799 etc.). Dasselbe gilt von *almightin* in G (V. 179).

β) Enklitika mit kurzem Vocal reimen nicht selten auf Länge. Dahin gehören: *him* 1359, 1755, 7013 etc., *in* 15688, *his* 6731, *this* 20491, *sale* 'shall' 1252, 7952, *þan* 13780, *you* 14470, *on* 23201.

Für *drightin* und *almightin* hat bereits Kluge Grdr. I 896 (§ 117) eine Erklärung gegeben. Im übrigen finden sich zu beiden Kategorieen von Reimen, wie wir sehen werden, in fast allen nordhumbrischen Denkmälern Seitenstücke und auch in manchen südlicheren (bei Chaucer z. B. *on* : *ō*, *was* : *ā*, ten Brink §§ 58, 325, und schon Harr. Hell *mine* : *inne* 83, *pine* : *inne* 115), während entsprechende Fälle mit volltonigen Silben, trotzdem sie bei manchen Lautfolgen wegen ihres häufigen Vorkommens leicht möglich waren (z. B. *īn* und *ūn*), höchst selten vorkommen. Das weist darauf hin, dass die fraglichen Bindungen eine sprachliche Grundlage hatten. Was sie vor anderen Fällen auszeichnet, ist der Umstand, dass die Störung verursachende Silbe zwar im Reime Vollton trägt, sonst aber entweder immer (in α) oder häufig (in β) ausserhalb des Volltons steht, und darin wird die Ursache dieser Eigentümlichkeit zu suchen sein. Ich möchte sie auf folgende Art erklären. Wir haben allen Grund anzunehmen, dass im Altenglischen ursprünglich durchaus schwach geschnittener Accent (Gravis) herrschte, wie überhaupt im Altgermanischen. Er wich in betonter Silbe, soweit sie kurz blieb, dem stark geschnittenen (Acut) und verharrte in unbetonter, wo er wie im Neuhochdeutschen (Sievers Phon.⁴ 558) noch heute gilt. Die Mittelstufen zwischen Vollton und Unbetontheit teilen sich zwischen beiden, deutlicher Nebenton stellt sich ersterem zur Seite (vgl. Fälle wie rĕcollĕct, impĕnetrabĭlity). Für die schwächeren Mittelstufen dürfen wir jedenfalls annehmen, dass sie den Gravis noch bewahrten, auch nachdem er in den volltonigen bereits beseitigt war. Traten nun solche Silben aus irgendwelchen Gründen unter den Vollton, in der Prosa durch rhetorischen (z. B. antithetischen) Nachdruck, in der Poesie durch die Verwendung im Reime, so war es, da sonst in der Tonsilbe nur mehr einerseits Gravis und Vocallänge, andererseits Acut und Vocalkürze bestand, nur natürlich, dass die ungewohnte Verbindung von Gravis und Kürze in eine der geläufigen umgesetzt wurde, entweder in die von Acut und Kürze oder aber auch die von Gravis und Länge.

420 Dies dürfte ohne weiters plausibel sein bei enklitischen Formwörtern. Ein ursprüngliches starktoniges hìm (d. i. him mit Gravis), ergab später einerseits starktoniges hím (d. i. him mit Acut), andererseits schwachtoniges hĭm, und dieses führte, wenn neuerlich mit Nachdruck versehen, zu hím oder hīm, welch letzteres sich dem schon bestehenden hīm zur Seite stellte. Ähnlich tritt im heutigen Englisch dem betonten juə oder jɔə 'your' ein betontes jöə dadurch zur Seite, dass die enklitische Form jö(ə) neuerlich Nachdruck erhält (Sweet, Elem. gespr. Engl. S. 16). Wenn im Reime die Formen mit Länge häufiger, zum Teil ausschliesslich erscheinen, so hat das seinen Grund darin, dass sich dazu leichter Reimwörter boten (namentlich bei -īm, -īs). Dass sich in der lebenden Sprache, wenigstens in der Schriftsprache, keine Spur von ihnen findet, kann ebenfalls keinen Einwand bilden: die Doppelformigkeit wurde zu Gunsten der in der Umgangssprache vermutlich doch überwiegenden Kürze beseitigt. Ein Analogon scheint sich aber im Deutschen zu finden: die Artikelformen werden, wenn ausnahmsweise betont, vielfach mit Länge gesprochen. Dēr, dēm, dēn sind wol allgemein, auch dās und weniger ausgeprägt dēs sind

mir bekannt. *Der* wird allerdings wegfallen, weil vor *r* auch in geschlossener Silbe gelängt wird (Behaghel Grdr. I 559), und sonst ist manches fraglich, weil dialektische Quantitätsverschiebungen vielfach einspielen mögen: doch werden diese Fälle immerhin im Auge zu behalten sein. Ist etwa auch mhd. *în*, nhd. *ein* (Adverb) durch solche Dehnung aus *in* entstanden?

Zweite Compositionsglieder sind im Allgemeinen gewiss stärker betont gewesen als enklitische Formwörter; sie standen vermutlich oberhalb der Grenze, bis zu welcher die besprochene Erscheinung möglich war, zumal die daneben stehenden vollbetonten Simplicia sie beeinflusst, d. h. auf sie den Acut übertragen haben werden. Wo aber dieser Zusammenhang gelockert ist und das Bewusstsein der Composition schwindet, ist eine Reduction des Nebentons möglich und wahrscheinlich, welche ihn der Tonstufe der Enklitika nahebringt. Das trifft bei *wiþerwinne* zu: *wiþer* und seine Ableitungen und Zusammensetzungen sind schon im Frühmittelenglischen selten, nur *wiþerward* und *wiþerwinne* halten sich etwas länger; ebenso wird die Bedeutung 'sich bemühen, streben' in *winnen* wol früh durch 'gewinnen' verdrängt, so dass die Empfindung für die Bedeutung jedes Compositionsgliedes bald sich getrübt haben mag. Dass in diesem Worte wirklich Längung eintrat, wird übrigens auch dadurch wahrscheinlich gemacht, dass es mit einfachem *n* in Texten geschrieben erscheint, die sonst Geminata bewahren (vgl. Stratmann-Bradley s. v.). Weitere Fälle sind keinesfalls viele zu erwarten, da der Vorgang, wie ersichtlich, nur in isolierten oder doch ziemlich isolierten Fällen möglich ist und nur vor einfacher Consonanz oder vor Geminata, die vereinfacht werden konnte, nicht vor mehrfacher Consonanz. Die lautlichen Bedingungen sind in den Bildungen auf -*nesse* gegeben, namentlich in solchen wie *clennesse*, wo man nach Ausweis der vocalischen Entwicklung (Kürzung) in der Tonsilbe nicht mehr die Composition fühlte. Tatsächlich finden wir auch manchmal entsprechende Reime; *pese : faȝrenes : reches* Perc. 981, *sekirnes : wes* (Ms. *was*) : *chese* eb. 1205. Aber daneben standen andere, namentlich

viersilbige wie *holinesse*, in denen das Accentverhältnis und
daher das Bewusstsein für die Composition gewiss noch
sehr deutlich war, und diese haben dann die früheren beeinflusst. Mit der dargelegten Tendenz wird es aber zusammenhängen, dass lateinische und griechische Eigennamen
auf -*es*, -*as*, -*os* bei Chaucer auf Länge reimen (ten Brink
S. 62; die auf -*us* allerdings gewöhnlich nicht, wie auch ŭ-
in seiner Sprache nicht gelängt ist).

422   Am allerehesten wäre ja theoretisch diese Längung zu
erwarten bei ursprünglich völlig tonlosen Silben; aber diese
können normaler Weise nicht unter den Vollton treten.
Wenn schlechte Dichter zuweilen Silben wie -*ed* oder Ähnliches zum Reime heranziehen (wie z. B. in den Barbour
zugeschriebenen Legenden, vgl. Angl. IX 511), so hatten sie
allen Grund ihren Verstoss durch Bindung mit Länge nicht
noch mehr in's Gehör fallen zu lassen. Solchen Reimen
fehlte eben die sprachliche Grundlage und Berechtigung.
Anders steht es mit den Ausnahmsfällen, wo in tonloser
Silbe ein Vollvocal stand; es sind dies: *bishop* (wol hiecher-
zustellen?), *whilom*, lateinische Eigennamen oder Wörter
auf -*um*, welches von den Dichtern genau so wie die Endsilbe von *whilom* behandelt wird, und andere fremde Eigennamen. *Bishop* reimt tatsächlich manchmal mit ǭ (vgl. unten
§§ 458, 465) und in der Form *bischape* mit ā (vgl. unten
§ 483). Jenes -*um* aber erscheint in Denkmälern, die sonst
die Quantitäten sondern, aber ŭ- und ǫ̆ binden, im Reime
auf ū- und ǭ. So: a) *whilom* : *thraldom* PC. 9031; b) *Capharnaum* : *whilom* PC. 4201; c) *iesum* : *sum* (ae. *sume*) CM. 18875
(11797 CG), *Chapharnaume* : *gume* Hom. 127, *Heraclium* :
cristendum Leg. 129 77, *patrum* : *com* PC. 2813, *Capharnaum*
: *com* PC. 4207, *Theodosiume* : *cume* Barb. Leg. 209 423, *Cy-
cynyume* : *cume* eb. II 185 233, *Yconyume* : *cume* eb. II 193 3,
colorum (vgl. Mätzner s. v.): *sume* eb. II 30 281, *Decyum*
: *sume* eb. 192/19, *Adastrume* : *come* Troj. II 2455. Zur Seite
stellen sich die Reime *soth* : *Eliud* CM. 9241 (CFG), *Enos* :
lōs eb. 1451. Offenbar ist also auch hier, wie nach unserer
Auseinandersetzung zu erwarten ist, Dehnung eingetreten.

423   Allerdings ist ihr Ergebnis nicht wie bei Enkliticis

(*us*, *þus* § 465) *ū*, sondern *ọ̄*. Aber das bedeutet nur einen chronologischen Unterschied: gerade so ergiebt ja *ū* in Tonsilben bei früher Längung (vor Consonantengruppen) auch im Norden *ū* (*ground*), bei späterer (in offener Silbe), wie wir eben jetzt nachzuweisen im Begriffe sind, *ọ̄* (*cọ̄me*). Dieser chronologische Unterschied ist auch vollkommen begründet: dass die Endung -*um* unter den Vollton tritt, ist in Fällen wie *whilom*, *Jesum* nicht möglich vor der mittelenglischen Tonverschiebung (die ja hauptsächlich in den Reimen zu Tage tritt, aber nicht bloss metrischer Art ist, sondern eine sprachliche Grundlage gehabt haben muss; vgl. Kluge Grdr. I 890; dazu Angl. Beibl. IV 166). Diese steht aber wol unter französischem Einfluss, kann also nicht vor dem 13. Jahrhundert eingetreten sein. Die Hervorhebung enklitischer Formwörter oder zweiter Compositionsglieder durch rhetorischen Accent dagegen ist gewiss etwas sehr Altes.

Gegen unsere Auffassung wird vielleicht ein Einwand 124 erhoben werden. Die Reime von -*um* auf *ọ̄m* bestehen nur in solchen auf die Bildungssilbe -*dọ̄m*. Man könnte etwa vermuten, dass hier Verkürzung eingetreten sei, die Bindungen mit *ŭ*- ebenfalls auf Kürze weisen, somit die angeführten Fälle einfache *ŭ*-Reime sind. Aber es ist zu beachten, dass in den meisten dieser Denkmäler sonst *ŭ*- mit Länge reimt, ebenso die Silbe -*dọ̄m*, somit in beiden Fällen *ọ̄* gegolten haben muss. Das Fehlen von Reimen auf sonstiges *ọ̄* wird also Zufall sein, der leicht begreiflich wird bei der geringen Zahl der *ọ̄m*-Reime überhaupt und dem Umstand, dass die Vollwörter mit *ọ̄m* (*dọ̄m*, *blọ̄m*, *tọ̄m*) ihrer Bedeutung entsprechend nicht sehr häufig vorkommen.

Fernerhin ergiebt sich noch ein Einwand. Wenn lat. 425 -*um* in dieser Weise Dehnung erfahren kann, warum erscheint nicht auch lat. -*us* in entsprechenden Reimen, also gebunden mit -*ọ̄s*? Tatsächlich reimt diese Endung, soweit sie sich überhaupt findet, auf -*ūs* (*us*, *þus*). Der Einwurf scheint gewichtig, aber erledigt sich im Hinblick auf die tatsächlichen Verhältnisse. Reimwörter mit der Folge *ọ̄s* waren kaum vorhanden; nur *lọ̄s* 'lose' und *rọ̄s* aus an. *hrós* standen zur Verfügung, und diese kommen überhaupt nicht häufig vor. Gewiss werden also auch bei -*us* Doppelformen entstanden sein, aber in den Reimen konnte nur die mit Kürze zu Tage treten, während bei -*um* umgekehrt in Folge der vorhandenen Reimwörter die mit Länge bevorzugt werden musste.

426   Die angesponnenen Gedankenreihen führen aber noch weiter. Wenn in -*um* die Dehnung später eintrat und zu $\bar{o}$ führte, so konnte dasselbe ja auch in den zuerst besprochenen Kategorieen — enklitischen Formwörtern und zweiten Compositionsgliedern — erfolgen; hier konnte die Dehnung in späterer Zeit neuerdings eintreten und zu $\bar{o}$, bez. $\bar{e}$ führen. Tatsächlich finden wir einige Spuren davon: *Jacob* (wol mit $\bar{o}$ anzusetzen): *up* Ps. 75, 7; *bus* (d. i. $b\bar{o}s$ < *behōves*): *us* Ev. Nic. 367; *sēne* : *baptysine* (= -*ing*) Barb. Leg. 32 73; $p\bar{e}s$: *es* (= *is*) Hom. 19, 64. Dass sie nicht zahlreich sind, überrascht nicht: die durch frühere Dehnung entstandenen Formen standen offenbar zumeist so fest, dass andere nicht mehr aufkamen.

427   Endlich ist noch eine Möglichkeit in's Auge zu fassen. Die Längen, die entstanden waren, wenn ursprünglich nicht hochtonige Silben unter den Hochton traten, konnten wieder gekürzt werden, wenn sie des Hochtones verlustig wurden, d. h. (bei der ersten Kategorie) wieder enklitisch oder (bei der zweiten) mit gewöhnlicher Betonung gebraucht wurden. So möchte ich mir das in manchen Denkmälern häufige $\breve{e}s$ statt $\bar{\imath}s$ im Reime auf -*ēs* erklären (vgl. unten §§ 448, 458, 470): als neuerliche Verkürzung aus $\bar{e}s$.

428   Zusammenfassend können wir also constatieren, dass die **Vocale schwachtoniger Silben mit einfacher Consonanz oder Geminata** (nicht mit Consonantengruppe), ferner die wenigen **vollen Vocale in unbetonten Silben, sobald sie unter den Vollton treten, Nebenformen mit Länge entwickeln**. Sind diese Vocale *i* oder *u*, so führt der Vorgang je nach dem Zeitpunkt seines Eintritts entweder zu $\bar{\imath}$, $\bar{u}$, oder zu $\bar{e}$, $\bar{o}$.

429   Ob ein Zusammenhang mit den Erscheinungen besteht, welche Sievers § 122 zusammenstellt, also mit altenglischen

Schreibungen wie *úp*, *in*, *is* u. dgl., ist fraglich, ja zweifelhaft. In einigen Fällen wenigstens (z. B. *shāl*, *þān*, *wās*) weist die Lautgestalt im Mittelenglischen entschieden darauf hin, dass die Längung erst nach der altenglischen Zeit eingetreten ist.

Kehren wir nach dieser längeren Ausführung wieder 430 zum Cursor Mundi zurück. Von den vorgeführten zwei Kategorieen anscheinender Quantitätsverletzung ist abzusehen: hier ist eine sprachliche Grundlage vorhanden gewesen. Aber auch die übrigen Fälle haben manches Besondere an sich.

Nur scheinbar gehört es hieher, wenn *let(t)e* 'liess' und 431 *gret(t)e* 'weinte' zumeist im Reim auf Länge erscheinen, z. B. 747, 13295, 14053, 14090 etc., 15006, 20081 etc.; in der Sprache des C. M. werden die ursprünglichen starken Präterita *lēt*, *grēt* aus ae. *léot*, *gréot* gegolten haben. Die analogischen schwachen Formen tauchen nach den Belegen bei Bradley und Mätzner zuerst im Süden auf (Ancren Riwle, Laȝamon); in den nördlicheren Denkmälern erscheinen sie in den Hss. erst vom Ende des 14. Jahrhunderts an, während die Reime, wenn ich nichts übersehen habe, in diesem Jahrhundert noch vorwiegend auf Länge weisen.

Unsicher sind auch zwei von Hupe S. 185* ange- 432 zogene Fälle: *yatt* (prt.) : *gate* (an. *gata*) 8805 (CG) und *yate* (ae. ȝeat): *forȝat* (prt.) 12593. Das ae. ȝeat ergiebt allerdings zumeist nach Massgabe der flectierten Formen me. *yāte*; aber auch Kürze nach dem Nominativ und Accusativ ist möglich, gerade so wie dem ne. *yōke* im Mittelenglischen *yŏ(c)k* (vgl. das Orrm'sche ȝocc und die Schreibung *york* im C. M., z. B. V. 21267) gegenübersteht und auch sonst Doppelformen auftreten (vgl. Zupitza Anz. f. d. A. II 11 und Sweet HES. 626). Sie wird wahrscheinlich gemacht durch Schreibungen mit *tt* wie ȝatt Degr. 613. Von dieser Form kann das nahestehende *gate* beeinflusst sein.

Erklärlich ist es auch, wenn *fette* einerseits mit *mĕtt* 433 (prt.) 19940, andererseits mit *grēte* 'weinte' 9046 reimt. Das

Wort zeigt im Mittelenglischen überwiegend *tt*, erweist also ein analogisches ae. *fettan, woraus me. *fětte*; die reguläre Entwicklung von ae. *fētian* führt aber (abgesehen von *feeche*) zu *fēte*.

434 Schwierigere Fälle bietet das Verhalten von *e* vor *t* und *d*: namentlich zwei Wörter treten oft störend auf: *sette* und *stede*. Ersteres reimt, und zwar als Infinitiv wie als Präteritum und Participium, häufig mit Länge, letzteres mit Kürze. So: 4472, 7253, 7901, 9211, 13992, 14734 etc.; 902, 4967, 6665, 8873, 11983 etc. Andere Fälle wie *mete* 'Speise': *bēte* aus ae. *bētton* 14415 (CGT) und *forgett* : *lett* 'Verzug' 15806 sind vereinzelt. Die Häufigkeit zweier Wörter ist auffallend, zumal sie auch in anderen Denkmälern, die noch genauer sind als der C. M., als einzige Ausnahmen auftreten (Buss Angl. IX 510). Wieder ist eine sprachliche Grundlage wahrscheinlich. Ich möchte vermuten, dass bei *sette* Vermengung mit dem Substantiv *sēte* einerseits (woraus der Infinitiv), und dem starken Präteritum *sēte(n)* aus ae. *sǣton* andererseits (woraus das Präteritum) eingetreten ist und dann das Particip analogisch nach Paradigmen wie *lēten*, *bēten* ebenfalls mit $\bar{e}$ gebildet wurde. Bei *stede* darf man nach Sievers § 263 Anm. 3 eine schon altenglische Nebenform *stedde (Übertritt in die *jo*-Klasse) voraussetzen oder an die nordhumbrische Nebenform *sted*, *styd* (eb. Anm. 6) anknüpfen. Danach wäre auch eine Nebenform *mět* statt *mete* aus ae. *mete* berechtigt und vielleicht ist auf diese Weise der angeführte Reim V. 14415 zu erklären. Jedenfalls ist der tatsächliche Bestand eines *stěd* sehr wahrscheinlich, da sonst *ěd* und *ēd* in Hunderten von Reimen auseinandergehalten werden.

435 Damit erscheinen die Unregelmässigkeiten auf einen einzigen Fall reduciert. (Denn die Reimreihe 15002—15016, welche Hupe S. 141*, 146* als eine anführt, enthält, wie aus der Umgebung hervorgeht, in Wirklichkeit zwei: a) 15002 -8. *sett* : *strete* : *grette* 'weinten' : *mete*, also $\bar{e}t$; b) 15010 bis 15016, *gett* : *rusette* ; *grett* 'grüssten' : *bett*, also *ět*.) Aber auch dieser letzte Fall kann eine sprachliche Grundlage haben. Auf nordhumbrischem Boden scheint ja die Dehnung

in offener Silbe vor Tennes nicht ganz durchgeführt zu sein
(vgl. Curtis Angl. XVI 399), wie auch im Neuenglischen
forget, *crack*, *rot* mit Kürze gilt. Sollte aber auch diese
Erklärung sowie unsere Vermutung bezüglich *sette* nicht
das Richtige treffen, so wären die Abweichungen doch auf
eine ganz bestimmte Lautfolge, auf $\breve{e} + t$ beschränkt, was
wieder besondere sprachliche Verhältnisse in dieser Folge
wahrscheinlich machen würde.

Verletzung von Quantität und Qualität liegt vor im
Reim *sitte* (CG, *sete* FT) 'sitzen': *Oliuete* 17743. Doch ist
einerseits zu beachten, dass ein Eigenname vorliegt, andererseits die Möglichkeit in's Auge zu fassen, dass *sitte* und *sette*,
bez. nach dem oben Gesagten *sēte* mit einander vermengt
wurden. Ähnlich finden wir in den Towneleyspielen *mete*:
be it : *heytt* (= *hēt*) : *sytt* (S. 199). Jedenfalls kann ein einziger
Fall in einer so riesigen Dichtung nicht viel besagen.

Unser Ergebnis ist also, dass der Dichter des Cursor
Mundi die Lautqualitäten, welche für unsere Frage in Betracht kommen, nur in ganz vereinzelten Fällen im Reime
bindet und ebenso in Bezug auf die Quantität bis auf wenige
und überdies zweifelhafte Ausnahmen genau ist. Wenn wir
also bei ihm Reime von $\bar{\imath}$-, $\breve{u}$- auf $\bar{e}$, $\bar{o}$ in nennenswerter
Zahl finden, werden wir sie dahin auffassen müssen, dass
in seiner Sprache $\bar{\imath}$-, $\breve{u}$- zu $\bar{e}$, $\bar{o}$ geworden ist.

Solche finden sich nun tatsächlich. Ich will zunächst
das Material ohne Commentar mitteilen.

I. $\breve{u}$- 1) vor r; — $\breve{u}$- : $\bar{o}$ 4 mal; *behoued* : *loued* 1209, *behoue* :
loue 3645, 14882, *luue* : *proue* 9037 (20005 FT); dazu $\breve{u}$- : $\bar{o}$ in *coue*
(ae. *cofa*) : *lufe* 11617 (CGT); — Selbstreime von $\breve{u}$- 2 zweisilbige;
abouen : *ouen* (ae. **ufen*, vgl. ne. *oven* = *uvn*) 2925, *luuen* : *abouen*
20077 (CGT), (*luuen* : *cummen* CG 20375); — Selbstreime von $\bar{o}$ 10
(*behoue, proue, gloue, houe, droue*); — $\breve{u}$- : $\breve{u}$ kein Fall; — Selbstreime
von $\breve{u}$ kein Fall.

2) vor m; — $\breve{u}$- : $\bar{o}$ 2 mal; *gome* : *dome* 7937, *cum* : *dome*
23055, dazu einmal mit Eigennamen *rome* : *come* 22269 (ähnlich F
1539, 4111, 7423, 12729, 17609; GT 4975); — Selbstreime von $\breve{u}$- 10
(*cum, gum, nom*), und häufig zweisilbige (*nomen* : *comen*); — Selbstreime von $\bar{o}$ 8 (-*dom, tom, blom, rom* prt.) + 8 mit Eigennamen (*sodome, esrom, rome, salomon*); — ferner zu beachten : *throm* 'Schaar

: *cum* 7423 (CGT), *sum* (plur. oder sing.?) : *nun* 'Nonne' 22027 (CGTE), *isum* : *sum* (plur.) 18875 (CG 11797).

3) vor *n*: *u*- : $\bar{o}$ einmal; *don* : *sun* 1515 (ähnlich F 12009, 20151, 20165, T 12944); dazu mit Eigennamen: *sun* : *chrou* 1415, : *symeon* 3895, : *salamon* 7961 (ähnlich G 9185), *won* : *chrou* 2483; — Selbstreime von *ŭ*- ca. 24 (*sun, won, mon*); — Selbstreime von $\bar{o}$ sehr häufig (*son, don, bone, hone* etc. und Eigennamen); - *u*- : *ū* kein Fall; — Selbstreime von *u* kein Fall.

439 II. *ī*- 1) vor *r*: — *ī*- : $\bar{e}$ öfter; *stere* (ae. *styrian*) : *were* 4296 (?), : *jailer* 4450, : *here* 4960, 8230, : *mistere* 5560, : *clere* 6055 etc.; — Selbstreime von *ī*- 1: *spir* : *stir* 24813; — Selbstreime von $\bar{e}$ sehr häufig; — *ī*- : *ī* kein Fall.

2) vor *d*: — *ī*- : *e* 1 mal; *did* : -*hede* 21705; — Selbstreime von *ī*- 0; (*did* : *did* 6293 CG); — Selbstreime von $\bar{e}$ sehr häufig; — *ī*- : *ī* häufig; *did* : *kid* 1575, 1607, 7133, : *emid* 6611, 7521, 8461, : *bidd* 5811, 6657 etc.; — *ī*- : $\bar{e}$, *stedde* : *did* 20137 (CFE 20111, *drede* : *d*. CG 3413).

3) vor *t*; — *ī*- : $\bar{e}$ kein sicherer Fall; — Selbstreime von *ī*- kein Fall (ausser zweisilbigen); — Selbstreime von $\bar{e}$ sehr häufig; — *ī*- : *ī* öfter; *wit* vb. : *hit* 21366, : *it* 21505, : *sitte*. 22017, 22293, 23057, 8359 etc.; *wit* (ae. *wita*) : *spit* (part.) 17771; (*smitt* sb. : *it* CG 18735).

4) andere Fälle von *ī*- : *ī*; — *nym* : *him* 17293; -*scipe* (hieher nach Sievers § 98 Anm.) : *scip* 24829 (: *slip* 12900 CG), : *egypte* 5979; (*grip* aus ae. ᵹrípe : *slip* 4001 CF).

5) vor ᵹ; — *nine* : -*in* 969 CGT und so öfter; aber *nene* geschrieben 23265 (C).

6) *heren* : *drinen* 22109 CG, wol auch F: Selbstreime von -*enen* und -*inen* öfters.

440 Die Verhältnisse liegen also bei den einzelnen Lautgruppen sehr verschieden. Völlig deutlich sind sie bei *ŭ*- vor *v*: hier ergiebt sich aus den Bindungen mit $\bar{o}$, wie aus den nichts Auffälliges bietenden Zahlenverhältnissen ganz deutlich, dass *ŭ*- und $\bar{o}$ identisch waren.

441 Bei *ŭ*- vor *m* ist bereits eine Zunahme der Selbstreime bemerkbar, während Bindungen des doch nicht seltenen *cum* mit $\bar{o}$ nahelagen. Immerhin werden wir uns noch beruhigen dürfen, da die Zahlen doch keine gar zu grellen Abstände zeigen. Sonst müssten dieselben Erwägungen eintreten, die wir bei den Fällen mit *n* gleich anzustellen haben werden.

442 Zuvor haben wir noch die besonderen Fälle vor *m*, die oben angeführt wurden, zu erklären. Der Reim *cum* : *throm*

kommt auch in den Nordengl. Legenden 6,209 vor, beweist aber nichts. Me. *þrum* kann nicht die Fortsetzung von ae. *þrymm* sein, wir wissen daher nicht, ob sein *u* ein ae. *ü* oder *ü̅*- darstellt. Ich möchte letzteres vermuten und mit Kluge (Et. Wb. s. v. Trumm) eine Basis *þrumu ansetzen, das zu an. *þrǫmr* im Ablautsverhältnis stünde. (Oder vielleicht *þruma, das in *scildtruma* vorläge, aus dem erst das Simplex *truma* losgelöst wäre?). Die Reime mit *sum* scheinen durchaus *ü* zu haben und daher in Ordnung zu sein. Doch ist zu beachten, dass im Ae. dem Singular *sum* der Plural *sume* gegenübersteht, also in diesem Wort die Entsprechungen von *ü* und *ü̅*- möglich sind. Erstere gilt offenbar im Reim auf *num*; im Reim auf *iesum* aber wird nach § 422 f. die Wiedergabe des *ü̅*- anzunehmen sein.

Sehr auffällig sind die Bindungen mit *n*: das Missverhältnis zwischen Misch- und Selbstreimen ist ein viel grelleres als früher; auf der einen Seite ist *sune* : *wune*, auf der anderen *sone* : *done* ganz gewöhnlich, und nur einmal fällt es dem Dichter ein, solche Wörter unter einander zu binden. Manchmal glaubt man sogar zu spüren, wie er einem naheliegenden Reim von *ü̅*- : *ō* aus dem Wege geht. V. 12911 f. heisst es im Wesentlichen übereinstimmend in CFG: *If þou be godd(es) sun, bidd son. And gar þi comament be don.* Wenn der Dichter ae. *sunu* wie *sọ̄n* sprach, so wäre doch sehr nahegelegen, es in den Reim zu setzen, anstatt zu dem Füllsel *bidd son* zu greifen, etwa: *If þou be trewely goddes sone. Gar þi com. be d.* Die Hs. T hat auch tatsächlich: *If þou be goddes sone. Make þi biddyng to be done*; doch wird man nach dem Handschriftenverhältnis schwerlich annehmen können, dass T allein das Ursprüngliche bewahrt habe. Auf der anderen Seite aber fehlen Reime von *ü̅*- und *ü*, die immerhin möglich waren, wenigstens bei verstummtem -*e* (auf *sunne*, *runne*, vgl. § 462), und es finden sich eben doch gelegentlich Bindungen von *ü̅* und *ō*, die wir nach unseren Ausführungen über die Reimgenauigkeit unseres Dichters nicht als ungenaue auffassen dürfen. Dabei fällt wieder auf, dass er *ü̅*- noch am ehesten mit dem *ō* von Eigennamen bindet. Wir haben also einen

Tatbestand voll innerer Widersprüche vor uns, einen deutlichen Beleg, dass die Reimtechnik nicht immer völlig naivphonetisch ist, sondern andere Einflüsse dabei im Spiele sind.

444   Ich glaube, dass der Dichter hier ebenso wie sonst für ae. $\bar{u}$- $\bar{\rho}$ sprach und nur in den Reimen es nicht erkennen lassen wollte. Einmal mochte sich ihm überhaupt weniger dazu Anlass bieten als zu erwarten wäre, weil *sune : wune* einerseits, *sọn : dọn* andererseits stereotype Bindungen waren, die sich ihm daher vor allem einstellten; dann mag er die Vorstellung gehabt haben, dass seine Lautung etwas Provincielles sei, das besser gemieden wird. Es scheint nämlich, wie wir sehen werden, dass die Längung des $\bar{u}$- vor *n* nicht so allgemein war wie sonst. Bei Eigennamen mochte er sie sich am ehesten gestatten, weil sie überhaupt freier behandelt wurden und nicht so sehr der Tradition unterworfen waren. Vielleicht wirkte noch Anderes mit: das wird schwerlich je völlig aufzuhellen sein. Sicher scheint mir aber, dass der Tatbestand auf keine andere Weise befriedigend zu erklären ist, dass wir also an der Dehnung des $\bar{u}$- zu $\bar{\rho}$ auch in dieser Stellung nicht zweifeln dürfen.

445   Bei $\bar{\imath}$- ist die Längung ganz deutlich vor *r*; an me. *e* für ae. *y* darf hier natürlich nicht gedacht werden, das ist etwas speciell Kentisches. Vor *d* finden wir widersprechenden Reimgebrauch. Aber ae. *dyde* ist überhaupt ein schlechtes Beispiel für unsere Frage: $\bar{e}$-Formen können aus dem Plural *dǣdon* stammen. Sicher gehen auf *dyde* nur Formen mit $\bar{\imath}$ zurück, und diese sind durch häufige Reime gesichert. Ebenso weisen die unter 3) und 4) angeführten Bindungen auf Kürze; freilich stehen manche vereinzelt und haben daher weniger Beweiskraft. *Nym : him* ist auch deswegen nicht sicher, weil in *him* nach § 426 immerhin Dehnung zu $\bar{\imath}$ möglich wäre. Sicher ist ferner *i* aus $\bar{\imath}$-ʒ in *nine*; dem Schreiber von C freilich scheint $\bar{\imath}$ geläufiger zu sein und F das Wort im Reim gern zu meiden (vgl. V. 969, 20832, 23265). Der Reim *heuen : driuen* endlich wird wol den Fällen von $\bar{\imath} : \bar{e}$ wie *bitter : better* (vgl. oben § 115) zur Seite zu stellen sein.

Unser Ergebnis ist also: in der Sprache des Dichters des C. M. ist ae. ā- zu ǭ geworden in allen zu Tage tretenden Fällen, d. i. vor r, m, n; ae. ī- zu ę̄ vor r, dagegen zu ī in den übrigen Fällen, sicher vor d, t, weniger sicher, aber sehr wahrscheinlich auch vor p, m. Die Folge ī-3 giebt er durch ī wieder.

5.

Gehen wir nun nach den entwickelten Gesichtspunkten die übrigen nordhumbrischen Denkmäler in chronologischer Folge durch. Bei manchen kleineren ist es unmöglich zu einem sicheren Urteil über die Beweiskraft der Reime zu gelangen; dennoch wollen wir in solchen Fällen die charakteristischen Bindungen von ā-, ī- mit ǭ, ę̄ anführen. Sonst ist genau dasselbe Schema eingehalten wie beim Cursor Mundi, wodurch knappere Fassung ermöglicht wird. Reimkategorieen, die nicht angeführt sind, fehlen.

Psalter, ca. 6500 V. (hg. Stephenson, Surtees Society 1843 f.). Reime genau, auch sehr eintönig. Verletzungen der Qualität: einmal ĕ : ī, *rightwisnes* : *blisse* 16, 15; doch scheinen das Subst. *bliss* und das Verbum *blesse* früh vermengt worden zu sein (vgl. z. B. *blis sal I þe* 25, 12). Allerdings steht häufig *es* (neben *is*) in ē-Reimen; aber gerade die Häufigkeit des *e* in diesem Wort zeigt, dass eine Nebenform *es* wirklich bestanden hat; vgl. § 427. Verletzungen der Quantität: ă in *man* reimt auf ā 38, 7; 55, 11; 139, 2; wahrscheinlich ist dieses Wort aber unter die Enklitika zu stellen. Sonst nur scheinbare Fälle: nachtonige Silbe oder Enklitika im Reim auf Länge; a) *likame* : *name* 88, 16; b) *in* : *ī* 4, 8 u. s. w., *þise* : *ī* 33, 20, *hisse* : *i* 148, 8; *kan* : *ā* 88, 16; *on* : *ō* 13, 5 (37, 5); hieher vielleicht auch *hade* : *a* 31, 5; 68, 4; 89, 4; 104, 21; 105, 21; doch *hade* aus frühme. *havede* berechtigt. Über *Jacob* : *up* 75, 7 vgl. § 426.

    ā- 1) vor m; — ā- : ǭ einmal; *dome* : *come* 24, 9.
    2) vor d: — ā- : ǭ dreimal; *wude* (ne. *wuda*) : *gode* 49, 10;

95, 12; 103, 20; — Selbstreime von *u*- nicht vorhanden, von *ō* 20; — *u*- : *u* kein Fall.

31 vor *n*; — *u*- : *ō* fehlt; — Selbstreime von *ū*- 20 (*sone*, *wone*, *mone*), von *ō* 5; *sone* : *done* 33, 6; 36, 25, 28; 101, 21; 134, 6; — *u*- : *u* einmal, *mon* : *kun* (ae. *cunnan*) 93, 10.

i- niemals mit *ę* gebunden, dreimal im Selbstreim, *gire* (vgl. Anhang II) : *lire* 28, 11; 50, 10; *clives* : *gires* 31, 10 (abgesehen von Formen auf -*n*, -*l*), und öfters auch im Reim auf *i*, *nīm(e)* : *him* 21, 9; 94, 2; 108, 8; *did(e)* : *mide* (= *mīd*) 105, 6; : *kid* (part.) 113 b 3; dazu *wite* : *ghite* 93, 8, welches seinerseits häufig mit *it* gebunden erscheint (97, 7; 98, 5; 103, 32 etc.); endlich Bindungen mit romanischem (lateinischem) *i* in offener Silbe, *lire* : *olive* 127, 3; *wite* : *Ismaelite* 82, 6.

450   Das Material ist wol spärlich, indes bei der Genauigkeit der Reime ausreichend. Danach ist *ū*- zu *ō* geworden vor *m* und *d*, dagegen vor *n* vermutlich *ū* gewesen, obwol völlige Sicherheit keineswegs zu erlangen ist. Denn dass keine Bindungen von *ū*- und *ō* vorliegen, kann dieselben Gründe haben wie beim C. M. (vgl. § 444), und der wirkliche Hinweis auf Kürze, der Reim *ū*- : *u*, ist vereinzelt. — Nicht ganz klar sind auch die Verhältnisse bei *ī*-; in *did* wird durch den Reim auf *kid* Kürze erwiesen; sonst reimt es auf das *i* enklitischer Wörter, welches nach unseren obigen Ausführungen, § 426, im Reim zu *ę* gelängt worden sein kann (vgl. *Jacob* : *up*). Die wol nicht ganz genauen Reime auf rom. (lat.) *i*, das doch wol *ī* (oder *i*?) war, weisen allerdings eher auf einen *i*-Laut, also auf Bestand von *i*, nicht *ę*. Übrigens ist zu beachten, dass der Dichter stark in südlicher Reimtradition befangen ist, wie aus den nicht so seltenen *o*-Formen für ae. *á* hervorgeht, die seinem Dialekt völlig fremd waren (§ 97). Vielleicht sind die wenigen Bindungen von *ī*-, *ū*- mit *i*, *u* derselben Ursache entsprungen und *ę*, *ǫ* für *ī*-, *ū*- deswegen so selten, weil sie jener Tradition widersprachen. Bei den vier Belegen für *ǫ* glaubt man zu merken, dass der Dichter bei seinem engen Anschluss an das Original sie nicht wol vermeiden konnte. Wenigstens war ihm *wode* in allen drei Fällen durch das Original gegeben und ein Reimwort mit *ū*- stand kaum zur Verfügung.

Nördl. Passion, 482 V. (Arch. 57, 78) bietet, soweit mitgeteilt, nur einen Selbstreim von ĭ-, *giff* : *lif* 467.

Lay Folks' Mass Book, 629 V. (EETS. 71). — *ŭ-* : *o*; *lone(s)* : *behoue(s)* 520, 536; — *ī-* : *ĭ*; *did* : *kid* 470.

York Hours, 78 V. (eb.). — *ŭ-* : rom. *ū* oder *ǭ*?; *sone* : *passione* 22. Ungenauer Reim, vereinzelt und daher nichts beweisend.

Feinde des Menschen, 112 V. (E. St. IX 441). — *dore* : *neizebore* : *fǭre* (adv.) 89. Aus diesem vereinzelten, jedenfalls ungenauen Reim ist nicht viel zu schliessen. Doch scheint schwachtoniges ae. *ú* früh mit *u* zusammengefallen zu sein (vgl. die Schreibung mit *o*) und dessen Entwicklung geteilt zu haben. Wahrscheinlich sind daher die Reimvocale *ǭ* : *o* : *ǭ*.

Evangelium Nicodemi, 1764 V. (Arch. 53, 389 nach dem älteren Ms. Harl. 4196; Arch. 68, 207 nach dem jüngeren Ms. S, welches willkürlich ändert). Reime genau; *bus* (= *behoves*) : *vs* 367 nach dem oben § 426 Gesagten zu fassen. Fraglich ist *þese* (S *þise*) : *-tse* 402.

    ŭ- 1) vor *m*; — *ŭ-* : ?; *com* (inf.) : *flom* : *som* (ae. *sum*) : *by nom* (part.) 1273 (H).

    2) vor *n*; — *u-* : *ǭ* 2; *mon* (ae. *manan*; S *sone*) : *son* (ae. *sunu*) : *trou* : *done* 421; *sone* : *trone* : *done* : *sone* (ae. *sunu*) 1645; — SR *ŭ-* o; — SR *ǭ* 5.

    ī- niemals mit *ę* gebunden; im SR vor *r* (*styr* : *spyr* 1461, dazu zweisilb. *-ytęa* 418); im Reim auf *ī* vor *d*: *dyd* : *-id* 67, 83, 1434.

Danach ist *ŭ-* sicher gelängt vor *n*; *ī-* kurz vor *d* (in *did*). Schwieriger ist die Sache bei *m*, da das Reimwort *flum* zunächst nicht ganz klar ist. Nach der Schreibung Orrm's, *flumm*, und dem sonstigen Schwanken zwischen *u* und *o* muss der Vocal *ŭ* gewesen sein. Woher stammt nun das Wort? Zupitza weist Guy 428 (zu V. 8712) die Ableitung vom an. *flaumr* wie auch vom lat. *flūmen* zurück und knüpft es an das afr. *flum*. Aber dann müsste das Wort *flūm* gelautet haben und könnte nicht als *flom* geschrieben erscheinen. Zur Lösung der Schwierigkeiten wird man, wie Kluge (in einer freundlichen brieflichen Mitteilung) hervorhebt, von der Verbindung ausgehen müssen, in welcher das Wort zunächst fast beständig erscheint: *flum Jordan*. Diese Formel mag aus dem Afrz. stammen, muss aber im Vocal (*u* statt *ü*) vom Lateinischen beeinflusst sein. Die Kürze möchte ich auf die enklitische Stellung des Wortes in dieser Formel zurückführen (gerade so wie Titel u. dgl. gekürzt werden). Ist dies aber richtig, so können in dem Wort dieselben Erscheinungen eintreten wie sonst bei Enkliticis und Verwandtem, also sobald es unter den Hochton tritt, Dehnung (nach § 428), und zwar bei späterem Datum — und dieses ist von vornherein zu erwarten — zu $\bar{u}$. Das ursprünglich vortonig gebrauchte *flum* ist also der Schlusssilbe von *whilom* und dem lat. *-um* gleichzustellen (§ 122) und kann daher wie dieses mit $\bar{u}$- und $\bar{o}$ gebunden werden. Damit kommt (da in *sum* auch $\bar{u}$- möglich ist) unser Reim in Ordnung: wir haben einen Selbstreim von $\bar{u}$- vor uns, aus dem wir nicht schliessen können, ob $\bar{u}$- gedehnt war oder nicht.

457 **Sieben Todsünden**, 458 V. (Lemke's Jahrb. VI 332.) Kein hierher gehöriger Reim. —

458 **Nordengl. Homilien**. ca. 4300 V. (Metrical Homilies ed. Small; nach anderer Hs. teilweise Arch. 57, 241; Citate nur nach Seiten möglich). — Reime genau. a) Qualitative Abweichungen: $\bar{u}$: $\bar{o}$ gar nicht, $\bar{\imath}$: $\bar{e}$ in keinem sicheren Fall. Über *es* vgl. § 427. *Thift* statt *theft* (: *gift* 3, 131) wird auf an. *þýfð* zurückgehen. Der Reim *thrid* : *red* 117 ist ein Verderbnis (andere Hs. *thrid* : *kydd*). (Sonst findet sich *on* : *son* 92 und *Symeon* : *undone* 77). — b) Quantitative Abweichungen: $\check{a}$ in *man* reimt auf $\bar{a}$; *man* : *nān* 13, 18, 61, : *tān* 13, : *bāne* 19 etc.; wahrscheinlich ist aber *man* unter die Enklitika zu stellen (§ 448). Sonst bekannte Fälle: *him, in, is, schal, on* im Reim auf Länge nach § 428; *is* : $\bar{e}$ (19, 64) nach § 126; über *bischop* : *hope* (84, 86, 90, 139, 142, 167) vgl. oben § 422; über *stede* : *sprēde* (part.)

69) § 434. Im Reim *sette* : *grede* 17 wird *grēte* zu lesen und *sette* nach § 434 zu beurteilen sein. In *bed* : *rēd* 39 ist *bed* schwaches Participium nach Muster wie *leden*, *ledd* und hat daher *ë* (vgl. Wackerzapp 37 ff.). *Hop* 'spes' : *drop* 86 ist in Ordnung (ae. *dropa*).

 u- 1) vor *m*; — *u-* : *ǫ* 4; *com* : *dom* 19, 21, 25; *com* : *kingdom* 96; — SR *u-* 2 einsilbige, *come* : *gome* 95, 127, und 5 zweisilbige (*comen* : *nomen* 7, 45, 63, 98, 129); — SR *ǫ* 2; *dom* : *com* prät. 112, 117; — über *Capharnaume* : *gume* 127 vgl. § 422; zu beachten *honi rom* : *com* 55, 102, 103.

 2) vor *n*; — *u-* : *ǫ* 0; — SR *u-* 3; *run* : *son* 100, 107, 158; — SR *ǫ* häufig.

i- : *ę* fehlt; — SR vor *c* 5; *lif* : *gif* 16, 85, 102, 104, 104; vor *p* 1 (-*schipe* 6); — SR *ę* vor *c* und *p* öfter; — *i-* : *i* 3; *schip* : -*schip* 134; *smitte* (part.) : *it* 122. Dazu *kaytires* : *ly*[*r*]*es* 31 (Correctur nach Arch. 57, 243 v. 43).

Was *ū* vor *m* anlangt, so werden die zunächst auffälligen Reime mit -*sum* den Selbstreimen von *ū-* anzureihen sein; denn *u* in ae. -*sum* stand in den flectierten Casus, also in bei weitem der Mehrzahl der vorkommenden Formen, in offener Silbe, und die Dehnung trat wol auch unter dem Nebenton ein (wie in -*scipe*). War er aber zu ihrer Zeit bereits reduciert, so sind diese Fälle nach Massgabe von § 426 zu beurteilen (Längung des *ŭ* in schwachtoniger, doch unter den Ton tretender Silbe zu *ǫ*). Danach ist Dehnung des *ū-* sicher vor *m* in *come*. Vor *n* möchte man Kürze vermuten; aber *wone* : *sone* ist ein stereotyper Reim, und Bindungen von *ū-* mit *ū* fehlen, es werden daher die oben § 444 angestellten Erwägungen einzutreten haben, und die Möglichkeit, dass auch hier *ǫ* galt, wird nicht zu läugnen sein. — Für *ī-* vor *v* ist ebenfalls nichts Sicheres zu erschliessen, da *live* : *give* ein stereotyper Reim ist, doch scheint die Bindung mit rom. *i* auf *ī* zu weisen (vgl. oben § 450). Vor *p* und *t* ist Kürze wahrscheinlich, doch könnte *ī* in *smitte* durch das ursprünglich folgende -*en* bewirkt sein.

 Nordengl. Legendar, ca. 8000 V. (Horstmann, Altengl. Leg. 1881 S. 1–173; vgl. S. LXXVIII. Zwei Hss.;

in Betracht gezogen sind nur die Teile, die in beiden überliefert sind; daher übergegangen 8 279—10/542; 15 361—19 236; 25 1—56/270; 77/1—96 306; 142,1—152/486). — Reime genau. a) Qualitative Abweichungen: kein *ü* : *ō*, *ī* : *ē*. Anscheinend *i* : *ę* in *childe* : *schilde* 113 85 (vgl. § 27). (Sonst noch: *hēme* : *cōme* sb. 114/193; doch vgl. § 143). b) Quantitative Abweichungen: *him*, *his*, *was*, *on* im Reim auf Länge nach § 428.

462 *u*- 1) vor *m*; — *u*- : *ō* 11; *cum* : *Rome* 56,17, : *dome* 173/765, : -*dom* 71/527, 97/73, 110/237, 126,195, 162/235, 169/397, 173/711; dazu nach § 460 -*som* : -*dom* 125/129; — SR *u*- 4; *sum* pl. : *cum* 119/17, 138 25, 140,231; dazu *throm* : *cum* 6 209 nach § 442; (1 zweisilb.; *camen* : *nomen* 119/41). — SR *ō* 10; — scheinbar *u*- : *u* 3; *cum* : *dom* pl. stumm' 132/51, 139,93,105; *sum* pl. : *dom* 132/35. — Über -*dum* : *Heraclium* 129/77 vgl. § 422.

2) vor *n*; — *ū*- : *ō* 0; — SR *u*- 8; *won* : *sun* 14/253 etc.; — SR *ō* häufig; — *u*- : *u* 5; *sun* : *kun* 53/99, 59,215, : *bigun* 134/189, 215, : *won* (part.) 136,385; dazu *u*- : *u*; *sun* : *felun* 124 3; — SR *u* 2; *sun* : *bigun* 142 345, 166/101.

3) vor *k*; — *u*- : *ō* 1; *wuke* : *boke* 11 13 H; *woke* : *toke* 11/11 T; — SR *ō* 10 (+ 1 zweisilb.).

4) vor *r*; — *u*- : *ō* 2; *dore* : *store* 103 35, : *fore* 133,93.

e : *ę* fehlt; — SR *ī*- häufig vor *r*; *gif* : *lif* 63 37, 73/645, 131 269, 136/425 etc.; 4 vor *r*; *hir* : *stir* 7/225, *hir* : *spir* 59/167, 125/125, *stir* : *hir* 171/541; dazu einige zweisilbige (-*iten* 21/65, 132/57; häufig *pider* : *togiders*); — SR *ę* vor *r* häufig, vor *e* nicht selten; — *i*- : *i* vor *d* häufig; *did* : *i* 6/167, 12/103 etc.; vor *t* 3; *wit* : *pyt* 58/88, : *knit* prät. 102,415, : *itt* 126/199 (: *Berit* 119/59, : *sitt*? 157 117); vor *p* 1? *Philip* : *wirschip* 124 15.

463 Das Material für *ū*- vor *m* ist widerspruchsvoll: einerseits Zusammenfall mit *ō* deutlicher als je zu erschliessen, andererseits die Reime *cum* : *dom* 'stumm', die wir übrigens unter ähnlichen Verhältnissen auch noch im Prick of Consc. finden werden. Aber der Widerspruch wird nur scheinbar sein. Gerade da die übrigen Reime so deutlich auf Längung des *ū*- weisen, werden wir vielmehr zu schliessen haben, dass in *dom* auch *ū*- bez. seine Entsprechung galt und nach einer Erklärung suchen müssen. Diese scheint mir nicht schwierig zu sein. Die Assimilation von *mb* tritt, wie ein Blick in unsere Wörterbücher lehrt und u. a. auch unser Denkmal zeigt (vgl. dazu *came* : *wame* Pr. C. 162, 511, 836;

lyms : *dyms* cb. 3600), im Norden bedeutend früher ein als
im Süden. Der Cursor Mundi hat zwar noch *mb* in der
Schreibung (ausschliesslich?), aber der Lautwandel wird sich
gewiss einige Zeit früher vollzogen haben, als er in der
Schrift zum Ausdruck kam; er kann sehr wol in die Zeit
vor der Dehnung der Kürzen in offener Silbe (etwa 1250)
zurückreichen. Ich möchte nun annehmen, dass sich dem
unflectierten *dum* früh ein flectiertes *dume* zur Seite stellte
nach dem Muster des so häufigen Typus wie *sum*, *tum* (*m*
nach mittelenglischen Quantitätsgesetzen, vgl. ten Brink S. 64)
gegenüber *sume*, *tume* und dass in diesem *dume* ebenso
Längung eintrat wie in *sume*, *tume*. Später wurde wie in
diesen Fällen auch in *dum* der Vocal der an Zahl ja über-
legenen flectierten Formen vorherrschend.

Danach ist also doch Längung des *u*- vor *m* anzusetzen. 464
Vor *k* und *r* ist sie aus den Reimverhältnissen nicht so
deutlich erweislich, aber gewiss nicht zu bezweifeln. Vor
n dagegen muss wol Kürze gegolten haben: alle Erscheinungen, die darauf hinweisen, auf literarische Tradition zurückzuführen, ist bei ihrem Umfang doch gewagt. — Bei
i- ist Kürze deutlich vor *t, d*; wahrscheinlich, obwol bei
der Spärlichkeit der Selbstreime keineswegs sicher, vor *r*;
über *i* vor *v* lässt sich nichts Bestimmtes sagen, da *gif* : *lif*
ein stereotyper Reim ist.

Prick of Conscience, 9624 V. (ed. Morris 1863). 465
Reime genau. a) Qualitative Abweichungen: $\check{e}$: *i* einmal,
bredde part. : *thredde* 'dritte' 4209; häufig *es* für *is* (§ 427); anscheinend $\bar{e}$: *ī*, *shilde* : *mylde* 9471 (doch vgl. § 27). Ähnlich
wird romanisches *i* manchmal mit *ē* gebunden: *Austyn* : *sen*
3944, *maners* : *martires* 3824; doch wird man diesen vereinzelten Fällen nicht viel Gewicht beimessen können.
b) Quantitative Abweichungen: *am, was, has, us, þus* im Reim
auf Länge (§ 428); *bisschopes* : *hopes* 3801 (§ 422); die Schlusssilben von *ymaggyne* und *rermyne* reimen teils mit *i* (: *pyne*
8583, 9451), teils u. z. vorwiegend mit *ī* (: *twyn* 2208, : *syn*
6481, : *dyn* 7348, : *in* 9051, 9115 etc.; : *syn* 6959, : *in* 6573 etc.;
vgl. *rengym* : *grym* 6901, *ravyn* : *syn* 3368, *Olyvette* : *sette* 4097,

4601, 5183, 5217); doch ist schwankende Quantität in solchen Fällen nicht überraschend. Über *bed* ('geboten') : *clĕd* 8533 vgl. § 458.

466 *u-* 1) vor *c*; — *u-* : *ǫ* 13 : *lufi(d, -s)* : *byhufe(d, -s)* 69, 944, 1364, *lore(s)* : *prore(s)* 1080, 1086, 1112, 1844, 3530, 6220, 8379, 9039, 9491. : *mores* 8397; — SR *u-* 1 zweisilb.; *orra* (§ 438) : *aboven* 7368; — SR *ǫ* 6: *prore* : *behore* 936, 1016, 5910, : *drore* 1318, : *more* 7707, : *contrare* 1560.

2) vor *m*; — *u-* : *ǭ* 41; *come* : *dom* 263, 358, 1858, 2601, 2800 etc. (24 mal), : *-dom* 143, 149, 548, 1352, 2066 etc. (11 mal), : *funtome* 1196, : *Rome* 4061, 4085, 4101, : *Jerome* 4738, : *Sodome* 4851; dazu *-some* (§ 460) : *-dome* 1598, : *Rome* 4071; ferner *u-* : *ū* 1; *som* (§ 442) : *custom* 3412 vgl. *ǫ* : *ū* wie *fortone* : *sone* 1273 etc.); — SR *u-* 8; *com* : *some* (§ 442) 3994, 4045, 4289, 4491, 9234, *brydegome* : *come* 8799, 8809, 8821; dazu *-som* (§ 460) : *come* 85, 394, 520, 610, 1972 etc (10); — SR *ǭ* 2; *dome* : *Jerome* 4667, *tome* : *dome* 6248. Über *dom* (ae. *dumb*) : *-som* 49, : *come* 4323 vgl. § 463; über *whilom* : *-dom* 9031, : *-um* 4201, *com* : *patrum* 2812, : *Capharnaum* 4207 vgl. § 422.

3) vor *n*; — *u-* : *ǫ* 0; — SR *n-* 4; *son* : *iron* 15, 4221, 8067, 8843; — SR *ǫ* 26; — *u-* : *n* 8; *son* (ae. *sunne*) : *won* 1018, 3096, 6038, 8739, 8763, 9147, 9152, 9162; dazu *u-* : rom. *ū* (*ō*?) : *son* : *vision* 4369, *wons* : *Amazons* 4463.

4) vor *r*; — *u* : *ǫ* 1; *pure* (= *pōr*) : *dore* 3450.

5) vor *k*; — *u-* : *ǭ* 4; *smoke* (ae. *smuca* § 469) : *luke* 4726, : *boke* 7099, 8591, 9401; — SR *u-* 0; — SR *ǫ* 20.

467 *i-* 1) vor *r*; — *i-* : *ē* 24: *lyfe(s)* : *griece(s)* 748, 1730, 2888, 3006, 3354 etc. (16 mal), : *mescheefes* 698; *gyre(s)* : *greve(s)* 3608, 3860, 4259, 8343, : *belyefe* 4336, : *meschyfe* 5568, : *Eve* 491 (vgl. die Schreibung *lyefe(s)* 2889, 4352, 4646 etc. und umgekehrte wie *gruf, meschyfe*); — SR *i-* 3 zweisilbige auf *-yren*; 3196, 3300, 6459; — SR *e* 2; *greves* : *myscheves* 1564, *griefe* : *bylyefe* 5520 (dazu 2 SR *ē*; 1239, 2002 und 3 *ẹ* : *ẹ*, 2328, 3236, 7035). Ausserdem zu beachten *lyfed* : *disceived* 1922.

2) vor *p*; — *i-* : *ẹ* 13; *-shepe(s)* : *kepe(s)* 55, 83, 380, 596, 954 etc. (11 mal), : *depe* 7135, 7931; — SR *i-* 1; *-shepe* 8411; — SR *ẹ* 6: 474, 872, 5408, 6935, 7370, 8075.

3) vor *t, d*; — *i-* : *ẹ* 0; — SR *i-* mehrere zweisilbige auf *-iten, -ider*; — SR *ẹ* häufig; — *i-* : *ī* 3; *dyd* : *hȳd* 8203, : *kȳd* 8961; *witte* (ae. *witan*) : *sitte* 5181.

468 Danach ist *u-* sicher gelängt vor *m* und *v*, daher auch, obwol nur spärlich belegt, vor *r* und *k*, dagegen kurz geblieben vor *n*; *i-* sicher gelängt vor *v* und *p*, kurz geblieben vor *t* und *d*. Dass *lyfed*, d. i. *lẹved*, mit *discrived* reimt, stellt sich den oben erwähnten Fällen wie *Austyn* :

sēu zur Seite: aus diesem Reim kann nichts gegen unsere
Argumentation bez. ī- vor v geschlossen werden, da auch
völlig sicheres ē gelegentlich mit rom. ī gebunden wird.

Zum Schluss haben wir noch unsere Ableitung von
smoke aus ae. *smuca zu rechtfertigen. Gewiss geht das
schriftsprachliche smoke auf me. smǭke und ae. smoca zurück;
daneben finden sich aber unzweifelhafte Anzeichen eines
me. smōke. Dunbar (ed. Schipper) bietet darauf weisende
Schreibungen und Reime (smrke : ruke 'Krähe' 25, 120;
smowk : towk 45, 48), und entsprechende moderndialektische
Formen finden sich in Schottland (smook, smuik vgl. Jamieson
s. v.) wie auch in Nord-Derby (Ellis 26¹). Diesem me.
smōke kann aber kaum ein ae. ó zu Grunde liegen; wir
müssen es vielmehr aus ae. *smuca, *smucian ableiten (vgl.
Bildungen wie bucca, enucian und Sievers § 55).

Ywain and Gawain, 4032 V. (ed. Schleich 1887.
Die Bemerkungen des Herausgebers S. IX f. und S. XXXI ff.
sind für unsere Zwecke nicht ausreichend). — Reime genau,
bis auf wenige Abweichungen. a) Qualitativ: ū : ǭ findet
sich gar nicht. ī : ē nur in zwei sicheren Fällen : shet (ae.
scyttan) : ē 63, 853. Über es 'is' : ē vgl. oben § 427. Auch
togeder : þeder 3675 wie togeder : heder 2955 wird nicht
hiehergehören; togeder muss nach Ausweis zahlreicher
Schreibungen und Reime eine Nebenform mit i entwickelt
haben. Dass heryn : steryn 3219 (ae. hyrne und stierne aus
*stiorni-, vgl. Zupitza Arch. 76, 215) ein Beispiel für i : e
gewähret, wie der Herausgeber angiebt, ist mir nicht ganz
sicher. In Fällen wie *stiorni- scheint im Me. auch im
Norden i möglich zu sein nach Orrm's hirde, stirne. (Sonst
bemerkenswert man : on 2283, ferner (scheinbare?) Fälle
von ǭ : ē; come prät. : home 453, 1579, 2877, 3717; go : do
2504; vgl. oben § 143). — b) Quantitativ: man und die Enklitika in, on, had, has (: tase 2701), vielleicht auch ate (: ȝate
671, 791, 1838 etc., doch vgl. § 432) im Reime auf Länge
(Einl. XXXIII), zu erklären nach § 428. Auffällig ist flyt
(ae. flīt) : byt (ae. bite) 93. Ist etwa byt vom Verbum (ae.
bitan) beeinflusst?

471 *u-* 1) vor *r*: — *u-* : *ŭ* 1: *lore* : *glore* 3525; — SR *u-* 1; *lore* : *oure* 1539.

2) vor *m*: — *u-* : *ū* 0: — SR *u-* 2; *-som* : *cum* 1155, *cum* : *som* 3265; dazu 1 zweisilbiger, *comen* : *nomen* 3663; — SR *ū* 11: *dome* : *come* sb. 85, *dome* : *bycome* prät. 437, *nome* : *come* sb. 1377, ähnlich 1483, 1635, 1651, 2379, 2561, 2841, 3421, 3925; dazu *come* prät. : *home* 453, 1579, 2877, 3717 (vgl. oben § 470).

3) vor *n*: — *u-* : *ū* 0: — SR *u-* 2; *iron(s)* : *son(s)* 863, 2255; — SR *ū* 13 (399, 1075, 2041 etc.); — *u-* : rom. *u* oder *ū*? 4; *son(s)* : *procession* 827, : *champion(s)* 2690, 3017, 3155.

i- : *ī* fehlt: — SR *ī-* vor *c*, *gyf* : *lyf* 3039 etc., vor *k*, *styk* sb. : *wik* 3053, *prikes* : *stikes* 1899, vor *d* (zweisilb.), *-ider* 2955, 3675 (§ 470). vor *t*? *sit* : *bit* 1995 (vgl. *zyt* : *wyt* sb. 1749); — SR *ī* öfter; — *ī-* : *ī* vor *d*: *did* : *kyd* 3659, : *bityd* 3999; — *ī-* : *ī*? *flyt* : *byt* 93 vgl. oben.

472 Dieser Bestand ist auffällig, weil er so wenig Hinweise an die Hand giebt. Es lässt sich aus ihm nur erschliessen, dass *u-* vor *v* wahrscheinlich gelängt und *ī-* vor *d* kurz war. Der negative Schluss etwa, dass *ū-* vor *m* nicht gelängt war, ist bereits höchst unsicher. Man glaubt zu merken, dass der Dichter gerade die Wörter, auf welche es uns ankommt, im Reime möglichst meidet. Bisher war das Präsens und der Infinitiv *cume* und die entsprechenden Reimwörter stets bedeutend häufiger als das Präteritum und das Substantiv *cōm(e)*; hier ist es umgekehrt. Das könnte etwa damit in Zusammenhang stehen, dass wir zum ersten Mal eine fortlaufende Erzählung vor uns haben. Aber dass in einem Ritterroman das Wort *love* nur zwei Mal im Reime steht, ist doch merkwürdig. (Man vergleiche damit die Verhältnisse in anderen, auch nicht romantischen Dichtungen, z. B. dem Prick of Conscience). Ich möchte in der Tat glauben, dass der Dichter Wörter mit *ū-* und *ī-* im Reime mied, u. z. deswegen, weil die ihm geläufige Lautung ihm den Charakter des Provinciellen an sich zu haben schien. In diesem Falle war der Unterschied zwischen Nord und Süd ein sehr starker: die sonstigen vocalischen Abweichungen sind nur qualitativ, diese ist auch quantitativ. Dass aber der Dichter überhaupt sich Gedanken über seine Sprache machte und an ihr gewissermassen Kritik übte, wird man dem ersten Romandichter Nordenglands, der ja klärlich stark unter dem Einfluss des Südens stand, wol zutrauen dürfen.

Ich möchte also annehmen, dass in seinem Dialekt ungefähr derselbe Lautstand galt, wie wir ihn durchschnittlich bisher gefunden haben (also namentlich Längung des *ŭ-* vor *r* und *m*), dass er aber aus den angegebenen Gründen nur vereinzelt einen ihn verratenden Reim (*love* : *glove*) sich entschlüpfen lässt.

Epistel von der Susanna, 366 V. (Angl. I 93. Arch. 62. 407 und 74. 339; kürzlich kritisch hg. v. Köster. QF. 76). — *ŭ-* : *ō*; *comes* : *domes* : *gomes* 36 (*wone* : *trone* 54 ist nicht sicher; vgl. unten § 507); — *ī-* : *ē*; *gife* : *-ere* 241. (Vgl. jetzt Köster 46 ff.) [473]

Disput zwischen einem Christen und einem Juden, 319 V. (Horstmann, Ac. Leg. 1878, S. 204). — *ŭ-* : *ō*: *trone* : *moone* : *sone* (*sunu*) 53; *sone* : *done* : *abouen* (1. *abon*) : *mone* 243 ff.; — *ī* : *ē*: *preue* : *leeue* ('glauben') : *zene* 29. — [474]

St. Johannes d. Evangelist, 264 V. (EETS. 26² S. 88; — *ŭ-* : *ŭ*; *sone* (*sunu*) : *bun* (*bunden*) : *fun* (*funden*) : *wonn* (*wunian*) 69 ff. Der Vocal von *bun*, *fun* war nicht *ū*, sondern *ŭ*, wie die mittelenglischen Schreibungen und Reime erweisen (*fun* : *begun*. Ac. Leg. ed. Horstmann, 1881, 56 3; EETS. 46, 87,3, 84 151; *kun* (*cunne*) : *sun* (*sunu*) : *fun*, Minot ed. Scholle, VIII 90) und die lebenden nordhumbrischen Dialekte durch die überwiegende Kürze bestätigen. Somit haben wir die Bindung von *ŭ-* und *ŭ* vor uns, also einen Hinweis auf Kürze des *ŭ* vor *n*, wie sie auch sonst zu Tage tritt. [475]

Barbour's Bruce, über 13500 V. (ed. Skeat. EETS. Extr. Ser. 11, 21, 29, 55. Einiges Material bereits bei Buss Angl. IX 493 ff.). [476]

Schreibung: für *ō* wie sonst teils *o*, teils *u*, aber öfter auch *ou* (z. B. *owthir* 10, 24; *woude* 17, 106); ebenso *ou* für *ŭ-*: *woud* 2, 304; 7, 613; *ouk(is)* 9, 359; 14, 132 etc. Für *ē* häufig *ei*, *ey*; ebenso für *ī-*: *leyff* 1, 212; 3, 265; *speir*

4, 494; *steir* 7, 314; 9, 382; 19, 577 etc.; dazu *meekle* 2, 245*.

177   Reime im Wesentlichen genau. a) Qualitative Abweichungen: kein sicherer Fall von $\bar{\imath}$: $\ddot{e}$; $\bar{u}$: $\bar{o}$. Der Fall für $\bar{u}$: $\bar{o}$, den Buss 501 anführt, ist zu streichen; *doune* 11, 300 ist sicherlich ae. *dún*. (Sonst: einmal $\ddot{u}$: $\bar{u}$, gegenüber öfterem $\ddot{u}$: $\bar{o}$, doch vgl. Buss 500). — b) Quantitative Abweichungen: gering. Zunächst scheinbare: Formwörter und nachtonige, aber vollvocalige, in den Reim tretende Silben gebunden auf Länge; *in* (1, 107; 4, 111 etc.), *is* (1, 265; 2, 336 etc.), *syn* (2, 495; 11, 216 etc.), *was* (3, 53; 3, 63 etc.), *at* (10, 175; 17, 773); *hapnyne* (part. präs.) : *tyne* 12, 374; *dowtyne* (ger.) : *cyne* 14, 229; *kyrnell* : *wele* 10, 402, *ʒeymseill* : *weill* 11, 328. (Vgl. auch *blithlyer* : *ger* 8, 457, wo übrigens Länge etymologisch berechtigt ist: ae. -*ere*). Scheinbar sich anschliessende Fälle mit romanischen Wörtern wie *castelle* : *weile* 3, 339, *febliss* vb. : *enymyss* 14, 349 (gegenüber der Kürze bei Chaucer und sonst) werden dagegen auf einer anderen Erfassung der romanischen, ja nicht so scharf ausgeprägten Quantität beruhen. Daran reihen sich folgende Abweichungen mit Vollwörtern: a) *sted* : *lẽd* (prät.) 4, 490, : *flẽd* (prät.) 7, 600; 8, 92; 13, 433. b) *set* (prät. oder part.) : *falset* 1, 377; : *et* (inf.) 3, 187; 479; : *meite* (sb.) 3, 393; 10, 119; : *get* (inf.) 10, 115; 534; 17, 269; 19, 651; *set* (inf.) : *get* (inf.) 10, 574; *settis* : *planetis* 4, 696. c) *det* ('Schuld') : *let* (ae. *lǽtan*) 1, 254. d) *let* (ae. *lettan*) : *forʒet* (part.) 1, 15; *mēt* : *meite* (sb.) 3, 571. Für die Fälle unter a) und b) wurde bereits oben § 434 eine Erklärung gegeben; der Reim in c) ist wahrscheinlich rein, da afr. *dette* auch *dēt* ergeben haben kann (vgl. ne. *neat*, Behrens S. 86); somit bleiben nur die wenigen Reime unter d) übrig, mit derselben Lautfolge, die auch im C. M. Abweichungen zeigt (§ 434). Sie werden daher ebenso wie dort zu beurteilen sein: es ist leicht möglich, dass auch sie rein sind, und wenn auch nicht: sie sind jedenfalls so gering an Zahl, dass sie bei der Ausdehnung des Denkmals verschwinden. — Merkwürdig ist, dass Bindungen von dunkeln Vocalen aller Art verhältnismässig selten sind.

ŭ- 1) vor r; — ŭ- : ō̆ 1: *behuf* : *huf* 15, 517; — SR ŭ- 1: *huf* : *abuf* 12, 171; — SR ō̆ 0.

2) vor m: — ŭ- : ō̆ 0; — SR ŭ- 2; *cum* : *sum* 4, 676, *schiltrum* : *somm* (vgl. § 442) 12, 434; — SR ō̆ 3 (1, 235; 12, 281; 19, 469).

3) vor n; — ŭ- : ō̆ 1; *done* : *mone* (ae. *munan*) 19, 525; — SR ŭ- 2; *sone* : *wone* 3, 67; 4, 245; — SR ō̆ 32.

4) vor k; — ŭ- : ō̆ 1; *owk* (ae. *wucu*) : *luk* 15, 101; — SR ŭ- 0; — SR ō̆ 4 (2, 364; 380; 552; 5, 383).

ī- 1) vor r; — ī- : ē̆ 4; *steir* (*styrian*) : *reir*, *were* 7, 344; 10, 628; 19, 577; : *maneir* 9, 382; — SR ī- 0; — SR ē̆ häufig.

2) sonst: SR vor r (*gif* : *liff* 20, 233; ähnlich 1, 227; 4, 735); ī- : i vor t, d; lt : *wyl* 1, 237; *did* : *hid* (part.) 4, 117.

Wieder ist hier sehr auffallend, wie spärliches Material 479 das doch recht ausgedehnte Werk bietet. Das wird zum Teil durch die erwähnte Abneigung gegen Reime mit dunkeln Vocalen erklärt, aber doch nicht völlig. Die Sachlage erinnert an die beim Ywain (§ 472). Erwägt man nun die Stilrichtung dieser 'in die Form des Romans gekleideten historischen Darstellung' (ten Brink Lit. G. II 407), so liegt die Annahme nahe, dass sie auch auf derselben Grundlage beruht wie dort, dass der Dichter sich also in Bezug auf die Verwendung der ihm geläufigen Formen gewisse Beschränkungen auferlegt und speciell die uns hier interessierenden sich nur gelegentlich entschlüpfen lässt. (Ähnliches bei einer anderen Lautfolge hat Curtis beobachtet; vgl. Angl. XVII 58, § 400).

Danach werden wir aus den spärlichen Fällen die ge- 480 wohnten Schlüsse ziehen dürfen. Es ergiebt sich also Längung des ŭ- vor r, k, n; für ŭ- vor m lässt sich nichts erschliessen, aber auch hier ist Längung wol möglich. Für den Schreiber war auch ŭ- vor d gelängt (vgl. oben § 476). Das ī- war sicher gelängt vor r, für den Schreiber auch vor e und in *meekle* (vgl. oben § 476), kurz dagegen vor t und d.

Schottische (Barbour zugeschriebene) Legenden- 481 sammlung, über 33000 V. (ed. Horstmann 1881; dazu St. Machor in Altengl. Leg. ed. Horstmann 1881, S. 189 ff.; einiges Material bereits bei Buss Angl. IX 493 ff., aber öfters zu ergänzen und zu berichtigen; vgl. Köster QF. 76, 47, mit dem ich mich manchmal berühre). Ein umfangreiches Werk, daher für unsere Zwecke, weil reiches Material bietend, sehr wertvoll. Allerdings sind die Reime etwas eintönig, doch nicht so sehr wie im Bruce; im Gegensatz dazu sind auch Bindungen mit dunkeln Vocalen gut entwickelt.

482   Schreibung: geradezu elend und durchaus nicht zu verwerten. Dem offenbar ganz ungebildeten Schreiber gehen *o* und *ou*, *i* und *e*, *v* und *w* beständig durch einander, auch *sch* und *ch* verwechselt er; für *acheve* z. B. erscheint fast regelmässig *eschewe* (z. B. 29/1021, 96 321 etc.). Daher haben die Reime oft ein recht buntes Aussehen, aber nur scheinbar.

483   Reimgenauigkeit: im ganzen auf derselben Stufe wie bisher. Wol finden sich manche consonantische Abweichungen (vgl. Buss Angl. IX 512 f.), aber vocalische sind selten.

a) Qualitative. — $\bar{\imath}$: $\bar{e}$ einige Fälle (mehr als Buss S. 504 anführt); am ehesten vor dehnender Consonantenverbindung, wo Ähnliches auch sonst sich findet (vgl. § 416): *mynd* : *wend* 128/375, *fynd* : *kend* (part.) 191/983, *behynde* : *mende* II 135 1191; im übrigen: *mene* : *bene* (*be* — *innan*) 87/21. *wist* : *reste* 28/955; weniger sicher *blis* : *distres* II 11/682, *myrk* : *verk* sb. II 179 119; im vorletzten Fall dürfte *bliss* von *bless* beeinflusst sein; der letzte ist zweifelhaft: eine Basis *miorki- (vgl. as. *mirki*) scheint im Nordenglischen sowol *e* als *i* ergeben zu können (vgl. § 470). Anderes ist zu streichen. Das Präteritum und Participium *mynt* für *ment* (Buss 504) beruht auf ae. *myntan*. Auch *þril* (: *i* Buss 505) für *threl* oder *thral* muss bestanden haben. — $\bar{\imath}$: $\bar{e}$; *wiche* : *preche* II 211/1089, *sene* : *baptysine* (ms. -*ing*) 32/73. Ersteres ist wol ein Verlegenheitsreim, zu letzterem sind die Bindungen des -*ine* aus *ing* mit *īn* im Bruce zu vergleichen (§ 477); spätere Längung des -*ine* konnte zu *ēn* führen (nach § 426; anders Köster a. a. O.). Dazu noch *syne* ('since'): *sēne* 119/39, nach § 426 zu beurteilen. — $\bar{\imath}$: $\bar{e}$ sowie andere ungenaue Bindungen des $\bar{\imath}$, wie sie Buss anführt, meist nur scheinbar. In 83 763 ist *grece* = *grīs*; II 9/465 ist anders abzuteilen, so dass *guhy* das Reimwort wird: II 194/72 l. *tunder*, 240/844 *irays*, 151/757 ist wol verderbt (ursprünglich etwa *cry* : *in hye* vgl. 10/439, 17/175: anders Köster a. a. O.). Es bleiben nur Reime mit dem Namen *Ephysy* bez. *Ephese* (: *cite* 207/287, : *he* 203/20), die bei der schwankenden Behandlung der Eigennamen nichts beweisen können, und der Annäherungsreim *dyspisit* : *oysit* (= *used*) II 192/146. — *ō* : *ü*; *sope* (= *söppe*) : *cope* (ac. *cuppa*) 36/375; ein offenbarer Verlegenheitsreim, da sich an der Stelle diese Worte kaum vermeiden liessen. — *ŏ* : *ū*; *scŏt* ('Schotte') : *dout* II 135/1165, höchst auffällig, wol wieder nur Verlegenheitsreim und jedenfalls zu vereinzelt, um etwas zu beweisen. — *ō* : *ū*; *done* : *pollucioune* 64/168 (Buss 501) ist zu streichen; mit *done* ist offenbar *doun* gemeint; dazu *drowne* : *done* II 10/572: aber bei der unklaren Herkunft des me. *drowne* ist fraglich, ob nicht daneben ein *drōne* möglich war. — Sonstige qualitative Ungenauigkeiten berühren uns zunächst nicht, doch seien sie erwähnt. Zu *bischope* : *ӡape* 57/317, 58/375, : *eschape* 71/661 vgl. die Schreibung *byschapis* 106/407, 118/119, 127, 129 und Buss S. 509. Wenn einerseits häufig *ū* und *ü* gebunden wird, andererseits aber auch gelegentlich *ǫ* und *ü* (ausser *multytude* : *stud* 104/299, II 162/310, Buss 501, auch noch *duke* : *endyrtuke* 102/139, *conclud* : *gud* II 198/91), so wird schwerlich *ü* einen Mittellaut zwischen *ǫ* und *ü* gehabt haben, wie Buss 499 meint, sondern der Bestand nach den Gesichtspunkten, die wir oben § 126 dargelegt haben, zu beurteilen sein.

b) Quantitative Abweichungen sind spärlich, obwol z. B. *īn* und *ĭn*, *īd* und *ĭd*, *ēd* und *ĕd*, *īt* und *ĭt* hunderte Male vorkommen. Wir finden zunächst die bekannten scheinbaren Fälle; Enklitika im Reim auf Länge, wie *þat* (13/615 l. *at?*), *was, sal, has, had, þene* (II 13/27), *syne, is, on* (51/271), nach § 428; hieher wol auch *man* : *ā*, Buss 510, und *mēne* : *lēne* II 77/275, vgl. § 458; ebenso nachtonige Silben, die in den Hochton treten: *wyddirwyne* : *pȳne* 91/325, : *tȳne* II 59/695 (vgl. § 428), *sene* : *baptysine* 32/73 (vgl. § 426), *bischope* : *ō* vgl. oben; ferner *stede* häufig im Reim auf Kürze, 10/375, 14/675, 14/711 etc. (vgl. § 434); *sette* in allen drei Formen mit *ę̄* gebunden, 66/303, 92 9 etc. (vgl. § 434). Sonstige Abweichungen sind vereinzelt: *het* (*hätte*) : *get* inf. II 53/257. *nete* sb. : *get* inf. II 76/183. Sie werden ebenso zu beurteilen sein, wie die entsprechenden Fälle im Cursor Mundi (§ 434) und im Bruce (§ 477). Anderes ist unsicher; *gret* 'weinte' im Reim auf Kürze (29 1025, 159/1383 etc.) dürfte auf schwache Bildung, *grætte > *grętte*, zurückgehen, ebenso in *zet* 'gegossen' : *flęte* 14 721 schwache Bildung des Part. (vgl. Mätzner s. v.) vorliegen.

485   Als auch inhaltlich anstössig oder ganz unklar mussten unberücksichtigt bleiben 141 291, II 59/681, II 183/81, II 204 503.

486   Gelegentliche Ungenauigkeiten sind also bei diesem Werke nicht zu läugnen; aber jedenfalls ist ihre Zahl im Verhältnis zum Umfang des Denkmals so geringfügig, dass sie die Schlüsse, die wir im Begriff sind zu ziehen, nicht beeinträchtigen können.

487   *ū*- 1) vor *r*: — *ū*- : *ọ̄* 11; *luf*(*it*) : *prufe* 200 621, II 157/43, II 163/53, : *reprof* 54/105, II 155/305, : *prowit* 210/27, 211/67, : *amowit* 36 337, 245 1141, : *remowit* II 51/133, : *controrit* 182/418; — SR *ū*- 0; — SR *ọ̄* 5 (*prove, more, behore*: 155/1089, 178/157, 235 391, II 52/199, II 53/259).

2) vor *m*; — *ū*- : *ọ̄* 0; — SR *u*- 5 + 4 zweisilb.; *sume* (§ 442) : *cume* 36/377, 38/533, 74/147, II 82/195, II 117/125; — SR *ọ̄* 17 (fast immer *Rome* : *dome*, oder -*dome* : (-)*dome*): — *ū*- : *ū* 3 zweisilb.; *comyne* : *rennyne* 157 1287, 158/1313, : *wonnyne* 240/801; — ferner zu beachten: *dom* 'stumm' : *siom* 4/122, 194/215, II 7/307 (vgl. § 463); *flame* : *came* 156/1179 (vgl. § 456); *came* : *Theodos*(*iu*)*me* 209/423, : *Cyenynume* II 185/233, : *Yeonynume* II 193/3, *sume* : *colorum* II 30 281 (vgl. Mätzner s. v.), : *Decynm* 192/19 (vgl. § 422): diese Fälle sind den SR von *ū*- anzureihen.

3) vor *n*; — *ū*- : *ọ̄* 16; *wone* : *mowne* 12 577, : *done* 152/833, II 210/975, : (*al*)*sone* 155/1079, II 72/839, : *hone* M 1747, *sone* : *alsone* 23/617, *schone* : *sone* 49/163, 59/431 (l. *ren* statt *res*?), *mone* : *done* 30 1105 (?), 84/841, (*aihone* : *done* 168/555, 226/547, II 113/515, : (*al*)*sone* 174/286, II 180/215; — SR *ū*- 2; *sone* : *schone* 44/977, *sowne* (= *sone*) : *wyne* (= *wone*) 160 1485; — SR *ọ̄* sehr häufig.

4) vor *r*; — *ū*- : *ọ̄* 1; *dure* : *fure* (ae. *fōron*) 186/681 — SR *ū*- 0; — SR *ọ̄* häufig.

5) vor *d*; — *ū*- : *ọ̄* 1; *wod* : *gud* II 194/65; — SR *ū*- 0; — SR *ọ̄* häufig.

6) vor *k*; — *ū*- : *ọ̄* 2 + 1?; *orke* (ae. *weorc*) : *boke* II 83/37,

cluk (*clucu vgl. unten § 549) : luk II 5/183, rck (ne. *rucian?) : luk 220/131; — SR ŭ- 0; — SR ō häufig.

ī- 1) vor r; — ī- : ē 52: store, -yt (ne. styrian) : here 1/19, : appere 11/475, : leyrit 28/1005, : chere 133/699 etc. (14), spere, -it (ae. spyrian) : dere 13/617, 18/283, : were (ware ms.) 18/233, : chere 38/483, : here 62 9 etc. (38); — SR ī- 0; — SR e sehr häufig.

2) vor ſ; — ī- : ē 9 + 1 zweisilb.: gyfe : relyfe (releſe) 82/647, 97/453, : be-liſ (= beleve) 208/393, II 10/532, : grewe 236/463, II 19 524, : eschewe (= achere) II 74 49, lyfe : preſe 94 205, : leiſe 166, 411, chewir : fewire M 1689: — SR ī- 15 + 6 zweisilb., gyfe : lyf 57/329, 123/15 etc.: — SR e 15; leiſe : eschewe 29/1021, 96 321 etc.

3) vor p; — ī- : ē 1; ſape = ſepe : -schepe II 156/371; — SR ī- 0; — SR ē öfter (5/19, 16 91 etc.).

4) vor u; — ī- : ē 1: meyne (ae. mynian, mynian) : bene M 703; SR ī- 0; — SR ē häufig; — unklar ist mir 59/477 syne : lyne.

5) vor t; — ī- : ē 2 + 1 ?: wyt : prafyte (= profete) 80,548, : ſete 134 819, : zete (yet) 105 365 ?; — SR ī- 0 + 1 zweisilb. (194 160); — SR ē sehr häufig; — ī- : i 6; wyt : knete (= knit) 10 404, 20 385, : it II 30 267, smyt (sb. ae. *smite) : knyt 26 867, : lt II 27/57, 121/13: — SR ī öfter (1,42, 5/148, 9,333, 17/179 etc.).

6) vor d; — ī- : ī 0; — SR ī- 2 + 2 zweisilb.; did : did 10/397, II 20/536; — SR ē häufig; — ī- : i 32; did : hyd 4/85, 8/279, 35, 275 etc., : kyde 156/1195, 169,639 etc., : betyde 241/911, 243/1007 etc.; dazu dide : lede (prät.) II 105,339.

Danach wird Dehnung des ŭ- durch die Zahlenverhältnisse erwiesen vor e und n; für ŭ- vor r, d, k ergeben die geringen Belege an sich nur Wahrscheinlichkeit, die aber im Hinblick auf die Fälle mit e und n zur Gewissheit wird. Merkwürdig sind die Verhältnisse bei m: hier finden sich nur Selbstreime, so dass es naheläge, anzunehmen, dass ŭ- und ō getrennt waren. Aber es wird zu beachten sein, dass die ŭ-Reime gering an Zahl sind und die ō-Reime zwar an Zahl bedeutender, aber stereotyp: stets Rome : dome oder -dome : (-)dome, nur einmal nome : Rome (226/567). Die Bindungen von ŭ- auf ū beweisen nichts, weil in zweisilbigen Formen auf -en die Dehnung überhaupt oft verhindert wird. Es scheint mir daher gewagt, aus diesem Verhältnis wirklich auf Scheidung von ŭ- und ō zu schliessen; der Dichter kann sie sehr wol gleich gesprochen haben, den Zusammenfall aber zufällig (weil er stereotype Reime bevorzugt) oder absichtlich (literarisch beeinflusst?) nicht zum Ausdruck bringen.

490   Dehnung des *i-* ist wieder völlig sicher vor *r* und *v*, danach auch vor *p* und *n* nicht zu bezweifeln. Bei *t* widerspricht der Reimgebrauch sich selbst; die einzig befriedigende Erklärung ist, dass dem Dichter Doppelformen geläufig waren oder vielleicht besser, dass er Formen aus verschiedenen Dialekten anwandte, gerade so wie er für ae. *á* sowol *a* als *ǭ* gebrauchte. Vor *d*, in *dide*, ist dagegen Kürze völlig deutlich.

491   Vergleichen wir diesen Bestand mit dem des Bruce, so finden wir gewisse Übereinstimmungen (z. B. bei *ū-* vor *m*); nur sind hier sämtliche *ū- : ǭ-* und *ī- : ē-*Bindungen viel zahlreicher. Wenn also Barbour diese Legenden wirklich geschrieben haben sollte, so müssten wir uns vorstellen, dass er die Beschränkungen, die er sich beim Bruce auferlegte, hier nicht nötig hielt, sondern sich dem Brauch der übrigen geistlichen Dichter des Nordens anschloss. Das wäre an sich ganz plausibel.

492   **Trojanerkrieg** (Barbour zugeschrieben, in zwei Fragmenten von zusammen 3700 Versen erhalten, hg. von Horstmann, Barb.-Leg. 215 ff. Vgl. Buss a. a. O., Koeppel Engl. Stud. X 373). — Reimgenauigkeit wie bisher. Gelegentlich *ī : ē*: *frist : arrest* II 2491, *stent* (*styntan*) : *-ent* II 577, 1059, 1869. Auch *ī : ē*, doch fast nur bei Eigennamen: *Thessalye : he* II 2779, *syde : Lycomede* II 2370 (*L. : ē* 2367, 2401), *canteles : whyles* II 1339, vielleicht verderbt? (Über *ū : a*, Buss a. a. O., gegenüber *ū : ǭ*, *multytude : stude* II 453, *mude : execude* II 613, *fortoune : hone* II 2485, vgl. das § 483 bei den Legenden Gesagte).

493   *ū-* 1) vor *v*: — *ū- : ǭ* 1; *lufit : profit* II 2733.
2) vor *m*: — *ū- : ǭ* 0; — SR *ū-* 4 + 2 zweisilb.; *some : cume* II 1603, 1923, 1963, 2537; — SR *ǭ* 0; — ferner *come : Adastrume* II 2455.
3) vor *n*: — *ū- : ǭ* 3; *none : sone* (*sōna*) I 507, *sone : done* I 531, II 2867. SR *ū-* 0: — SR *ǭ* häufig.
4) vor *r*: — *ū- : ǭ* 1; *dure : pure* (= *pūr*) II 2535.

i- 1) vor *v*; — *ī- : ē* 2; *stere : here* I 105, *spere : were* I 313 — SR *i-* 0; — SR *e* häufig.

2) vor p; — $\bar{\imath}$- : $\bar{e}$ 3; -schep : kepe I 353, II 1235, 1329; — SR $\bar{\imath}$- 0; — SR $\bar{e}$ 1; slepe : kepe II 2257.

3) sonst kein $\bar{\imath}$: $\bar{e}$; — SR vor v, gif : lif II 2997 (und zweisilb. vor d II 1723); — $\bar{\imath}$- : $\bar{\imath}$ vor d, dyde : kyde II 17, 435 und t, wytt : it II 223.

Das Material an sich ist so geringfügig, dass Schlüsse 494 daraus nur Wahrscheinlichkeit besitzen; immerhin werden sie aber durch die Ergebnisse bei den früheren Denkmälern bedeutend gestützt. Danach war $\breve{u}$- gelängt vor v, n, r; über seine Lautung vor m lässt sich nichts ermitteln. $\bar{\imath}$- war gelängt vor r und p, kurz vor d und t. Über $\bar{\imath}$- vor v lässt sich nichts sagen.

Ein Vergleich mit Bruce und den Legenden zeigt 495 wieder zum Teil Übereinstimmung (vgl. $\breve{u}$- vor m). In Bezug auf die Häufigkeit der $\breve{u}$- : $\bar{o}$- und $\bar{\imath}$- : $\bar{e}$-Reime stehen diese Fragmente den Legenden nahe.

Thomas of Erceldoune 700 V. (ed. Brandl 1880). 496 — $\bar{\imath}$- : $\bar{e}$; wete (witan) : fete 355.

XV Signa ante Iudicium 348 V. (Angl. III 534). 497 — $\breve{u}$- : $\bar{o}$; moone : come 94.

Benedictinerregel, 2590 V. (hg. von Böddeker 498 Engl. Stud. II 60; einiges Material bei Böddeker eb. 353, doch für unsere Zwecke nicht ausreichend). — Reime genau; nur einmal anscheinend $\bar{e}$: i, schylde : child 822 (vgl. § 483); ferner sett part. : forgete 1958 (vgl. § 484).

u- 1) vor v; — $\breve{u}$- : $\bar{o}$ 9; lufe(s) : behoue(s) 88, 587, 689, 856, 499 2285, 2551, : proue(s) 924, 2325, : reproue 621; — : 1 -u :$\bar{\eta}\bar{\varsigma}\varrho\bar{\varrho}\eta$ obufe 1078; — SR $\bar{o}$ 3; (re)proue(s) : behoue(s) 406, 498, 2148.

2) vor m; — $\breve{u}$- : $\bar{o}$ 4; cum : dom 519, 1311, 2317, : cristyndome 1898; dazu $\breve{u}$- : $\breve{u}$, irksum (vgl. § 469) : custum 1154; — SR $\breve{u}$- 2; cum : -sum 1061, : sum 1261; — SR $\bar{o}$ 0.

3) vor n; — $\breve{u}$- : $\bar{o}$ 0; — SR $\breve{u}$- 0; — SR $\bar{o}$ 7 (⊦ 1 $\bar{o}$: $\bar{o}$); — $\breve{u}$- : $\breve{u}$ 1; sun : kun 480.

4) vor r; — $\breve{u}$- : $\bar{o}$ 2; dore : pore 1496, : flore 1870.

5) vor k; — u- : $\bar{o}$ 1; wouke (ae. wucu) : luke 1549.

$\bar{\imath}$- 1) vor p; — $\bar{\imath}$- : $\bar{e}$ 3; (wir)chep : kepe 1209, 2013, : mete (: slepe : kepe) 1906.

2) sonst: SR vor *e* (*gife* : *life* 531, 1221, 1946, 2265, 2561);
— *e* : *i* vor *t*, *wit* : *writ* sb. 484, : *sit* 1296, : *flit* 1533, und vor *d*, *did* : *hide* 1038.

500 Danach ist *ä*- gelängt vor *c*, *m*, *r*, *k*, kurz vor *n*; *i*- gelängt vor *p*, kurz vor *t*, *d*. Für *i*- vor *o* lässt sich aus dem stereotypen Selbstreim nichts erschliessen.

501 Wir sind bei unserer Durchsicht der nordhumbrischen Denkmäler bereits in der zweiten Hälfte des 14. Jahrhunderts angelangt. Was uns aus der Zeit von 1350—1400 noch zu betrachten übrig bliebe, sind entweder Stücke ganz geringen Umfangs oder Romane, wie sie in dieser Periode ja auch im Norden sehr beliebt wurden. Möge es gestattet sein, hier abzubrechen. In dieser Zeit beginnen überall dialektische Besonderheiten in den Reimen zurückzutreten (vgl. Brandl Grdr. IIa 613). Waren nun die nordhumbrischen Dichter schon früher nicht gänzlich frei von dialektfremden südlichen Formen ($\bar{\varrho}$ für *a*, vgl. § 97 f.), so können wir jetzt um so weniger eine getreue Wiedergabe ihres Dialekts erwarten. Das gilt besonders von der Gattung, die eben erst vom Süden her eingeführt worden war, vom Roman. In der Tat zeigt sich bei einer Durchsicht z. B. der 'Thornton Romances', dass zwar Reime von *i*- und *e*, *u*- und *o* auch hier vorkommen, aber in geringerer Zahl als in den meisten bisher betrachteten Denkmälern. Die Romane reihen sich in dieser Beziehung an Ywain und Bruce an, mit denen sie ja auch in Bezug auf ihre Stilrichtung zusammengehören. Man sieht deutlich, dass die geistlichen Dichter mit ihren offenbar mehr localen, oder doch über die Provinz nicht hinausreichenden Interessen die locale Mundart besser zum Ausdruck bringen als die an etwas höher stehende Kreise sich wendenden, wol auf ein weiteres Publicum Rücksicht nehmenden Romandichter, die unter dem Einfluss südlicherer Vorbilder und gewiss auch im Hinblick auf ihr Publicum ein zu stark nordenglisches Gepräge vermeiden. Es wäre lehrreich, nach diesen Gesichtspunkten die einzelnen Denkmäler durchzuprüfen; aber

für unseren nächsten Zweck, die Feststellung und Umgrenzung des uns beschäftigenden Lautwandels, kommt das nicht in Betracht. Noch viel weniger brauchen wir natürlich auf die nordenglischen Denkmäler des 15. Jahrhunderts eingehen.

Aus demselben Grunde können wir aber auch von der reichen schottischen Literatur, die mit Barbour's Bruce anhebt, absehen. Der nördlich vom Tweed gesprochene Zweig des Nordhumbrischen hat sich allerdings im Laufe des 15. Jahrhunderts zu einer selbständigen Schriftsprache emporgearbeitet. Aber er zeigte sich für Beeinflussungen von Seiten der inzwischen erwachsenen englischen Gemeinsprache sehr empfänglich (Murray S. 65 ff.). Sollte also etwa in den schottischen Denkmälern die Längung des $\bar{\imath}$-, $\bar{u}$- nicht zu Tage treten, so würde das nichts beweisen: das könnte englischer Einfluss sein. Ja, wir wären gezwungen, dies anzunehmen: da im Nordhumbrischen des 13. und 14. Jahrhunderts sich diese Erscheinung zeigt und in den lebenden Mundarten deutliche Spuren zurückgelassen hat, so muss sie auch in der Zwischenzeit existiert haben. Indes, tatsächlich fehlen entsprechende Schreibungen und Reime durchaus nicht, sondern finden sich wol in jedem schottischen Text mehr oder minder reichlich. Belege sind in den Untersuchungen über einzelne Denkmäler verzeichnet. Neuerdings hat Curtis Angl. XVII 49, 51 einiges Material gesammelt. Wie weit die schottische Schriftsprache in diesem Punkt den Volksdialekten folgt und wie weit sie vom Südenglischen beeinflusst ist, das zu untersuchen, liegt ausserhalb unserer Aufgabe.

6.

Wir haben uns nunmehr den südhumbrischen Landschaften zuzuwenden und zu fragen, ob und wie weit der uns beschäftigende Lautwandel hier eingetreten ist. Dass nun im Süden und südlichen Mittelland $\bar{\imath}$- und $\bar{u}$- als Kürzen erhalten blieben, darauf weisen, wie bekannt, Schreibung und Reimgebrauch einer grossen Reihe von Denkmälern. Hier werden diese Vocale nur mit sich selbst und, wofern es die consonantischen Verhältnisse erlauben, mit $\bar{\imath}$ und $\bar{u}$ gebunden. Da die neueren Dialekte damit übereinstimmen, ist nicht zu zweifeln, dass die Reime uns auch ein Abbild der Sprache geben.

504. Anders verhält es sich mit dem nördlichen Mittelland. Die lebenden Mundarten auf diesem Gebiete zeigen Spuren der Längung zu $\bar{e}$, $\bar{o}$. Von den mittelenglischen Denkmälern kommen für den östlichen Teil ausser Romanzen wie Haveloc vor allem die Werke Robert Manning's von Brunne, für den westlichen Tristrem und die Werke des Gawain-Dichters in Betracht. In der Tat sind Reime von $\breve{u}$- auf $\bar{o}$ oder $\bar{\varrho}$ in diesen Dichtungen schon von anderer Seite nachgewiesen worden (für Manning von Hupe EETS. 101 S. 155*, für den Gawain-Dichter von Knigge S. 28, Fick S. 16 f.). Ebenso finden wir *flore : dore* in dem nordmittelländischen Interludium de Clerico et Puella (Rel. Ant. I 148), *woode : stoode, love : reprove, spere : -$\bar{e}$-* im Ipomedon A (Kölbing S. CLX), und in dem am sichersten hiehergehörigen Denkmal aus der zweiten Hälfte des 14. Jahrhunderts, den Towneley-Spielen, sind die Bindungen $\bar{\imath}$- : $\bar{\varrho}$-, $\breve{u}$- : $\bar{o}$ sogar häufig. Um alle diese Reime aber richtig beurteilen zu können, namentlich also um zu entscheiden, ob diese Formen dem Dialekt der Dichter wirklich geläufig, oder ob sie etwa aus dem Norden übernommen waren — was freilich an sich wenig wahrscheinlich ist und wogegen auch die moderndialektischen Bestände sprechen — dazu müssten wieder Untersuchungen in der bisherigen Weise angestellt werden. Man verzeihe, dass ich dieses mühsame und umständliche Geschäft nicht weiter fortsetze. Die Frage, wie weit die Dehnung von $\breve{\imath}$- und $\breve{u}$- über den Humber herabreichte, kann füglich einer Specialuntersuchung überlassen bleiben; sie ist für unser Hauptproblem doch nicht von so grossem Belang.

505. Wenn aber auch in den südlichen Landschaften $\bar{\imath}$- und $\breve{u}$- als Kürzen erhalten bleiben, so ist doch zu bemerken, dass gelegentlich, offenbar in Folge von Dialektmischung, ver-

einzelne Formen mit Länge auftauchen. Schon im Text II der Sprüchwörter Alfred's (Hs. verloren), der allerdings auch sonst nordenglische Eigentümlichkeiten zeigt (vgl. *seiþin* 635, *eire* 204), findet sich einmal *woode* für ae. *wudu* V. 167. Vermutlich wird auch das in den Hss. Robert von Gloucester's öfters wiederkehrende *wouke* für ae. *wucu* (Pabst § 33 d) auf ọ̄ zu deuten sein (vgl. eb. § 28). Die bei Weber gedruckte Hs. des Romans von Richard Löwenherz bietet V. 1933 *doors*, und bei Trevisa findet sich einmal *bede* für ae. *bile* geschrieben (vgl. NED. s. v.). In der zweiten Hälfte des 14. Jahrhunderts begegnen bereits solche Formen im Reime: so im Firumbras, der allerdings auch sonst nordenglische Formen zeigt. *stone* : *wone* 1332 (doch vgl. § 507), *lene* (*liþian*) : *greue* 4560, vielleicht auch *steʒe* (*stiʒen*) : *heʒe* (*heah*) 5164 (Carstens 14, 18). Im 15. Jahrhundert sind in einem Wiltshirer Denkmal, den Legenden von St. Editha und St. Etheldreda sichere derartige Reime sowol bei *u-* als bei *i-* (*sone*, *weke*) zu finden (Heuser 12, 17).

Namentlich wichtig ist aber das Vorkommen, ja Vordringen solcher eingesprengten Formen im östlichen Mittelland, in der werdenden Gemeinsprache. In Chaucer-Hss. ist *woode* öfter zu finden (Morsbach 65). Wyclif-Hss. bieten wiederholt *weke*, *wouke*, *woodis* (Gasner 109, 112), die aus dem Jahre 1389 stammenden Urkunden der Norfolker Gilden *wooke* (Schultz 11). Im 15. Jahrhundert finden wir im Promptorium Parvulorum *woode* und *hoole* (ae. *hulu*) und bei dem Suffolker, in den Bahnen Chaucer's wandelnden Osbern Bokenam sind *i-*, *u-* im Reime auf ẹ̄, ọ̄ ziemlich häufig (Hoofe Engl. Stud. VIII 222, 239). Möglicherweise sind sie allerdings anders zu erklären: dass Bokenam für ẹ̄, ọ̄ bereits *ī*, *ū* sprach (vgl. § 134 und Hoofe a. a. O.) und sie ungenau mit *i*, *u* reimte. Wie dem auch sei: jedenfalls sind die angeführten Schreibungen völlig unzweifelhaft, und wir gewahren in ihnen bereits zum Teil die Vorstufen des neuenglischen Bestandes. Eine erschöpfende Darstellung würde uns jedoch auch hier zu weit führen.

Doch sei noch ein Wort der Frage gewidmet, ob die

Sprache Chaucer's Beispiele für diese Längung kennt. Sie ist nicht so glattweg zu beantworten. Wenn er Hous of F. 1166 *goone* : *woone* 'Wohnung' und Cant. D. 2105 *wones* : *stones* bindet, so wird *woone* mit Skeat (vgl. Gloss. s. v.) als *wyn* anzusetzen und nicht von ae. *wuna* abzuleiten sein, wie Bradley tut (vgl. die Schreibungen *wane*, *woane* bei Bradley s. v.). Thopas 146 finden wir *here* (ae. *hra*) : *cleere*; aber das ist nicht völlig beweisend. Einmal reimt Chaucer in diesem Stück überhaupt nicht so genau wie sonst (ten Brink § 223 ß, γ) und könnte in dieser Travestie der Romanzen, die zu seiner Zeit namentlich im Norden beliebt waren, sehr wol absichtlich einen nordenglischen Reim eingeflochten haben; dann ist auch Beeinflussung der Wortform durch ae. *hléor* möglich (vgl. Mätzner s. v.). Schwer ist der von ten Brink § 326 angeführte Reim *riden* (part.) : *abiden* (part.) : *yeden* Troil. II 933 zu beurteilen. Hier ist allerdings etymologisches ī- und ẹ̄ gebunden. Aber ich kann mir nicht gut vorstellen, dass Chaucer in diesen beiden Wörtern ẹ̄ gesprochen haben sollte. Eingesprengte Fälle eines dialektfremden Lautwandels treten doch gewöhnlich in isolierten Formen auf (vgl. oben § 505 f.), nicht in solchen, die so sehr der Angleichung ausgesetzt sind wie die Participien starker Verba. Auch ergiebt die Längung des ī- in diesen Fällen Formen, die aus dem Chaucer'schen Sprachstand insofern herausfallen, als sonst ja *-en* bei ihm eher Kürze bewahrt, während Formen wie *wood*, *door* z. B. an sich nichts Unchaucerisches hätten. Die Erklärung ten Brink's (*yeden* == *ieden*) befriedigt auch nicht recht. Aber die Negative, dass dieser Reim wahrscheinlich nicht auf *rēden, *abēden weist, scheint mir sicher. Im Gegensatz zu diesen Fällen ist nun völlig deutlich und unzweifelhaft die Bindung *lore* : *behove* Rom. Rose 1091, also in dem Teil des Gedichtes, den man jetzt wol allgemein geneigt ist, Chaucer zuzuschreiben. Dieser typisch nordenglische Reim rechtfertigt lebhafte Zweifel an dieser Annahme. Er hätte Kaluza unter keinen Umständen entgehen dürfen (S. 62 f.), denn bei der Sorgfalt, mit der Chaucer reimt, ist eine solche dialektfremde Bindung im Stande, ein ganzes Gebäude noch so schöner stilistischer und anderer Gründe in's Wanken zu bringen.

Schliesslich mögen noch zur Ergänzung des vorgebrachten mittelenglischen Materials ein paar — ganz beiläufig aufgelesene — Belege für einen speciellen Fall der Dehnung von $\bar{\imath}$- und $\bar{u}$-, nämlich vor ursprünglicher Gutturalis, die dann in nordenglischer Weise ganz ausfällt (§ 389 f.), hier ihren Platz finden. — *nene* Destr. Tr. 2638, gewiss als *nēne* zu fassen, ae. *niʒon*; *nine* (l. *nene*) : *greene* Chaucer's Traum 1861; vgl. auch § 439, 5; *neent* C. M. 29314 (C); — *stee* Wars of Alex. 2481, ae. *stiʒu*; — *wee* eb. 134, 477, Destr. Tr. 23 u. ö., ae. *wiʒa*: — *Neill* (: *weill*) Bruce 12, 290, aus *Nigel*, vgl. Skeat zu 2, 491. — *soghe* (ae. *suʒu*) : *enoghe* (ae. ʒenóʒ) Townel. Sp. (nach Sweet HES. S. 371). Dadurch werden unsere Ausführungen über den Bereich dieses Ausfalls (§§ 172, 178) ergänzt.

7.

Überschauen wir nun, was sich uns aus dem Mittelenglischen ergeben hat, so finden wir, dass es in bestem Einklang mit den lebenden Mundarten steht. Die Reime mit $\bar{e}$, $\bar{o}$ sind für das nordhumbrische Gebiet und das nördliche Mittelland charakteristisch, also dieselben Landschaften, in denen auch die neueren Dialekte $\bar{e}$-, $\bar{o}$-Formen aufweisen. Auch die zeitlichen Verhältnisse stimmen überein. Aus den heutigen Mundarten haben wir erschlossen, dass die zu Grunde liegende Dehnung vor dem Beginn des 14. Jahrhunderts stattgefunden haben muss: die entsprechenden Reime treten schon in den allerersten nordhumbrischen Denkmälern, aus dem Ende des 13. Jahrhunderts, auf.

Was den Umfang der Erscheinung anlangt, über den wir aus dem mittelenglischen Material Aufschlüsse zu gewinnen hofften (§ 401), so hat unsere Vermutung, dass die Belege in den lebenden Mundarten nur Reste eines grösseren Bestandes sind, in der Tat Bestätigung gefunden. Die aus dem Mittelenglischen erschliessbaren $\bar{e}$- und $\bar{o}$-Formen sind

bei weitem zahlreicher. Aber sie gehen doch nicht durch
alle Fälle durch. Wol müssen wir, wie schon betont
wurde, strenge unterscheiden, ob nur Hinweise für die
Dehnung fehlen, oder ob Hinweise für die Kürze vorliegen.
Aber auch an letzteren fehlt es nicht. Fassen wir einmal
alles unbedingt Sichere zusammen.

511 *u-* ist, soweit sich sein Verhalten aus den Reimen
sicher erkennen lässt, überall gedehnt vor *c, m, d, r, k*, d. h.
in *lore, above, come, gome, wode, dore, woke, cloke, roke* (hieher?). Vor *n* ist das Material widersprechend. Länge zeigt:
  sone in C. M., Ev. Nic., Disp., B. Leg., Troj.;
  mone in Ev. Nic., Bruce, B. Leg.;
  wone in B. Leg., Troj.;
  abon (abufan) in Disp., B. Leg.;
  schone in B. Leg.
Kürze zeigt:
  son in Leg., (Pr. C.?, Yw.?), Ben. R.;
  mon in Ps.;
  won in Pr. C.;
Wie man sieht, überwiegen auch hier die Formen mit Länge.
Wie die mit Kürze aufzufassen sind, ist dunkel. Bei *sone*
könnte man an einen frühen Übertritt in die *o*-Declination,
also Bildung eines Nom. *sun*, denken. Jedenfalls sind aber
diese Abweichungen geringfügig und daher eher als Störung
und Beseitigung des ursprünglichen Bestandes denn als selbst
ursprünglich aufzufassen.

512 *i-* ist, wieder so weit es sich sicher erkennen lässt,
überall gedehnt vor *c, r, n*, d. h. in *leve, geve, stere, spere,
mene* (ae. *mynian*). Kürze ist vor *m* in *nime* (ae. *niman*)
belegt, aber nur einmal im C. M., dagegen überall vor *d*
in *dide*. Ae. *iȝ* in *niȝon* ergiebt *i* im C. M. Schwankendes
Verhalten zeigt sich:
  vor *p* in *-shipe*: Länge gilt in Pr. C., B. Leg., Troj.,
          Ben. R.;
        Kürze „ C. M., Hom., Leg.;
  vor *t* in *wite*; Länge „ „ B. Leg., Erc.;
        Kürze „ „ C. M., Leg., Pr. C., Bruce,
              B. Leg., Troj., Ben. R.;

ebenso hat *smite* Kürze in den Barbour'schen Legenden. Von diesen Fällen wird nun *dide* als nicht beweisend zu streichen sein. Im späteren Mittelenglisch hat man gewiss nach Massgabe so vieler schwacher Verben Kürze des Vocals im Präteritum gegenüber Länge im Präsensstamme als Charakteristicum dieses Tempus empfunden. Das wird dargetan durch die lautgesetzlich nicht gerechtfertigte Verkürzung im Präteritum ae. *scóde*, ne. *shod* (zu *scŏian*), welche nach den Belegen bei Stratmann-Bradley sicher schon in der Schreibung *shodde* bei Langland vorliegen muss, aber sich auch schon hinter Laʒamon's *iscod* bergen kann. Ebenso verhält sich *fled* zu *flee* und mschott. *fred* zu *free* (Curtis Angl. XVII 38; ähnlich neuerlich Bülbring Engl. Stud. XX 153). Wenn also hier die Analogiewirkung so stark war, um ursprüngliche Länge zu beseitigen, so wird um so eher erklärlich, dass ursprüngliche Kürze durch sie erhalten wurde (oder auch die entstandene Länge wieder verkürzt?). Das schwankende Verhalten von -*shipe* mag darin seinen Grund haben, dass der Nebenton auf dieser Silbe gewiss schon vielfach recht schwach und eine gewisse Tonstärke zum Eintritt der Dehnung natürlich nötig war. Die Länge kann auch nach § 428 zu erklären sein, und dann ist es begreiflich, dass sie nicht durchgeht. Von dem nur einmal im Reim belegten und da nicht völlig gesicherten *nime* (vgl. oben § 445) können wir absehen. *Nine* aus ae. *niʒon* im C. M. ist allerdings durch wiederholten Reim gesichert. Doch besteht im Altenglischen auch *niʒen* und tritt so früh auf (zweimal in einer Urkunde von ca. 840, Sweet O. T. 454), dass das *e* nicht Schwächung aus *o* sein kann. In dieser Form war ʒ palatal und *iʒ* musste auch im Norden $\bar{\imath}$ ergeben. Daher wird es auch kommen, dass die modernen Dialekte fast durchgehends auf me. $\bar{\imath}$ weisen. Es bleibt somit ausser dem nur einmal belegten *smite* nur das häufig und zwar gewöhnlich mit Kürze erscheinende *wite* übrig. Ich möchte Beeinflussung durch das lautlich wie begrifflich nahestehende Subst. *wit*, gen. *wittes*, vermuten. Aber auch wenn das falsch wäre, jedenfalls dürfen wir einen schon oben gebrauchten Satz wiederholen: diese

Abweichung von der überwiegenden Mehrzahl der in Betracht kommenden Fälle sieht eher aus wie eine Störung und Beseitigung des Ursprünglichen als selbst ursprünglich.

513   Dass etwa hier und bei ĭ- vor n die Ursache der Kürze in der Natur des Consonanten liegen sollte, dass also auf einem Teil des nordhumbrischen Gebietes die Längung durch einen speciellen consonantischen Einfluss verhindert wurde, ist nicht recht wahrscheinlich. Es könnte nur der dentale Charakter von l und n in Betracht kommen; aber wir finden andererseits, dass ĭ- vor d und ĭ- vor r sich der Dehnung nirgends entziehen — was freilich nur scheinbar, eine Folge des geringen Materials, sein könnte — und namentlich ist nicht recht die phonetische ratio abzusehen. Wenn sich etwa die Kürze vor allen Tenues oder allen Verschlusslauten fände, wäre das phonetisch plausibel; aber warum sollten die Dentalen ein besonderes Verhältnis zu quantitativen Veränderungen zeigen?

514   Vergleichen wir die mittelenglischen Belege für $\bar{e}$, $\bar{o}$ mit den modern-dialektischen, so zeigt sich, wie schon bemerkt, dass jene zahlreicher und ausgedehnter sind, also eine Tendenz zur Verringerung der Fälle, die an sich schon darauf hinweist, dass hinter dem uns erkennbaren grösseren Bestand im Mittelenglischen eine wirkliche Durchgängigkeit anzunehmen ist. Diese Tendenz lässt sich auch im Einzelnen deutlich wahrnehmen. Ae. *cuman* z. B. ist heute nur einmal mit Länge belegt, während es in den durchgeprüften mittelenglischen Texten, soweit zu erkennen, immer Länge hat. Von den Fällen, die schon im Mittelenglischen schwanken, hat *sunu* heute häufig, aber nicht immer Kürze, woraus also nichts geschlossen werden kann; die übrigen sind nicht belegt. Wichtig ist aber das Umgekehrte, dass nämlich Formen, die im Mittelenglischen nicht mit $\bar{e}$, $\bar{o}$ nachweisbar sind, heute so belegt erscheinen, z. T. sogar sehr häufig. Das ist in Folge der consonantischen Verhältnisse besonders in die Augen springend bei ae. *stizol* und *suzu*. Die Formen *stēle, *sō müssen im Mittelenglischen weit verbreitet gewesen sein und doch ist nur, soweit bis jetzt bekannt, *stīl* und *son* (einmal *soghe* § 508) belegt. Das zeigt wie-

der, dass in der mittelenglischen Überlieferung unser Lautwandel nur trümmerhaft zu Tage tritt. Gerade aus dem Mangel an Übereinstimmung zwischen der Abgrenzung der heutigen ẹ̄-, ọ̄-Formen und der mittelenglischen ist zu schliessen, dass die Längung ursprünglich durch alle Fälle durchgieng.

Wir haben daher zusammenfassend das **Lautgesetz** und seine Geschichte folgendermassen zu formulieren. A e. **ĭ- und ŭ- wurden im Nordhumbrischen vor dem Ende des 13. Jahrhunderts zu ẹ̄ und ọ̄ gedehnt**, u. z. ursprünglich gewiss durchgehend. Das Gesetz wurde aber früh in einigen Fällen durch besondere Einflüsse durchkreuzt, welche mit unseren Mitteln nicht immer sicher festzustellen sind. Diese Längen, durch welche das Nordhumbrische sich scharf von den übrigen Dialekten abhebt (vgl. § 472), wurden ferner früh als für jene Striche charakteristisch, also — bei der allgemeinen Stellung des Nordhumbrischen — als etwas Provincielles empfunden und daher von manchen Dichtern in den Reimen gemieden. Auch in der Schreibung kamen sie (aus den § 402 entwickelten Gründen) nur mangelhaft zum Ausdruck. Vereinzelte Formen mit Länge drangen aber über das ursprüngliche Gebiet hinaus nach Süden vor und gelangten auf diesem Wege sogar in die Schriftsprache. Auf der anderen Seite wurden in den nordhumbrischen Dialekten im Laufe der Zeit diese Längen durch den Einfluss der Schriftsprache (und vielleicht der benachbarten Dialekte) vielfach beseitigt, so dass heute in ihnen nur mehr trümmerhafte Reste vorliegen.

So viel ergibt sich unmittelbar aus der Kritik unseres Materials. Wie haben wir uns aber den Vorgang phonetisch vorzustellen und in welchem Zusammenhang steht er mit den übrigen Lautwandlungen?

Dass diese Längung an die ja ganz allgemeine Dehnung der übrigen Vocale in offener Silbe anzuknüpfen ist, wird gewiss als wahrscheinlich bezeichnet werden dürfen, zumal auch die zeitlichen Verhältnisse stimmen: die Längung von ĭ-, ŭ- erwies sich uns als zu Ende des 13. Jahrhunderts vollzogen, die der übrigen Kürzen erfolgte im Laufe dieses Jahrhunderts. Wir werden also zu constatieren haben, dass im Nordhumbrischen sämtliche Kürzen in offener Silbe um diese Zeit gelängt wurden. Überraschend ist aber auf den ersten Blick die qualitative Seite der Erscheinung, die Dehnung nicht zu $\bar{i}$, $\bar{u}$, sondern zu $\bar{e}$, $\bar{o}$. Die naheliegendste Erklärung dafür ist, dass um jene Zeit i, u im Nordhumbrischen entweder geradezu e, o waren, so dass die Dehnung ohne weiters $\bar{e}$, $\bar{o}$ ergab, oder doch offene, vielleicht überoffene Klangfarbe hatten, so dass das Ergebnis der Dehnung dem $\bar{e}$, $\bar{o}$ sehr nahestand (viel näher als dem ursprünglichen $\bar{i}$, $\bar{u}$) und darunter subsumiert wurde.

518 Darauf weist auch sonst einiges hin. In den lebenden nordhumbrischen Mundarten ist i mindestens offenes i, in den schottischen häufig (z. B. in der Murray's) geradezu ein e-Laut. Ebenso ist u offen, soweit es nicht zu v geworden ist (was allerdings in einem Teil des nordenglischen und namentlich im ganzen schottischen Gebiet der Fall ist). In den mittelenglischen Denkmälern aus diesen Gegenden erscheint nicht bloss die Schreibung o für u, sondern auch e für i sehr häufig, und namentlich in späterer Zeit tritt auch das Umgekehrte ein. Ich glaube, das reicht hin, um unsere Annahme begründet erscheinen zu lassen. In dieser besonderen Qualität muss auch der Grund liegen, warum i, u nur hier gedehnt wurden, nicht im Süden: es scheint wirklich, wie schon öfters gesagt wurde, dass die Vocalextreme im Englischen der Längung widerstreben.

519 Etwas Ursprüngliches freilich wird diese besondere Qualität des i, u im Norden nicht sein. Das geht deutlich daraus hervor, dass bei der früher eintretenden Dehnung vor Consonantengruppen wie nd, ld u. s. w. i, u auch im Norden $\bar{i}$, $\bar{u}$ ergeben. Zur Zeit dieser Dehnung war also die Qualität geschlossen oder doch dem nahestehend, keinesfalls die für's 13. Jahrhundert erschlossene. Wir gelangen also dazu, einen weiteren Lautwandel anzusetzen, der in der Zeit zwischen der Dehnung vor Consonantengruppen und der in offener Silbe i, u im Nordhumbrischen offener machte, vielleicht sogar zu e, o werden liess. Diese An-

setzung ist um so plausibler, als ae. ē, ō ein ganz entsprechendes Verhalten zeigen, worauf bereits Brandl Anz. f. d. A. XIII 101 hingewiesen hat: auch sie müssen in dieser Zeit von geschlossener zu offener Qualität übergegangen sein, weil sie bei Dehnung vor Consonantengruppen ẹ̄, ọ̄ (vgl. Kluge in Paul's Grdr. I 877, 883, dazu Angl. XVI 459), bei der in offener Silbe aber ẹ̄, ọ̄ ergeben.

Es fällt nun auf, dass dieser Wandel bei ē, ō gemeinenglisch ist, während sich der bei ĭ, ŭ uns nur für das Nordhumbrische ergeben hat. Aber auch in den südhumbrischen Gebieten muss einmal ein entsprechender Wandel eingetreten sein. Auch hier ist ursprünglich geschlossene, oder ihr doch nahestehende Qualität aus demselben Grunde wie im Nordhumbrischen anzusetzen, während heute ĭ, ŭ (letzteres soweit es überhaupt erhalten ist, wie in *full*) offene aufweisen. Sie kann noch nicht zur Zeit der Dehnung der Kürzen in offener Silbe bestanden haben, sonst wäre wol im Süden dieselbe Erscheinung eingetreten wie im Norden; andererseits scheint sie nach allem, was unsere Grammatikerzeugnisse erkennen lassen, schon die ganze neuenglische Zeit hindurch zu bestehen. Der Übergang muss also zwischen dem 13. und 16. Jahrhundert erfolgt sein.

Das Auseinandergehen von Nord und Süd in der Behandlung von ĭ, ŭ reduciert sich somit auf eine wesentlich bloss zeitliche Abstufung, die in einem Teil der Fälle, bei ĭ-, ŭ-, nur deswegen zu einem stärkeren und dauernden Unterschied führte, weil gerade in die Zwischenzeit eine gemeinenglische quantitative Veränderung fällt. Der Norden geht, wie so häufig, dem Süden voran, und wenn wir genauer zusehen, so müssen wir zugeben, dass dasselbe Verhältnis auch in der Behandlung von ē, ō bestanden haben kann. Was wir wissen, ist nur, dass sie in ganz England im 13. Jahrhundert offen waren; dass auch sie im Norden früher offen wurden, ist eine Möglichkeit, die man vorläufig nicht wird bestreiten können. Vielleicht gelingt es der fortschreitenden Forschung, hier Licht zu schaffen.

Wir können also, unsere Ergebnisse zusammenfassend, constatieren, dass (mit Ausnahme des neutralen *a*) die altenglischen, ursprünglich wol geschlossenen Kürzen im Laufe der Sprachentwicklung offener werden. Dies tritt zuerst bei *e, o* zu Tage: sie sind bereits im 13. Jahrhundert auf dem ganzen Sprachgebiet *ę, ǫ*. Ob der Lautwandel überall zur selben Zeit oder abgestuft eintrat, ist vorläufig nicht zu bestimmen. Deutlich zeitlich abgestuft und vermutlich im ganzen etwas später vollzieht sich der Process bei *i, u*. Im Nordhumbrischen sind sie im 13. Jahrhundert mindestens *i̯, u̯*, vielleicht sogar *ę, ǫ* (daher in offener Silbe Dehnung zu *ē, ō*); in den südlichen Gebieten verharren sie noch um diese Zeit (daher keine Dehnung in offener Silbe) und werden erst später, aber noch vor dem 16. Jahrhundert zu *i̯, u̯*.

523 Wie man sieht, haben unsere Ergebnisse manche Ähnlichkeit mit der oben § 385 besprochenen Theorie Brandl's. Aber nicht eine allgemeine Tendenz, sondern zeitlich und örtlich umgrenzte Lautwandlungen haben wir meines Erachtens anzunehmen, die in der Schrift nur unvollkommen zum Ausdruck kommen.

524 Diese zum Teil auf constructivem Wege gewonnenen Sätze klären manche Eigentümlichkeiten des Mittelenglischen auf und erhalten umgekehrt durch sie neue Stützen. Das Aufkommen der Schreibung *o* für ae. *ŭ* im 13. Jahrhundert rückt in ein neues Licht. Im Norden war der Lautwert von ae. *ŭ* damals schon *u̯*, vielleicht *ǫ*, bei Dehnung jedenfalls *ō*; es ist daher begreiflich, dass man von der historischen Schreibung abzuweichen und diesen Laut durch *o* zu bezeichnen begann, namentlich in offener Silbe, wo der Abstand von der *u*-Qualität besonders deutlich zu Tage trat. Als *ō*, und mit ihm das Ergebnis von *u-*, die eigentümliche nordhumbrische Modification erfuhr und der neue Laut auch für frz. *ü* eingesetzt wurde (vgl. oben § 123 ff.), ohne dass man die französische Bezeichnungsweise *u* änderte, da war es natürlich, dass die Schreibung *u* auch für ae. *ō* und *ŭ-* eintrat und damit die Setzung von *u* und *o* überhaupt sehr schwankend wurde.

525 Im Süden war das Aufkommen der Schreibung *o* für

u zunächst nur in der Aufnahme des frz. *ü* und seiner Bezeichnung *u*, also dem Umstande, dass dem Zeichen *u* ein neuer Lautwert beigelegt wurde, begründet. Freilich hatte der Buchstabe *o* bereits einen anderen Wert: man war in der schwierigen Lage, für die drei Laute *ü*, *u*, *o* nur zwei Zeichen zur Verfügung zu haben. Die Folge war, dass man für den ersten stets *u*, für den letzten stets *o* schrieb, für den mittleren aber zwischen beiden Bezeichnungen schwankte und mit der Zeit nach praktischen Gesichtspunkten zu der bekannten, aber auch nur ungefähren Regelung kam (Sweet § 595). Damit erledigt sich der Einwand Morsbach's (S. 185 f.), dass man sich, indem man zur Schreibung *o* griff, einer neuen Verwechslung mit dem *o* aus ae. *o* aussetzte. Man hatte nur die Wahl, entweder *u* und *ü*, oder *u* und *o* mit demselben Zeichen auszudrücken. Dem Sprachgefühl mochte letzteres im Allgemeinen weniger anstössig scheinen.

Ausserdem haben wir aber nach unseren Ausführungen wol noch einen weiteren Grund für das Aufkommen des *o* anzusetzen: es wird gewiss auch nordenglischer Einfluss im Spiele sein. Sicheres ist darüber freilich nichts zu sagen, weil wir noch sehr wenig über mittelenglische Schreiberschulen und Schreibtraditionen wissen; aber wenn in der einen Hälfte des Landes in Folge eines Lautwandels auch eine teilweise Änderung der Schreibung eintrat, so ist es begreiflich, dass der neue Brauch auch in die andere Hälfte durchsickerte, zumal hier eine Neigung dazu — aus anderer Ursache folgend — schon bestand. Dass etwa hierin die auch im Süden einmal eintretende Öffnung des *ü* (vgl. § 520) sich widerspiegelt, ist dagegen nicht wahrscheinlich. Denn *o* für *u* wird innerhalb des ihm eigenen Bereiches schon am Ende des 13. Jahrhunderts allgemein, während die entsprechende Erscheinung bei *ï* erst später deutlich wird.

Dass der Übergang zur *o*-Schreibung nicht den ersten Schritt der Entwicklung des *u* zum heutigen *v* andeutet, wie u. a. Morsbach S. 185 annimmt, ist schon wiederholt betont worden (zuletzt Verhandl. 42. Phil. Vers. S. 468, 484).

Aus unserem Material ergeben sich neue Argumente. Die
o-Schreibung ist gerade im Norden sehr ausgebildet, während
beträchtliche Teile des nordhumbrischen Gebietes (sämtliche
Striche südlich von Ellis' Linie 8, also Yorkshire, Westmoreland und der grösste Teil von Cumberland und Durham) die Entwicklung zu *o* gar nicht mitmachen, sondern
noch heute *u* aufweisen. Morsbach hat nun für seine Ansicht S. 186 gerade Reime wie *love* : *behove* angeführt. Nach
unseren Darlegungen wird dieses Argument hinfällig; wir
haben gesehen, dass diese Bindungen ganz anders zu fassen
sind. Es ist allerdings richtig, dass ae. $\bar{o}$ im Norden im
14. Jahrhundert bereits einen dem Neuschottischen entsprechenden, oder sagen wir lieber nahestehenden Laut gehabt haben muss (vgl. oben § 123 ff.), und dasselbe gilt
natürlich auch von dem darauf reimenden $\bar{u}$-. Aber das
ist nur eine Folge davon, dass $\bar{u}$- zuvor zu $\bar{o}$ geworden war,
und hat mit dem Lautwert des *u* nichts zu tun; Morsbach
hat übersehen, dass seine Argumentation nur für *u* in offener
Silbe gilt, während das *u* in geschlossener, das kurz gebliebene, auch heute noch überall streng von jenem geschieden ist (§ 124) und es daher gewiss auch stets war.

528   Neues Licht fällt auch auf die *e*-Schreibungen für *i*,
die nicht nur im Nordhumbrischen sich früh einstellen,
sondern auch im Südenglischen zunächst sporadisch auftreten und namentlich im 15. Jahrhundert häufig sind. Nach
unseren Ausführungen werden wir sie anders aufzufassen
haben, als bisher geschehen ist. Im Norden war das
Schwanken zwischen *i* und *e* berechtigt, insofern schon zu
Beginn unserer Denkmäler der Lautwert des $\bar{\imath}$ tatsächlich
akustisch zwischen *i*, d. i. dem Lautwert des $\bar{\imath}$, den man
gewiss zunächst mit dem Zeichen *i* verknüpfte, und *e* lag
und in offener Silbe geradezu $\bar{e}$ war. Dass sich, wie wir
gesehen haben, hier nur so spärlich Reime von $\bar{\imath}$ und $\bar{e}$
finden, zeigt, wie genau im Allgemeinen die nordenglischen
Dichter reimten. Wo sonst — also südlich vom Humber —
solche Schreibungen sporadisch auftreten, das vielleicht Einfluss nordenglischer Schreibertradition. Den Reimen von $\bar{\imath}$
und $\bar{\imath}$ wird man nicht viel Beweiskraft zumuten dürfen,

weil sich gerade in den südhumbrischen Dichtungen auch sonst Ungenauigkeiten finden, mehr als in den nördlichen. Erst im 15. Jahrhundert, wo die *e*-Schreibungen merklich häufiger werden, möchte ich in ihnen ein Anzeichen dafür erblicken, dass jener Übergang zu i eingetreten ist, von dem wir oben § 520 gehandelt haben. Dass entsprechende Erscheinungen beim *u* nicht zu Tage treten, erklärt sich daraus, dass die *o*-Schreibungen schon früher aus anderen Gründen eingeführt und geregelt worden waren.

Schliesslich gelangen wir von unseren Ergebnissen zu einem wichtigen chronologischen Schluss. Das $\bar{o}$ aus $\bar{u}$ macht durchaus die nordhumbrische Modification des $\bar{o}$ aus $\bar{a}$ mit; diese muss also später sein als die Längung der Kürzen in offener Silbe. Die so gewonnene relative Chronologie in eine absolute umzusetzen, haben wir leider nur geringe Handhaben. Die Modification des $\bar{o}$ muss vor dem Ende des 13. Jahrhunderts erfolgt sein (§ 127), somit die Längung in offener Silbe noch früher. Südlich vom Humber tritt diese um die Mitte des 13. Jahrhunderts ein; wann nördlich, wissen wir nicht, weil so frühe Denkmäler fehlen. Erfogte sie da um dieselbe Zeit, so stehen sich beide Vorgänge zeitlich sehr nahe, beide würden in die zweite Hälfte des 13. Jahrhunderts fallen. Es ist aber sehr wol möglich, dass die Dehnung früher statthatte, da wir öfter beobachten können, dass bei gemeinenglischen Lautwandlungen der Norden dem Süden voraus ist. Jedenfalls ist sie nicht später als im Süden: beide Vorgänge waren zu Ende des 13. Jahrhunderts vollzogen.

Eine ähnliche Auffassung der behandelten Fragen wie die eben dargelegte ist in allerjüngster Zeit von Curtis vorgetragen worden (Angl. XVII 45 ff.). In manchen Gedanken begegnen wir uns, in anderen weichen wir von einander ab. Ich habe jene nicht eigens hervorgehoben und gehe auf diese nicht näher ein, da die vorgebrachten Gründe für meine Auffassung an sich zugleich auch Gründe gegen die seinige sind und sein Material (ausser an dem § 502

berührten Punkt) nirgends über das oben vorgebrachte
hinausreicht.

8.

531   Es erübrigt noch, die Spuren des aufgedeckten Lautwandels im neuenglischen Wortschatz genauer zu verfolgen. Zu Grunde gelegt ist NED., so weit es reicht, und in zweiter Linie unsere anderen grösseren Wörterbücher. Sie repräsentiren im Wesentlichen die Schriftsprache, doch sind natürlich die Grenzen gegenüber den Dialekten nicht scharf zu ziehen. Vollständigkeit strebe ich nicht an. Ich gebe nur, was ich bei einiger, nicht allzu flüchtiger Umschau gefunden habe.

532   Die ganz deutlich hiehergehörigen Fälle, die ja den Ausgangspunkt unserer Untersuchung bildeten, wurden § 383 aufgezählt. Es sind dies: a) in Lautung wie in Schreibung me. ę̄, ǭ wiedergebend: *beetle*, *gleed*, *speir*, *week*, *weet*, *weevil*; *door* (vgl. Angl. XVI 459); b) mit der Lautung ī, ū, aber durch die Schreibung auf me. ę̄, ǭ weisend: *siere*, *wood*. Sie gehören wol alle schon seit dem Beginn der neuenglischen Zeit der Schriftsprache an; nur von *gleed* lässt sich dies mit unserem gegenwärtigen Material nicht erweisen. Belege, namentlich in entsprechenden Reimen, bringt Brugger Angl. XV 281 f., zuweilen auch noch Hinweise auf Kürze wie bei *door*, welches gelegentlich auf me. ŭ, ja ā (letzteres ungenau) reimt. Über *week* vgl. auch Fuhr S. 24, Hoelper S. 17, über *wood* Römstedt S. 7. Beachtenswert ist *speir*, welches noch die schottisch-nordenglische Schreibung zeigt (neben *speer*, *spere*).

533   Diesen deutlichen Fällen ist noch hinzuzufügen das veraltete *cle(e)pe* 'rufen, nennen', welches nicht mit Murray von ae. *cleopian* abgeleitet werden kann: dieses hat me. *clēpen* und frühne. *cle(a)pe* ergeben, wie ae. *cleofian* ne. *cleave*. Die im 16. und 17. Jahrhundert wiederholt belegte Schreibung *cleepe* und in zweiter Linie der Reim *cleepe* : *sweepe* : *eep* : *weep* bei Spenser (Vis. World's Van. V 2 ff., Globe Ed.

S. 537) weisen aber auf me. $\bar{e}$, welches nur durch nordhumbrische Dehnung des i in *clipian* zu erklären ist.

Ferner ist hier doch auch *evil* anzuschliessen, welches 534 schon von Gill und Butler mit der Lautung $\bar{\imath}$ bezeugt ist, also me. $\bar{e}$ voraussetzt. Dass dieser Form die kentische Wiedergabe des ae. y zu Grunde liegt, was ich noch oben § 383 für möglich hielt, ist ausgeschlossen; denn dieses kent. *e* führt nach dem Reimgebrauch Chaucer's in offener Silbe zu $\bar{e}$ (*stere(th)* : *bere(th)* HF. 567, 817; *stere* : *bere* sb. Troil. IV 1451; vgl. ten Brink § 24 β).

Auch ne. *beadle* ist vielleicht anzureihen. Die durch 535 die Schrift fixierte, auf me. *bẹ̄del* zurückweisende Form wird allerdings von Murray mit Recht von afr. *bedel* abgeleitet, nicht von ae. *bydel*. Aber es ist bemerkenswert, dass *beadle* eines der Wörter ist, welche vor dem allgemeinen Übergang des me. $\bar{e}$ zum Laute $\bar{\imath}$ (also vor 1700) bereits $\bar{\imath}$ hatten (Ellis I 86), was eine me. Nebenform *bẹ̄del* erweist. Diese gegenüber ae. *bydel* wird ebenso wie *evil* gegenüber ae. *yfel* zu erklären sein. Allerdings ist jenes $\bar{\imath}$ nur von dem nicht sehr zuverlässigen Jones bezeugt (Ellis I 86).

Einen sehr wertvollen Beleg bietet endlich ein geo- 535a graphischer Name: der Fluss *Tees*, an der Nordgrenze von Yorkshire, ae. *Tīsa*, welches daher mit $\bar{\imath}$ anzusetzen. Die Lage des Flusses stimmt zu unserer Localisierung des Lautwandels.

In einigen anderen mehr versteckten Fällen bestehen 536 heute noch Doppelformen, wenn auch die eine veraltet ist oder eine specielle Bedeutung angenommen hat. Hieher gehören:

boon 'Halm' und *bun* (veraltet und dialektisch), zu ae. *bune* (vgl. NED. s. v.).

buddle, *boodle* (Lautung v, $\bar{u}$) 'Wucherblume', zu einem ae. *budol. Der erste Beleg stammt zwar erst aus dem 14. Jahrhundert (*budel*), doch kann über die Basis kaum ein Zweifel obwalten.

cliff und *cleeve* (heute dialektisch geworden), zu ae. *clif*, gen. *clifes*, plur. *clifu*. Die Form *cleeve* wird von Murray aus dem Plural *cleofu* abgeleitet: aber dieser ergiebt me. *clere* (schon bei Laʒamon *clewes*) und ne. *cleuce*, wie es tatsächlich gelegentlich belegt ist. Die im 16. Jahrhundert reichlich belegte Schreibung *cleeve* erweist me. ę̄.

drill und *schott. dreel* 'bohren', zu ae. **þrylian* aus *þyrlian*. Das anlautende *d* wird von Skeat (s. v.) wol mit Recht der Beeinflussung durch das Niederländische zugeschrieben, wie sie bei technischen Ausdrücken öfter zu constatieren ist.

hull und *hool* (veraltet und schottisch), zu ae. *hulu*. Die Form *hool* erscheint schon im Prompt. Parv. (vgl. oben § 506).

kiln und *keel* (veraltet und technisch), zu ae. *cylen*.

quitch-(grass) und *cooch-, couch-(grass)*, zu ae. *cwice*, **cuce*. Letztere Form ergab einerseits *cooch-*, andererseits das noch heute in südlichen Mundarten geltende *küts* (vgl. NED. s. v.). Die Variante *couch-* ist das Ergebnis einer Umdeutung, die dadurch veranlasst oder doch erleichtert wurde, dass *couch* vb. im Frühneuengl. vielfach *cooch* lautete und auch so geschrieben wurde (vgl. Angl. XVI 504).

In einer weiteren Reihe von Fällen gilt zwar heute die Kürze unumstritten, aber im Frühneuengl. hat daneben auch Länge bestanden. Dies ersehen wir am sichersten aus Grammatikerzeugnissen, demnächst aus Schreibungen (*ee, oo*). Letztere sind allerdings nicht völlig zuverlässig, da *oo* wenigstens gelegentlich auch für unzweifelhaftes *u* geschrieben wurde (*begoon, soon, roon, hoont* für *begun, sun, run, hunt* in Tottel's Miscellany, vgl. Hoelper S. 20 f.; *spoonne, woonne* für *spun, wun* Roister Doister S. 19, 29). Aber immerhin ist das selten. Noch weniger sicher sind Reime, da ihre Genauigkeit Zweifeln unterworfen ist; aber in zweiter Linie werden wir sie anführen dürfen. Hieher gehören:

above, nach Kluge Grdr. I 884 § 103 im 16. Jahrh. mit der Lautung *ū* bezeugt (bei Ellis kein Beleg). Ebenso weist die vom NED. für dieses Jahrh. angeführte Schreibung *aboif* und wol auch *abouff* auf me. ǭ; allerdings ist sie vielleicht speciell schottisch. Reime auf me. ǭ wie *move, prove* u. dgl. bei Brugger S. 283, Fuhr S. 36 etc.; sie sind namentlich auch im Drama (z. B. bei Shakespeare) sehr häufig.

birr aus an. *byrr* (Stamm *byr-*), im 15. und 16. Jahrh. auch in der Schreibung *beere* (vgl. NED. s. v.).

clivers 'Klebekraut', eine Weiterbildung zu ae. *clife*, gewiss aus **clifor* (vgl. die von Murray angezogenen oberdeutschen Formen), daneben im 16. Jahrh. (1591) auch *cleevers* (NED. s. v.). Die noch heute geltende Nebenform *cleavers* ist wol von *cleave* vb. beeinflusst.

come, im 16. Jahrh. auch *coome* (eb.); ein Reim auf (allerdings nachtoniges) $\bar{o}$ bei Fuhr 36 (: *wysdome*). Auf Länge weist auch das -*e*.

cowl aus ae. *cuȝele*, me. *coule* (lat. *cuculla*), schon 1388 in einer mit der Westminster-Abtei in Beziehung stehenden Urkunde *cole* und vom 15. bis 17. Jahrh. als *cool(e)*, zum Teil in Reimen wie *fool*, öfters belegt (NED. s. v.). Über den Schwund des ȝ vgl. § 389.

cud aus ae. *cudu* für *cwi(o)du*, im 17. Jahrh. auch *cood* und in neueren Dialekten *keed* und *queed* (NED. s. v.).

give, von Bullokar und Gill mit der Lautung $\bar{\imath}$ bezeugt, vielfach auch *geve* geschrieben (regelmässig im Druck des Gorboduc von 1570) und öfter im Reim auf *grieve* u. dgl. (einige Belege bei Brugger S. 281; dazu *forgeue : leaue* Roister Doister S. 30).

love, von Smith und Cheke mit der Lautung $\bar{u}$ verzeichnet, in Levins' Manip. Vocab. als *looue* zu Fällen wie *behooue, prove* u. dgl. gestellt und vielfach in derartigen Reimen (vgl. Brugger 283, Fuhr 36, Salge 24), namentlich auch im Drama (wie *aboue*).

snivel ('Nasenschleim', 'die Nase voll Schleim haben') aus ae. **snyflan* (vgl. ae. *snofl* 'Nasenschleim'), me. *snivelen*, im 17. Jahrh. auch *sneevle* (Beleg bei Skeat unter *sniff*). Die Dehnung vor Muta + Liquida ist entweder daraus zu erklären, dass diese Gruppe zur zweiten Silbe gezogen wurde, also die erste offen war, oder daraus, dass die (frühme.) Basis der Dehnung *snivelen* war. Vgl. übrigens *beetle*.

soome, bei Hart 1559 sooin, ebenso lothsoom (Ellis III 795 Anm.), Auch hier weist die Schreibung mit -e auf die Länge.

son, bei Tyndale auch einmal soone (Sopp Angl. XII 298), während sonst bei ihm oo allerdings manchmal für me. ō, nie aber für me. ŭ steht.

stir, als stare in einem Reimsystem auf -ęre in Bale's King John (ed. Halliwell) S. 33, ähnlich in seiner Com. conc. three Lawes V. 1613, Angl. V 208. Der von Brugger S. 283 aus Spenser beigebrachte angebliche Reim auf ī fällt weg; stire ist hier ae. stīeran 'steuern, lenken'.

wick 'Docht' aus ae. wi(o)ca, nach Sweet HES. S. 315 und dem Enc. Dict. im Frühneuengl. auch weeke; vgl. Cheke's week Ellis III 909.

witch-(elm) aus ae. wice, bei Bacon auch weech (vgl. Skeat s. v.; oder ae. wīce zu ne. weech nach Angl. XVI 507?).

538   Endlich giebt es eine Reihe von Fällen, in welchen die Spuren der Längung von ĭ-, ŭ- deswegen nicht so leicht zu erkennen sind, weil die Etymologie fraglich oder bisher noch nicht richtig angesetzt worden ist. Der aufgedeckte Lautwandel dürfte auch vielfach in verworrene etymologische Verhältnisse Licht bringen. Für Formen, die me. ẹ, ō enthalten oder darauf zurückführen, ergiebt sich eine neue Möglichkeit der Ableitung: die aus ae. ĭ- (y-), ŭ-, beziehungsweise iʒ, uʒ + dumpfem Vocal. Namentlich wird an sie zu denken sein, wo sich neben einander Hinweise auf me. ī und ẹ, ū und ọ, beziehungsweise auf ī und ẹ, ū und ọ finden. Alles zu wenig Gesicherte bei Seite lassend, können wir etwa Folgendes hier anführen.

539   besom aus ae. bes(e)ma, me. bẹseme zeigt allerhand bemerkenswerte Nebenformen: 1) me. bisme (bei Wyclif, vgl. Gasner S. 106), frühne. bysom, bissome und noch heute dial. bizzim (NED. s. v.); 2) ne. beesome (16.—18. Jahrh.); die entsprechende Lautung (ī) bezeugt Miège 1688; vgl. bīzm in Windhill (Wright § 79), das auf me. ẹ zurückweist; 3) ne. dial. buzzom (NED. s. v.); 4) schott. (16. Jahrh.) boosome (eb.). Die i der Reihe 1) können nicht etwa als Verkürzung der neuenglischen Lautung ī (aus me. ē) erklärt werden,

da sie ja schon im 14. Jahrhundert auftauchen: sie setzen offenbar ein ae. *bis(e)ma voraus, und daraus ergeben sich nun auch ungezwungen die Formen der Reihe 2). Dem entsprechend werden wir die Formen unter 3) und 4) auf ae. *bus(e)ma zurückführen. Wir erhalten somit drei Varianten des Stammvocals: e, i, u. Wechsel von e und i muss aber ursprünglich in schwachen Masculinen Regel gewesen und erst durch Ausgleich beseitigt worden sein: dass er hier zu Doubletten geführt hat, ist gerade bei der Natur des mit dem Worte bezeichneten Dinges plausibel. Die Variante mit u steht zu der mit e i im Ablautsverhältnis (oder zu erklären wie me. *buschop neben bischop?). — Kluge giebt Et. Wb. s. v. Besen an, dass engl. Dialekte ein ae. *bisma erweisen. Ich möchte vermuten, dass damit nur die oben angeführten i-Formen gemeint sind.

bisson 'blind' aus ae. *bisene* erscheint im 17. Jahrh. auch als *beesome* (vgl. NED. s. v., Lummert S. 19) und ist in nördlichen Dialekten noch heute als *bersen, beezen* erhalten (eb.). Das macht die Ansetzung von ae. *bisene*, die übrigens auch sonst nicht ganz befriedigt (vgl. Murray eb.), unmöglich; wir haben *bīsene* anzunehmen. Weiteres weiss ich freilich auch nichts zur Aufhellung beizubringen. Das stimmlose *s* macht wahrscheinlich, dass irgendwie äusserer Einfluss gewirkt hat.

blite (eine Pflanze, in unseren Wörterbüchern Erdbeerspinat bezeichnet), offenbar aus lat. *blītum*, griech. βλίτον direct oder indirect entlehnt, ist seit 1420 belegt (vgl. NED. s. v.). Die sehr wechselnden Schreibungen weisen auf me. ī, ī und ẹ̄; schwankender Gebrauch wird uns zum Teil direct bezeugt (vgl. Turner, Herbal etc. 1551: *It may be called in englyshe a blyte or a blete*), ja besteht, wie es scheint, heute noch (nach Murray ist die Lautung *blǫit*, ? also *blīt*). Die Form mit me. ī wird wol nichts anderes sein als die gelehrte Wiedergabe von lat. *blitum*, mit ī, weil in offener Silbe stehend. Die anderen können nicht mit afr. *blęte* (aus *blīta*) verknüpft werden: denn dieses hätte me. *blęte*, ne. *bleat* ergeben; sie weisen vielmehr auf ein ae., oder doch frühme. ī- zurück. Ich möchte vermuten, dass das Wort sehr früh in altenglischer Zeit zusammen mit anderen Pflanzennamen entlehnt wurde (wie ae. *pise, béte*) und entweder *blit n. oder *blitu f. ergab (vgl. Pogatscher §§ 79, 284). Dass wir keinen frühen Beleg haben, kann bei einem derartigen Wort nicht sehr in's Gewicht fallen.

542   Schott. nordengl. *boul, bool* 'Henkel' (Lautung *bul*), aus me. *boule* (Manip. Vocab.) schott. *bule* (mit *u* = *ü*), wird schon von Murray (NED. s. v.) mit nd. *bogel* und d. *bügel* in Verbindung gebracht. Offenbar liegt ae. *buʒol zu Grunde, welches südhumbrisch *boul*, nordhumbrisch (mit Dehnung des *ū*- und Ausfall des Gutturals) *būl* ergab. Die Grundformen der ganzen Reihe sind **buʒil-*, **boʒol-* zur Wurzel *beug-* mit geläufigem Wechsel des Suffixvocals, aus denen *buʒol* durch Contamination entstand. (Über ähnliche Fälle vgl. Pogatscher § 107).

543   *breeze* 'Bremse' ist offenbar das spärlich belegte ae. *briosa, breosa*, aber ob in diesem Länge oder Kürze galt, ist fraglich; erstere setzt Mätzner an, letztere Murray (NED. s. v.). Da im 16. und 17. Jahrhundert auch Formen wie *bryzes, brizze* erscheinen (eb.), die schwerlich aus der neuenglischen Lautung *ī* durch Verkürzung entstanden sein werden, ist ae. *bri(o)sa* wahrscheinlicher.

544   Me. frühne. *breem(e)*, daneben schon vom 13. Jahrh. an auch *brim(me)*, heisst nach Murray (NED. s. v.) I) 'berühmt, prächtig, stark, laut', II) (namentlich im Norden) 'wild, rauh, grimmig' und berührt sich in dieser zweiten Bedeutung vielfach mit me. *brimmen*, ne. dial. *brim*, schott. *breem* (Jamieson s. v.) 'brünstig sein'. Gewiss liegt zunächst ae. *bréme* 'berühmt' zu Grunde; aber die formellen Abweichungen von dieser Basis, nämlich die *i*-Formen, wie auch die dem Begriff 'brünstig' nahestehenden Bedeutungsvarianten scheinen mir auf Vermengung mit einem anderen Wort zu deuten, von dem Stamme, der deutlich in dem Verbum *brim* vorliegt. Auch von diesem fehlt die altenglische Grundlage. Ich möchte ansetzen: *brim adj., in dessen flectierten Casus *i* in offener Silbe stand (*i* nicht *ĕ* wie *niman*), und *briman st. vb. (lautlich genau ahd. *brëman*

entsprechend), vielleicht *brimian (zu *brim wie tilian zu til), mit der Bedeutung 'brünstig und 'brünstig sein'. Auch ein Adj. *bryme (zu *briman wie bryce zu brecan) wäre möglich. Daraus ergab sich im Norden brēm-, im Süden brim-, und erstere Variante veranlasste oder beschleunigte vielleicht nur die Vermengung mit dem Ergebnis von ae. bréme, welches schon an sich leicht in die Bedeutung 'stark, rauh, wild' übergehen konnte (schon bei Orrm 7197 'furious').

brook, s. unten shove. 545

bud, seit dem 14. Jahrh. belegt, ist dunklen Ursprungs. 546 Da aber im 16. Jahrh. auch bood dafür erscheint (vgl. NED. s. v.), wird die Basis wahrscheinlich ū- gehabt haben.

bull wird von Murray (NED. s. v.) aus einem ae.*bulla 547 (woher bulluc), von Brate (Beitr. X 37, 67) aus adän. buli abgeleitet. Auf letzteres Etymon weist entschieden Orrm's bule, die von Smith 1568 (Ellis I 167) für das Schottische bezeugte ü-Form (ü- > ō > ü) und mit Wahrscheinlichkeit die Schreibung mit oo, die sich im 14. und 15. Jahrh. öfters findet (vgl. NED., Mätzner und Stratmann-Bradley s. v.). Allerdings erscheint sie auch ausserhalb des Nordenglischen (Wyclif, Trevisa, Lydgate) und könnte auch ō bedeuten, welches etwa mit Murray aus aisl. boli erklärt werden könnte. Aber die übrigen Hinweise auf ü- bleiben bestehen, und da im 14. Jahrh. auch sonst bereits Formen mit nordenglischer Dehnung in die südlicheren Striche vorgedrungen sind (vgl. § 505), wird es geratener sein, alle Formen aus adän. buli abzuleiten.

burly aus me. bur(e)lich, bor(e)lich ist in seiner Her- 548 kunft dunkel. Die Schreibung boorelie im 16. Jahrh. und namentlich die schottischen Formen (vgl. NED. s. v.) setzen unbedingt me. ō voraus, so dass Murray ein ae. *bórlic anstellen und die u-Formen durch Verkürzung erklären möchte. Sie hätte ein Seitenstück etwa in gum, rudder (Sweet HES. 835), doch scheinen diese Fälle jüngeren Ursprungs zu sein. Dazu kommt, dass ein ae. *bórlic schwer mit ahd. mhd. burlich in Einklang zu bringen ist, von dem das englische Wort doch nicht getrennt werden kann und das auch vorzüglich zur Form burly stimmt. **Nunmehr** ergiebt sich eine Möglichkeit, das spätme. ō mit ū zu verknüpfen: beide können auf ae. ū- zurückgehen. Freilich bleiben noch allerhand Schwierigkeiten übrig. So schon die Ansetzung der altengl. Basis: die mittelengl. Entwicklung weist auf *burelic, die Analogie entsprechender anderer Bildungen und der deutschen Formen auf *burlic. Vielleicht ist das -e- erst frühmittelenglischen Ursprungs (vgl. lavedic aus hláfdiʒe), aber doch noch vor der Zeit der Dehnung eingetreten. Auffällig ist ferner das daneben im Mittelenglischen und noch im 16. Jahrhundert gelegentlich belegte bowerly. Es ist aber zu beachten, dass in jener Zeit ou, ow (namentlich in nordhumbrischen Texten) auch für ō stehen kann. Eine Schwierigkeit ist auch die Schreibung borlic im Bestiarius (V. 605), der noch nicht o für u verwendet. Ist etwa neben ae. *burlic ein *borlic anzusetzen?

549   clutch geht als Verbum offenbar auf ae. clycc(e)an zurück (ü vor tš zu ŭ, wie much, vgl. Kluge Grdr. I 885), ist also eine Doublette zu clitch. Das Substantiv, für welches altengl. Belege fehlen, macht Murray Schwierigkeiten. Me. cloke, cloche, cluche lässt sich wol mit der neuenglischen Form vereinigen; daneben stehen aber schott. cluke, cluike und frühne. clooch, die auf me. ō weisen. Dazu kommen noch Reime auf ō: coke : loke : boke : cloke Towul. Myst. S. 324; tuk : cluk Barb. Leg. II 5 183 (vgl. oben § 487). Alle diese Formen ergeben sich nun ungezwungen aus einem ae. *clucu (oder *cluce?), von derselben Wurzel gebildet wie clyccean (u in der Stammsilbe, nicht o wie in duce, vgl. unten § 553). Die ch-Formen sind mit Murray dem Einfluss des Verbums zuzuschreiben. Allerdings findet sich auch im ausgehenden 15. Jahrhundert bis ins 17. hinein die Schreibung clouch, clowch, und Reime mit Wörtern wie pouch, couch scheinen sie zu bestätigen. Aber es ist zu beachten, dass im Frühneuenglischen diese letzteren selbst vielfach pooch, cooch geschrieben und gesprochen wurden, weil tš teilweise die Diphthongierung des me. u hinderte (Angl. XVI 504); die Form clouch, clowch kann daher sehr wol bloss umgekehrte Schreibung für das sonst oft belegte clooch sein und setzt nicht mit Notwendigkeit me. u voraus. Dieselbe Erklärung

kann auch noch für die Fälle aus der zweiten Hälfte des 15. Jahrh. gelten; denn die Berührung von *ou* und *oo* vor *ch* trat ein, sobald die Diphthongierung des me. *ū* begann, und dies dürfen, ja müssen wir für das ausgehende 15. Jahrhundert annehmen. — Me. *cleche* vb. wird von diesem Wort zu trennen sein; sein Präteritum *clauhte* weist auf eine altengl. Basis *clácan (vgl. NED. s. v.).

Dial. *cowl, coul* 'Kübel', zuerst im 13. Jahrh. in der Form *cuvel* belegt, wird von Murray aus afr. *cuvele* aus *cūpella* abgeleitet. Aber dieses müsste ein me. *cuvel* mit *u = ü* und ne. *covel (kvvl) ergeben. Die tatsächliche Lautung weist zunächst auf me. -*ū*- zurück, und dieses kann in dem vorliegenden Falle nur aus -*ūv*- entstanden sein. Die Schreibungen *coufles, kouuele, kowuele* im 14. und 15. Jahrh. (vgl. NED. s. v.) scheinen nun auf -*ūv*- zu weisen; aber die Form *coole* im 17. Jahrh. setzt -*ūv* ÷ Voc. voraus, ebenso wie andere offenbar verwandte Formen: ae. *cyfel* (nach Kluge Et. Wtb. s. v. 'Kübel') und mhd. *kübel*. Ich möchte daher als Etymon ae. *cufol ansetzen, welches zu ae. *cyfel* sich verhält wie ae. *scomul* zu *scemul* (für *seemel*, vgl. Pogatscher § 107), also als Grundformen der ganzen Sippe *kubil-, *kobol-, deren Vermengung *cufol ergab; (vgl. übrigens auch *fuʒol*). Die Formen mit -*ūv*- werden Compromissbildungen zwischen -*ūv*- und -*ū*- sein (welch letzteres sich durch Vocalisierung des *v* aus -*uv*- ergiebt).

creek hat heute noch, in Amerika, eine Nebenform *crick*. Murray scheidet drei Typen: α) me. *crike*, welches er als *crīke* ansetzt, β) me. ne. *cre(e)ke*, γ) ne. *crick*, und leitet sie aus verschiedenen Quellen ab. Indes die Ansetzung von *ī* in α) ist nicht richtig. Die Form *crike* reimt mit nachtonigem -*like*, das gewiss nicht mehr *ī* hatte, mit *pike* aus ae. *pīcan* (Hav. 708) und mit *swike* aus ae. *swica* (Hav. 2450), welchen beiden sicher *ĭ* zukommt. Wir haben daher vielmehr in α) *ĭ* anzusetzen. Alle drei Formen ergeben sich dann ungezwungen aus an. *kriki*. Die Form *creek* ist also eine nordenglische, obwol sie schon in Chaucer-Hss. auftaucht (Prol. 409), und das amer. *crick* die dem Lautstand der Schriftsprache gemässe.

552   *dove*, mit dem me. *ū* entsprechenden Laute seit Wallis
bezeugt, steht einem me. *doure* (selten *dove*, vgl. Bradley s. v.)
und ae. *dúfe* gegenüber, daher man gewöhnlich Verkürzung
im Spätmittelenglischen oder Frühneuenglischen annimmt.
Es ist zu erwägen, ob nicht eine schon altenglische Form
mit Kürze, die zu *dúfe* im Ablautsverhältnis stünde, anzunehmen ist, ähnlich wie bei *duck*, worüber gleich gehandelt werden soll. Die Schreibung *doove* bei Cheke (Ellis III
888) und Levins (Manip. Voc. 179) könnte die nordenglische
Variante dazu darstellen, aber freilich auch auf dem Unterbleiben der Diphthongierung vor Labialen (Angl. XVI 501)
beruhen. Vielleicht bringt das Material des NED. Aufklärung.

553   *duck* 'Ente' wird gewöhnlich von einem ae. *dúce* abgeleitet (vgl. *ducan seað* in einer Urkunde; Trans. Phil.
Soc. '88—90, S. 153), hauptsächlich wegen der Beziehung
zu me. *douke* 'tauchen'. Aber die in unseren mittelenglischen
Wörterbüchern und in Wright-Wülker's Vocabularien ver-
zeichneten Belege bieten nicht *ou*, sondern *u* im Wechsel
mit *o*, was me. *ŭ* erweist. Dazu stimmt die Form im südschottischen Dialekt mit ihrem auf me. *ǭ* zurückgehenden
Laute (vgl. oben § 388). Danach werden wir als Basis
ae. *duce, oder (nach Sievers § 278, Anm. 1) *ducu mit
schwacher Stufe des Wurzelvocals, wie *lufu*, anzusetzen
haben. Man würde dann allerdings eher *doce erwarten.
Aber vgl. ausser *lufu* Fälle wie *bucca*, *spura* und Sievers
§ 55.

554   Ae. *hîȝian* wird gewöhnlich als *hiȝian* angesetzt, und
in der Tat deutet der Gebrauch der 3. sing. *hiȝað* im Ausgang des Typus A Metr. 13, 65 sowie Orrm's Schreibung
hih (subst.) auf Länge. Daneben finden sich aber Hinweise
auf Kürze. Wyclif-Hss., die ja auch sonst manchmal nordenglische Formen zeigen (vgl. § 506), bieten zweimal *heeȝe*
(vgl. Mätzner s. v.), und im heutigen Dialekt von Süd-
Northumberland (32[3]) erscheint das Wort mit der Entsprechung des me. *ę̄* (Ellis S. 676 Nr. 445). Die betreffende
Wortliste wurde allerdings Ellis nur schriftlich übermittelt;
aber sie macht den Eindruck der Zuverlässigkeit, und da

das me. ẹ̄ einfach ī lautet, ist ein Missverständnis unwahrscheinlich. Ich möchte also annehmen, dass neben ae. *hīzian* ein *hĭzian* bestand.

Me. *kiken* (Chaucer) neben *keken* (Chaucer, Prompt.), ne. (prov. und schott.) *keek* 'gucken' weist auf eine Basis *kĭk-*; weitere Anknüpfung ist jedoch schwer. Ein schwaches Verbum ae. **cician*, welches sich dem starken *kikan*, wie es in niederdeutschen Dialekten erhalten ist, zur Seite stellen würde, hätte zu **chik-* führen müssen.

kick 'stossen' aus me. *kiken*, nach Skeat aus dem Wallisischen stammend, erscheint im 16. Jahrhundert bei Skelton zweimal im Reim auf ẹ̄ bez. ī- (Brugger Angl. XV 282); es wird also schon vor der Zeit der Dehnung in offener Silbe vorhanden gewesen sein und ī- gehabt haben.

peel 'schälen' und *pill* 'berauben, plündern', Verben, welche nicht von einander zu trennen sind, weil sie zwar heute scharf geschieden werden, aber noch im Frühneuenglischen sich vielfach berühren, werden von Skeat aus afr. *peler* und *piller* hergeleitet. Aber auch wenn wir von den mittelenglischen Zwischengliedern absehen und bloss die heutigen Formen in's Auge fassen, müssen wir erstere Gleichung ablehnen: *peler* aus lat. *pilare* müsste bei Massgabe der endungsbetonten Formen ne. **peal* (vgl. *beadle* zu *bedel*), bei Massgabe der stammbetonten etwa **peil* (vgl. *receive*) ergeben. Im Mittelenglischen nun finden wir als ältesten Beleg *pilien* (*peolien*), später *piled*, *piled(e)* etc., vereinzelt *pel-*, schott. (Dunbar) *peil-* und im 15. Jahrh. (Pr. Parv.) auch *pillin*, Formen, die durchaus nicht zu afr. *peler* (Präs. *peile*), aber auch in ihrer Mehrheit nicht zu *piller* stimmen. Vollends unmöglich wird diese Ableitung dadurch, dass sich bereits im Spätaltenglischen ein *pyled* 'peels' findet (Leechdoms III 114, 13, vgl. Bosw.-Toller 773). Dieses kann entweder für **pi(o)lad* zu **pi(o)lian* oder für **piled* zu **pillan* stehen. Nach Ausweis der mittelenglischen Formen ist ersteres wahrscheinlicher. Wir haben also eine Grundform *pilian* mit der Bedeutung 'schälen, abstreifen', woraus später auch 'berauben, plündern', anzusetzen. Sie lässt sich lautlich ganz ungezwungen aus lat. *pilare* ableiten (vgl.

Pogatscher § 80), und die sachlichen Voraussetzungen für eine solche Entlehnung sind gewiss vorhanden: das Wort mag im Anschluss an die Übertragung des Obst- und Gemüsebaues, etwa gleichzeitig mit *pise* übernommen worden sein. Die altenglische Grundform ergab im Norden *pĕl-*, im Süden *pil-* (daher in unseren mittelenglischen Belegen die *i*-Formen vorwiegen), und beide Varianten drangen in die Schriftsprache; erst secundär, und vielleicht beeinflusst von frz. *piller*, trat jene Differenzierung der Bedeutung ein, die heute vorliegt. — Wie ich nachträglich gewahr werde, hat bereits Kluge, Et. Wtb. s. v. pflücken, als Etymon von ne. *peel* und *pill* ae. *peolian* und *pilian* aus lat. *pilare* aufgestellt. Er scheint aber das *ee* in *peel* auf das ae. *eo* in *peolian* zurückzuführen, was nicht möglich ist: dieses hätte *peal* ergeben müssen (vgl. *cleave* zu *cleofian*).

558   *peer* 'look narrowly, pry' steht einem me. *pir-* gegenüber (*pireþ* bei Gower, *piriþ* Depos. Rich.), was auf *ī-* zurückweist. Weitere Anknüpfung ist schwierig, ebenso das Verhältnis zu ne. *pry*, me. *prie(n)*, welches Skeat als Doublette fasst, unklar.

559   *schooner* soll im Anschluss an einen Vorfall beim Stapellauf des ersten derartigen Schiffes aufgekommen sein und auf ein südschottisches Dialektwort zurückgehen, welches ae. *scunian* wiedergiebt (vgl. Skeat s. v.). Wenn der Ausdruck wirklich auf die Weise entstanden ist, was mir freilich noch nicht hinlänglich gesichert erscheint, wäre er eine nordenglische Variante zu *shun*.

560   *shove* wird gewöhnlich an ae. *scúfan*, me. *schouve* angeknüpft, wobei man annimmt, es sei Verkürzung eingetreten. Das Wort reimt aber in den sogenannten Coventry-Spielen mit *ŭ-* und *ọ̄*; *above : love : showe* S. 37; *above : love : shove : reprove* S. 92. In diesem Denkmal reimt sonst nicht *ū* mit *ŭ* und nur ein einziges Mal mit *ọ̄*, *boun* (= *bọ̄n*) : *downe* S. 146. (Die anderen Fälle, die Kramer S. 26 anführt, gehören nicht hieher; auf *book : sowke* S. 190 kommen wir gleich zu sprechen und *mon* (ae. *muȝon*) : *don* S. 315 ist in Ordnung; ae. *muȝon* ergab nordenglisch bei Längung des *ŭ-* und Ausfall des *ȝ* regulär *ọ̄*; vgl. *suȝu* § 392). Da-

gegen sind Reime von *ŭ*- mit *ō*, wie auch von *ī*- mit *ę̄* ganz geläufig (daher diese Spiele, nebenbei bemerkt, nicht die Sprache Coventry's darstellen können). Die angeführten Bindungen weisen daher unzweifelhaft auf eine Basis mit *ŭ*-, etwa *scufian*. Diese kann auch der neuenglischen Kürze zu Grunde liegen. — Ähnlich verhält es sich mit ne. *suck* gegenüber ae. *sūcan*, me. *souke*. Wir finden im selben Denkmal *sowke* (sb.) : *book* S. 190 und in Dunbar-Handschriften *soik* neben *souk* (s. Schipper's Glossar), also *ọ*-Formen, die doch kaum auf ein ae. *ō* zurückgehen können, sondern *ŭ*- voraussetzen, das auch die Quelle für das schriftsprachliche *u* sein kann. — Danach rückt auch *brook* gegenüber ae. *brūcan*, me. *brouke* in neues Licht. Das *oo* kann nicht auf Unterbleiben der Diphthongierung beruhen (Angl. XVI 502). Wir finden schon im späteren Mittelengl. zahlreiche Belege für *ọ*: die schottischen Formen von Barbour's *bruk*, *bruk* an [vgl. auch Curtis Angl. XVII 154], viele nordengl. Schreibungen mit einfachem *o* und *brooke* im Prompt. Parv. Sie lassen sich gut an ein *brucian* anknüpfen, wie denn bei Laʒamon *brukien* erscheint (s. Mätzner s. v.), das freilich auch ein *brūcian* wiedergeben könnte. Wenn daneben bei ihm auch *o*-Formen vorkommen (vgl. Mätzner s. v.), so macht das keine Schwierigkeit. Auch in der älteren Handschrift findet sich schon gelegentlich die Schreibung *o* für *ŭ* (Angl. VIII Anz. 135). Wir dürfen vielmehr in ihnen einen Hinweis erkennen, dass er *brukien* mit *ŭ* sprach. Wenn ferner im Firumbras das Wort mit *stroke* (ae. *strác*) reimt (Bülbring S. 36), so ist zu erinnern, dass in diesem Denkmal sich auch sonst nordhumbrische Eigentümlichkeiten, namentlich Spuren von *ǭ* für *ā*- und *ę̄* für *ī*- finden (§ 505); wahrscheinlich hat also der Dichter *ǭ* und *ǭ* gebunden. — Wie die vorgeführten Verben könnte auch *sup* auf eine Basis mit Kürze (nicht ae. *sūpan*, me. *soupe*) zurückgehen. Doch ist mir bis jetzt kein Hinweis auf eine solche bekannt geworden.

sleek, slick erscheinen bereits im Mittelenglischen in dieser Doppelheit (vgl. Stratm.-Br.). Länge des *i* ist nicht zu erweisen. Denn *chike*, auf welches *slike* Rom. Rose 542 reimt, kann trotz Sarrazin Beitr. IX 585 nicht ausschliesslich Länge gehabt haben. Dagegen steht *slīke* Hav. 1157 im Reim auf sichere Kürze (: *swike*). Als Etymon ist offenbar ae. **slice* anzusetzen, welches sich zu **slican* (vgl. me. *sliken*, ahd. *slîhhan*) ebenso verhält wie *swice* zu *swican*. Die Erhaltung des Gutturals statt des zu erwartenden Palatals ist dem Einfluss von me. *slīken* oder *slikien* zuzuschreiben; ebenso erscheint ae. *swice* auch im Süden, z. B. bei Laʒamon, in der Form *swike*. Gegen unsere Erklärung könnte eingewendet werden, dass nach Str.-Br. *slec* bereits in der frühmittelenglischen Katharina, also noch vor der Zeit der Dehnung und im Südwesten erscheint; aber wenn man die Stelle nachschlägt, findet man, dass *slec* (var. *slech*) dem Subst. *sloh* coordiniert (*bute sloh and slec*), somit selbst ein Substantiv und gar nicht unser Wort ist.

562   *sneer* ist im Mittelengl. nur zweimal im nordengl. Psalter belegt (*snere*). Ich möchte die Vermutung wagen, dass es auf ein ae. **snȳrian* zurückgeht, ein schwaches Verbum erster Classe von derselben Wurzel, die in ae. **snorian*, me. *snūren* vorliegt. Bezüglich des Bedeutungswandels ist unser 'anschnarren', 'anschnauzen' zu vergleichen. Skeat's Ableitung aus dän. *snærre* ist lautlich unmöglich.

563   *suck*, sup. s. oben *shore*.

564   *sweep*, me. *swēpe(n)* wird von Skeat aus ae. **swǣpan* zu *swāpan*) abgeleitet. Das wäre an sich plausibel, aber dann müsste me. *ę̄* und ne. **sweap* vorliegen. Zugleich ist bemerkenswert, dass das Wort bis jetzt mindestens im Mittelengl. ausser einmal bei Chaucer (*swepe* Cant. T. E 978) nur in nordmittelländischen und nördlichen Denkmälern belegt ist. Ich möchte es daher aus an. *swipa* 'swoop, flash' oder aus ae. *swipian* 'peitschen, schlagen' ableiten. Der Bedeutung nach stünde ersteres näher; aber es ist zu bemerken, dass im Mittelenglischen für 'peitschen' gewöhnlich die Entsprechung von ae. *swippan* gebraucht wird (vgl. Str.-Br.), es kann daher *swipian* sehr wol die Bedeutung von *swāpan* übernommen haben.

565   *teat* 'Zitze', me. *tet(t)e* kann nicht auf ae. *tit(t)* zurückgehen, welches vielmehr durch me. *tit(te)* die Nebenform

tit ergiebt. Ich möchte *teat* an afr. *tete, tette* anknüpfen, als dessen me. Wiedergabe *tēte* zu erwarten ist (vgl. *neat* aus *net*). Aber daneben finden sich auch Spuren einer Form mit me. *ē*. Chaucer reimt einmal *tete* : *swete* (Canterb. T. A 3709) und im Frühneuengl. kommt auch (nach dem Enc. Dict.) die Schreibung *teete* vor. Diese möchte ich auf eine altenglische Nebenform mit einfachem *t* zurückführen, in der *i* in offener Silbe stand, ähnlich wie im Ahd. neben *tutta*, *tutto* auch *tuta*, *tuto* steht (vgl. Kluge, Et. Wtb. s. Zitze).

ANHÄNGE.

1. Über gäl. *ao* (zu § 131).

Die Mitteilungen Herrn Prof. Heinrich Zimmer's, von denen oben § 131 f. die Rede war und die ich mit seiner Erlaubnis hier zum Abdruck bringe, sind folgende:

„Über die Aussprache des heutigen gäl. *ao* im 13. 14. Jahrhundert ist nichts ermittelt; ich glaube, es ist auch absolut Sicheres nicht zu ermitteln. So reich die Literatur der Gälen Irlands seit dem 8. Jahrh. ist, so dürftig ist die der Gälen Schottlands bis auf Macpherson. Wir haben eigentlich nur die kurzen Eintragungen im Book of Deir aus dem 11. 12. Jahrh. und die Aufzeichnungen im Book of Lismore (erste Hälfte des 16. Jahrh.). Mit Ende des 16. Jahrh. fängt der Protestantismus an, sich der gäl. Sprache zu bemächtigen, aber er verwendet die irische Orthographie, wie ja auch noch heutigen Tages die Orthographie des Gälischen im Princip die irische ist. Diese ist aber eine historische und deckt alle Sonderheiten der Dialekte zu. Auch die Orthographie im Book of Deir ist die irische. Das heutige gesprochene Irisch in Ulster und das Gälisch in Schottland stehen sich als gesprochene Sprache in manchem näher als Ulster-Irisch und Munster-Irisch. Es ist eben von den Buchten Kerry's bis zu den Höhen Argyllshire's eine Reihe in einander übergehender Dialekte derselben Sprache, wie die oberdeutschen Dialekte.

Ich halte die Ansicht Murray's für unbegründet aus mancherlei Gesichtspunkten.

1) Vorerst ist zu bemerken, dass die Aussprache des Zeichens *ao* heutigen Tages weder in Irland noch in Schottland eine einheitliche ist. In Irland geht sie von dem Laute *œ* (wie in engl. *mayor*) bis zu 7 (wie in engl. *steal*)! In Schottland gilt dasselbe; es wechselt je nach den Districten von der Aussprache des sogenannten 'vomitiven *a*' (zwischen offenem *a* und *œ* oder eine Vermengung derselben) über *œ* (franz. *eu* wie *jeune*) bis *ü* (franz. *une*).

2) Etymologisch ist der im heutigen Gäl. durch das Zeichen *ao* repräsentierte Laut doppelten Ursprungs: a) In Wörtern wie *aos*, *taobh*, *aon* ist er altes *ai*, *oi*; beide Laute (*ai*, *oi*) waren im Irischen im 8. Jahrh. noch getrennt und flossen dann in einen Laut, der *ai* oder *ae* geschrieben wird, zusammen. Dass man im 12. Jahrh. sowol *aen*, *taeb*, *aes* schrieb, als auch in Lehnwörtern *saegul* (*saeculum*), *maer* ('Beamter jeder Art'), ist für die Aussprache lehrreich. Im heutigen gäl. *maor*, *saoghal* liegt derselbe Laut wie in *aon*, *taob* etc. vor. — b) In Wörtern wie *aotrom*, *aodann*, *aodach* liegt etymologisch ein gedehntes kurzes *e* zu Grunde: altir. *ētrom*, *ēlan* aus *entrom* etc. entstanden. In diesen Wörtern wird in Irland nur ein Laut wie in engl. *mayor* gesprochen.

3) Die Orthographie *ao*, die auch für's Irische gilt, hat mit der Aussprache, soweit das *o* in Betracht kommt, nichts zu tun. Sie kommt im 15. 16. Jahrh. auf in Folge eines allgemeinen Gesetzes der Orthographie. Jeder Consonant hat im Irischen und Gälischen eine doppelte Aussprache nach der Natur des Vocals, der folgt oder einst folgte. Ist es ein *a*, *o*, *u*, so hat der Consonant unsere Aussprache; folgt oder folgte ein *i*, *j*, *e*, so hat er eine Art mouillierte Aussprache. Es ist derselbe Unterschied, den einige slavische Sprachen in ihren Consonanten mit *jerü* und *jeri* haben. Schon im Altirischen zeigt sich die Tendenz die verschiedene Aussprache der Consonanten graphisch zu bezeichnen; diese Tendenz gieng weiter und führte im 15. 16. Jahrh. zu einer orthographischen Regelung. Hatte ein Consonant das helle Timbre, so schrieb man ihm ein *e* oder *i* vor als graphisches Zeichen für seine Aussprache; hatte er aber dunkles Timbre, so setzte man ihm ein *o* (selten *a*, *u*) vor.

Also für *finn* schrieb man *fionn*, nicht etwa, weil die Aussprache des *i* sich geändert hatte, sondern weil man das tiefe Timbre des *nn* bezeichnen wollte. Diesem Orthographiegesetz fiel das bisherige *ae* zum Opfer: *aen, taeb, maer* hätte irre geführt über die Aussprache des *n, b, r*: man schrieb *aon, taob, maor*. Dass dadurch zahlreiche Diphthonge und Triphthonge entstanden, die nur für's Auge da waren, störte diese Orthographieneuerer nicht. Laut und Schreibung deckten sich ohnehin schon so wenig, dass man das Tollste in den Kauf nahm, um wenigstens einen principiellen Unterschied principiell zu bezeichnen.

4) Zwischen 1512 und 1551 lebte auf Lismore, einer Insel in Argyllshire (am Ausgang des Loch Linnhe zwischen den Districten Lorn und Morvern), ein gewisser Mac Gregor, ein Gäle aus angesehener Familie als 'dean'. Er hinterliess ein Schreibheft, in das er im Laufe der Jahre lateinische, englische und gälische Einschreibungen machte: letztere sind die berühmten Aufzeichnungen von Ossianliedern. Mac Gregor war offenbar der irischen Orthographie unkundig. Er bedient sich für das Gälische einer wunderlichen Schreibung: halb englisch, halb phonetisch, worüber noch nähere Untersuchungen fehlen. Er schreibt nun

für heutiges *ao*	in seinen Texten z. B.
síora	serra
cíogad	kegit
áon	ein
faolon	felan
an táon	yn tein
líochraidh	leithre
t-áoghal	teill,

wobei der von mir zugesetzte Acut nur die Tonsilbe markiert, der gegenüber alle Vocale der unbetonten Silbe irrational sind. Mac Gregor hat also für heutiges *ao* gewöhnlich *ei* seltener *e*. Das weist doch eher auf einen Laut wie er im Irischen (s. 1) vorkommt (wie engl. *mayor*), als auf einen Laut wie ihn Murray annimmt.

Dies sind im Wesentlichen die Gründe, warum ich Murray's Ansicht für falsch halte; es liesse sich noch manches anführen, aber dies erforderte ausführliche Auseinandersetzungen."

Die Transcriptionen Mac Gregor's bedürfen der Aufhellung von anglistischer Seite. Indem er neben *e* auch *ei* verwendet, schliesst er sich offenbar, was ja nach der Lage der Dinge zu erwarten ist, der schottischen Schreibung seiner Zeit an, welche *ei* für me. ẹ wie auch für me. ẹ̣ gebrauchte. Nach dem oben § 279 und 357 ff. Gesagten war nun in der ersten Hälfte des 16. Jahrhunderts ersteres gewiss ī, letzteres wol noch ẹ oder im Übergang zu ẹ̄ begriffen, das in der zweiten Hälfte des Jahrhunderts feststeht. Das Zeichen *ei* ist also zweideutig. Da Mac Gregor daneben aber einfaches *e* schreibt, kann es kaum einem Zweifel unterliegen, dass er damit einen *e*-Laut bezeichnen wollte. Dazu stimmt ja vorzüglich, dass der mit *ao* wiedergegebene Laut zum Teil durch Dehnung aus *i* entstanden ist.

In einem weiteren Schreiben weist Herr Prof. Zimmer darauf hin, dass man der lautlichen Geltung des heutigen *ao* im Mittelalter vielleicht mit Hilfe eines englischen Lehnwortes näher kommen könnte, und sagt darüber:

„Im Altir. haben wir ein gewöhnliches Wort *soir* (*soer*) 'frei, vornehm, edel', dazu *soirmug* 'libertus (freier Sklave)', *soire* (*soere*) 'libertas', *soirim* (*soeraim*) 'liberare'. Dem entgegengesetzt ist *doir* (*doer*) 'mancipium, ignobilis', *doire* 'captivitas, miseria', *doirim* 'zum Sklaven machen'.

Das gegensätzliche Bedeutungsverhältnis wie es *soir* : *doir*, *soire* : *doire*, *soirim* : *doirim* aufweisen, ist im Irisch-Gäl. ganz gewöhnlich: altir. *sochruth* 'schön (gut gestaltet)' : *dochruth* 'hässlich'; *sochonn* 'Schlaukopf' : *dochonn* 'Dummkopf'; *soehor* 'Vorteil' : *dochor* 'Nachteil'; *sorche* 'Glanz' : *dorche* 'Finsternis'; *somme* 'reich' : *domme* 'arm' u. s. w., u. s. w. Es handelt sich in vielen Fällen um ganz klare Composita mit den Partikeln *so*- 'gut' (= ind. *su*, gr. εὐ) und *do*- 'schlecht' (aus *dus* = ind. *dus*, gr. δυς), wie gr. εὐμενής und δυσμενής, sanskr. *sumanas* und *durmanas*. Oft jedoch ist die Grenze überschritten. Es hat sich das Gefühl festgesetzt, dass man zu einem mit *so*- anlautenden Worte, auch wenn es sich gar nicht um Composition handelt, ein

Wort mit entgegengesetzter Bedeutung gewinnt durch Änderung von *so-* in *do-* und umgekehrt.

574   Ob nun *soir* und *doir* wirkliche Composita sind oder das eine analogisch als Gegensatz gebildet ist, lässt sich nicht sicher ausmachen. Sicher ist, dass sie im Altir. ganz gebräuchliche Wörter sind und dass sie lebhaft als Gegensätze gefühlt werden, so dass, wenn das eine derselben eine bestimmte Bedeutungsentwicklung vornahm, die entgegengesetzte Bedeutung bei dem anderen sich von selbst einstellte.

575   Beide Wörter sind nun bis in's heutige Irisch und Gälisch ganz gebräuchlich und zwar in der alten Bedeutung: ir. *saor*, gäl. *saor* 'free, at liberty, not enslaved, noble', ir. *saorse*, gäl. *saorsa* 'freedom, exemption, liberty', andererseits ir. *daor*, gäl. *daor* 'captive, condemned, guilty, most abandoned', ir. *daoirse*, gäl. *daorsa* 'bondage, captivity'. Bemerken will ich noch, dass im ältesten Gälisch, den aus dem 11.—12. Jahrhundert stammenden Schenkungsurkunden des Klosters Deir, *saere* oft in der Bedeutung 'Freiheit von Lasten, Steuern' vorkommt.

576   Diese beiden Wörter, ir.-gäl. *saor* und *daor*, haben aber heute neben der angegebenen Bedeutung noch je eine eigenartige: *saor* bedeutet auch 'cheap' und *daor* auch 'high-priced, costly, precious, dear'. Auch auf die Ableitungen sind diese Bedeutungen übertragen, daher *saorsa* 'Wolfeilheit' und *daorse* 'Teuerung'.

577   Diese Bedeutungen liegen meines Erachtens von den altüberkommenen so sehr ab, dass ich mir eine unabhängige Bedeutungsentwicklung, von 'frei, edel, vornehm' zu 'wolfeil, billig', oder von 'unfrei, elend' zu 'kostbar, wertvoll, teuer, lieb' nicht gut denken kann. Ich habe mir daher schon lange die Sache so zurecht gelegt.

578   Ir.-gäl. *daor* hat seine Bedeutung 'high-priced' etc. von engl. *dear* bezogen, und dann hat *saor* nach der oben erwähnten Neigung als Gegensatz die Bedeutung 'cheap' erhalten zu seiner altüberkommenen. Hiefür lässt sich Folgendes anführen: Neuir. sagt man für *cheap* noch gewöhnlich neben *saor* auch *neamhdhaor*, d. h. 'nicht *daor*,

nicht teuer', während umgekehrt ein *neamhshaor für daor nicht vorkommt; also ist saor für neamhdhaor, 'nicht daor' eingetreten und an daor haftete zuerst die neue Bedeutung.

Obwol ich die Bedeutungen 'cheap' und 'high-priced' aus mittelirischer Literatur nicht belegen kann, so ist doch meines Erachtens die Bedeutungsübertragung auf daor relativ alt; aus folgenden Erwägungen:

a) Die Bedeutungen 'teuer' und 'wolfeil' haften an daor und saor im ganzen irisch-gälischen Sprachgebiet von Munster bis in die Hochlande.

b) In der Umgangssprache sind sie die gebräuchlichen Bedeutungen, wenigstens im Westen von Irland.

c) Die neuen Bedeutungen erstrecken sich auch auf die Ableitungen von saor und daor, die besonders im Irischen sehr zahlreich sind.

Nun scheint mir aber klar, dass die Übertragung der Bedeutung des engl. dear auf ir.-gäl. daor, resp. dessen orthographischen Vorgänger daer (doer), nur möglich war in einer Zeit, in der der Vorgänger von engl. dear und der Vorgänger von ir.-gäl. daor (das ja auch in Munster mit e wie im engl. mayor gesprochen wird und nur in Connacht wie engl. dear lautet) ziemlich gleich lauteten. Welches ist die Aussprache des engl. dear im 12.—14. Jahrhundert?"

Die Antwort auf diese Frage fällt nicht schwer. Die Lautung des engl. dear aus ae. (angl.) déore, (ws.) dýre, war in dieser Zeit gewiss vorwiegend $\bar{e}$. In den westlichen Teilen Englands scheint allerdings für ae. éo ein gerundeter Laut gegolten zu haben (Sweet HES. 682) und im Südwesten lebte auch das westsächsische ý als u (= ü) noch nach. Im ausgehenden 14. Jahrhundert könnte allenfalls schon die öffnende Wirkung des r zur Geltung gekommen sein, der auch die heutige Schreibung dear zu danken ist. Immerhin dürfte das Wahrscheinlichste sein, dass die Basis der Entlehnung $d\bar{e}r$ war, und daraus folgt neuerlich für das gäl. ao ein $\bar{e}$-Laut.

II. Zu *give* (zu § 388 ff.)

582 Westgerm. *ʒëban sollte nach altenglischen Lautgesetzen westsächsisch ʒiefan, sonst ʒefan und danach im Mittelenglischen südwestlich ʒive, sonst ʒeve ergeben. Tatsächlich finden wir aber auch ausserhalb des westsächsischen Gebietes in alt- und namentlich in mittelenglischer Zeit *i*-Formen, während das lautlich ganz entsprechende und ebenso einer ganz analogen Formenreihe angehörige westg. *ʒëtan dergleichen nicht zeigt und andere Wörter mit der Folge ʒë- nur höchst vereinzelt. Schon Epinal hat ʒibuen 525, obwol sonst keine Wirkung vorausgehender Palatalen zu merken ist (Dieter § 27). Im Ritual erscheint gewöhnlich ʒefa, ʒeta, aber daneben siebenmal ʒif- (Lindelöf 25). In der Übergangszeit zum Mittelenglischen zeigt der spätere Teil der Peterborough-Chronik *gif-* gegenüber *get-* (Meyer 11), ebenso um 1200 Orrm ʒifenn, *gifenn* gegenüber ʒetenn. Später finden wir in den nordhumbrischen Denkmälern das Wort durchaus mit derselben Vocalisation wie *live* aus ae. *lifian*, und Reime mit diesem sind fast in jedem umfangreicheren unter ihnen zu treffen (wie aus unseren Zusammenstellungen § 449 ff. zu ersehen ist); *e*-Formen begegnen hier nur in demselben Umfang wie für *live*, ein Beweis, dass sie nicht auf das alte *ë* zurückgehen. Im nördlichen Mittelland, z. B. beim Gawain-Dichter, zeigt sich Schwanken zwischen *i* und *e* (Knigge 25). Ähnliches tritt uns im südlichen Mittelland in der Genesis und Exodus wie im King Horn entgegen (Fritzsche Angl. V 64, Wissmann QF. XVI 16) und findet Fortsetzung in der Vorstufe der heutigen Schriftsprache. Chaucer hat *yive* gegenüber *gete* (ten Brink § 145), Wyclif ʒyue und ʒeue, aber stets *gete* und *forʒete* (Gasner 128), die Londoner Urkunden *yiue, giue* neben *yeue, geue*, aber nur *yete, gete* (Morsbach 56 f.). Ähnlich verhält es sich bei Caxton (Römstedt 12) und sonst im Frühneuenglischen (Hoelper 15). Heute gilt *give* gegenüber *get*.

583 Es hat also auch ausserhalb des Westsächsischen, namentlich auf anglischem Boden in gewissem Umfang *i*

gegolten, das dann in mittelenglischer Zeit um sich greift und namentlich das ganze nordhumbrische Gebiet beherrscht. (Daher wurde oben § 449 ff. dieses Wort stets unter $\bar{i}$ eingereiht.) Was seinen Ursprung betrifft, so kann ein lautlicher Vorgang, eine Einwirkung der Palatalis, nicht vorliegen, wie der Gegensatz zu *get* und anderen Fällen von Palatalis + *ë* zeigt. Die Erklärung ten Brink's (a. a. O.), welcher das *i* aus den westsächsischen Formen ableitet, ist nicht stichhaltig. Durch Dialektmischung liessen sich gelegentliche *i*-Formen erklären, nicht so weit verbreitete. Auch die Annahme Brate's (Beitr. X 23), dass das *i* in Orrm's *ʒifenn* aus der 2. und 3. singularis stamme, befriedigt nicht bei dem grossen Geltungsbereich des *i* im späteren Mittelenglischen: gerade in den anglischen Dialekten ist das Präsens früh ausgeglichen worden. Ich glaube vielmehr, die *i*-Formen sind durch Einwirkung des der Bedeutung nach gerade gegensätzlichen ae. *niman* entstanden: Wir haben hier Angleichung von Bedeutungsantipoden vor uns, wie sie ja in verschiedenen Sprachen wahrzunehmen ist. In altenglischer Zeit scheint das *i* noch in kleinerem Gebiet gegolten, zu Ausgang derselben aber rasch Verbreitung gewonnen zu haben, namentlich auf nordhumbrischen Boden.

III. Zu me. *come* sb. (zu §§ 143, 461).

Ae. *cyme* 'Kommen, Ankunft' ergiebt mittelenglisch *kime* (Laʒamon) und gewöhnlich (unter Einfluss des Verbums) *cume*. Daneben muss aber auch ein *come* mit $\bar{o}$ (aus ae. $\bar{o}$) bestanden haben. Es liegt vor in Orrm's *come*, das er öfter mit $\bar{o}$ schreibt (178, 860, 1109 etc.) und ausserordentlich häufig an den Schluss der Langzeile setzt, der ja nur lange Stammsilbe duldet (178, 192, 696, 718, 794, 860, 878, 1109, 1675, 1721 etc.). Ebenso erscheint *come* in anderen frühmittelenglischen Denkmälern, die noch nicht *o* für *u* setzen, wo also die Schreibung mit *o* — da $\breve{o}$ ausgeschlossen ist — auf $\bar{o}$ weist; so Kath. (C) 412, 2424, Best.

799 (im Reim auf *nome* 'Raub', dass ebenfalls auf *ó* zurückgehen muss). Schliesslich finden wir Reime auf $\bar{\varrho}$; ausser dem eben angeführten: *come* : *dome* Yw. 85; : *nome* (prät.) eb. 1377; : *blome* Town. M. 52, 81. An sich wären letztere nicht beweisend. Da es sich um nördliche Texte handelt, könnte auch $\bar{\varrho}$ aus $\bar{a}$- vorliegen. Im Zusammenhang mit dem früher Vorgebrachten werden wir aber lieber überall ursprüngliches $\bar{\varrho}$ ansetzen. Woher diese Bildung kam, ist mir freilich dunkel. | Wie ich nachträglich sehe, fasst Kluge (Grdr. I 790 *cōme* als Nachbildung von an. *kráma*.

SCHLUSSBEMERKUNGEN.

Von den Einzelergebnissen der vorangehenden Untersuchungen bedürfen manche, die sich um gewisse Mittelpunkte gruppieren, noch einer Zusammenfassung und gemeinsamen Verwertung.

Vor allem wird es nunmehr möglich sein, ein in den Grundzügen vollständiges Bild der Entwicklung des englischen Vocalsystems in der neueren Zeit zu geben, während bisher nur die Schriftsprache ihre Darstellung finden konnte. Diese ist aber doch nur ein besonders emporgehobener Dialekt, und wir müssen uns daran gewöhnen, auch in der neueren Zeit stets die gesamtenglische Sprachentwicklung vor Augen zu haben. Ferner haben wir gefunden, dass zwischen manchen Einzelwandlungen in diesem System deutlich causale Zusammenhänge bestehen, die Zahl der aus unbekannter Ursache fliessenden primären Impulse also verhältnismässig gering ist. Dadurch erhält jenes Bild ein festeres inneres Gefüge.

Nach den Vocalbeständen schliessen sich die Dialekte im ausgehenden Mittelenglisch, wenn wir von kleineren Zügen absehen, zu zwei Gruppen zusammen. Zwei Lautsysteme treten uns als typische Grundlage für die Ausgestaltung in den Einzeldialekten entgegen: ein südhumbrisches und ein nordhumbrisches, von dem sich eine Unterart, das schottische, absondert. Die Grenze der Geltungsbereiche bildet im Allgemeinen die Humberlinie; doch reichen die Eigentümlichkeiten des nordhumbrischen Systems oft in's nörd-

liche Mittelland hinüber. Das südhumbrische ist im Wesentlichen durch Chaucer und die Vorstufen der heutigen Schriftsprache repräsentiert. Die Abweichungen des nordhumbrischen sind folgende:
    1) a für ae. $á$ (statt $ǭ$, § 97 f.);
    2) $ẹ̄$ für ae. $ǣ^2$ (südhumbrisch $ę̄$, bez. Schwanken zwischen $ę̄$ und $ẹ̄$, nur im Mittelland consequentes $ẹ̄$, § 348);
    3) $ẹ̄$ für ae. $éo$, $éa + ʒ$, h, zum Teil auch $é + ʒ$, h (statt $ī$, ei, § 188 ff.) und
       $ǭ$ (bez. $ü$) für ae. $ó + ʒ$, h (statt $ū$, ou, § 174 ff.);
    4) $ę̄$, $ǭ$ für ae. $ī-$, $u-$ (statt i, u, § 515);
    5) $ü$ für ae. $ó$ (statt $ǭ$, § 122 ff.);
    6) schott. $ā$ für ae. $eʒ$, $eʒ$ (statt ai, § 369).

587   Die specifisch neuenglische Vocalentwicklung, die wir so nennen dürfen, obwol sie im Norden zum Teil vor 1500 eintritt, ist nun auf wenige grosse Impulse zurückzuführen. Sie wird eröffnet durch
    1) das gemeinenglische Vorrücken von $ẹ̄$, $ǭ$ zu $ī$, $ū$ (von denen freilich $ǭ$ nicht mehr auf dem ganzen Gebiete bestand, § 122 ff.). Bei dieser Bewegung stossen sie auf me. $ī$, $ū$ und verdrängen sie aus ihrer Stellung: $ī$, $ū$ werden zu Diphthongen (§§ 142, 181 ff.). Mit dem Entstehen dieser neuen ei $ai-$ und ou $au-$Diphthonge hängt es wahrscheinlich zusammen, dass me. ai, ou, au zumeist monophthongiert werden (§ 374), während me. oi, ui, eu, $ęu$ als Diphthonge erhalten bleiben. Wie die Lautqualität $ę$ in der einfachen Länge zu i wurde, scheint sie auch im Diphthong $ęu$ zu i vorgerückt zu sein (Angl. XIV 290).

588   Der nächste primäre Impuls, von dem allerdings nicht völlig sicher ist, ob er überall erst nach dem eben besprochenen wirksam wurde, war
    2) das Vorrücken des $ä$ in der Richtung zum Vocalextrem i, also zunächst unter die e-Laute. Bei der Kürze kam diese Bewegung sowol hinsichtlich des Grades als der geographischen Ausbreitung nur wenig zur Geltung (Ellis S. 824); die Länge dagegen rückte gemeinenglisch so weit vor als sie konnte, ohne mit einem anderen Laute zusammenzufallen (§§ 249, 294 f.). Bei dieser Bewegung stösst

sie auf das me. ẹ̄ und verdrängt es (§§ 278, 301): dieses wird seinerseits gegen das Vocalextrem getrieben und erreicht es auch öfters, in erster Linie dort, wo letzteres nicht durch me. ẹ̄ ausgefüllt ist (§ 199). Wo dies der Fall ist, erreicht ẹ̄ das Vocalextrem, mit me. ẹ̄ zusammenfallend, in der Regel nur dort, wo ẹ̄ nicht Abstumpfung erleidet (vgl. unten § 589), also Monophthong bleibt, und ebenso ā Monophthong bleibt oder in der Reihe der Monophthonge durch die Entsprechung des me. ai ersetzt wird (§§ 73 ff., 301 f.). Entsprechend diesem Vorrücken kommt auch das dem me. ẹ̄ symmetrisch gelegene me. ǭ in Bewegung und rückt gegen das Vocalextrem, vermutlich veranlasst durch die Bewegung des ẹ̄; völlig zwingende Hinweise für diesen Zusammenhang sind allerdings noch nicht beizubringen (§ 306). Aber das ǭ rückt im Allgemeinen nur so weit vor, als es ohne mit einem anderen Laut zusammenzufallen vermag, vermutlich deswegen, weil hier ein unmittelbarer Anlass zur Bewegung, ein nachdrängender Laut, fehlte. So kommt es, dass vielfach im Neuenglischen me. ẹ̄ und ǭ ihre symmetrische Stellung aufgeben und an Stelle des ersteren me. ā sich dem ǭ symmetrisch gegenüberstellt. — Dieselbe Entwicklung wie die einfachen Laute machen auch die entsprechenden Qualitäten in den Diphthongen mit, also die ersten Componenten von ai, ǫu, ęu, während gleichzeitig in den ersten beiden die aus 1) fliessende Monopthongierung durch Schwund der zweiten Componente sich vollzieht.

Die weitere Entwicklung wird durch zwei, man möchte 589 sagen quer wirkende Impulse verwickelter. Sie sind nicht gemeinenglisch, aber die meisen Dialekte kennen doch einen von ihnen. Voran geht

3) die Abstumpfung. Auf dem grössten Teil des Sprachgebietes werden die Lautstufen ẹ̄, ǭ zu ęə, ǫə (§ 247). Erstere entspricht teils dem me. ẹ̄, teils dem me. ā (§ 229 ff.), letztere überall dem me. ǭ. Diese Modification des Ausgangs der Länge hindert aber durchaus nicht die Bewegung in Folge von 2); beide vereinigt führen vielmehr zu ęə, ǫə, Formen, die dann in Folge eines combinatorischen Lautwandels, der Assimilation der ersten Componente an die

zweite, entweder zu ęi̯, ęə zurückfallen oder zu i̯ə, u̯ə umschlagen (§ 294 f.). Eine Folge der Abstumpfung, die ja ein Glied aus der Reihe der Monophthonge entfernt, ist es, dass die unter 2) angeführte Bewegung sowol des ā als auch des ę̄ gegen das zumeist von me. ę̄ besetzte Vocalextrem sich vollziehen kann, ohne dass Zusammenfall zweier von diesen Lauten eintritt.

590 Es folgt, namentlich in einem Teil der Striche, welche von der Abstumpfung verschont blieben, und wol bedeutend später

4) die Zuspitzung. Die Lautstufen ę̄, ǭ werden zu ei, ou. Sie entsprechen durchaus den me. ā, ǭ (§§ 64, 255).

591 Nicht ganz klar in seinen Beziehungen zu den übrigen Lautwandlungen ist endlich

5) die Entrundung des ü, die sowol in der Kürze als auch im Diphthong ui erfolgt (Angl. XIV 294). Vielleicht hängt sie, die ja Laute schafft, welche dem a oder auch dem o nahestehen, mit der Beseitigung des ursprünglichen a und dem vielleicht dadurch veranlassten Offenerwerden des me. ŏ (von mid-back zu low-back) zusammen, so dass sie als eine Folgewirkung unter 2) einzureihen wäre. Vielleicht ist sie aber ein selbständiger Impuls.

592 Schliesslich wäre auch noch der vielfach auftretende Wandel von ü zu iu zu erwähnen. Er scheint, nach dem Material der Schriftsprache, mit der Entstehung des iu aus me. ęu zusammenzuhängen (Angl. XIV 290), also als Folge unter 1) einzureihen zu sein. Eine sicherere Beurteilung wird aber erst möglich sein, wenn mehr Dialektmaterial, als Ellis für diesen Laut giebt, vorliegt.

593 Zu diesen spontanen Lautwandlungen treten noch eine Reihe combinatorischer, namentlich Beeinflussungen durch r, l, w, die hier für uns nicht in Betracht kommen.

594 Die vorgeführten, aus nur fünf Impulsen sich ergebenden Wandlungen bilden die Grundzüge für die Lautbewegung auf dem gesamten englischen Sprachgebiet. Die Ergebnisse sind so verschieden, weil die aus dem Mittelenglischen übernommenen Grundlagen verschieden waren (vgl. oben § 586) und weil das Tempo der einzelnen Be-

wegungen sowie überhaupt das zeitliche Verhältnis zwischen den einzelnen Impulsen variiert und aus ihrer Verschlingung, namentlich von 1) und 2) einerseits und 3), in geringerem Grade auch 4) andererseits, sich mannigfache Combinationen ergeben. Welche bedeutende Folgen auch geringe zeitliche Abstufungen haben können, ist namentlich deutlich zu ersehen an der Entwicklung des *ai* in seinem Verhältnis zu *a* (§§ 282, 286). Ferner schliessen sich natürlich noch öfters besondere Wandlungen von geringem Umfange an, welche das Bild im Einzelnen noch mannigfach ausgestalten, und endlich haben jene Factoren, welche der streng lautgesetzlichen Entwicklung entgegenarbeiten, vielfach zu Differenzierungen geführt; besonders Dialektmischung hat zum Teil arg gehaust.

Nach diesen Gesichtspunkten die Verhältnisse in den Einzeldialekten zu studieren, möchte ich künftigen Verfassern von Dialektgrammatiken empfehlen. Auf diesem Wege wird es möglich sein, die oft recht bunten Bestände wirklich zu begreifen und den Anschluss an die gesamtenglische Sprachentwicklung herzustellen. Als Beispiel möge der Vocalismus des ja so vorzüglich fixierten Dialekts von Windhill und im Anschluss daran der von Süd-Cheshire in aller Kürze analysiert werden.

Ersterer, nahe der Nordgrenze des Mittellandes gelegen, hat eine mittelenglische Basis mit teils nord-, teils südhumbrischen Zügen. Ae. $\bar{a}$ ist zu $\bar{\rho}$ geworden, ausser vor *w* (§ 39); ae. $\bar{a}^2$ schwankt zwischen $\bar{e}$ und $\bar{\bar{e}}$, vermutlich aber nur in Folge Beeinflussung durch die neuenglische Schriftsprache (§§ 200, 348); $\bar{e}z$, $\bar{o}z$ hat grösstenteils $\bar{e}$, $\bar{\rho}$ ergeben; $\bar{\imath}$-, $\bar{u}$- fast immer $\bar{\imath}$, $\bar{u}$; $\bar{\rho}$ vielleicht $\bar{u}$ in bestimmter Stellung (§§ 111, 121). Dazu kommt als weiterer schon mittelenglischer Zug der Sonderlaut für ae. $\bar{e}$-, $\bar{o}$-, das mittlere $\bar{e}$, $\bar{o}$ ($\bar{e}$, $\bar{\rho}$, §§ 202, 267 ff.). Das war also die Grundlage für die neuenglische Entwicklung. Von deren Wandlungen treten natürlich 1) und 2) ein, letztere aber derart, dass das mittelenglische Symmetrieverhältnis zwischen $\bar{e}$ und $\bar{\rho}$ aufrecht erhalten bleibt, ferner 3) u. z. mit Umschlag von $ęa$, $\rho\rho$ zu ia, ua. An besonderen, man möchte sagen individuellen Entwicklungen treten noch hinzu: a) eine zweite Abstumpfung, welche die Ergebnisse von $\bar{a}$, ai einerseits, au andererseits ergreift und zu e, o führt (§ 253); b) eine Diphthongierung durch Antritt von -i an alle zur Zeit vorhandenen Längen, so dass von ihnen nur $\bar{\imath}$ übrig bleibt; c) Monophthongierung von ne. au (für me. $\bar{a}$) zu $\bar{a}$. Alle drei Züge finden sich auch sonst im nördlichen und westlichen Mittelland, aber nicht immer vereinigt oder in anderer Anordnung (vgl. §§ 253, 268, 80). Durch combinatorischen Lautwandel entstehen noch $\bar{a}$ in ein paar Fällen aus $\breve{a} + l$, r, ferner $\bar{o}$ aus i, u vor r und $\bar{a}$ aus a, e vor r. Die durch das Eintreten dieser Wandlungen bedingten Entwicklungsstufen lassen sich durch folgende Übersicht veranschaulichen (die natürlich nur darstellt, was sicher nach einander erfolgte, die übrigen zeitlichen Verhältnisse aber nicht genau zum Ausdruck bringen kann).

Me.	i	$\bar{e}$	$\bar{\imath}$	$\bar{e}$	ai	a	au	$\bar{q}$	$\bar{o}$	$\bar{o}$	$\bar{u}$	$(\bar{u}?$
1)	ai	$\bar{\imath}$								u	au	
2)					$eə$		$oə$					
3)			$iə$	$\bar{e}$	$\bar{e}$	$\ddot{\imath}$	$uə$					
4)					$eə$		$oə$					(iu)
5)				ei				oi	ui			
6)											$\ddot{u}$	
Mod.	ai	$\bar{\imath}$	ei	$iə$	$eə$	$oə$	$uə$	oi	ui	a		(iu)

Von den noch übrigen Diphthongen rückt eu zu iu vor, wie $\bar{e}$ zu $\bar{\imath}$: eu bleibt, weil die Wandlungen des $\bar{e}$ zunächst nicht qualitativer Art sind (vgl. die Beziehungen zwischen ai und $\bar{a}$, ϱu und $\bar{q}$, § 282); später hat wol der Zusammenhang mit dieser Länge überhaupt aufgehört und ein neuer mit $\check{e}$ sich gebildet, welches ja unverändert bleibt; oi und ou verharren ebenfalls in Folge der Beziehung ihrer ersten Componente zu $\acute{o}$ (vgl. Angl. XIV 294 und oben § 76); die Kürzen endlich bleiben durchaus bestehen, soweit nicht combinatorischer Lautwandel eintritt, der aus einem Teil neue Längen (a, $\bar{o}$, $\bar{u}$) schafft.

Der geographisch nicht weit abliegende Dialekt von Süd-Cheshire erweist sich als auch innerlich verwandt. Freilich herrscht in ihm zum Teil sehr starkes Schwanken

in der Lautgebung, offenbar in Folge von Dialektmischung
(Darlington S. 23 f.), so dass aus dem heutigen Bestande
erst durch energische Kritik die lautgesetzliche Entwicklung herauszuschälen ist. Dieser Dialekt scheint dieselbe
mittelenglische Basis gehabt zu haben, nur ohne die nordhumbrischen Züge, und auch die ersten drei der vorgeführten Entwicklungsstufen durchlaufen zu haben. Unsicher
ist nur, ob auch me. *ai* dasselbe Verhalten zeigte. Dann
einigten sich das mittlere $\bar{e}$ und a (ai), das hier nicht durch
eine zweite Abstumpfung abgelenkt wird, ein Zug, der das
südwestliche Mittelland charakterisiert (§ 213). Hierauf
trat die eigentümliche Modification des $\bar{\imath}$, $\bar{u}$ (aus me. $\bar{e}$, $\bar{o}$)
durch unvollkommene Bildung des Eingangs auf, die zu
dem heutigen (ɛ'i), (œ'u) führte und ja gleichfalls jenen
Strichen eigen ist (§§ 108, 149). Dieselbe Modification erfuhren aber auch diese Lautqualitäten in den Diphthongen
iə, *uə* (für me. $\bar{e}$, $\bar{o}$), so dass sich Triphthonge, heute (ɛ'iu)
und (œ'uu), ergaben, und das ist ein speciell diesen Dialekt
charakterisierender Zug. Offenbar war hier die erste Componente von *iə*, *uə* anders als sonst, nämlich von solcher
Länge, dass jene an eine bestimmte Quantität gebundene
Modification auch bei ihr noch eintrat. In die auf diese
Weise frei gewordene $\bar{\imath}$-Stellung rückt nun $\bar{e}$ aus me. $\bar{a}$ und
$\bar{ę}$ ein, was ebenfalls nur hier (und in wenigen angrenzenden
Strichen) sich findet (§ 210): in den umgebenden Dialekten
wird das bis dahin unversehrt gebliebene *iə* zu $\bar{\imath}$ (§§ 198 f.,
244). Dem entsprechend wäre Vorrücken von $\bar{o}$ aus $\bar{ǫ}$ zu $\bar{u}$
zu erwarten. Wenn das im vorliegenden Material nicht
deutlich zu erkennen ist, so müssen wir bedenken, dass die
vorhandenen Fälle von $\bar{o}$ überhaupt nicht zahlreich sind
und Dialektmischung hier sehr stark gewirkt hat. Wie in
Windhill und sonst ist ferner ne. *au* zu $\bar{a}$ monophthongiert
worden, und auch die Diphthongierung durch Antreten eines
-i hat sich hier vollzogen und aus diesem $\bar{a}$ ein *ai* gemacht.

599 Die früheren Ausführungen haben ferner mancherlei
über das Verhältnis der Schriftsprache zu den Dialekten ergeben.

Zunächst haben wir bestimmte Aufschlüsse erhalten,
wie wir uns die Anfänge ihrer Entwicklung zu denken
haben. Es hat sich gezeigt, dass auf dem nordhumbrischen
Gebiet sehr früh, wol schon zu Beginn des 14. Jahrhunderts,
sicher aber in seiner zweiten Hälfte, die Vorstellung von
einer gewissen Superiorität der südhumbrischen Sprachform
vorhanden gewesen sein muss, da das Bestreben wahrnehmbar ist, Züge, die von ihr stark abweichen, beim schriftlichen Gebrauch der Sprache für literarische Zwecke womöglich zurückzudrängen. Namentlich diejenigen nordhumbrischen Dichter, die sich um eine höhere Literaturgattung,
den Roman, bemühen, scheuen sich, die für das Nordhumbrische so charakteristischen $\bar{e}$-, $\bar{o}$- für ae. $\bar{\imath}$-, $\bar{u}$- im Reime
erkennen zu lassen; sie bringen ae. $\bar{\imath}$-, $\bar{u}$- vorwiegend nur
in Selbstreimen oder meiden sie ganz. Die Anfänge zur
Entwicklung einer Schriftsprache bestehen also darin, dass
man gewisse Spracheigentümlichkeiten als Provincialismen
empfindet und womöglich meidet. Einen Schritt weiter auf
dieser Bahn bedeutet es dann, wenn statt der gemiedenen
heimischen Formen die südhumbrischen eingeführt werden,
also $\bar{\imath}$-, $\bar{u}$- auf i, u reimen. Hieher gehört ja auch der
Gebrauch des $\bar{q}$ für $\bar{a}$ (aus ae. $\bar{a}$). Ähnliches, wenn auch
vielleicht in geringerem Grade, wird im 14. Jahrhundert
gewiss auch schon innerhalb des Südhumbrischen gegolten
haben. Dass dann im 15. Jahrhundert die bodenständigen
Dialekte im literarischen Gebrauch vor der werdenden
Schriftsprache immer mehr zurücktreten, ist bekannt.

600 Was nun diese werdende Schriftsprache selbst betrifft,
so zeigt sie in ihrem Vocalsystem, wie zu erwarten, den
typisch südhumbrischen Bestand, speciell wol den des südöstlichen Mittellandes (Ellis' Osten). Das Schwanken zwischen $\bar{e}$ und $\bar{ę}$ für ae. $\bar{ǣ}^2$ steht jedenfalls im Gegensatz
zum übrigen Mittelland, das consequentes $\bar{e}$, und zur westlichen Hälfte des Südens, die consequentes $\bar{ę}$ gehabt haben
muss (§§ 197, 200, 348). Allerdings könnte auch der Stand

des östlichen Teils des Südens, über den nichts zu ermitteln war, von Belang gewesen sein. Aber schon in die werdende Schriftsprache sind Formen, die anderen Dialekten entsprossen sind, eingesprengt. Wir erkennen einen deutlichen nordhumbrischen Einschlag in den bereits oben § 532 ff. aufgezählten Formen, also in *beetle*, *cleepe*, *evil*, *gleed*, *sieve*, *speir*, *week*, *weet*, *weeril*, *door*, *wood*, die wol im 15. Jahrh. eindrangen. Ihnen sind die Formen *cleeve* (§ 536), *creek* (§ 551), *peel* (§ 557), *sleek* (§ 561), *brook* (§ 560), *coowgrass* (§ 536) anzureihen, die wol auch ungefähr um diese Zeit in die Gemeinsprache kamen, von weniger Sicherem ganz abgesehen (§ 536 ff.).

Innerhalb der specifisch neuenglischen Sprachentwicklung stellt sich die Schriftsprache in allen normalen Wandlungen zur südhumbrischen Dialektgruppe, öfter speciell zum Osten. Mit diesem ist ihr namentlich gemein das Fehlen der Abstumpfung und der Eintritt der Zuspitzung, mit ihm und dem Süden die neue Symmetrie zwischen me. $\bar{a}$ und $\bar{o}$. Bei der Wiedergabe des $\bar{a}$ und ai spiegelt die in ihr herrschende Doppelheit zwei verschiedene dialektische Entwicklungen wider: die fortschrittliche Richtung entspricht der Lautgebung des Südens und Ostens, die conservative der des Mittellandes (§§ 312 ff., 336 f.), und diese Beziehung verursacht eine Verzögerung im Vorrücken des Lautes überhaupt und im Erreichen der neuen Symmetrie, auch in der fortschrittlichen Richtung (§ 316 f.). 601

Ausserdem dringen aber in die Schriftsprache neuerlich eine Reihe von Formen ein, die aus anderen Dialekten hervorgegangen sind. Im 16. Jahrhundert *swoon*, *woo* (§ 140 f.), *wee* (§ 180), denen wol *roe* anzuschliessen ist (§ 176), ferner *either* mit der Lautung des me. $\bar{e}$ (§ 341), alle aus dem nordhumbrischen Gebiet. Auch die Lautungen von *said* und *against* mit $\breve{e}$ scheinen in dieser Zeit aufgekommen zu sein, doch sind sie vielleicht echt ostmittelländische Formen (§ 376). In der zweiten Hälfte des 17. Jahrhunderts dringen ein: *broad*, *groat* sowie die Präterita und Participien *bought*, *brought* etc. mit $\bar{o}$ aus dem westlichen Teil des Südens (§ 90 ff.); *one*, *once* mit der Lautung w aus un- 602

gefähr demselben Gebiet (§ 85 ff.); *none, nothing* mit *v* aus
gewissen Teilen des Ostens oder Mittellandes (§ 89); *key*
mit der Lautung des me. $\bar{e}$ aus dem westlichen Mittelland
(§ 339). In der ersten Hälfte des 18. Jahrhunderts endlich
tauchen auf: *break, great, steak, yea* mit $\bar{e}$, wahrscheinlich aus dem Südwesten (§ 323 ff.). Ferner sind während
des 16. und 17. Jahrhunderts zahlreiche Nebenformen mit
nordhumbrischem $\bar{e}$, $\bar{o}$ für ae. $\bar{\imath}$-, $\bar{u}$- den heimischen zur
Seite getreten, ohne zur Herrschaft gelangt zu sein (vgl.
§ 537 ff.)

603   Diese späteren, d. h. erst der neuenglischen Zeit angehörigen Eindringlinge sind äusserlich zumeist daran er-
kenntlich, dass die Schreibung ihnen nicht mehr gerecht
wurde; sie war schon so fixiert, dass die neu aufkommende
Lautung nicht mehr zu einer Änderung des Schriftbildes
führte. Das darf uns nicht hindern, sie ebenso als besondere Formen zu betrachten wie *door* statt *dur oder
swoon statt *swoun.

604   Schliesslich haben die vorangehenden Untersuchungen
zu Folgerungen geführt, welche in das Gebiet der Principien-
wissenschaft einschlagen: es waren Causalzusammen-
hänge zwischen einzelnen spontanen Lautwandlungen festzustellen. Zunächst hat sich wiederholt ergeben,
dass ein Laut einen anderen aus seiner Stellung verdrängte.
Sicher nachzuweisen war, dass das Vorrücken des me. $\bar{o}$
zu $\bar{u}$ die Diphthongierung des me. $\bar{u}$ zu *ou* veranlasst (§ 142)
und das unter die $\bar{e}$-Laute rückende $\bar{a}$ das alte $\bar{e}$ vor sich
her schiebt (§§ 278. 301). Sehr wahrscheinlich ist geworden,
dass die Monophthongierung von me. *ai, au, ǫu* im Neuenglischen (im Gegensatz zur Erhaltung von *eu. ęu, oi, ui*)
durch das Aufkommen neuer Diphthonge für me. $\bar{\imath}$, $\bar{u}$ verursacht ist (§§ 374, 587). Dass nun überhaupt zwischen
spontanen Lautwandlungen öfter Beziehungen bestehen, ist
bekannt. Es kommt häufig vor, dass Gruppen von verwandten Lauten dieselben oder entsprechende Veränderungen
erleiden; so wenn etwa alle Tenues oder alle Dentalen eine

Verschiebung durchmachen, oder auch wenn beim i-Umlaut die Articulation aller dunklen Vocale der des i genähert wird; alle Veränderungen der Articulationsbasis gehören hieher. Aber von solchen Zusammenhängen sind die uns beschäftigenden zu trennen. Die in Beziehung stehenden Lautwandlungen sind manchmal der Art nach ganz verschieden (z. B. bei $\bar{o} > \bar{u}$ gegenüber $\bar{u} > ou$). Das ist etwas Negatives. Positiv charakteristisch ist aber, dass der eine Laut die Stelle besetzt, die der andere früher eingenommen hat. Entsprechendes tritt ja bei der Lautverschiebung zu Tage, und im Anschluss daran hat man auch schon vom Verdrängen eines Lautes durch einen anderen gesprochen. In unseren Fällen liefern nun die Abgrenzungen der Verbreitungsgebiete bestimmte Beweise, dass nicht etwa ein zufälliges Zusammentreffen, sondern tatsächlich ein causaler Zusammenhang vorliegt.

Wie haben wir uns nun den Vorgang vorzustellen? Zunächst ist wol an einen Factor zu denken, der im Sprachleben, dem Sprechenden natürlich unbewusst, gewiss eine grosse Rolle spielt: das Bedürfnis nach deutlicher Scheidung der Elemente, die einmal geschieden sind. Wenn $\bar{o}$ sich dem $\bar{u}$ nähert und der Abstand zwischen ihnen unter eine gewisse Grenze herabsinkt, so kann die Deutlichkeit darunter leiden. In Folge davon könnte der Lautwandel zum Stillstand kommen. Einen derartigen Fall sehen wir in der Entwicklung des me. $\bar{a}$: es macht bei seinem neuenglischen Vorrücken gegen das Vocalextrem i stets vor diesem Halt (auf der Stufe $\bar{e}$), wenn es schon durch einen anderen Laut ausgefüllt ist (me. $\bar{e}$); wo dies nicht der Fall ist (im ∂-Diphthong), oder wo die Stufe $\bar{\imath}$ wieder frei wird (vgl. § 598), erreicht es das Vocalextrem. Die andere Möglichkeit ist aber, dass der Impuls der Bewegung zu stark ist, um in Folge des Hindernisses zu schwinden und die Scheidung dadurch aufrecht erhalten bleibt, dass der zweite Laut nach irgend einer Richtung in Bewegung gerät. Man wende nicht etwa ein, dass die Einzellaute ja nichts für sich Bestehendes, sondern immer nur Teile grösserer Complexe sind. Schon den Lautcomplexen, die wir als Silben be-

zeichnen, kommt ein bestimmter Bedeutungsgehalt zu, und
nicht selten unterscheiden sich zwei Silben von ganz verschiedenem Gehalt durch einen einzigen Laut (z. B. me,
dön und *donn*): so werden Einzellaute Träger der begrifflichen Scheidung, und es bildet sich ein Gefühl für ihren
Abstand heraus. Und ganz abgesehen davon: wenn auch
nicht die Einzellaute, so sind doch die ihnen entsprechenden Bewegungsgefühle etwas Selbständiges; denn 'das Bewegungsgefühl bildet sich ja nicht für jedes einzelne Wort
besonders, sondern überall, wo in der Rede die gleichen
Elemente wiederkehren, wird ihre Erzeugung auch durch
das gleiche Bewegungsgefühl geregelt' (Paul, Princ. 62).
Dass sich nun die verschiedenen Bewegungsgefühle auch
als verschieden zu erhalten suchen, ist natürlich.

606 Diese Erklärung würde wol hinreichen. Ich glaube
indes, dass bei diesen Vorgängen noch etwas viel Feineres
einspielt, was schon zur Wirkung kommt, lange bevor die
Deutlichkeit gefährdet ist. Es kommt in Betracht, wie
überhaupt die Lautbildung erfolgt und was die Grundlage
für den Lautwandel bildet, die Variabilität der Aussprache,
welche Paul Princ. 51 constatiert, das beständige Schwanken
um einen Punkt, der verhältnismässig selten getroffen wird.
Ich meine nun, dieses Schwanken innerhalb bestimmter
Grenzen hat zur Folge, dass sich ein Gefühl für den geringsten Abstand je zweier benachbarter Laute, der unter
normalen Verhältnissen nicht überschritten werden darf,
herausbildet. Eine natürliche Folge des Trägheitsgesetzes
ist dann das Streben, sobald eine Änderung auf der einen
Seite eintritt, diesen Abstand trotzdem in seiner bisherigen
Grösse aufrecht zu erhalten. Verschiebt sich also die Sphäre
des Schwankens bei einem Laute nach einer gewissen Richtung, so tritt bei dem in dieser Richtung vor ihm liegenden
Nachbar auch eine Verschiebung ein. Natürlich müssen
wir uns die Feinheit dieses Gefühls variabel vorstellen.
Speciell im Englischen scheint sie nach dem vorliegenden
Material sehr entwickelt.

607 Ausserdem haben wir wiederholt ein Streben nach
symmetrischer Ausgestaltung des Lautsystems wahrgenom-

men. Es ist ja ganz gewöhnlich zu beobachten, dass i und u, e und o sich in derselben Weise verändern. Wir haben aber einen Fall gefunden, wo allem Anschein nach ein Lautwandel dadurch veranlasst wird, dass der symmetrisch gelegene Laut aus einer nur bei ihm vorliegenden Ursache die entsprechende Bewegung einschlägt. Wenn me. ẹ und ọ gegen das Vocalextrem vorrücken, so ist dies bei ersterem deutlich durch das Drängen des $\bar{a}$ verursacht; bei ọ̄ fehlt aber ein solcher Anlass (§ 588). Derartige Erscheinungen nun werden auf anderer Grundlage beruhen. Sie zeigen sich bei Vocalen von gleicher Zungenerhebung, Lauten, deren Articulation etwas Gemeinschaftliches hat. Dass dies sich auch nur gemeinsam verändert, ist begreiflich. Die Bewegungsgefühle für die Zungenerhebung sind als gleiche associiert, und daraus erwächst das Streben, sie auch als solche zu erhalten.

Zwischen den im Lautsystem benachbarten Lauten sowol wie auch zwischen den darin symmetrischen bestehen also Beziehungen, welche bewirken, dass die Bewegung eines von ihnen häufig auch Veränderungen bei anderen hervorruft. Vollkommen ausgebildet würden sie den Beziehungen zwischen den Molecülen eines elastischen Körpers gleichen; aber gegenüber dieser verlockenden Vorstellung ist stets festzuhalten, dass sie nur auf Bewegungsgefühlen beruhen und daher mehr oder minder ausgebildet und mehr oder minder wirksam sein können. Auf diesen Beziehungen beruht aber jene gewisse, überall sich findende Harmonie des Lautsystems, die Paul Princ. 54 und Sweet HES. § 202 berühren. Durch sie wird auch die grosse Frage nach den Ursachen des Lautwandels überhaupt in gewissem Sinne vereinfacht. Auch mancher spontane Wandel im Sinne Sievers' (Phon.[4] 692) ist insofern bedingt, als zwar nicht die im Wort, aber die im Lautsystem benachbarten (oder symmetrischen) Laute den Anlass gegeben haben. Die wirklich primären Impulse sind geringer an Zahl, als es zumeist scheint. Allerdings mögen deutliche Handhaben zu ihrer Bestimmung nicht immer vorhanden sein.

609 Durch diese Beziehungen zwischen den Einzellauten erklären sich einige Erscheinungen im sprachlichen Leben, die doch recht bemerkenswert sind. Einmal, dass, wie ja schon öfters bemerkt wurde, verhältnismässig selten in Folge spontanen Lautwandels Zusammenfall zweier Laute eintritt, also allgemeiner Zusammenfall, während beim combinatorischen, der ja immer nur einen Teil des Bestandes betrifft, und daher die Zusammensetzung des Lautsystems als solches nicht verändert, dergleichen häufig ist. Im Englischen fällt auf einem grösseren Teil des Sprachgebietes nur me. $\bar{e}$ öfter mit einem seiner Nachbarlaute, meist me. $\bar{e}$, zusammen (§ 588). Aber hier bestanden auch besondere Verhältnisse: auf der einen Seite das nachdrängende a, auf der anderen das Vocalextrem, welches an sich weniger beweglich ist. Das $\bar{\imath}$ hätte allerdings durch Diphthongierung ausweichen können. Doch stand da wieder der vor gar nicht langer Zeit entstandene und wol noch nicht beim vollen ai angelangte Diphthong für me. $\bar{\imath}$ im Wege. Auch ist vielleicht von Belang gewesen, dass nur beim $\bar{\imath}$, nicht auch beim $\bar{u}$ ein Anlass zu einer Veränderung vorlag. Der Zusammenfall des $\bar{e}$ mit Nachbarlauten ist also in letzter Linie dadurch verursacht, dass das ursprünglich neutrale $\bar{a}$ sich zu den $\bar{e}$-Lauten schlägt und dadurch zunächst die Anzahl der Vocalnüancen auf dieser Seite um eine vermehrt wird; nach jenem Zusammenfall ist das Gleichgewicht wieder hergestellt. Wo dagegen in Folge der Abstumpfung die Zahl der Vocalnüancen bei der einfachen Länge wieder verringert wird, fällt dieser Anlass weg, und tatsächlich tritt auch da der Zusammenfall in der Regel nicht ein.

610 Ferner erklärt sich aus jenen Beziehungen, warum gewisse Lauttypen im Lauf der Sprachentwicklung immer wiederkehren (vgl. Sweet HES. 200, Victor Phon. Stud. III 93). Die möglichen Vocalnüancen sind ja unendlich an Zahl. Aber die meisten indoeuropäischen Sprachen zeigen doch als Grundlage ihres Systems (natürlich nur als solche) die fünf Vocale, welche auch unsere Schrift scheidet, nur manche von ihnen, namentlich häufig *e* und *o*, in zwei Spielarten. Diese Lauttypen sind eben durch akustische

und articulatorische Abstände getrennt, welche dem durchschnittlichen Bedürfnis nach deutlicher Scheidung am besten entsprechen und auch unter sich ungefähr gleich sind. Wenn irgendwie einer dieser Typen verschwindet, ist zumeist zu beobachten, wie bald auf irgend eine Weise der Laut neuerlich entsteht. Der Abstand zwischen den Nachbarlauten ist an dieser Stelle des Vocalsystems bedeutend grösser als sonst; wenn nun irgendwie die Möglichkeit oder ein Ansatz zur Entwicklung des fehlenden Lautes vorhanden ist, findet diese nicht den Widerstand eines geschlossenen Systems, also günstigere Bedingungen als sonst im Durchschnitt, und gelangt daher leichter zum Durchbruch. Ja unter besonders günstigen Umständen wird das Streben nach ungefähr gleichen Abständen wol für sich allein einen Lautwandel hervorrufen können.

Das Gesagte wird ein Beispiel veranschaulichen, in dem ich mich mit Victor Phon. Stud. III 93 f. begegne. Es ist bemerkenswert, wie im Englischen wiederholt $\bar{a}$ verschwindet und neuerlich auftaucht. Das Germanische hatte kein (reines) $\bar{a}$, da das idg. a zu $\bar{o}$ geworden war. In den historischen, überlieferten altgermanischen Dialekten begegnen wir überall einem neu entwickelten a, häufig aus germ. $\hat{e}$, speciell im Altenglischen aus germ. ai. Der Vorgang bei dieser letzeren Entwicklung ist allerdings noch zu wenig aufgehellt, als dass man sagen könnte, wie weit hier das Fehlen eines $\bar{a}$-Lautes förderlich eingewirkt hat. Dieses ae. $\bar{a}$ wird im Frühmittelenglischen zu ρ: alsbald entsteht aber ein neues $\bar{a}$ aus ae. a-, $æ$-, ea-. Dieser Lautwandel steht freilich in Zusammenhang mit anderen Dehnungen in offener Silbe und wäre wol auch eingetreten, wenn das ae. $\bar{a}$ weiter bestanden hätte, wie ja deutlich auf dem nordhumbrischen Gebiet ersichtlich ist. Es ist also nicht unmittelbar ein Beleg für das oben Gesagte. Im Neuenglischen rückt dann dieses $\bar{a}$ unter die $\bar{e}$-Laute: aber nach einiger Zeit taucht wieder ein $\bar{a}$ auf, aus $\bar{a}$ verschiedenen Ursprungs (*far*, *glass*, *calf* etc.). Für me. $ă$ vor r scheint es auch in den Dialekten überall zu gelten, wenigstens südlich vom Humber, während in Schottland $\bar{a}$ aus anderen

Quellen gilt. Hier liegt ein spontaner Lautwandel vor, der insofern auffällig ist, als er der Richtung der vorherigen Entwicklung des Lautes, die ja eine palatalisierende Tendenz zeigt (me. *a* > ne. *æ*), schnurstracks zuwiderläuft: er ist eine rückläufige Bewegung, welche zu einer Lautqualität führt, die schon einmal in diesen Wörtern (als Kürze) bestanden hat. Aber fassen wir die Umgebung des $\bar{a}$ im System in's Auge. In der Schriftsprache sind seine Nachbarn einerseits $\bar{e}$ (für me. $\bar{a}$), anderseits $\bar{o}$ (für me. frühne. *au*). Vermutlich reicht der Lautwandel dort, wo er eigentlich seinen Ursprung nahm, in der Vulgärsprache oder den umgebenden Dialekten, sogar noch weiter zurück, in eine Zeit, wo statt $\bar{e}$ noch $\bar{ę}$ galt. Jedenfalls ist der Abstand zum $\bar{o}$ grösser gewesen als der zum nächsten *e*-Laut: das war, meine ich, der Anlass zu einer Verschiebung, die den Laut ungefähr in die Mitte rückte. Das Schwanken innerhalb einer bestimmten Sphäre wurde einseitig und nahm die Richtung zum $\bar{o}$ an, weil hier — ganz hausbacken ausgedrückt — mehr Platz war. Man ist fast versucht, mit Anwendung physikalischer Termini zu sagen: der Lautwandel tritt ein, weil der Druck von der einen Seite bedeutend grösser war als von der anderen.

612 Dass wirklich solche Tendenzen im Sprachleben wirksam sind, wird namentlich augenfällig, wenn wir die Wandlungen eines ganzen Systems in's Auge fassen. Bei der so rasch sich verändernden englischen Sprache können wir beobachten, wie einige Zeit hindurch Lautwandel auf Lautwandel folgt und schliesslich ungefähr derselbe Bestand vorliegt, wie er ursprünglich gegolten hat, nur mit anderer Aufteilung des Wortschatzes. Ja, man kann sogar drei Perioden zusammenstellen, die ungefähr das gleiche Vocalsystem aufweisen, obgleich es grösstenteils erst frisch entstanden ist: einmal die Zeit, in der die Angelsachsen noch wesentlich den gemein-westgermanischen Vocalbestand hatten, dann das Ende des 14. Jahrhunderts (Chaucer) und schliesslich das Ende des 18. Jahrhunderts. Ganz einfach liegen ja die Verhältnisse bei den Kürzen. Die fünf Typen, wie sie unsere Vocalzeichen andeuten, finden wir im West-

germanischen wie bei Chaucer, bei diesem vermehrt um das romanische ü, das aber bald zu u wird. Um 1800 ist das alte a geschwunden und dafür gewahren wir einerseits æ, andererseits ɒ. Grössere Beweglichkeit zeigt sich bei den Längen und Diphthongen und da kommt das Gesagte deutlich zur Anschauung. Die Bestände sind:

Längen.

1)   ī   ẹ̄   ę̄   [ā]   ǭ   ū
      *tîdi-   *hêr   *dê̂di- *pâhtô   *dôma- *hûsa-

2)   ī   ẹ̄   ę̄   ā   ǭ   ǭ   ū   ü
      tide   here   greet   name   hoom   doom   hous   duc

3)   ī   ę̄   ā   ō   ǭ   ū
      here   name   far   low   home   doom

Diphthonge.

1)   ai   au   eu (eo, iu)
      *haima-   *grauta-   *deupa-

2)   ai   oi, ui   au, ou   ęu, eu
      day   joye, point   lawe, bowe   fewe, newe

3)   ai, oi   au   iu
      tide, joy   house   new

Wir finden also in allen drei Querschnitten fast dieselben Laute, nur fehlt in 1) und 3) eines der beiden ē bez. ō, und einer oder der andere neue Laut tritt hinzu. Und doch liegen zwischen diesen drei Beständen bedeutende Wandlungen, so dass gewöhnlich die lautlich sich entsprechenden Glieder sich historisch nicht decken. Zwischen 1) und 2) sind nur vier Glieder historisch identisch, zwischen 2) und 3) gar nur eines. Man wird namentlich die zweimalige Erneuerung des ai, au und (obwol leicht variiert) eines eu/iu-Diphthongs bemerkenswert nennen müssen.

Im Laufe dieses Jahrhunderts ist über das Englische,

indem es Impulsen aus der Vulgärsprache und Dialekten
Folge gab, eine grosse Diphthongfreudigkeit gekommen, die
den Bestand an einfachen Längen bedeutend verminderte.
Aber in der Vulgärsprache, der Quelle dieser Erscheinung,
ist bereits, finde ich, die Neigung bemerkbar, die Halblängen
für ursprüngliche Kürze vor stimmhaften Consonanten (*bad*,
bed, *bid* etc.) zu vollen Längen werden zu lassen; so ergiebt sich bereits eine Möglichkeit, die verlorenen Lauttypen neu herzustellen, und es kann sein, dass in gar nicht
so ferner Zeit, wenn diese Welle verlaufen ist, ungefähr
dasselbe System von Längen, zu dem das Englische schon
zweimal zurückgekehrt ist, zum dritten Mal sich erneuert.

611   So ist denn das Letzte und Allgemeinste, zu dem uns
die Betrachtung der lebenden englischen Mundarten führt,
die Erkenntnis, dass auch zwischen den Einzellauten als
solchen und zwischen ihren scheinbar spontanen Wandlungen
Beziehungen bestehen, welche eine gewisse Regelmässigkeit
in der Ausgestaltung des Lautsystems zur Folge haben.
Vielleicht wird mancher über ihrem mechanischen Charakter
ein Unbehagen empfinden und sie der Sprache als einer
geistigen Betätigung nicht zumuten wollen. Aber sie sind
nur die letzte Folge davon, dass der Lautwandel ebenfalls
einen solchen Charakter an sich trägt. Diese Seite des
Sprachlebens überhaupt ist eben nur ein Ausdruck und
Ausfluss der mechanischen Seite unseres Seelenlebens, die
niemand wird gering anschlagen wollen. Und was unsere
subjectiven Gefühle anlangt, so werden wir gut tun, nicht
geringschätzig auf das Mechanische herabzublicken, sondern vielmehr uns an der Einfachheit und Durchsichtig-
keit der Zusammenhänge zu erfreuen, mit einer Art ästhe-
tischen Wolgefallens die saubere Abgrenzung des unge-
störten Lautwandels zu verfolgen und die strenge Ge-
setzmässigkeit, der sich die Einzelfälle unterordnen, hier
ebenso zu bewundern wie sonst im Wirken der Natur. In
diesem Sinne wünscht der Verfasser seinem geneigten Leser
ebensoviel Genuss an der Betrachtung der englischen Mundarten, als er selbst an ihnen gefunden hat.

SACHREGISTER.

(Die Ziffern beziehen sich auf die Paragraphen; fettgedruckte deuten eine Zusammenfassung an).

a, me., 588.
ā, me., 32, 208 ff., 588 ff.: Wiedergabe durch *ę̄* 210, 234; Vorrücken gegen das Vocalextrem 209, 234: Abstumpfung 209 ff., 234 ff., **250**, 589; Vorrücken zur *i*-Qualität 209 ff., 244, 249, 589; Zuspitzung 209 ff., 255, 590; Chronologie 257 ff., 265, 313 ff., 357 f., 373; — Verhältnis zu me. *ę̄* 212 f., 272 ff., 278, 319, 322 ff., 588: schottisch *ā* für *ę̄* 204, 276; Verhältnis zu *ai* 217 ff., **222**, 282 ff., 336 ff., 359 ff., 588; — in der Schriftsprache 312 ff., 601.
ā-Laut wiederholt im Englischen erneuert 611.
á, ae., Verdumpfung 34 ff., 95 ff., 586; nordh. Sonderlaut im Auslaut 211.
Abstumpfung des symmetr. off. *ę* und *ǭ* 61, 84 ff., 235 ff., 244 ff., **250**, 589; für *ę̄* und *ǭ* 251 f.; des unsymmetr. off. *ē* 253; zweite Abstumpfung 253, 596.
ǣ, ne. (in *far glass* etc.), Übergang zu *ā* 611.
ǣ, ae., s. me. *ę̄* und *ẹ̄*; als Umlaut von *á* durch ae. *é*, me. *ę̄* wiedergegeben 203, 349: vor

ʒ 225 ff., 308 ff., 338 ff., 378.
ě, ws., gegenüber angl. *ė* 197, 200, 204, **348**, 586, 600.
Aelfric 187.
ai-Diphthonge 214 ff.
ai, me., aus ae. *æʒ, ęʒ*, an. *ei* 215 ff.: Bewahrung 216 f., 281, 298 f., 375; Monophthongierung 217 ff., 282 ff., 336 ff., **374**, 588; Ursachen ders. 374, 587 f.; Chronologie 285 ff., 337, 359 ff., 373; — Verhältnis zu *ā* 217 ff., **222**, 282 ff., 336 ff., 359 ff., 588; mittelengl. Zusammenfall mit *a* in Schottland 359 ff., 586 ff., nicht in Nordengland 362 ff., in einzelnen Fällen 224, 376 ff.; Verhältnis zu *ẹ̄* 216 ff., 223, 301 ff., 588; Verhältnis zu *ɛ* 217, 374, 587; — in der Schriftsprache 336 ff.
ai, me., aus ae. *éʒ* 225 ff., 308 ff., 338 ff., 378; Verhältnis zu *ę̄* 226, 308 ff., 338 ff.; in der Schriftsprache 338 ff.
ai, me., aus *ía* + *ʒ, h* 154, 173, 190.
ai, me., aus anderen Quellen 228.
-*ain*, me., zu -*āa* 367.
Ancren Riwle 100, 186.
ao, gäl., 130 f., 566 ff.

-*as* bei Chaucer 421.
ŏ, me., 587: Abstumpfung 253;
  Verhältnis zu *ā* 587; für me.
  ou 105.
ou, nordh., aus *ā* + *u* 51.
Aufhellung des *ō* und *ou* 55, 78
  ff., 232, 306.

b abgefallen nach *m* 463.
Bacon 537.
Bale (Bishop) 537.
Barbour 97, 163, 359, 360, 361,
  476 ff., 511 f., 560. (Vgl. auch
  Legenden, Trojanerkrieg).
Benedictinerregel, me., 163, 189,
  362, 498 ff., 511 f.
Bestiarius 548, 584.
Bokenam, Osbern, 134, 506.

Caxton 320, 582.
Causalbeziehung zwischen Lautwandlungen 604 ff.: zwischen
  denen von me. *ō* und *ū* 142,
  587; *ę* und *i* 181, 587; *a* (*ai*)
  und *ē* 278, 301, 588; *ē* und *ọ̄*
  306, 588; *ī* und *ai* 374, 587;
  u und *ou*, *ou* 70, 587.
Chaucer 140, 143, 190, 349, 350,
  408, 419, 421, 506, 507, 551,
  555, 564, 565, 582, 586.
Chronik, ws., 187: von Peterborough 101, 582.
Clariodus 357 ff.
Compositionsglieder, zweite, gelängt 419 ff., 428, 448, 477, 484.
Coventry-Spiele 560.
Cura Pastoralis 187.
Cursor Mundi 97, 127, 163, 362,
  412 ff., 511 f.

d abgefallen nach *n* 175.
Degrevant, Sir, 143, 358, 362.
Dehnung der Kürzen in offener
  Silbe 517 ff.; vor Consonantengruppen 519 ff.
Deposition of Richard 558.

Dialektgrenzen 355.
Dialektisches im Elisabethanischen Drama 14, 27, 29, 236,
  263.
Diphthongcomponenten in ihrer Entwicklung parallel entsprechenden Monophthongen
  71 ff., 282 ff., 294 ff., 337, 587 f.,
  604.
Diphthongierung durch unvollkommene Bildung des Eingangs, bei *ū* aus me. *ō* 108,
  118, 598; bei *ī* aus me. *ē* 149,
  156, 598.
Diphthongierung durch Antritt
  eines *i* 65, 118, 268, 596.
Disput zwischen einem Christen
  und einem Juden 474, 511.
Dunbar 469, 557, 560.

e, ae. me., Übergang zur offenen
  Qualität 354, 519 ff.
e für *i* geschrieben 528, für *i* 414.
e-Laute 145 ff.
ę, me., 147 ff., 587: Vorrücken
  zu *i* 148, 156, 587; zu *ei*-Diphthongen 149, 156: Wiedergabe
  durch *e*-Laute 150, 156, 159;
  durch Abstumpfungsdiphthonge
  150, 156, 251 f.; — Verhältnis
  zu *ę* 196, 199, 204, 207, 272 ff.,
  319, 356 ff.; Übergang zu *ę*
  vor *r* 331 ff.; für auslautendes *ę*
  350; Verhältnis zu *i* 151, 181,
  587; — vor ae. *ʒ, h* 153 ff., 162
  ff., 179, 188 ff.; für ae. *ǣ*, *ę* aus
  germ. *ǣ* 197, 200, 204, 348,
  586, 600; für ae. *ǣ* als Uml.
  von *ā* und für *ēa* 203, 349; —
  in der Schriftsprache 179 ff.
ę, me., 193 ff., 588 f.: Wiedergabe durch *ę* 194: Vorrücken
  gegen das Vocalextrem 194 ff.,
  234, 274 f.; Abstumpfung 194 ff.,
  235 ff., 250, 589; Vorrücken zur
  i-Qualität 194 ff., 244, 249, 274 f.,

SACHREGISTER.

589; Chronologie 278 ff., **279**,
319, 357 f., 373; Ursache des Vorrückens 278, 301, 588; — Verhältnis zu e 196, 199. 204, **207**,
272 ff., 319, 356 ff.; für e vor
r 331 ff.; im Anlaut zu e 350;
Verhältnis zu a 212 f., 272 ff.,
278, 319, 322 ff. 588; Verhältnis
zu ai 216 ff., 223, 301 ff., 588;
zu ai aus ae. $æ\bar{z}$ 226, 308 ff.,
338 ff.; Ursache des Zusammenfalls mit Nachbarlauten 609;
— vor z, h s. $\bar{e}$, $\bar{e}a$ vor z, h;
für ae. $\bar{æ}$ aus germ. $\bar{æ}$ 197,
200, 348, 586, 600; — in der
Schriftsprache 319 ff.

e, me., aus $\bar{e}$- 202, 267 ff., 352 ff.;
Zusammenfall mit a 213, 269.

$\bar{e}$, ne., s. me. $\bar{e}$: für $\bar{æ}$ als Umlaut
von $\bar{o}$ 203, 349; + z 153, 166 ff.,
188 ff., 586 (vgl. auch $\bar{e}o$, $\bar{e}a$ +
z, h).

$\bar{e}$, angl., gegenüber ws. $\bar{æ}$ 197,
200, 204, **348**, 586, 600; gegenüber ws. $\bar{i}e$, $\bar{y}$ 152, **186**.

ea, ne. Schreibung für $\bar{e}$ 320.

$\bar{e}a$, ae., zu me. $\bar{e}$ 193; — vor z, h
154 ff., 162 ff., 179, 188 ff., 309,
586.

$\bar{e}a$, nordh. mit $\bar{e}o$ schwankend 347.

Editha und Etheldreda 505.

Eglamour 362.

ei, me., aus ae. ez, ai 214 ff.,
s. ai; — aus $\bar{æ}z$ 225 ff., 308 ff.,
338 ff., 378; — aus $\bar{e}o$ + z, h
153, 163 ff., 179, 188 ff.; —
aus $\bar{e}a$ + z, h 154 f., 163 ff.,
179, 188 ff., 309; — aus ande-
ren Quellen 228.

Enklitika gelängt 419 ff., **428**,
448, 458, 461, 465, 470, 477,
484.

$\bar{e}o$, ae., zu me. $\bar{e}$ 147; — vor z,
h 153, 163 ff., 179, 188 ff., 586.

$\bar{e}o$, nordh. mit $\bar{e}a$ schwankend
347.

$\bar{e}o$, angl., gegenüber ws. $\bar{i}e$, $\bar{y}$ 152,
186.

Epinal 582.

Erste Diphthongcomponente in
ihrer Entwicklung parallel entsprechenden Monophthongen
71 ff., 282 ff., 291 ff., 337, 587 f.,
601.

-*es* bei Chaucer 421.

-*ět*- im Nordh. 434, 477, 484, 498.

eu, eu, me., 587 f., 597.

Evangelium Nicodemi 189, 455 ff.,
511.

'Feinde des Menschen' 454.

Firumbras, Sir, 186, 505, 560.

z, spurloser Schwund im Nordh.
161 ff., 175 ff., 389 f., 508.

Gawain-Dichter 95, 504, 582.

Genesis und Exodus 101, 376,
551, 582.

Georg I. 342.

Gesamtenglische Vocalentwicklung in der neueren Zeit 585 ff.

Gorboduc 537.

Gower 558.

Gowther, Sir, 370.

Graf von Toulouse 370.

Grammatikerzeugnisse und ihre
Verwertung 15 ff.

Greene, Jakob IV. 29, 236.

Guy of Warwick 370.

Hali Meidenhad 186.

Harrowing of Hell 143, 419.

Haveloc 338, 551, 561.

Homilien, nordenglische, 168,
458 ff., 512.

Horn, King, 101, 582.

i, ae. me., Übergang zur offenen
Qualität 519 ff.

i, me., besondere Qualität im
Norden 517 f.

i für $\bar{e}$ geschrieben 414.

i : *ę*-Reime, me., 415, 448, 458, 461, 465, 470, 477, 483, 492.

i-, ae., 381 ff., 586, 599; in den lebenden Mundarten 388 ff.; im Mittelenglischen 401 ff.: nordhumbrische Denkmäler 412 ff.: südhumbrische Denkmäler 503 ff.: das Lautgesetz 515 ff.

i- : *ę*-Reime, me., 459 ff.

i, frühme., Übergang in die palatale Spirans 167 ff.

i-Entfaltung aus ʒ, Unterbleiben ders. 165 ff.

ī, me., 26 ff., 587; Bewahrung 27: Chronologie 29; Ursache der Diphthongierung 181 ff., 587; Verhältnis zu *ẹ̄* 151, 181, 587: Verhältnis zu *ai* 217, 374, 587.

i̯, me., für ae. *ēo*, *ēa* + ʒ, *h* 153 ff., 162, 179, 188 ff.

ī : *ē*-Reime, me., 416, 461, 465, 477, 483, 492, 498.

io, ws., Umlaut von *ēa*, *ēo* 152 ff., 186 ff.

Interludium de Clerico et Puella 504.

Ipomedon 370, 504.

Johannes, St., der Evangelist 475.
Juliane 100, 186.

Katharina 100, 186, 561, 584.
Keltische Beeinflussung 130 ff., 135, 299, 375, 566 ff.
Kürzen, ae., in offener Silbe 517 ff.: vor Consonantengruppen 519 ff.; werden mittelengl. offener 522.

Laʒamon 100, 186, 376, 512, 536, 560.
Langland 512.
Lauttypen in der Sprachentwicklung wiederkehrend 610 ff.
Lay Folks' Mass Book 452.
Leechdoms 557.

Legendensammlung, südliche, aus Gloucester 186: nördliche 143, 461 ff., 511 f.: schottische (Barbour zugeschrieben) 163, 481 ff., 511, 549.
Levins, Manipulus Vocabulorum 537, 542, 552.
Lydgate 547.

mon, me., : -*a*- 448, 458, 470, 484.
Manipulus Vocabulorum, s. Levins.
Margarethe 100, 186.
Methodologisches zur Verwertung der lebenden Mundarten 7 ff.: zur Verwertung der neuengl. Grammatikerzeugnisse 15 ff.: zur Kritik der me. Reime 403 ff.
Metra, ae., 554.
Mittleres *ē*, *ō*, me., aus ae. *ē*-, *ō*- 202, 267 ff., 352 ff.
Modeaussprache im Ne. 280, 291, 337.

Neuenglische Vocalentwicklung, Begrenzung 356; gesamtenglische Entwicklung 385 ff.

o, ae. me., Übergang zur offenen Qualität 354, 519 ff.
o für *ŭ* geschrieben 524 ff.: für *ū* 414.
ọ̄, me., 106 ff., 587: Vorrücken zu *ū* 107, 117 f.: zu *ou*-, *ou*- Diphthongen 108, 118; zu *ü*/*ö*- Lauten 109 ff., 119 ff., 586: Wiedergabe durch *ō* 106, 117: durch Abstumpfungsdiphthonge 107, 118, 251 f.: — Verhältnis zu *ǭ* 107 ff., 112, 143 ff.: Verhältnis zu *ū* 113, 142, 587: — vor ʒ, *h* 114 f., 136, 140 ff., 174 ff., 192: — in der Schriftsprache 137 ff.

ǭ, me., 33 ff., 40 ff., 588 f.: Wiedergabe durch *ǭ* 44, 46, 59, 234: Vorrücken gegen das

Vocalextrem 40, 46, 60: Abstumpfung 40 ff., 61 f., 237 ff., **250**, 589: steigende Diphthonge 47, 67; Vorrücken zur *u*-Qualität 40 ff., 66. 244, 249 f., 589: Zuspitzung 40, 42, 64, 590: Aufhellung 56 ff., 78 ff.; Verkürzung 48, 68: Chronologie 61 ff., 257 ff.; Ursache des Vorrückens 306. 588: — Verhältnis zu *ō* 107 ff., 112, 143: — in der Schriftsprache 83 ff.

ō, me., aus *o*- 50, 104, 267 ff., 352 ff.

ō, ae., s. me. *ō*; vor *ȝ*, *h* 114 f., 136, 140 ff.. 174 ff.. 192, 586.

oo, ne. Schreibung für *ō* 320.

Octavian 362.

oi, me., 72, 587 f.

oo auch für *u* geschrieben 537.

Orosius 187.

Orrm 101, 166, 167. 168, 169, 349, 376, 456. 470, 547, 554, 582 f., 584.

-os bei Chaucer 421.

ou, me., 51 ff., 69 ff., 587 f.: Bewahrung 70, 76; Monopthongierung 71 ff., 587 f.; Ursachen ders. 70, 76, 587 f.: Chronologie 75, 79: — Verhältnis zu *ō* 71 ff., 282 ff., 587 f.: Verhältnis zu *ū* 52, 77, 587: — in der Schriftsprache 83.

ou, me., zu *ōu* 114: zu *ū* 114 f., 136, 138, 586: vgl. auch *ō* + *ȝ*, *h*.

Palatalumlaut, ae., 378.

Palladius' Husbondrie 376.

Parallelismus zwischen erster Diphthongcomponente und entsprechendem Monophthong 71 ff., 282 ff., 294 ff., 337, 586 f., 604.

Passion, nördliche, 451.

Perceval, Sir. 143, 163. 189, 362.

Poema Morale 100, 186.

Prick of Conscience s. Richard Rolle.

Proclamation Heinrich's III. 100.

Promptorium Parvulorum 134, 506, 536, 555, 560.

Psalter, nordenglischer, 97, 127, 163, 168, 369, 448 ff., 511, 562.

Quantitative Ungenauigkeiten in den me. Reimen 418 ff., 448, 458, 461, 465, 470, 477, 484.

r-Einwirkung auf folgenden Vocal 91, 325: auf vorangehenden Vocal 331 ff., 333, 334.

Reden der Seele an den Leichnam, frühme., 100.

Richard Rolle von Hampole 96, 97, 123, 143, 163, 165, 166, 167, 168, 175, 362. 465 ff., 472, 511 f.

Richard Löwenherz, Roman von, 505.

Ritual, ae., 582.

Robert von Gloucester 143, 186, 408, 505.

Robert Manning von Brunne 95, 504.

Roister Doister 140, 537.

Roman von der Rose 140, 507, 561.

Romane in ihrer Reimtechnik von der geistlichen Dichtung verschieden 472, 501.

Schriftsprache, ne., in ihrem Verhältnis zu den Dialekten 83 ff., 138 ff., 179 ff., 312 ff., 319 ff., 336 ff., **599** ff.: Ursprung 599.

sh(e), me., : *ē* 434, 458, 477, 484.

Shakespeare 140, 537.

-ship, me., 512.

Signa, XV. ante Judicium 497.

Skelton 556.

Spenser 533, 537.

Sprichwörter Alfred's 100, 505.
stede, me., : *e* 434, 458, 477, 484.
Steigende Diphthonge aus fallenden 47, 62, 67, 210, 236, 242.
Süd-Cheshirer Dialekt (besonders besprochen) 598.
Südschottischer Dialekt (besonders besprochen) 70, 76, 146, 204, 229, 388.
-*sum*, me., 460.
Susanna 359, 473.
Symmetrie zwischen me. i und $\bar{u}$ 31; e und $\bar{o}$ 157 ff., 181 ff.; e_3 und $\bar{o}_3$ 174 ff.: $\bar{e}$ und $\bar{q}$ 229 ff., 588 ff.: a und $\bar{o}$ 229 ff., 588 ff.; mittl. $\bar{e}$ und $\bar{o}$ 267 ff.; *ai* und *qu* 303 ff.: wieder hergestellt 273, 277, 303 ff.
Symmetrischer offener $\bar{e}$-Laut 234 ff.

Thomas of Erceldoune 163, 362, 496, 512.
Thornton Romances 501.
Todsünden, die sieben, 127, 457.
Tottel's Miscellany 537.
Towneley-Spiele 95, 140 163, 370, 504, 549, 584.
Trevisa 143, 505, 547.
Triphthonge durch unvollständige Bildung des Eingangs von Diphthongen (*eis*, *ous* aus *is*, *us*) 43, 198 ff., 598.
Tristrem, Sir, 504.
Trojanerkrieg (Barbour zugeschrieben) 163, 492 ff., 511 f.
Turner's Herbal 541.

u, ae. me., Übergang zur offenen Qualität 519 ff.: Entruudung 527, 591.
u, me., besondere Qualität im Norden 517 ff.
u für *o* geschrieben 123 ff., 414.
u : *o*-Reime 417, 458, 461, 470, 477, 483.
u-, ae., 381 ff., 586, 599: in den lebenden Mundarten 388 ff.: im Mittelenglischen 401 ff.: nordhumbrische Denkmäler 412 ff.: südhumbrische Denkmäler 503 ff.; das Lautgesetz 515 ff.
u- : $\bar{o}$-Reime 438 ff.
u-Entfaltung aus $_3$, *h*, Unterbleiben ders. 175 ff.
u, me., 30 f., 587: Bewahrung 30; Ursache der Diphthongierung 142, 587: Verhältnis zu $\bar{o}$ 113, 142, 587: Verhältnis zu *ou* 52, 77, 587: zu *uu* 587.
$\bar{u}$, me., für $\bar{o}$ + $_3$, *h* 114 f., 136, 138 ff., 586.
$\bar{u}$: *o*-Reime, me., 417, 477, 483.
$\bar{u}$, me., ue. zu *iu* 592.
$\ddot{u}$, nordh., für $\bar{o}$ 119, 123 ff., 586.
$\ddot{u}$: $\bar{u}$-Reime 126, 483, 492.
ui, me., 72, 587 f., 591.
-*um*, lat., im Me. 422 ff.
Umschlag fallender Diphthonge zu steigenden 47, 62, 67, 210, 236, 244.
Unsymmetrischer offener $\bar{e}$-Laut 272 ff.
Urkunden, altenglische 512; Londoner 190, 338, 582; der Gilden 134, 338, 506; älteste schotsische 369.
-*us* bei Chaucer 422: sonst 425.

Verkürzung der Wiedergabe des *y* 68.
Vocalentwicklung, specifisch neuenglische, 356, 585 ff.

w vorgeschlagen 85.
West Somerset, Dialekt von, (besonders besprochen) 41, 55 ff., 146, 229.
Wiederkehr gewisser Lauttypen im Laufe der Sprachentwicklung 610 ff.
Windhill, Dialekt von, (besonders

besprochen) 34, 39, 50, 70, 76, 91, 111, 155, 168, 200, 229, 253, 269, 396, **596** ff.
Wood's Conflict of Conscience 29.
Wyclif 506, 539, 547, 554, 582.
Wyntoun 359.

ý, ws., Umlaut von éa, éo 152, 186.
York Hours 453.
Yorker Spiele 363 ff, 376.
Ywain und Gawain 143, 189, 470 ff., 479, 511, 584.

Zeugnisse für die frühne. Lautungen und ihre Verwertung 15 ff.
Zusammenhänge zwischen spontanen Lautwandlungen s. Causalbeziehung.
Zuspitzung 64, 255, 590.
Zwei Paare verschiedener Reimwörter statt vier gleicher 365.
Zweite Compositionsglieder gelängt 419 ff., **428**, **448**, 477, 484.

WORTREGISTER.

(Die Ziffern beziehen sich auf die Paragraphen. Nur die besonders besprochenen Wörter sind angeführt u. z. in der Regel in der neuenglischen Form).

Above 392, 396, 537.
again(st) 338, 376, 602.
almighty, me., 419.
appear 332.
arrears 332.
baile, me., 367.
bale, me., 367.
beadle 383, 535.
bear 322 ff., 330 ff.
bed, me., part., 458, 465.
beer 331.
beetle 383 f., 532, 600.
besom 539.
bier 331.
bill (ae. bile) 505.
birr 537.
bishop 422.
bisme, me., 539.
bisson 540.
bit, me., 470.
bless, me., 448, 483.
bliss, me., 448, 483.
blite 541.
boodle 536.
bool, dial., 542.
boon 'Halm' 536.
both 112, 143.
bought 90 ff., 602.
bowl, dial., 542.
bow 51.

break 91, 322 ff., 602.
bree, schott., 166.
breent(e), me. fne., 544.
breeze 'Bremse' 543.
bréztu, ae., 166.
bridegroom 383.
*brim(an), ue., 544.
broad 90 ff., 602.
brook 545, 560, 600.
brought 90 ff., 602.
*bryme, ae., 544.
bud 546.
buddle 536.
*bugol, ae., 542.
bull 547.
bun 'Halm' 536.
burly 548.
chicken 561.
claime, me., 367.
clame, me., 367.
cleape 533.
clear 332.
cleave 533.
cleepe 533, 600.
cleve 536, 600.
cliff 536.
clivers 537.
*cluen, *cluee, ae., 549.
clutch 487, 6; 549.
comb 88, 139.

come vb. 392, 398, 537.
come sb. 'Gerstenkeim' 88.
come sb., me., 143, 584.
couchgrass 536, 600.
couch vb. 536, 549.
couchgrass 536.
cod, dial., 550.
cover 417.
cowl 537.
cowl, dial., 550.
crack 435.
creek 551, 600.
crick 551.
cud 537.
*cuful, ae., 550.
cyfel, ae., 550.
dear 331.
deer 331.
det, me., 477.
did 512.
die 166.
din 398.
door 383, 386, 397, 505, 532, 600, 603.
dore 552.
dreary 331.
dreel, dial., 536.
drightin, me., 419.
drill 536.

WORTREGISTER.

drinen 483.
dry 169.
*duce, *ducu, ae., 553.
duck 388, 553.
*dufe, ae., 552.
dum, me., 463.
dye 166.
either 338 ff., 602.
ere 322 ff., 330 ff.
es, me., 427.
ether, me., 338.
evil 383, 534, 600.
fear 331.
fere 331.
fette, me., 433.
fild(e), ae., 416.
flay, me., 168.
fled 512.
flum, me., 456.
forget 435.
forvlegenu, me., 168.
fought 90 ff.
fowl 389, 398.
fred, mschott., 512.
gear 331.
get, me., part., 484.
ghost 88, 139.
give 388, 537, 582 f.
gleed 383 f., 532, 600.
go 88, 112, 139, 143 ff., 470.
great 91, 322 ff., 602.
gret(t)e, me., prät., 431, 484.
groat 90 ff., 602.
hüde, me., prät., 448.
hay 168.
hear 331.
here 331.
hie 390, 554.
hīȝian, ae., 554.
hint, me., 415.
hirde, me., 470.
hirne, me., 470.
home 112, 143 ff., 470.
hoot 536.

hutt 536.
keel, dial., 537.
keek, dial., 555.
keel 536.
keken, me., 555.
key 338 ff., 602.
kick 556.
kiken, me., 555.
Lilu 536.
la 90.
lady 548.
laine, me., 168.
lea 343.
leer 331.
lere, me., 507.
let(t)e, me., prät., 431.
ley 343.
lore 398, 537.
man, me., 448, 458, 470, 484.
master 367.
mean 349.
mezhe, me., 167.
mere sb. 332.
mere adj. 332.
mirke, me., 483.
mete, me., 434, 477.
near 331.
Neill 508.
neither 338 ff.
nine 390, 398, 445, 512.
none 89, 602.
nothing 89, 602.
nozzle 89.
nuzzle 89.
once 85, 602.
one 85, 602.
only 85.
oven 388, 438, 466.
pear 322 ff., 330 ff.
pease 383.
peel 557, 600.
peer 558.
pill 557.
*pilian, ae., 557.

pire, me., 558.
prevale, me., 367.
pry 558.
quay 343.
queed, dial., 537.
quitchgrass 536.
rear 332.
roan 176.
roe 176, 602.
rot 435.
rake, me., 487, 6.
said 338, 376, 602.
schooner 559.
seildtruma, ae., 442.
*scufian, ae., 560.
sear 331.
sett(e), me., prät., part., 434, 458, 477, 484.
shear 331.
shod 512.
shone 89.
shore 560.
sicce 383, 532, 600.
sitte, me., 436.
sleek 561, 600.
*slice, ae., 561.
slick 561.
smear 331.
*smite, ae., 488, 5.
smöke, me., 469.
*smuca, ae., 469.
sneer 562.
snirel 537.
some 442, 456, 537.
*snyrian, ae., 562.
son 398, 511, 537.
sought 90 ff.
sow 389, 398, 514.
spear 331.
speer (speir) 383, 532, 600.
steak 322 ff., 602.
stede, me., 434, 458, 477, 484.
steer 331.
stile 390, 398, 514.

stir 537.
stirne, me., 470.
stone 89.
suck 560.
sum, me., 442, 456.
sup 560.
swear 322 ff., 330 ff.
sweep 564.
swoon 140 f., 602 f.
team 354.
tear vb. 322 ff., 330 ff.
tear sb. 334.
teat 565.
Tees 535 a.
there 322 ff., 330 ff.
thift, me., 458.
thought 90 ff.
thred, me., 483.
thril, me., 483.
thrum, me., 142.

tie 166.
togider, me., 445, 470.
two 112, 139.
*afen, ac., 388, 438, 466.
wear 322 ff., 330 ff.
weary 331.
wee 180, 602.
week 383 f., 397, 506, 532, 600.
weel 383, 532, 600.
weevil 383 f., 532, 600.
were 322 ff., 330 ff.
where 322 ff., 330 ff.
whilom, me., 422 ff.
who 112, 139.
whole 85, 89.
whome 'home' 85.
whore 85.
whore 'hour' 85.
whot 'hot' 85.

wick 537.
wier 332.
witchelm 537.
wite, me., 512.
witherwin, me., 119 ff., 184.
won 'one' 85.
woo 140 f., 602.
wood 383 ff., 505 ff., 532, 600.
wooke, me., 505 ff.
woone, me., 473, 507.
word 'ord' 85.
wother 'other' 85.
wrezan, ac., 166.
wrought 90 ff.
yatt, me., 132.
yea 322 ff., 602.
year 331.

BERICHTIGUNGEN UND NACHTRÄGE.

S. 3 Z. 2 v. u. lies Grammar statt Grammer.
S. 11 Z. 8 l. § 337 st. § 343.
S. 26 Z. 11 l. (*u'u*) st. (*a'u*).
S. 50 Z. 3 l. § 325 st. § 326.
S. 50 Z. 13 l. *ā* st. *a*.
S. 50 Z. 14 l. § 348 st. § 353.
S. 64 Z. 13 v. u. l. gehen st. gehn.
S. 64 Z. 5 v. u. l. *ui* statt *iu*.
S. 74 Z. 4 l. Guilds st. Gilds.
S. 100 Z. 12 v. u. setze Komma nach 'folgen'.
S. 101 Z. 2 v. u. l. anglische st. englische.
S. 108 Z. 1 l. (ɛ'/u) statt (ɛ'/iu).
S. 121 Z. 5 v. u. tilge Komma nach der Klammer.
S. 126 Z. 6 v. u. setze Komma nach 'Dialekt'.
S. 126 Z. 2 v. u. l. *ē, ei* st. *ē, eo*.
S. 145 Z. 19 v. u. l. *ō* (aus *io*, *eo*) und *ā* (aus *ai*, *ei*).
S. 146 Z. 17 v. u. l. es st. des.
S. 184 Z. 1 l. Guilds statt Gilds.
S. 202 Z. 16 v. u. setze Komma nach 'ganz'.
S. 267 Z. 17 setze Komma nach 'Etheldreda'.
S. 278 Z. 3 v. u. l. ist das st. das.
S. 289 rücke die Randziffern zwei Zeilen tiefer.
S. 304 Z. 10 setze | nach *krūna*.
S. 313 Z. 6 v. u. l. *again(st)* statt *against*.

Zu § 108, Z. 14 ff. Zumeist allerdings steht (*a'uu*) für me. *ō*.
Zu §§ 210, 234, 278, 301. Wiedergabe des me. *ā* durch *ę* findet sich
    doch an mehr Orten, als § 210 angegeben ist: deutlich in North

Molton im nördlichen Devon (11¹), in East Haddon im mittleren Northampton (16⁴, vgl. § 234) und, wie es scheint, auch an anderen Punkten des Südwestens und Ostens, ferner auch öfter in Schottland (namentlich in 38 und Teilen von 39, wol auch in 37 und mehreren Orten von 36). Danach ist § 234 der Satz, das $\bar{e}$ in East Haddon stehe völlig vereinzelt dem $\bar{\imath}$, *ei* im übrigen Osten gegenüber, unrichtig; was aber daselbst über die Entstehung speciell dieses $\bar{e}$ gesagt ist, bleibt trotzdem höchst wahrscheinlich. Auch die Ausführungen in §§ 278 und 301 (bez. 588) über die Beziehung zwischen den Bewegungen von me. $\bar{a}$ und $\bar{e}$ werden nicht wesentlich beeinträchtigt: es ist nur hinzuzufügen, dass in manchen Dialekten der Abstand zwischen ihnen grösser gelassen wird, als § 278 gesagt ist; dass jene Beziehung überhaupt nicht besteht, folgt daraus keineswegs.

www.ingramcontent.com/pod-product-compliance
Lightning Source LLC
Chambersburg PA
CBHW032358230426
43672CB00007B/747